I0655854

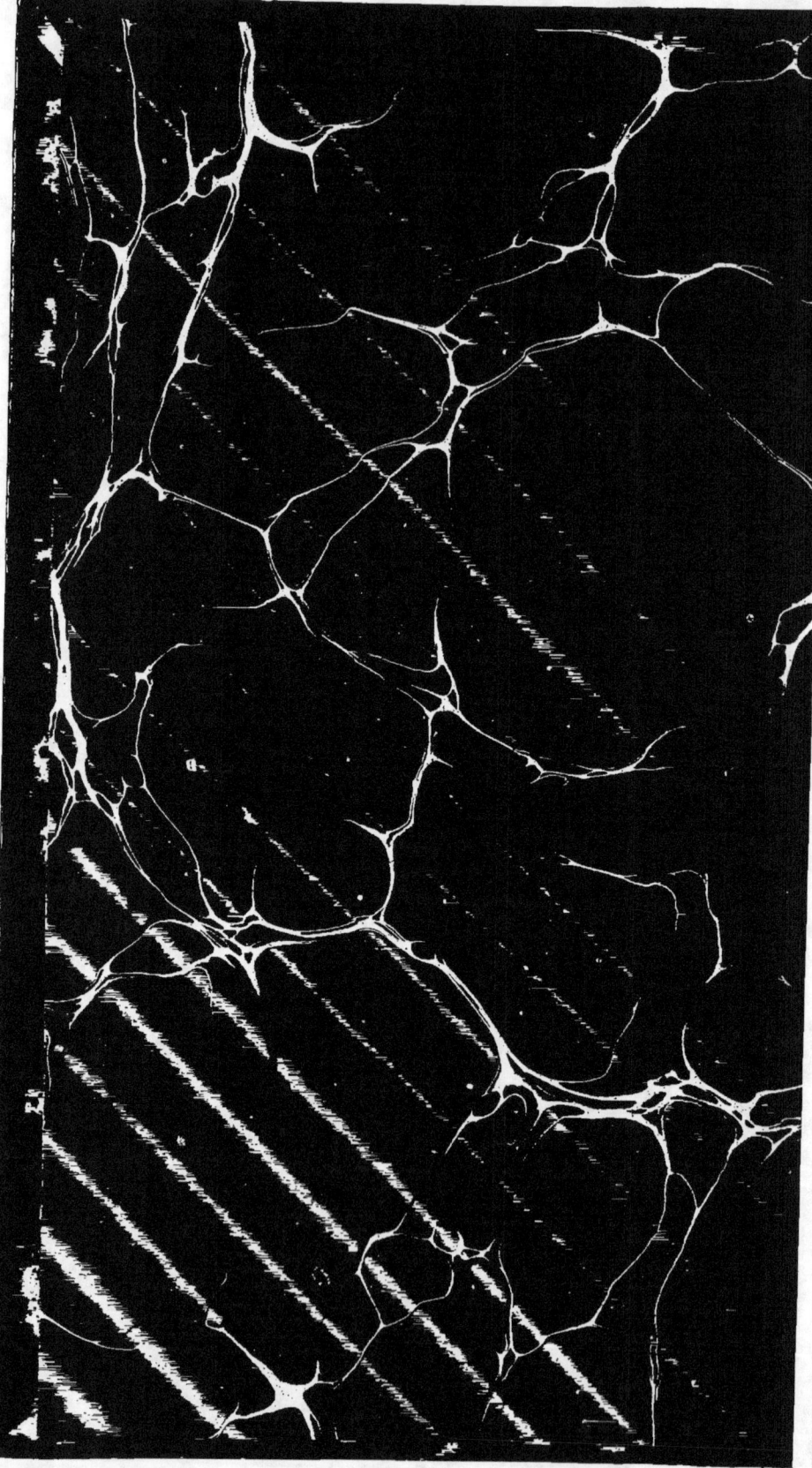

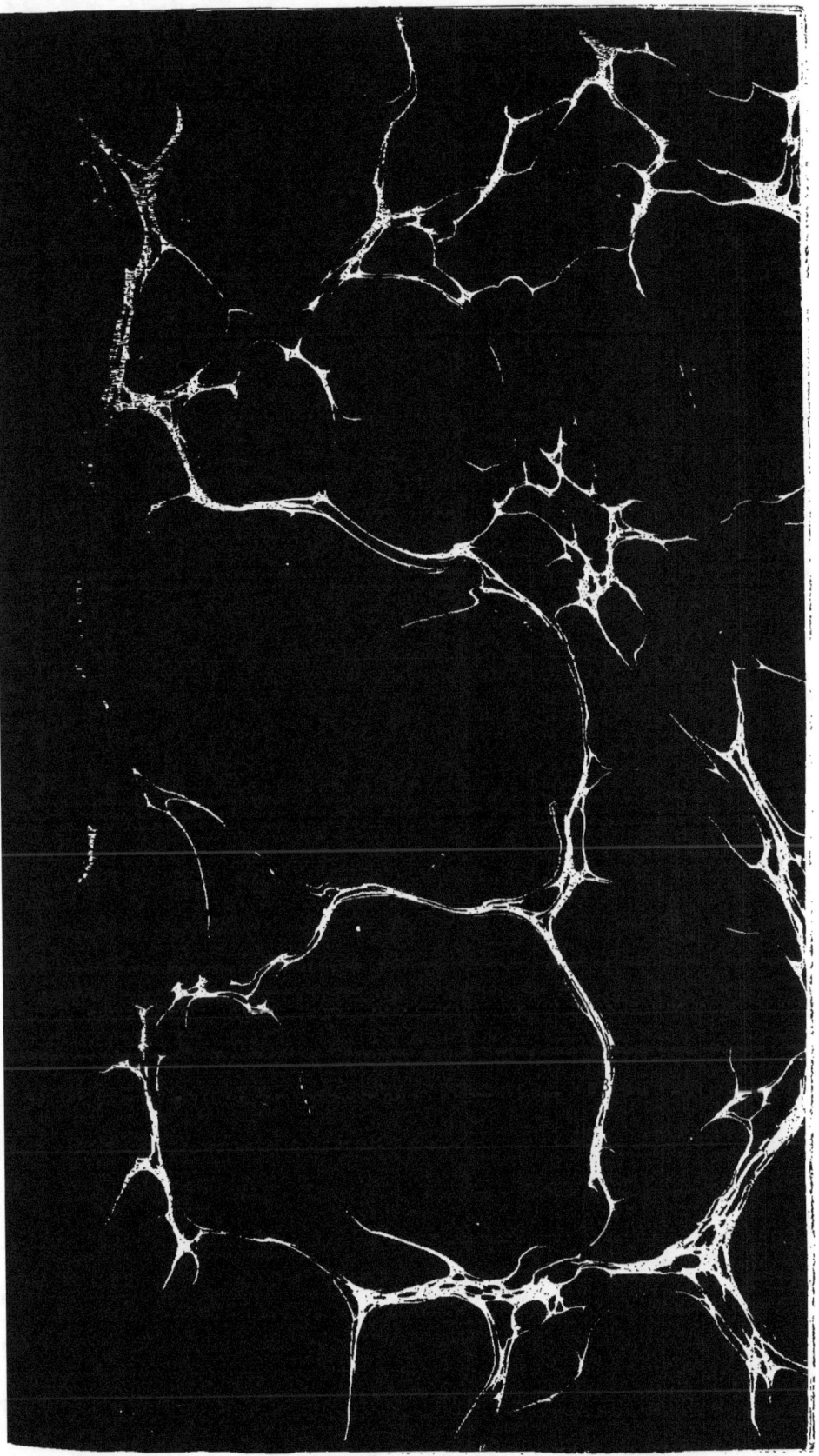

35920

DE

L'AUTORITÉ DE LA CHOSE JUGÉE

EN MATIÈRE CIVILE ET EN MATIÈRE CRIMINELLE.

IMPRIMÉ PAR CH. NOBLET, RUE SOUFFLOT, 18.

DE L'AUTORITÉ

DE LA CHOSE JUGÉE

EN MATIÈRE CIVILE

ET EN MATIÈRE CRIMINELLE

PAR

GASTON GRIOLET,

Docteur en droit, avocat à la Cour impériale de Paris.

La 2ᵉ partie de cet ouvrage a été couronnée par la Faculté de droit de Paris (1ᵉʳ prix de doctorat
et par l'Académie de législation de Toulouse (prix du Ministre de l'Instruction publique).

EXTRAIT DE LA REVUE PRATIQUE DE DROIT FRANÇAIS
(Tomes XXIII et XXIV 1867)

PARIS

A. MARESCQ AÎNÉ, LIBRAIRE-ÉDITEUR

RUE SOUFFLOT, 17

1868

1867

La Faculté de droit de Paris avait mis au concours pour l'année 1864-1865 le sujet suivant : « De l'effet que la chose « jugée au criminel produit sur les contestations ultérieures « qui peuvent s'élever soit au criminel, soit au civil, et de l'effe « que la chose jugée au civil peut avoir en matière crimi- « nelle. »

J'ai eu le bonheur d'obtenir le premier prix et, l'année suivante, le prix du ministre de l'instruction publique décerné par l'Académie de législation de Toulouse.

Décidé par les encouragements de mes maîtres à publier mon mémoire, j'ai voulu auparavant le compléter par une étude sur l'autorité de la chose jugée en matière civile. Ce travail, qui m'a servi de thèse pour le doctorat, n'a été achevé qu'à la fin de 1866. J'avais en même temps revu, composé et écrit à nouveau mon mémoire, m'attachant surtout à suivre la même méthode au civil et au criminel. J'ai pu alors réunir ces deux études en un seul ouvrage.

Grâce à la bienveillance de mon savant maître, M. Demangeat, la plus grande partie de mon travail a paru dans la *Revue pratique de droit français*. Je joins aujourd'hui aux feuilles extraites de la *Revue* les chapitres qui traitent de l'autorité des jugements civils en droit romain.

Puisse mon travail ainsi complété et sous cette forme nouvelle paraître plus digne des éloges qui lui ont été décernés avec trop de bienveillance (1) !

J'ai abandonné l'ordre et les divisions généralement suivis et j'ai modifié souvent les règles généralement appliquées. On jugera les raisons qui m'ont déterminé. Mais, comme mes innovations pourront paraître en quelques endroits téméraires, je désire m'excuser d'avance en faisant brièvement connaître la méthode qui m'a guidé et le travail par lequel j'ai essayé de faire une exacte application de la méthode que j'avais adoptée.

L'autorité de la chose jugée est un sujet purement doctrinal, tout à fait propre à une étude vraiment scientifique.

Un fait juridique étant donné, le *jugement*, il s'agit de reconnaître les effets qui en dérivent et de faire l'application de ces effets dans toutes les hypothèses. Il faut donc étudier d'abord ce fait par une observation attentive, afin d'en bien déterminer la nature. La nature du jugement connue, il est facile d'en déduire les effets qu'elle implique. On n'a plus alors qu'à rechercher comment, dans chaque espèce, on peut

(1) « La Faculté a distingué dans ce travail la ferme conception du sujet, la solidité de l'érudition, l'ampleur des développements, un style généralement nerveux et correct. » (Extrait du rapport de M. Demante, professeur à la Faculté de droit de Paris.)

« Voilà dans son ensemble et dans ses principaux détails le mémoire relatif à la chose jugée, œuvre largement conçue, composée avec art, exécutée d'une main ferme, qui aura valu à M. Griolet une éclatante victoire bien justifiée. Penseur lucide et contenu dans la synthèse, vif et pénétrant dans l'analyse, ni la rectitude, ni la souplesse ne font défaut à la généralité de ses vues, ni la logique, ni la vigueur à sa méthode d'argumentation. Assez fréquemment il a émis des idées neuves ou, s'il les reproduit d'ailleurs, il en a déduit les conséquences sous des aspects inattendus. Il est bien peu de livres dont les pages contiennent, comme les siennes, le germe d'un commentaire qui en eût aisément triplé l'étendue ; on le goûte mieux à mesure qu'on l'approfondit.... » (Extrait du rapport de M. Albert, président de l'Académie de législation de Toulouse.)

déterminer les rapports de droit auxquels les effets du jugement doivent s'étendre. Ce sont évidemment tous les rapports de droit compris dans le jugement.

Il s'agit donc, en dernier lieu, de rechercher tous les rapports de droit sur lesquels un jugement a statué.

On peut d'abord, par l'étude des formes des jugements, reconnaître les décisions rendues par le juge d'une manière plus ou moins explicite.

Mais il faut ensuite analyser ces décisions elles-mêmes pour découvrir jusqu'aux rapports de droit les plus simples qu'elles peuvent contenir.

Telle est la méthode que j'ai suivie. C'est à peu près celle dont Savigny s'est servi pour traiter le même sujet en droit romain. J'ai cru pouvoir m'engager, sans trop de péril, dans une voie ouverte par un tel maître.

Cette étude théorique et abstraite avait besoin d'être confirmée par les résultats de l'application.

Dans ce but, j'ai relevé toutes les espèces qu'ont pu me fournir les ouvrages des auteurs et les collections de jurisprudence, en les classant provisoirement d'après les divisions ordinaires. Il était impossible d'avoir une liste plus complète des questions qu'il faut examiner et des difficultés qu'il faut résoudre. J'ai eu toujours ces tableaux sous les yeux et je n'ai jamais adopté une division sans m'être assuré qu'elle ne laissait en dehors aucune espèce, ni formulé une règle sans avoir vérifié comment elle s'appliquait à tous les faits connus. Je contrôlais ainsi par une sorte d'expérimentation les conclusions auxquelles m'avait conduit l'étude rationnelle du sujet.

Je suis loin de croire que j'ai, par ces moyens, évité toute erreur. Mais je demande qu'on me pardonne celles que j'ai commises, en considération des efforts que j'ai faits pour m'en préserver,

TABLE DES MATIÈRES.

—

Pages

DEUXIÈME PARTIE.

De l'autorité des jugements criminels à l'égard des jugements criminels ou de l'autorité de la chose jugée en matière criminelle.

DROIT ROMAIN.

Première période. — La juridiction criminelle se distingue mal de la souveraineté et n'a pas de règles propres. — Deuxième période. — *Quæstiones perpetuæ.* — Textes éta-

TROISIÈME ET QUATRIÈME PARTIES.

De l'autorité des jugements civils à l'égard des jugements criminels.

De l'autorité des jugements criminels à l'égard des juments civils.

DROIT ROMAIN.

ANCIEN DROIT FRANÇAIS.

L'action civile en réparation du délit est considérée comme l'accessoire de l'action criminelle. La décision rendue sur l'action criminelle est prise pour base de la décision à rendre

DROIT MODERNE.

DE L'AUTORITÉ DE LA CHOSE JUGÉE.

THÉORIE DES JUGEMENTS.

Division du sujet.

L'ordre social doit résulter de la seule sanction donnée aux rapports de droit qui se forment entre les hommes suivant des lois naturelles et nécessaires. Mais pour déterminer ces rapports il a fallu créer des lois positives et instituer des jugements.

La loi positive est comme une traduction officielle de la loi naturelle que tous les citoyens doivent accepter pour la règle de leurs rapports. On met ainsi fin à l'incertitude et à la discorde qui naîtraient des manières différentes de concevoir la loi naturelle.

On ne pouvait pas mieux abandonner à l'appréciation de chacun l'application des lois positives. Il a donc fallu créer à côté de l'autorité législative un pouvoir chargé de déterminer d'après les lois positives les rapports qui existent entre les citoyens. C'est l'autorité judiciaire. En appliquant la loi, elle achève l'œuvre de la loi et assure l'ordre dans la société. — *Rebus judicatis maxime status reipublicæ continetur* (Cic. *pro Sulla*).

Nous allons étudier le plus important des effets qui dérivent de la nature des jugements.

Le jugement doit participer de la nature de la loi qu'il applique.

Comme il y a deux sortes de lois, les lois civiles et les lois criminelles, il faut donc distinguer deux sortes de jugements, les jugements civils et les jugements criminels.

Nous verrons dans quelle mesure leurs effets peuvent être regardés comme différents. Mais nous devons d'abord les distinguer au double point de vue de l'effet qu'ont les juge-

1

ments civils et les jugements criminels, et de l'effet qui est produit à l'égard des jugements civils et des jugements criminels.

Notre ouvrage contiendra donc quatre parties :

1re partie. — De l'autorité des jugements civils à l'égard des jugements civils ou de l'autorité de la chose jugée en matière civile.

2e partie. — De l'autorité des jugements criminels à l'égard des jugements criminels ou de l'autorité de la chose jugée en matière criminelle.

3e partie. — De l'autorité des jugements civils à l'égard des jugements criminels.

4e partie. — De l'autorité des jugements criminels à l'égard des jugements civils.

PREMIÈRE PARTIE.

DE L'AUTORITÉ DES JUGEMENTS CIVILS A L'ÉGARD DES JUGEMENTS CIVILS
OU DE L'AUTORITÉ DE LA CHOSE JUGÉE EN MATIÈRE CIVILE.

Théorie de l'autorité de la chose jugée en matière civile.

Division du sujet.

Les lois civiles sont les règles édictées par l'autorité législatives relativement à la formation et à la sanction de tous les rapports de droit qui peuvent exister entre les hommes. C'est aux individus à se conformer eux-mêmes à ces lois. Mais si deux personnes ne sont pas d'accord sur l'application de la loi qui doit être la règle de leurs rapports, il devient nécessaire de recourir à une autorité qui rétablisse l'ordre entre elles en déclarant quelle était la juste application de la loi. Tel est le rôle de la justice civile.

La loi civile ayant pour objet la formation et la sanction des rapports de droit, le jugement civil déclare quels rapports de droit existent entre les parties, *jus dicit*, et ce qu'obligent à faire ces rapports de droit, *quid facere oportere*. Ainsi le jugement contient la déclaration et la sanction du droit.

La sanction a pour effet de créer une obligation exécutoire par la force.

La déclaration doit avoir pour effet de fixer irrévocablement le droit, c'est-à-dire l'application de la loi civile à l'égard des parties.

Nous admettons ainsi que l'irrévocabilité est essentielle à la déclaration rendue par le juge. M. de Savigny a cependant écrit que « l'autorité de la chose jugée ne s'implique nulle-« ment de soi-même et n'est pas une conséquence nécessaire « de l'exercice des fonctions judiciaires (*Syst.*, VI, p. 264). » Mais si l'institution de la justice a pour but d'assurer le maintien de l'ordre en imposant aux parties en désaccord l'application de la loi qui paraît juste aux hommes investis du pouvoir judiciaire, il est de l'essence de cette institution que ces décisions mettent fin au désaccord et ne laissent après elles aucune incertitude.

La déclaration rendue par le juge sur les droits des parties est donc nécessairement irrévocable. Ne pouvant plus être attaquée, elle reste la loi des parties, à moins que la personne à laquelle elle profite ne reconnaisse volontairement le rapport de droit qui l'oblige ou ne consente à se soumettre à une nouvelle décision judiciaire. Hors ces cas, la déclaration du juge doit être respectée comme la vraie et juste application de la loi. *Pro veritate habetur.*

Mais il suffit que cette présomption de vérité s'attache à la déclaration rendue sur le droit.

On ne peut donc pas l'étendre aux autres affirmations que contiendrait un jugement, pas même aux propositions qu'implique la déclaration du juge elle-même. Ainsi c'est en vertu d'une règle doctrinale que le juge fait à une espèce une application de la loi. Mais l'affirmation de cette règle n'est pas protégée par l'autorité de la chose jugée. De même, bien que, pour déclarer l'existence du rapport de droit qu'il a reconnu, le juge ait dû considérer un fait comme vrai, il n'y a pas chose jugée sur l'existence du fait. En sorte qu'en vue de toute autre conséquence que le droit jugé lui-même, l'existence du fait peut être contestée. Le juge n'a point en effet mission d'affirmer des principes ou des faits, il a seulement pouvoir de rendre des déclarations sur les droits contestés. L'autorité de la chose jugée appartient à ces déclarations seules, elle ne s'étend pas aux motifs de ces déclarations.

Telle n'est pas pourtant la doctrine de M. de Savigny. Il s'exprime ainsi (t. VI, p. 367) : « Parmi les motifs qui déter- « minent la décision du juge, les uns sont objectifs, ce sont « les parties constitutives des rapports de droit ; les autres « sont subjectifs, ce sont les mobiles qui influent sur l'esprit « du juge, l'engagent à affirmer ou à nier l'existence de ces « éléments. » Puis il fait cette distinction : « Les motifs ob- « jectifs ont l'autorité de la chose jugée, les motifs subjectifs « n'ont pas l'autorité de la chose jugée. »

Cette théorie est exacte dans sa plus grande partie, parce qu'on voit que M. de Savigny considère comme motifs objectifs de la sentence les rapports de droit en vertu desquels la condamnation est demandée, et les rapports de droit que le défendeur oppose au demandeur pour neutraliser en quelque sorte l'effet des rapports de droit qu'on invoque contre lui, et éviter ou amoindrir la condamnation. Telles sont les deux hypothèses suivantes citées par M. de Savigny : le cas où le créancier gagiste oppose à la revendication du débiteur l'exception dite hypothécaire, celle où le débiteur oppose la compensation. Il est évident que ces droits qu'on invoque ainsi sont en réalité mis en cause pour être opposés aux droits prétendus par le demandeur. Ce n'est donc pas comme motifs objectifs qu'ils sont jugés. Mais l'erreur de M. de Savigny commence quand il étend l'autorité de la chose jugée non plus seulement aux rapports de droit mis en cause, considérés comme motifs de la sentence, mais à des faits ou même à des droits qui ne sont pas mis en cause. Ainsi, M. de Savigny admet que la décision qui absout le défendeur, parce qu'il y a eu paiement, a l'autorité de la chose jugée sur le fait du paiement. La négation du paiement n'est évidemment que le motif de la négation d'une obligation. C'est un fait, ce n'est pas un droit qui puisse être déclaré par le juge avec l'autorité de la chose jugée. De même nous ne pensons pas qu'un véritable rapport de droit puisse être affirmé avec cette autorité, s'il n'a pas pu être mis en cause. Ainsi nous n'admettrons pas encore l'opinion de M. de Savigny, relativement à l'exception improprement dite *recentioris dominii*, dans les législations où, comme en droit romain, il ne serait pas permis au possesseur de faire juger contre le demandeur qu'il est propriétaire. Le droit que le demandeur invoque reste alors à l'état de motif.

Nous avons dit que cet effet qu'a le jugement de fixer irrévocablement le droit n'avait lieu qu'entre les parties. Le jugement n'est qu'un arbitrage imposé aux personnes qui sont en désaccord sur l'application qui doit leur être faite des lois civiles. La sentence n'a d'autre but que de leur faire accepter une solution de cette question. Elles seules seront obligées de s'en tenir à la décision d'un homme désigné par la loi qu'elles-mêmes auront dû éclairer et convaincre.

Il est ainsi facile de déduire de la nature des jugements leurs deux effets, déclaration et sanction des rapports de droit civil, et les principaux caractères de l'autorité qui appartient à la déclaration : irrévocabilité, relativité.

De cette théorie on peut aisément tirer la division qui convient nécessairement au sujet que nous devons suivre en recherchant comment l'autorité de la chose jugée a été entendue et appliquée en droit romain et en droit français. Il faudra examiner : 1° Quel caractère on a reconnu aux jugements civils et quels actes ont été considérés comme des jugements civils ; 2° Quels ont été les effets attribués aux jugements civils et si on a reconnu que l'autorité de la chose jugée devait se rapporter à la déclaration des droits ; 3° Comment on a pu constater quelles déclarations sont rendues par le juge et à quels rapports de droit elles s'appliquent ; 4° Si on a reconnu le caractère relatif des effets des jugements et comment on a appliqué ce principe ; 5° Enfin quelles conséquences ont dû résulter de l'autorité de la chose jugée et par quels moyens on a permis de l'invoquer.

D'où cinq chapitres :

I. Des jugements civils.

II. Effets des jugements civils. Déclaration et sanction des droits contestés. Autorité de la déclaration des droits.

III. Quelles sont les déclarations de droits résultant des jugements civils.

IV. Relativité des effets des jugements civils. A l'égard de quelles personnes a lieu l'autorité de la chose jugée.

V. Effets de l'autorité de la chose jugée.

Cette théorie et la division qui en découle ne sont pas celles que les auteurs suivent, soit en droit romain, soit en droit français. M. de Savigny lui-même est revenu dans ses derniers chapitres à la méthode généralement usitée.

C'est relativement aux conditions auxquelles est soumise l'application de l'autorité de la chose jugée que les deux méthodes et les deux plans diffèrent.

Nous prouvons d'abord que l'autorité de la chose jugée

se rapporte aux déclarations de droits résultant du jugement; en quoi nous sommes d'accord avec tous les textes et
en définitive avec tous les auteurs. Il nous semble alors qu'il
n'y a qu'à rechercher quelles déclarations de droits sont
résultées du jugement, c'est-à-dire quelles déclarations ont
été rendues et sur quels droits. D'où la nécessité d'interpréter
le sens du jugement et de rechercher les droits auxquels la
déclaration du jugement s'applique. Nous ne traitons pas ensuite dans un chapitre spécial de l'identité des droits, parce
que nous n'avons pas trouvé une seule question d'identité
véritable qui présentât quelques difficultés. Toutes celles
auxquelles on donne ce nom sont en réalité relatives à l'étendue des jugements. Il ne s'agit pas, dans ces cas, de savoir si
un droit est identique à un autre; il y a seulement lieu de
rechercher si un droit n'a pas été jugé en même temps
qu'un autre, s'il n'a pas été compris dans le même jugement.

Mais la théorie qu'on suit d'ordinaire diffère surtout en
ceci de la nôtre. Ce n'est pas même, à vrai dire, l'identité
des droits qu'on étudie, c'est l'identité des demandes qu'on
poursuit. On croit devoir rechercher si la demande, la prétention a le même objet et la même cause (Toul., t. x; Zach.,
t. 5 ; Marc., t. 5.— Bonnier, *Traité des preuves*, t. 2). Cet ordre
est en effet celui que semble indiquer l'art. 1351. Cet article
pose d'abord cette règle qui convient très-bien à notre système : « L'autorité de la chose jugée n'a lieu qu'à l'égard de
ce qui a fait l'objet du jugement. » Mais il ajoute : « Il faut que
la chose demandée soit la même ; que la demande soit fondée
sur la même cause. » On applique ce texte à la lettre, et
comme par demande on entend dans notre droit, d'une manière générale, action, prétention, on exige que les deux
contestations aient un même objet et une même cause.

Nous n'aurions pas besoin de justifier une méthode contraire à l'article 1351. En matière de méthode, la doctrine est souveraine et les lois elles-mêmes ne sont que des
conseils. Il nous suffirait de montrer qu'il est plus facile de
constater par notre système quel est le véritable objet d'un
jugement, quelle est la déclaration de droits qui en résulte.
Mais il ne nous semble pas difficile de prouver que la méthode
usitée n'était pas, comme on le croit, celle des jurisconsultes

romains et qu'elle ne peut aboutir à une application exacte de l'autorité de la chose jugée.

La véritable règle des jurisconsultes romains est très-clairement exprimée dans la l. 3 ff. *De ex. r. j. : « Julianus respondit exceptionem rei judicatæ obstare quotiens eadem quæstio inter easdem personas revocatur.* Ce texte est, en effet, cité par Ulpien (l. 7 § 4) comme une règle de droit certaine. *« Et generaliter, ut Julianus definit exceptio rei judicatæ, obstat quotiens inter easdem quæstio revocatur vel alio genere judicii. »* Nous verrons de même tous les jurisconsultes justifier ainsi toutes leurs décisions. Ce qu'ils exigent toujours pour admettre l'autorité de la chose jugée, c'est qu'il y ait *eadem quæstio,* c'est-à-dire contestation sur le droit déjà jugé.

Quel était donc le sens des trois lois qui, réunies en un seul texte, ont été considérées comme la règle admise par les jurisconsultes romains?

L. 12, Paul. *Cum quæritur hæc exceptio noceat nec ne inspiciendum est an idem corpus sit ;* l. 13 Ulp. *Quantitas eadem, idem jus ;* l. 14 Paul. *Et an eadem causa petendi, et eadem conditio personarum.*

Il serait bien étonnant que cette grande règle ne se retrouvât au Digeste que dans cet état. Mais il est facile de montrer que ces expressions des jurisconsultes romains n'ont pas le sens qu'on leur attribue. Nous verrons que la fonction négative de l'exception *rei judicatæ,* c'est-à-dire la consommation de l'action, principe tout différent de l'autorité de la chose jugée, avait pour effet d'anéantir le droit d'action exercé. Il s'ensuivait qu'on devait seulement rechercher quels droits avaient été mis en cause. De là la nécessité d'analyser les droits soit pour constater leur identité, soit pour étudier l'étendue des désignations qu'ils recevaient dans les formules. Or les éléments d'un droit sont : l'objet du droit (*corpus, quantitas, jus*), la cause du droit (*causa petendi*), le sujet du droit (*conditio personarum*). Un élément manquerait encore, la nature du droit. Il est dans ce texte indiqué par le mot *causa petendi.* Il s'agit d'un droit réel. Nous montrerons combien cette analyse du droit était nécessaire. On voit quel était le véritable sens des expressions empruntées à Paul et à Ulpien, et combien il est différent de celui qu'on leur a attribué. Il est très-probable

que ces jurisconsultes, quand ils écrivaient ces mots, s'oc-
cupaient de la fonction négative. Il est certain du moins que
la l. 14 ne se rapporte pas à l'autorité de la chose jugée proprement dite. Celle-ci d'ailleurs donne lieu également à la
même analyse des droits, car nous avons dit que son application oblige à rechercher quelles déclarations de droits résultent des jugements, par conséquent, non-seulement quel
est le sens de la décision, mais encore à quels droits elle s'applique.

Ainsi les mots *idem corpus, eadem causa, eadem conditio
personarum*, se rapportent au droit lui-même et non pas à
l'action, à moins qu'on n'entende par ce mot le droit lui-même
mis en mouvement. Mais jamais les jurisconsultes romains
n'ont recherché l'objet ou la cause de la prétention du demandeur, de la demande.

Aussi, n'ont-ils pas été obligés d'admettre ces décisions
que Marcadé critique avec raison, mais qu'il leur attribue
injustement. Ils ne disaient pas que la partie est identique
au tout, ni le moins au plus : nous verrons que les expressions qu'on traduit ainsi ont un tout autre sens. Au
point de vue de la consommation de l'action, le droit dont
l'objet est moindre a été compris dans la désignation d'un
droit dont l'objet était plus grand et dont les autres éléments étaient les mêmes. Au point de vue de l'autorité de
la chose jugée, la même solution est encore juste, parce
qu'en absolvant le défendeur, le juge n'a pas nié seulement
le droit formellement mis en cause, mais tout droit ayant
même nature, même cause, même sujet, et un objet moindre
que l'objet indiqué, pourvu du moins que le pouvoir du juge
ne fût pas absolument restreint au droit textuellement désigné.

Tandis qu'on attribue aux jurisconsultes romains des erreurs qu'ils n'ont pas commises, on devrait logiquement
rejeter des solutions très-exactes qu'ils ont données et bien
motivées. Ainsi, comment retrouverait-on l'identité d'objet et
l'identité de cause dans la pétition d'hérédité et la revendication d'un corps certain, dans la pétition d'hérédité et l'action
exercée contre un débiteur héréditaire. Aussi Ulpien n'ap-
plique-t-il dans ces cas l'autorité de la chose jugée que parce
qu'il retrouve le même droit une seconde fois mis en ques-

tion (l. 7, § 4 et 5). Il est résulté du premier jugement une déclaration sur le droit de l'hérédité. Cette déclaration, ne pouvant plus être contestée, rend inutile le second procès, car elle en donne nécessairement la solution. Ulpien le dit formellement : *Eadem quæstio revocatur.*

Nous verrons encore d'autres hypothèses qu'il serait également impossible d'expliquer par l'identité de l'objet et de la cause, et notamment toutes celles où la possibilité d'un *præjudicium* donnait lieu à la *præscriptio*. C'est donc la règle de Julien et d'Ulpien qu'il faut reconnaître comme étant celle des jurisconsultes romains, et comme étant seule exacte.

Ce n'est pas en effet une règle différente que formule Nératius dans la l. 27 : « *Cum de hoc an eadem res sit quæritur, hæc spectandæ sunt personæ, id ipsum de quo agitur, causa proxima actionis.* » Neratius ne parle ni de *corpus*, ni de *causa*. Il faut, dit-il, rechercher *id ipsum de quo agitur*, l'objet du jugement, c'est-à-dire le droit qui a été jugé.

C'est encore du droit qui a été jugé que parle Neratius, quand il dit : *Causa proxima actionis.* La suite du texte montre en effet qu'il oppose au droit d'où naît l'action les moyens par lesquels on veut prouver ce droit, *ratio qua quis eam causam actionis competere sibi existimasset.*

Notre art. 1351 n'est qu'une traduction des l. 12, 13, 14, empruntée textuellement à Pothier.

L'autorité de la chose jugée, avait dit Pothier, n'a lieu qu'à l'égard de ce qui a fait l'objet du jugement. Il faut pour cela, ajoutait-il, que trois choses concourent : 1° Il faut que l'on demande la même chose qui avait été demandée ; 2° il faut que, par la nouvelle demande, on demande cette chose pour la même cause. Enfin, Pothier rattachait même l'identité des personnes à l'identité de l'objet du jugement. Il est évident cependant que le changement des parties ne porte pas atteinte à l'identité du droit qui a été l'objet du jugement. Si la contestation ne s'élève pas entre les mêmes parties, il s'ensuit que la chose jugée n'est pas opposable parce qu'elle n'a pas lieu à l'égard de ceux qui n'ont pas été parties. Mais il est possible que le même droit ait été remis en cause. On peut en effet plaider dans son propre intérêt sur le droit d'autrui. Mais Pothier traduisait des textes qui, étant relatifs à l'identité des droits, exigeaient non pas l'identité des parties, mais l'identité des sujets du droit.

La doctrine de Pothier, une fois admise par le Code, a été adoptée par les auteurs. On a donc voulu trouver l'objet et la cause de toutes les demandes.

Quand la condamnation demandée est l'objet même du droit contesté, il est facile de dire : L'objet de la demande est la chose demandée, la cause de la demande est le droit en vertu duquel on agit. On n'est plus qu'obligé de reproduire les prétendues décisions des jurisconsultes romains sur les identités du plus et du moins, du tout et de la partie.

Mais il arrive bien souvent dans notre droit que la condamnation demandée n'est ni l'objet du droit, ni son estimation. C'est à l'occasion d'une des nombreuses conséquences qu'il peut avoir que le droit est mis en question. Si on considérait alors la condamnation demandée comme l'objet de la demande, on devrait nier l'application de l'autorité de la chose jugée, dès que cette condamnation ne serait plus la même. Mais personne n'admettrait cette décision, tant il est évident que le droit lui-même a été jugé. Aussi, dans ces hypothèses, veut-on considérer ce droit comme l'objet de la demande. Mais alors où est la cause de la demande ?

C'est pourquoi on peut remarquer que la cause de la demande ne joue un rôle important dans la doctrine des auteurs qu'à l'occasion des actions en nullité et autres semblables. Dans ces hypothèses, en effet, on a pu trouver un objet et une cause distincts. L'objet de la demande serait la nullité demandée et la cause de la demande serait le vice allégué. Mais nulle part n'apparaît mieux la fausseté de cette doctrine. Le peu de précision des expressions françaises, objet et cause, permet de les appliquer à des choses bien différentes. Pourrait-on de même appliquer à la nullité d'un acte les expressions latines qu'on traduit par objet, *corpus*, *quantitas*, ou même les mots employés par Pothier et par le Code, *chose demandée*. La nullité d'un acte n'est pas plus une chose qu'un *corpus*. De même on peut dire, dans le langage ordinaire, qu'un vice de forme est la cause d'une nullité. Mais si ce mot doit avoir le sens de *causa*, dans la loi 14, *causa petendi*, comment peut-on l'appliquer aux vices d'un acte. En droit, la cause est un fait juridique qui crée un droit. Un vice de forme n'est pas même un fait juridique.

Nous verrons à quelles difficultés a conduit cette doctrine. Logiquement, il aurait fallu décider que, dès qu'un vice nouveau était allégué, il n'y avait plus même cause, en sorte que l'action était recevable. « On ne peut méconnaî- « tre, dit M. Dalloz, que ce soit le sens simple et naturel « de la loi. » Mais la pratique ne pouvait admettre un pareil système. Nous verrons qu'on a arbitrairement créé des catégories de vices, de manière que tous ceux qui sont rangés dans la même classe dussent être invoqués en même temps. On a voulu, il est vrai, se fonder sur les mots *causa proxima actionis* de la loi 27 *De ex. r. jud.* Nous les avons déjà expliqués. Comment d'ailleurs appliquer le droit romain à une forme d'action qu'il ne connaissait pas ? On verra, au contraire, qu'il est très-facile d'appliquer notre théorie à ce genre d'action, comme à tout autre.

DROIT ROMAIN.

DE L'AUTORITÉ DE LA CHOSE JUGÉE EN MATIÈRE CIVILE

De exceptione rei judicatæ (D. 44, t. 2).

Origine et co-existence du principe de la consommation de l'action et du principe de l'autorité de la chose jugée. Fonction négative et fonction positive de l'*exceptio rei judicatæ*.

Dans le développement du droit romain, l'autorité de la chose jugée a été précédée par un autre principe, celui de la consommation de l'action.

Les contestations sur le droit ont été sans doute de très-bonne heure tranchées par un véritable jugement, c'est-à-dire par la décision d'hommes, magistrats ou citoyens, constitués arbitres légaux des parties. Mais le *judicium* n'a occupé que fort tard, dans la procédure romaine, la place la plus importante. A l'époque des actions de la loi, il était encore précédé par des actes solennels dont le sens était déjà perdu du temps de Cicéron, mais qui n'en étaient 'pas moins restés nécessaires (G., IV, § 12 et sq. Cic., *pro Murena*, c. 12).

C'était l'*actio*. Elle donnait son nom à toute la procédure. Le *judicium* n'en semblait qu'un accessoire. Ce furent donc d'abord les effets de l'*actio* sur le droit litigieux qu'on songea à faire respecter. Plus tard seulement, on comprit qu'il importait surtout de rechercher et de consacrer les effets essentiels du *judicium*.

Les effets de l'*actio* elle-même avaient sans doute leur origine dans une procédure plus ancienne. L'*actio* n'aura été que le débris fort altéré d'une cérémonie religieuse par laquelle, dans des temps plus reculés, on demandait aux dieux eux-mêmes la décision des procès. *Actiones apud pontificum collegium erant* (l. 2, § 6, ff. *De or. jur.*). A l'époque où cette sorte d'oracle tenait lieu de jugement, il avait dû paraître impossible de demander une seconde fois aux dieux la ré-

ponse qu'ils avaient déjà donnée ou qu'on n'avait pu obtenir, faute d'avoir observé tous les rites. Cette règle conservée par la tradition aura été appliquée à l'*actio* qui représentait elle-même l'antique cérémonie religieuse. C'est
ainsi que les institutions transformées peu à peu retiennent
toujours quelque marque de leur ancienne nature.

Le principe des actions de la loi fut donc celui-ci : *Bis de
eadem re ne sit actio* (Quint. *Inst. or.* VII, 6, Decl. 226) ;
*qua de re semel actum erat de ea postea ipso jure agi non po-
terat* (G., IV, § 108). Maxime bien ancienne, puisqu'elle est
déjà citée comme un adage dans les comédies de Plaute et de
Térence. *Actam rem agis* (Pl. *Cist.*, acte 4, sc. 2) ; *actum ne
agas* (Tér., *Phormio*, acte 2, sc. 3).

La première action de la loi, l'*actio sacramenti*, était seule
précédée d'une véritable *actio*. Mais la *judicis postulatio* et
la *condictio* n'étaient que des modes de l'*actio sacramenti*
simplifiés. On leur appliqua donc la même règle qui fut
ainsi commune à toutes les actions de la loi.

Aux actions de la loi succéda la procédure formulaire.

Le préteur pérégrin, obligé de créer à la fois pour les étrangers le droit et la procédure, avait imaginé des formules qui
dictaient à des arbitres leur décision, si la preuve des faits
indiqués était produite. Le préteur urbain lui-même délivra
bientôt des formules semblables à celles de son collègue.

Une nouvelle procédure était créée. Il est évident qu'étrangère au droit quiritaire, cette procédure ne pouvait avoir
l'effet de l'*actio legis*.

Il est vrai que le système formulaire a été consacré par des
lois (G., IV, § 30). Mais cette procédure nouvelle n'en a pas
moins sans doute conservé le caractère prétorien qu'elle
devait à son origine. La loi *Æbutia* a adopté le système
tel qu'il avait été déjà créé, avec ses formes et ses effets pré-
toriens. Probablement elle a seulement contraint les plaideurs à recevoir les formules qu'ils devaient auparavant demander.

C'est donc le préteur lui-même qui a dû, de sa propre
autorité, attribuer à ses formules un effet analogue à celui de
l'*actio legis*.

Gaius nous a très-bien fait connaître le système qui fut
imaginé (G., IV, § 31).

On divisa les actions en deux catégories. Par les actions de la première classe, le droit d'action est consommé *ipso jure*, comme sous l'ancienne procédure. Les actions de la seconde classe ne consommèrent pas ainsi le droit d'action. *Ipso jure* une nouvelle action pouvait être intentée, mais elle était repoussée par l'*exceptio rei judicatæ* ou *rei in judicium deductæ*.

L'action est consommée *ipso jure*, « *si legitimo judicio in « personam actum sit ea formula quæ juris civilis habet in- « tentionem.* »

Il faut, au contraire, recourir à l'exception, si toutes ces conditions ne se retrouvent pas.

Pourquoi le préteur fit-il cette distinction ? Il nous semble raisonnable de supposer que le préteur n'a osé appliquer directement cet important effet du droit civil qu'à celles des actions prétoriennes qui se rapprochaient le plus des actions du droit civil. On comprend ainsi très-bien qu'une première condition de ressemblance dut être le *legitimum judicium*, et une seconde, l'*intentio juris civilis*. Pourquoi fallait-il en outre que l'*actio* fût *in personam ?* Sans doute, parce que les actions réelles imaginées par le préteur, l'*actio per sponsionem* et la *formula petitoria*, s'éloignaient trop de l'*actio sacramenti*, qu'on pouvait d'ailleurs encore intenter. Au contraire, l'*actio in personam* avec *intentio juris civilis* n'était pas très-différente de l'ancienne *condictio* ou de l'ancienne *judicis postulatio*. Dans les autres cas, le préteur ne s'est pas cru autorisé à appliquer directement les effets du droit civil. Il a seulement donné aux actions qu'il avait créées un effet analogue par le moyen indirect de l'*exceptio*.

Telle n'est pas l'explication qu'on donne en général de cette distinction. La plupart des auteurs pensent que, dans les actions de la première catégorie, le droit d'action est détruit par l'effet d'une novation qui serait impossible dans les actions de la seconde. La nécessité d'une novation expliquerait peut-être pourquoi l'action doit être *in personam*. Mais pourquoi faut-il que la formule ait été *in jus ?* Sans doute, le fait qui est alors indiqué dans la formule ne peut pas être nové. Mais pourquoi n'aurait-on pas admis qu'il y avait eu novation de l'obligation résultant du fait indiqué et hypothétiquement affirmée par la formule ? Pourquoi encore le *judicium imperio continens* n'aurait-il pas le même effet que le *legitimum judicium*, s'il est vrai qu'on considérât la mise en cause d'un droit comme une sorte de novation ? Enfin, on oublie que les actions *in rem* étaient consommées *ipso jure* dans la procédure des actions de la loi, et qu'ainsi l'idée de novation était alors du moins étrangère à l'effet de l'exercice d'une action.

Nous verrons d'ailleurs qu'il n'est pas exact d'assimiler à une novation l'effet de la consommation de l'action.

Quelle que soit l'origine de cette distinction, il est certain que, sauf la différence qui en résulte, la règle de l'ancienne procédure fut conservée dans le système formulaire.

Il était évident que l'impossibilité d'exercer deux fois un droit d'action *de eadem re* n'avait pas pour conséquence l'irrévocabilité de la sentence, de la chose jugée.

En matière d'actions réelles surtout, on dut s'apercevoir bientôt que le résultat du *judicium* n'était presque jamais protégé par la consommation de l'action. Ainsi, le demandeur en revendication, qui avait prouvé son droit et obtenu la restitution de la chose, était exposé à une revendication que le défendeur vaincu intenterait à son tour contre lui. Celui-ci, en effet, n'a pas consommé son droit d'action. Il est vrai que, dans l'*actio sacramenti*, il y avait revendication réciproque, par conséquent consommation de l'action des deux parties. Mais il n'en est plus ainsi sous le système formulaire. Il arrivait même que l'effet de la consommation de l'action se retournait contre le demandeur qui avait gagné son procès. Supposez, en effet, que le revendiquant qui a triomphé et obtenu la remise de la chose soit évincé de nouveau par l'ancien possesseur. Il faudra qu'il exerce une seconde fois la revendication. Mais il ne le pourra pas, parce que son droit d'action a été consommé par l'exercice qu'il en a déjà fait (l. 9 § 1 ff. *De ex. r.j.,;* 16 § 5 ff. *De pign.*).

On ne pouvait donc pas tarder à s'apercevoir que l'irrévocabilité de la sentence était seule le principe essentiel. Le préteur le comprit. Il eut recours à son moyen ordinaire, l'*exceptio*. Cette *exceptio* conserva même le nom de l'ancienne *exceptio rei judicatæ*. Ce fut, sous un nom ancien, une institution nouvelle. Il y eut ainsi, en réalité, deux exceptions *rei judicatæ*. Il n'a pas été facile de les distinguer sous le nom qui leur est commun, d'autant plus que les jurisconsultes romains eux-mêmes ne les discernaient pas avec assez de soin. Keller est le premier qui ait bien reconnu les deux institutions (*Litisc.* §§ 28, 29, 30). C'est lui qui a imaginé ces deux dénominations, aujourd'hui assez généralement reçues, de *fonction négative et fonction positive de l'exception rei judicatæ*. L'exception donnée en vertu de la consommation de l'action n'a qu'une fonction négative : elle empêche l'exercice de l'action. L'exception donnée en vertu de l'autorité de la chose jugée a une fonction positive : elle oblige le juge à ne pas contredire, à affirmer de nouveau les déclarations résultant d'un *judicium* précédent.

Il est difficile de conjecturer à quelle époque ce nouveau principe s'est introduit dans le droit romain. On pourrait croire qu'il était encore inconnu du temps de Gaius. Il explique en effet très-clairement dans ses Commentaires la fonction négative de *l'exceptio rei judicatæ*, sans faire aucune mention de la fonction positive. Mais la l. 15 ff. *De ex. r. j.*, où il est fait une application certaine de la fonction positive, a été empruntée à Gaius. Julien lui-même connaissait ce principe (l. 40 *De proc.* § 2). On peut même croire qu'il était admis par les jurisconsultes romains dès le temps de Cicéron. Il semble bien, en effet, que Cicéron ait fait plusieurs fois allusion à l'autorité de la chose jugée, notamment quand il reprochait si sévèrement à Verrès *quod de re judicata judicaverit* (*in Ver.* 4, V. *pro Cluentio*). Et c'était bien certainement du respect dû aux décisions judiciaires qu'il parlait dans l'*or. pro Sulla* (cap. 22) où nous lisons : « *Status reipublicæ maxime judicatis rebus « continetur.* »

L'autorité de la chose jugée est affirmée comme un grand principe par plusieurs textes du Digeste, dont le plus précis est devenu une maxime universelle : *Res judicata pro veritate accipitur* (l. 207 ff. *De reg. jur.* Ulp. D. l. 25 ff. *De stat. hom.*; 63 § 2 ff *ad S. Treb.* ; 12 § 3 ff. *De bon. lib.*).

Il semble que l'autorité de la chose jugée aurait dû entièrement supplanter l'ancienne règle de la consommation de l'action qui ne pouvait plus avoir que des effets iniques, si elle ne concourait pas avec l'autorité de la chose jugée elle-même. Mais les Romains n'abandonnaient qu'avec la plus grande peine leurs anciens principes. Les deux institutions

2

ont donc jusqu'à la fin existé ensemble. C'est Justinien qui effacera les derniers effets de la consommation de l'action. Jusqu'à lui les deux principes ont été confondus dans leurs applications, comme ils le sont dans le texte suivant :

Singulis controversiis singulas actiones unumque judicati finem sufficere probabili ratione placuit ne aliter modus litium multiplicatus summam atque inexplicabilem pariat difficultatem, maxime si diversa pronuntiarentur (l. 6 ff. *De ex. r. j.*).

De même, dans les textes spéciaux, l'*exceptio rei judicatæ* est souvent fondé à la fois sur les deux principes. Toutefois, elle est alors presque toujours rapportée au plus ancien. Mais l'autorité de la chose jugée peut seule justifier l'exception donnée par certains textes. Quelquefois, au contraire, c'est la consommation de l'action qui seule donne lieu à l'exception. Mais elle ne conserve pas ces effets si elle doit combattre les effets de l'autorité de la chose jugée. C'est alors celle-ci qui l'emporte. On voit combien les deux principes sont étroitement unis. Il n'est pas possible de connaître l'un sans avoir étudié l'autre. Nous sommes ainsi obligés de rechercher quelle est la nature et quels sont les effets de la consommation de l'action avant de rechercher comment les jurisconsultes romains ont, sans répudier cet ancien principe, compris et appliqué l'autorité de la chose jugée. Cette étude se divisera donc en deux sections :

Section I. — De la consommation de l'action.

Section II. — De l'autorité de la chose jugée.

SECTION I.

DE LA CONSOMMATION DE L'ACTION.

Division.

La division que nous devons suivre est indiquée par le sujet lui-même. Elle est analogue à celle que nous avons déduite de notre théorie rationnelle pour l'autorité de la chose jugée. La règle est que le droit d'action, une fois exercé, est éteint. Nous devons donc rechercher d'abord «*comment un droit d'action est exercé.* » Il doit résulter de l'application de cette règle que les droits dont l'action a été exercée sont désormais dépourvus d'action. Il y a donc lieu de se demander «'*quels sont les droits dont l'action est exercée.*» Il ne restera plus qu'à indiquer «*quelles sont les conséquences de la consommation d'un droit d'action.*

CHAPITRE I.

DES FORMES ET DES CONDITIONS NÉCESSAIRES A L'EXERCICE DU DROIT D'ACTION.

Nous savons déjà que le droit d'action était exercé et consommé par toutes les formes des *legis actiones* et par les actions du système formulaire, soit *ipso jure*, soit *exceptionis ope*. Sous le système des actions de la loi il fallait que l'*actio* fût terminée. Elle était achevée quand, toutes les formalités remplies, le magistrat renvoyait les parties devant le juge. On assimila à cet accomplissement de l'ancienne *actio* la délivrance de la formule. On disait qu'il y avait eu alors *litis contestatio*, suivant une expression très-ancienne. C'est à partir de ce moment que le droit d'action est consommé, en sorte que les jurisconsultes romains ont pu s'exprimer d'ordinaire comme si l'effet de la consommation de l'action appartenait à la litiscontestation elle-même. Ainsi Gaius dit : *Tollitur obligatio litis contestatione* (III , § 180).

Quand le préteur refusait la formule qui lui était demandée, y avait-il consommation du droit d'action ? Il est probable que le préteur ne revenait pas au moins d'ordinaire sur sa précédente décision. Mais il semble que la consommation de l'action n'a pu alors avoir lieu puisqu'il n'y a pas eu d'*actio*.

De même lorsque, au lieu d'organiser un *judicium*, le préteur jugeait lui-même, cette *cognitio extra ordinem* ne nous paraît pas avoir pu être assimilée à l'action ordinaire du droit civil. D'ailleurs à l'époque ou les *cognitiones extraordinariæ* furent en usage, l'autorité de la chose jugée supplantait déjà la consommation de l'action.

On pouvait quelquefois faire valoir un droit en justice, sans exercer une *actio*, par le moyen d'une *exceptio*. Nous ne pensons pas qu'il y eût alors consommation du droit d'action puisqu'il n'y avait pas d'action exercée. Nous verrons même que dans ce cas l'application de l'autorité de la chose jugée ne paraît pas avoir été au moins généralement admise.

Telles étaient les formes d'action par lesquelles le droit d'action était exercé et consommé. Il est évident qu'il ne pouvait être ainsi exercé et consommé par une personne à laquelle il n'aurait pas appartenu. On n'autorisa même d'abord la représentation de celui dont l'action était exercée que par un mandataire constitué suivant certaines formes solennelles et nommé *cognitor* (G. IV, § 83-97). Si un simple *procurator* veut agir, *periculum est ne iterum dominus de ea re experiatur*. C'est pourquoi on l'oblige à donner la caution « *rem ratam dominum habiturum.* » Nous voyons même qu'on exigeait quelquefois cette caution des tuteurs et curateurs. Sans doute on n'avait pas d'abord admis que l'action intentée par eux consommât le droit du pupille. Mais on ne tarda pas à se relâcher de cette rigueur. Nous lisons en effet dans les *Fragmenta Vaticana* (§ 331-333) que Papinien assimilait au *cognitor* le *procurator præsentis* et qu'il n'exigeait la caution du *procurator absentis* que parce qu'il n'est pas certain que son mandat subsiste au moment où le procès s'engage. Ulpien dit aussi formellement dans plusieurs textes que le *procurator*, le *tutor*, le *curator* et tous autres *mandatores* « *rem in judicium deducunt* » (l.11 § 7 ff. *De ex. r. j.; 56 ff. De jud.; 17 § 2 ff. De j.j.*). » Ulpien admet même que celui qui a agi sans aucun mandat aura consommé l'action si le *dominus* a ratifié cet acte de gestion d'affaires (l. 56 ff. *De jud.; 66 ff. De proc. Jul., l. 25 § 2 ff. De ex. r. j.*):

Un droit d'action ne peut pas être consommé avant qu'il ait commencé d'exister. Si donc quelqu'un a essayé d'agir en vertu d'un droit qui n'était pas encore né, *nihil egit*.

Il pourra plus tard exercer de nouveau son action.

On sait que le droit d'usufruit résultant d'un legs n'existe que du jour de l'adition d'hérédité, ou s'il a été constitué *ex die*, du jour où l'échéance du terme a eu lieu. Si le légataire a agi avant l'adition d'hérédité ou l'échéance du terme, il n'a pas consommé son droit d'action, *nihil fecit* (l. 1 § 4 ff. *Quando dies leg.*).

La même solution semble avoir dû être appliquée à tous les droits dont l'existence est en suspens et notamment à ceux dont la constitution est subordonnée à l'événement d'une condition.

En effet, avant que la condition se soit réalisée, le droit n'a pas encore pris naissance.

Quant aux droits réels, aucun doute n'est possible.

On peut croire au contraire que, lorsqu'il s'agissait d'un droit d'obligation, les jurisconsultes romains n'avaient pas été toujours d'accord. Quant à l'obligation née d'un legs, tous admettaient que, sous aucun rapport, le légataire sous condition ne pouvait être considéré comme créancier avant l'événement de la condition (l. 42 *De ob. et ac.*)

Au contraire, dans les contrats donnant naissance à des obligations, l'effet de la condition réalisée rétroagissait au jour du contrat. On pouvait par conséquent, à certains égards, considérer le créancier sous condition comme étant créancier, même avant l'événement de la condition (l. 42, *sup.*). S'ensuivait-il que le droit d'action pût être consommé avant d'être né. Deux textes le nient formellement (l. 43 § 9 ff. *De æd. ed.*; l. 13 § 5 ff. *De pign. et hyp.*).

Mais ces décisions sont contredites par les Instituts de Justinien. *Tempore plus petitur veluti si quis ante diem, vel conditionem petierit.* M. Schrader et M. Ortolan (n. 2160, 6ᵉ édit.) pensent que la véritable règle admise était celle des Instituts, et que les textes du Digeste doivent être rapportés à des cas où l'action n'a pas été poussée jusqu'à la litiscontestation. M. Marchelard admet l'antinomie et cite en outre à l'appui des Instituts la loi 36 ff. *De reb. cred.* dont les expressions semblent avoir été reproduites par Justinien : « *Cum incertum sit an ex ea stipulatione deberi possit, ante tempus petere videor.* » Mais, M. Bufnoir (*Condit.*, p. 233-246) fait remarquer que ce texte ne suppose pas qu'on a exercé l'action de l'obligation conditionnelle. On avait nové une obligation existante par la création d'une obligation conditionnelle. Avant l'événement de la condition, on a exercé l'action de la première obligation. Elle est consommée, car la première obligation existait jusqu'à ce que la condition de la seconde se fût accomplie. C'est sans doute la décision de ce texte que les commissaires de Justinien ont voulu reproduire aux Instituts.

Enfin on peut voir dans les lois 3 ff. *Si pars hæred.*; 28 § 5 ff. *De jud.*; 36 ff. *De sol.*, une hypothèse où le droit d'action ne peut être consommé que dans une certaine

mesure, parce qu'on avait cru devoir restreindre provisoirement dans cette même mesure un droit dont l'étendue était
incertaine.

CHAPITRE II.

QUELS SONT LES DROITS DONT L'ACTION A ÉTÉ EXERCÉE.

Les droits dont l'action a été exercée, qui ont été mis en
cause, *deducta in judicium*, sont ceux que comprend l'*intentio* de la formule. Aucun autre droit n'est exercé (G., IV,
§ 58). Mais l'identité des droits compris dans l'*intentio* ne
peut être le plus souvent constatée si on ne consulte la *demonstratio*. C'est elle en effet qui indique la cause du droit.
Nous verrons qu'il faut aussi tenir compte des *præscriptiones*
qui viennent restreindre quelquefois l'étendue de la formule.
C'est en consultant ces parties de la formule qu'on peut reconnaître comment ont été désignés les droits exercés et par
conséquent quels sont ces droits.

La désignation d'un droit doit comprendre quatre éléments : *la nature du droit, le fait juridique*, qui est l'origine
du droit, ou la *cause*, la chose qui est l'*objet* du droit,
la personne ou les personnes qui en sont le *sujet*. Si en effet
un seul de ces éléments est changé, le droit devient différent.

C'est ce que Paul exprime très-bien relativement au
sujet : « *Mutatio personarum aliam atque aliam rem facit*
(l. 22 ff. *De ex. r. j.*). Nous avons aussi établi que tel est le
véritable sens des l. 12, 13, et 14, *ibid*.

Si ces quatre éléments des droits étaient toujours indiqués,
il nous suffirait de rechercher l'étendue des désignations
qu'ils reçoivent pour reconnaître les droits dont les éléments sont indiqués dans la formule et qui par conséquent
ont été exercés.

Mais, si la nature et le sujet du droit sont toujours exprimés, très-souvent on ne désigne pas ou la cause ou l'objet
du droit. Nous devrons donc rechercher d'abord les conséquences de cette omission ; nous ferons ensuite l'analyse de
la désignation de chacun des éléments des droits.

Actions dont la formule n'indique pas la cause du droit. —

Dans cette première catégorie il faut ranger toutes les actions réelles et quelques actions personnelles.

Divers faits juridiques peuvent donner naissance aux droits réels. Mais aucune cause du droit n'était désignée par la formule de l'action réelle : *Si paret rem, A. A. esse.* On en dut conclure que tout droit de même nature ayant le même objet et le même sujet avait été mis en cause, quelle que fût son origine. C'est en effet la règle que Paul a formulée (l. 14 ff. *De ex. r. j.*). *Omnes causæ una petitione adprehenduntur.*

Ces expressions nous paraissent très-exactes et très-heureuses. Mais nous comprenons moins la raison sur laquelle le jurisconsulte fonde sa décision : *neque enim amplius quam semel res mea esse potest, sæpius autem deberi potest.* Il est bien vrai qu'une chose ne peut pas être mienne deux fois à deux titres différents dans le même temps, et en ce sens la l. 159 ff. *De reg. juris*, contient une règle exacte : « *Non ut ex pluribus causis deberi idem potest, ita ex pluribus causis idem potest nostrum esse.* » On peut être deux fois créancier d'une même chose, on n'en peut pas être deux fois propriétaire. C'est pourquoi Gaius dit avec raison qu'on ne peut pas demander sa propre chose par une action personnelle : « *Non posse nos rem nostram ab alio petere... nec res quæ nostra est amplius fieri potest* (IV, § 4). Mais il ne s'ensuit pas également qu'on ne puisse se prétendre propriétaire à un titre ou à un autre, de même qu'on se dirait créancier pour une cause ou pour une autre. Deux faits juridiques ne peuvent pas être en même temps causes du même droit réel ; mais pourquoi ne pourrait-on pas prétendre que l'une ou l'autre de ces causes existe ? Cela est si peu contraire à la nature des choses qu'on pouvait, comme nous le verrons, exercer l'action réelle en vertu d'une seule cause et conserver ainsi le droit d'agir de nouveau pour toute autre cause. C'est qu'en effet la véritable raison de l'étendue de l'action réelle est dans l'absence d'une désignation précise de la cause du droit (l. 11 § 5 ; l. 30 *De ex. r. j.*).

Si après l'action un fait juridique survenait qui pût donner naissance au même droit, il est évident que *cette causa superveniens* ne pouvait être réputée avoir été comprise dans la première action comme toutes les causes antérieures

(l. 25, l. 14 § 1 ff. *De ex r. j.*). Il faut seulement distinguer le cas où une *nova causa* produit ainsi un droit nouveau et celui où le droit dont l'action a été exercée viendrait à revivre *quodam postliminio* (L. 11, § 4).

Mais n'était-il pas possible de restreindre l'action réelle au droit né d'une seule cause, en sorte qu'on puisse ensuite réclamer le même droit comme né d'une cause différente, bien qu'elle existât au moment de la première action? Il semble qu'en effet il aurait suffi d'indiquer dans la formule la cause qu'on voulait invoquer. Quelques auteurs ont, il est vrai, récemment contesté l'interprétation qu'on avait jusqu'à eux admise (V. Puchta, *Inst.*, t. 2, § 175). Mais leur opinion nous paraît avec raison généralement rejetée. Deux textes sont en effet bien précis.

Ulpien, dans la l. 11 § 1 et 2, met en opposition le cas où l'action a été intentée suivant l'usage sans aucune détermination de cause et le cas où elle aurait été restreinte à une cause exprimée. « § 1. *Si hominem petiero quem ob eam rem meum esse* « *existimavi quod mihi traditus ab alio, cùm is ex hereditaria* « *causa meus esset, rursus petenti mihi obstaturam exceptio-* « *nem.* » « § 2. *Si quis autem petat fundum suum esse eo quod Titius eum sibi tradiderit : si postea alia ex causa petat, causa adjecta non debet summoveri exceptione*. Ainsi il aurait suffi d'indiquer dans la première action la cause à laquelle on voudrait restreindre l'action « *causa expressa*, » et de désigner dans la seconde la cause différente qu'on allait invoquer « *causa adjecta*.» On soutient, il est vrai, que par *causa adjecta* il faut entendre une cause postérieure. Quand on pourrait refuser à cette expression le sens qu'elle a naturellement et avec lequel elle est employée dans d'autres textes, il faudrait encore expliquer ces mots : *petat fundum suum esse eo quod Titius eum sibi tradiderit*. Enfin les §§ 4 et 5 de la même loi seraient inutiles, puisqu'ils prévoient encore l'hypothèse de la *causa superveniens*.

Cette loi est d'ailleurs confirmée par le texte de Paul que nous avons déjà cité. *Cùm in rem ago, non expressa causa ex qua rem meam esse dico, omnes causæ una petitione adprehenduntur*. Ce que Puchta est obligé de traduire ainsi : parce que la cause n'est pas indiquée, *ne peut pas* être indiquée.

On s'est demandé sous quelle forme cette restriction pouvait s'introduire dans la formule. D'abord il est évident qu'il était très-facile de l'insérer dans la *sponsio*. La *formula petitoria* elle-même aurait peut-être pu recevoir cette modification dans son *intentio*. *Si paret hominem A.A. esse, ex causa mancipationis*. Mais il semble plus probable que la *causa expressa* et la *causa adjecta* aient été mentionnées sous la forme d'une *præscriptio*. On aurait donc ajouté à la formule pour l'*expressa causa* une *præscriptio* ainsi conçue : *ea res agatur de fundo mancipato*, et pour l'*adjecta causa*, lors de la seconde action, une *præscriptio* semblable à celle-ci; *ea res agatur de fundo usucapto*. Il semble même que cette deuxième *præscriptio* aurait pu être ainsi rédigée : *ea res agatur de eadem re alio modo*. C'était en effet certainement une expression usitée dans la procédure romaine. Cicéron (*Ad famil.*, XIII, 27) écrivait : « *Licet eodem exemplo sæpius tibi hujus generis litteras mittam…, tamen non parcam operæ et, ut vos soletis in formulis, sic ego in epistolis : de eadem re alio modo.* Cicéron dit encore (*De finib.*, V, 28) : « *Quæ cum Zeno didicisset a nostris, ut in actionibus præscribi solet, de eadem re egit alio modo.*

On a, il est vrai, soutenu qu'il était en réalité fait allusion dans ces textes à l'exception *rei judicatæ* elle-même que nous voyons quelquefois nommée *præscriptio* (l. 10, 11 ff. *De ex. r. j.*; 29 pr. ff. *De ex. r. j.*; l. 63 ff. *De re jud.*; 42 ff. *De lib. causa*). Quant aux mots *alio modo*, ils auraient dans la formule de l'exception le sens qu'ils ont dans la l. 7 § 4 ff. *De exc. r. j.* : *vel alio genere judicii*. On aurait donc écrit : *ne de eadem re agatur alio modo*. Mais Cicéron dit au contraire qu'il écrira une nouvelle lettre comme on plaide *de eadem re alio modo*. (V. Sav., t. VI, app. 17.)

Les actions réelles ne composent pas seules notre première catégorie d'actions. Il y faut joindre l'*actio ad exhibendum* (l. 12 § 2 ff. *Ad exhib.*) et probablement la *condictio certi*. Quant à cette dernière, nous ne pouvons citer aucun texte positif. Mais Gaius, après nous avoir fait connaître l'*intentio* de la *condictio certi* : *Si paret N. N. A. A. decem dare oportere* (G. IV, 39), ne nous indique pas quelle était la *demonstratio* de cette action. Celle qu'il cite se rapporte à la *condictio incerti*. Il faudrait donc admettre que la formule de la *condictio certi* comprend tous les faits juridiques qui ont pu lui donner naissance, *mutuum*, *expensilatio*, *stipulatio*, et tous les cas de *datio sine causa*. Notre conjecture nous paraît confirmée par quelques expressions de Cicéron dans son *Pro Roscio comœdo* : « *Pecunia petita est certa : cum tertia parte sponsio facta est.* « *Hæc pecunia necesse est aut data, aut expensa lata, aut* « *stipulata sit. Datam non esse Fannius profitetur ; expensam* « *latam non esse codices Fannii confirmant, stipulatam non* « *esse taciturnitas testium concedit.* » Ainsi à l'appui de la *condictio* intentée contre Roscius on pouvait invoquer soit un *mutuum*, soit une *expensilatio*, soit une *stipulatio*. N'en faut-il pas conclure que l'action comprenait et consommait tout droit né d'une de ces causes?

Actions dont la formule n'indique pas l'objet du droit. — La plupart des actions personnelles appartiennent à cette catégorie.

Il y faut ranger les *condictiones incerti*, toutes les actions de bonne foi, les actions *præscriptis verbis*, et la plupart des actions *in factum*. Toutes ont en effet une *intentio incerta* : « *quidquid ob eam rem dare facere oportere.* » Ainsi, tandis que le fait qui est la cause du droit est indiqué par la *demonstratio*, l'objet du droit n'est pas déterminé. Il en résulte qu'on doit considérer comme exercés tous les droits nés de la cause indiquée et ayant même nature et même sujet, quel que soit leur objet.

On pourrait croire que la l. 23 ff. *De ex. r. j.* est contraire à cette conclusion. Il est cependant facile de reconnaître que du moins la première partie de ce texte viendrait plutôt à l'appui de notre opinion. Ulpien dit : *Si in judicio actum sit usuræque solæ petitæ sint, non est verendum ne noceat rei judicatæ exceptio circa sortis petitionem*. Ce n'est pas en effet toujours en vertu de la même cause, du même contrat qu'étaient dus le principal et les intérêts. Le créancier avait alors deux actions qu'il pouvait exercer successivement. Dans l'espèce de notre loi il s'agissait sans doute d'intérêts dus en vertu d'une stipulation et d'un capital dû en vertu d'un *mutuum*. Quand le capital et les intérêts n'ont qu'une même cause, les jurisconsultes donnent toujours une décision contraire. Ainsi, d'après la loi 4 C. *Dep.*, on n'aura plus d'action pour réclamer les intérêts dus à la suite d'un dépôt, après qu'on aura exercé une fois l'*actio depositi* : « *Non enim duæ sunt actiones, alia sortis, alia usurarum, sed una* » (l. 13,

C. *De us.*; 75 § 9, ff. *De v. obl.*; 1. 8 ff. *De eo quod certo loco*).

Mais la seconde partie de la 1. 23 est ainsi conçue : « *Eadem erunt et si quis ex bonæ fidei judicio velit usuras tantum persequi.* » Ulpien aurait donc donné la même solution dans le cas où les intérêts seuls ont été demandés par une action de bonne foi. Le contrat de bonne foi n'étant qu'une seule et même cause de la dette et des intérêts, Ulpien aurait contredit tous les textes que nous venons de citer. — Mais on peut considérer comme certain que tel n'était pas le sens du fragment emprunté à Ulpien. Il ajoute en effet : « *Nam nihilominus futuri temporis cedunt usuræ, quamdiu enim manet contractus bonæ fidei currunt usuræ.* » La véritable décision d'Ulpien, celle que son raisonnement justifie, est que par l'action de bonne foi on obtiendra même les intérêts courus jusqu'au jugement. Les commissaires de Justinien auront mutilé ce texte et altéré son sens primitif en le rapprochant de la première partie de la 1. 23.

C'était souvent pour éviter les inconvénients de la trop grande étendue de ces actions relativement à l'objet qu'on faisait usage de la *præscriptio*. Ainsi lorsqu'une partie seulement de la chose qui fait l'objet de l'obligation était exigible, on se réservait le droit de réclamer plus tard le reste en restreignant la portée de l'*intentio incerta* par la *præscriptio* « *ea res agatur cujus rei dies fuit.* »

Gaius nous a fait connaître une autre *præscriptio* ayant le même but. Si un acheteur veut agir seulement *ut sibi fundus mancipio detur*, il devra demander la *præscriptio* « *ea res agatur de fundo mancipando.* » Il pourra alors plus tard agir de nouveau dans un autre but, par exemple, pour obtenir livraison, *vacuam possessionem* (G., IV).

Nous pouvons maintenant rechercher quels éléments de droits semblables sont compris dans les désignations que reçoivent la nature, la cause, l'objet et le sujet des droits. Sont en effet exercés et consommés non-seulement les droits dont les éléments ont été formellement compris dans l'action, mais aussi les droits dont les éléments ont été implicitement mis en cause par l'étendue des désignations.

Étendue de la désignation de la nature des droits. — La désignation de la nature des droits est toujours absolument exclusive. Des textes formels le décident dans les seuls cas où le doute était possible. Ainsi l'usufruit pouvait paraître compris dans le droit de propriété dont on l'appelle quelquefois un démembrement. Cependant les jurisconsultes considérant que la nature des deux droits est différente n'ont pas admis que le moindre fût contenu dans le plus grand. C'est, en effet, l'usufruit causal, celui qui n'est qu'un attribut de la propriété que Pomponius ne permet pas de revendiquer après la revendication de la propriété. Ce serait en réalité celle-ci qu'on mettrait de nouveau en cause (l. 21 § 3).

La l. 11 § 6 s'applique à une hypothèse qui pouvait offrir plus de difficulté. Les trois servitudes dites *via*, *actus*, *iter* ne devaient-elles pas être considérées comme une même servitude plus ou moins étendue? Ulpien répond : *Puto fortius defendendum aliud videri tunc petitum, aliud nunc*. Ce n'est pas, en effet, par l'étendue de leur objet que ces servitudes diffèrent, mais par le mode même de jouissance, c'est-à-dire par la nature du droit.

Étendue de la désignation de la cause. — Les expressions employées pour indiquer la cause du droit exercé peuvent comprendre une généralité de faits juridiques. On devra alors considérer comme exercés et consommés tous les droits nés de ces faits ayant d'ailleurs la nature, le sujet et l'objet formellement ou implicitement désignés. C'est la décision certaine des jurisconsultes romains que nous font connaître les textes mêmes où, par diverses considérations, ils n'appliquent pas rigoureusement cette conséquence de la règle générale. Ainsi la l. 2 C. *De jud.* nous montre un mineur qui a déjà exercé l'*actio tutelæ* protégé par la réplique de dol contre l'*exceptio rei judicatæ* que son tuteur oppose à l'action postérieurement intentée « *de specie de qua in priore judicio tractatum non est.* Dans la l. 13 *De instit. act.* Ulpien donne une décision semblable. Un demandeur avait cru que l'argent qu'il avait prêté à l'*institor* avait été employé *ad merces*. Plus tard il veut reprendre l'*actio institoria* en soutenant que l'esclave avait reçu également mandat d'emprunter. Ulpien accorde une sorte de *restitutio* sous la forme d'une action utile. Mais il dit d'abord : « *Licet consumpta est actio, nec amplius agere poterit quasi pecuniis quoque mutuis accipiendis esset præpositus*. Enfin la même règle résulte de la l. 4 § 57 *De æd.*

ed. Elle permet à celui qui agit *redhibitoria actione* de restreindre sa demande à un seul vice, de manière à pouvoir, si un autre vice apparaissait, intenter une nouvelle action.

Étendue de la désignation de l'objet des droits. — Les droits ont pour objet une quantité de choses, *quantitas* ou un corps déterminé, *corpus.*

Quant aux quantités, il est évident que la désignation d'une quantité supérieure comprend toutes les quantités inférieures. Ainsi Justinien nous apprend qu'il y aurait *plus petitio re si quis pro decem aureis qui ei debebantur viginti petierit* (Inst., IV, 33).

Il est plus difficile de déterminer quelle était l'étendue de la désignation du *corpus.* Les jurisconsultes romains nous ont laissé sur ce point les décisions les plus subtiles.

On considérait le *genus* comme contenu dans la *species.* Gaius applique, en effet, les conséquences de la plus-pétition dans le cas suivant : *Si quis generaliter hominem stipulatus sit, deinde nominatim aliquem petat, velut Stichum, quamvis vilissimum.* Au contraire, il est évident qu'une *species* ne peut pas être contenue dans une autre *species.* Aussi Gaius dit-il : *Nihil eum periclitari... si is qui hominem Stichum petere deberet, Erotem petierit* (G., IV, § 3 et sq.).

Sont comprises dans le *corpus in specie* toutes les divisions dont ce *corpus* est susceptible. C'est le sens de la fameuse règle *pars in toto est* (l. 113 ff. *De reg. j.*), qui est développée dans la loi 7 ff. *De ex. r. j.* Ul. Toutes les difficultés qu'avait présentées ce texte nous paraissent levées par l'explication qu'en a donnée M. de Savigny (*Syst.*, t. 6, app. xvi). Il suffit de bien distinguer les conséquences des deux fonctions de l'exception qui étaient dans l'ouvrage d'Ulpien comme dans tout le droit romain, non pas précisément confondues, mais étroitement unies.

L. 7 ff. *De ex. r. j.* « *Si quis, cum totum petisset, partem petat, exceptio rei judicatæ nocet, nam pars in toto est : eadem enim res accipitur etsi pars petatur ejus quod totum petitum est. Nec interest utrum in corpore hoc quæratur an in quantitate vel in jure. Proinde si quis fundum petierit, deinde partem petat vel pro diviso, vel pro indiviso : dicendum eri exceptionem obstare. Proinde etsi proponas mihi, certum locum me petere ex eo fundo quem petii obstabit exceptio. Idem*

erit probandum et si duo corpora fuerint petita mox alteru-
trum corpus petatur, nam nocebit exceptio. » Ces décisions
sont sans difficulté ; mais toutes les éditions du Digeste continuent ainsi : *Item si quis fundum petierit mox arbores exci-*
sas ex eo fundo petat, aut insulam petierit, deinde aream vel
tigna, vel lapides petat. Item si navem petiero, postea singulas
tabulas vindicem. Or il est évident que tous ces cas sont bien
différents des précédents. Ce ne sont pas là des divisions de
la chose ; ce sont des corps distincts qui entrent dans la composition de la chose, mais qui peuvent aussi être considérés à
part et avec une existence juridique propre. Ces cas sont au
contraire bien semblables à celui du § 1 de la même loi : *Si*
ancillam prægnantem... que le jurisconsulte déclare très-dou-
teux et ils sont même résolus d'une manière opposée par le
§ 2 : *Sed in cæmentis et tignis diversum est, nam is qui insu-*
lam petit, si cæmenta vel tigna vel aliud suum petat in ea con-
ditione est ut videatur aliud petere. Etenim cujus insula est
non utique et cæmenta sunt. Denique ea quæ juncta sunt ædi-
bus alienis separata dominus vindicare potest. » Ces contradictions ne seraient-elles pas inexplicables ? Nous croyons donc
avec M. de Savigny qu'il faut rattacher cette partie du texte :
Item si quis fundum... à la partie relative à l'*ancilla præ-*
gnans. Le princ. finirait donc aux mots : *nam nocebit ex-*
ceptio, et le § 1 commencerait par l'hypothèse : *item si quis*
fundum. On sait que la division en paragraphes est l'œuvre
des éditeurs et qu'elle ne se trouve pas dans les manuscrits.
Cette correction lève toute difficulté. On voit alors, en effet,
que toutes les espèces citées dans le paragraphe sont régies
comme le cas de l'*ancilla prægnans* par la fonction positive
de l'exception. Nous aurons à les examiner de plus près en
traitant de l'autorité de la chose jugée· Il nous suffit de constater maintenant que la fin du princ. et les paragraphes
suivants ne concernent pas la fonction négative.

Nous pouvons donc, malgré ce texte, conclure que sont
seules comprises dans la désignation du *corpus* toutes les divisions dont le *corpus* est susceptible, mais non pas les corps
distincts qui peuvent entrer dans la constitution du *corpus*.

Enfin quand on a agi d'abord pour la quantité inférieure ou
pour la partie, il est encore vrai que la quantité supérieure
et le tout ont été compris dans l'action jusqu'à concurrence

de la quantité inférieure et de la partie. On ne peut donc plus agir que *de reliquo* (G., IV, 56, l. 26 ff. *De ex. r. j.*).

Il est évident qu'il faut considérer comme ayant été compris dans l'action les droits dont l'objet a été indiqué conjointement avec une autre chose, soit sans alternative, soit avec alternative (l. 21 § 2; l. 7 pr. ff. *De ex. r. j.;* G., IV, § 53). De même quand le droit peut avoir plusieurs choses pour objet au choix du créancier, il suffit qu'il ait dans son action énoncé une seule de ces choses. Elle a représenté l'objet du droit tout entier. C'est ainsi qu'il faut expliquer la solution de la l. 25 § 1 ff. *De ex. r. j.* L'acheteur, dit Julien, doit, dans le délai de six mois, opter entre *l'actio redhibitoria et l'actio quanto minoris.* S'il voulait exercer l'une de ces actions après avoir exercé l'autre, il serait repoussé par l'exception *rei judicatæ.* En effet, il n'y a qu'un droit né d'un même fait ayant pour objet l'une des deux choses au choix du créancier.

Etendue de la désignation des sujets du droit. — Quelquefois le sujet d'un droit comprend plusieurs personnes qui se confondent dans son unité. Il suffit alors que l'une de ces personnes ait exercé le droit pour qu'il soit consommé. — Il nous suffira de rappeler ces cas exceptionnels dont l'étude n'appartient pas directement à notre matière.

Plusieurs personnes peuvent être créancières ou débitrices d'une même chose, de manière à ce que chacune soit créancière ou débitrice du tout, *in solidum.* On les nomme *duo rei stipulandi* ou *credendi, duo rei promittendi* ou *debendi.* Après avoir indiqué comment on peut atteindre ce but par la stipulation, Justinien indique ainsi la nature de cette obligation : « *Ex hujus modi obligationibus et stipulantibus solidum singulis debetur et promittentes singuli in solidum tenentur; in utraque tamen obligatione una res vertitur, etc.* »

Una res vertitur. Il n'y a qu'une seule obligation (l. 2 *De duobus reis*). Subjectivement, on peut distinguer autant d'obligations qu'il y a de créanciers ou débiteurs. C'est pourquoi, par exemple, un seul débiteur peut avoir été cautionné par un fidéjusseur (l. 6 *De duob.*), ou l'un des débiteurs peut être engagé à terme, ou sous condition (l. 7, *ibid.*). Mais objectivement il n'y a qu'une seule obligation. Il en résultait qu'à l'époque où la litiscontestation avait l'effet de consommer l'action, le droit exercé soit par un seul des *correi stipulandi*, soit contre un seul des *correi promittendi*, devait être éteint. C'est en effet ce que nous apprennent des textes nombreux. Ce sont ces textes qui ont surtout permis de distinguer l'obligation corréale de l'obligation solidaire, ou, suivant d'autres terminologies, les cas véritables et les cas apocryphes de solidarité.

Quant aux *correi stipulandi*, il n'y a pas de textes qui paraissent divergents (l. 5 *De fidej.*).

L'obligation civile est toujours considérée comme éteinte dès que l'action a été intentée par l'un des *correi stipulandi*. Il n'est jamais question d'une obligation solidaire de la part des créanciers qui échappât à cet effet de la corréalité. Il semble cependant que les distinctions qu'on a faites à l'égard des débiteurs solidaires devaient s'appliquer aussi aux créanciers. Une question plus grave, mais également peu soluble, est de savoir si Justinien n'aurait pas conservé cet effet de la litiscontestation à l'égard des créanciers en insérant ces textes au Digeste, sans les corriger. D'un autre côté, l'effet extincteur de la litiscontestation était alors certainement tombé en désuétude. (V. Sav. ob. 1, p. 204. Puchta, Pand., § 225. Demangeat, *De duob. r.*, p. 83).

Nous savons avec une égale certitude que l'exercice de l'action contre l'un des *correi debendi* libérait tous les autres. Cette disposition de l'ancien droit n'a pas été reproduite au Digeste. Mais elle est rapportée dans la l. 28 C. *De sol. et lib.* qui l'abroge. Elle est supposée aussi très-clairement par la l. 39 *De lib. leg.*

Une foule de textes dont l'authenticité ne peut pas être contestée rapportent des hypothèses où l'obligation de plusieurs *in solidum* n'est pas éteinte par l'action exercée contre un seul (l. 1 § 10; l. 2, 3, 4 ff. *De his qui effud.*; l. 52 § 3 ff. *De fid.*; l. 5 § 1 ff. *Commod.*; l. 1 § 43 ff. *Depos;* l. 7 § 4 et 8 ff. *Quod fals. tut.*; l. 4 § 1 ff. *De fidej.*; l. 15 ff. *De tut. et rat.*; l. 60 § 2 *Mand.*

C'est dans toutes ces hypothèses qu'on refuse de voir une véritable corréalité. Il y a alors obligation de chaque débiteur *in solidum*, mais non pas union des débiteurs si étroite que leur pluralité n'empêche pas l'obligation de rester une comme son objet est un. Il n'y a pas corréalité. On est d'accord sur ce point. On ne l'est pas sur le principe de la distinction que tout le monde admet. Il nous suffira de rappeler les termes de cette controverse. D'après M. de Savigny qui s'appuie sur le texte des l. 7 pr. ff. *De d. r.* et 13 § 7 ff. *Lo-cat.*, la constitution de *duo rei debendi* aurait été possible dans tous les contrats. La corréalité aurait donc eu pour cause la convention des parties. Donc il y a solidarité simple dans les cas d'engagement sans convention ou bien lorsque la solidarité simple a été convenue. Ainsi M. de Savigny suppose que, dans les exemples de commodat, de dépôt, de mandat reproduits au Digeste, la corréalité n'aurait pas été convenue, bien qu'elle eût pu l'être. M. Demangeat, au contraire, argumente de ces textes pour soutenir que la corréalité n'était pas compatible avec les actions de bonne foi et qu'elle supposait nécessairement la *condictio*. Le savant professeur est obligé, il est vrai, de considérer comme peu exactes les expressions *duo rei* employées dans les l. 9 *De d. r.* et 13 § 9 *Loc.* Mais il nous semble aussi que la corréalité n'a pas seulement pour cause la volonté des parties, mais la forme de l'obligation. Il faut que dans l'obligation les *rei* qui se confondront au point de ne faire qu'un seul sujet de l'obligation puissent être rapprochés et étroitement liés. Or cela ne paraît possible que dans les formes rigoureuses des anciens modes d'obligations, la stipulation, l'expensilation, le legs *per damnationem*. Nous n'admettrions même pas, contrairement à l'opinion de M. Demangeat, que la création d'une corréalité fût possible par l'adjonction d'un pacte au contrat de *mutuum*. Mais il nous suffit de constater ici que toute obligation *in solidum* n'est pas corréale et que l'obligation corréale seule est éteinte par l'exercice de l'action contre l'un des débiteurs.

A côté des *correi* il faut placer l'*adstipulator*, les *sponsores*, *fidepromissores* et *fidejussores*.

L'*adstipulator* avait le droit d'intenter l'action, mais il est évident qu'il éteignait ainsi l'obligation unique, à laquelle il avait été seulement adjoint, *adhibitus*. Les *sponsores*, les *fide-promissores*, les *fidejussores* étaient des débiteurs adjoints comme cautions du débiteur principal ; mais ils étaient si étroitement liés par la forme de leur obligation à l'obligation principale, que celle-ci paraissait rester une. L'obligation était donc éteinte dès que l'un des débiteurs principaux

3

ou accessoires était actionné (Paul. Sent, l. 2 t. 13 § 16 ; l. 21 § 4 ff. *De ex: r. j.*).

Dans la Con. 28 C. *De fidej.*, Justinien nous apprend qu'il a lui-même abrogé cette conséquence des anciens principes. Il ajoute qu'on l'éludait depuis longtemps dans la pratique. C'était sans doute au moyen de la *fidejussio indemnitalis*. Dans ce cas, en effet, les jurisconsultes n'admettaient pas qu'il n'y eût qu'une obligation (l. 116 ff. *De verb. obl.* ; 42 ff. *De reb. cred.* ; 21 ff. *De sol.*).

La loi 28 C. *De fid.* rappelle aussi qu'il en était autrement des *mandatores pecuniæ credendæ*. Il y avait autant de mandats que de mandataires, donc autant d'actions. On avait toujours admis que l'action exercée contre l'un n'empêchait pas la poursuite d'un autre (l. 53 § 3 ff. *De fidej.*).

Enfin les textes nous indiquent trois autres cas où la pluralité des débiteurs n'empêche pas que l'obligation reste une et soit éteinte à l'égard de tous par l'action intentée contre un seul. Ce sont les actions dites *adjectitiæ qualitatis*. Le créancier de l'*institor* ou de l'*exercitor* a l'action du contrat contre l'*institor* ou l'*exercitor* et la même action dite *institoria* ou *exercitoria* contre celui qui a préposé le débiteur. Le créancier du fils et de l'esclave a contre le père et le maître l'action ordinaire avec cette restriction dans la condamnation : « *De peculio et de in rem verso.* » Dans tous ces cas on considérait qu'il n'y avait qu'une seule obligation et, dès qu'elle avait été déduite *in judicium* contre l'un des débiteurs, les autres étaient libérés.

L'unité d'obligation persistait même quand plusieurs personnes pouvaient être actionnées *de peculio*. Si l'une de ces personnes avait été poursuivie, les autres étaient libérées. Toutefois les textes qui nous font connaître ces décisions les corrigent aussitôt. *Sed licet ex jure contingat, tamen æquitas dictat judicium in eos dari qui occasione juris liberantur* (l. 32 p. ff. *De pec.* ; l. 47 § 3 ibid.). C'est encore parce que la modification que ces *adjectiones* faisaient subir à l'action ne portait pas atteinte à son identité, qu'après avoir agi *de peculio* on ne pouvait agir ni *de jussu* (l. 14 § 5 ff. *Quod cum eo*), ni *tributoria actione* (l. 9 § 1 ff. *De trib. act.*).

Enfin, dans tous les cas où le droit contesté était considéré comme indivisible, il devait être tout entier déduit *in judi-*

cium. Ainsi, quand une servitude appartenait à plusieurs, chacun pouvait exercer l'action confessoire et devait poser dans l'*intentio* le droit à la servitude tout entière. De même, si la servitude appartenait à un seul sur le fonds de plusieurs, chacun de ceux-ci intenterait de la même manière l'action négatoire. La même nécessité se présentait dans le cas où le droit indivisible était un droit personnel, l'obligation de constituer une servitude, de faire un ouvrage (l. 19 ff. *De serv. pr. r.* ; l. 14 §§ 3 et 4 ; l. 6 § 4 ff. *De ser.* ; l. 1 § 5 *De arb. cæd.* ; l. 11 ff. *De aq. pl.*). Seulement, dans toutes ces hypothèses on réduisait la *condemnatio* à l'intérêt du demandeur.

Mais celui qui avait ainsi le premier déduit *in judicium* le droit tout entier avait consommé l'action de tous les autres. Il n'est pas permis d'en douter, car il résulte de textes formels que l'autorité de la chose jugée à l'égard de l'un des copropriétaires, cocréanciers ou codébiteurs de la chose indivisible, était commune à tous les autres, et cette hypothèse est une de celles où il semble que les jurisconsultes romains aient, avec trop peu de réflexion, appliqué à l'autorité de la chose jugée une conséquence de la consommation de l'action. Comme la corréalité, l'indivisibilité de l'objet du droit créait une sorte d'unité des parties. Aussi ne croyons-nous pas, comme le dit M. de Savigny (*Ob.*, p. 404), qu'on ait accordé à celui qui exerçait un droit indivisible appartenant à plusieurs la faculté de restreindre à lui seul l'effet de son action en ajoutant à la formule la prescription suivante : « *Ea res agatur de eo quod Seii interest.* » L'indivisibilité de l'objet avait, en quelque sorte, rendu le sujet lui-même indivisible.

Outre les droits formellement ou implicitement désignés dans la formule, nous verrons que le juge était encore saisi de quelques droits accessoires. On dit qu'ils sont compris *in officio judicis.* L'action de ces droits était-elle consommée ? M. de Savigny paraît le croire. Il dit, en parlant des intérêts judiciaires : « L'introduction de l'action principale consom- « mait certainement la réclamation des intérêts, de sorte « qu'ils ne pouvaient jamais faire l'objet d'une action nou- « velle. » Il nous semble, au contraire, qu'il faut s'attacher strictement au contenu de l'action. Or ce n'est pas dans l'action, c'est dans le *judicium*, l'*officium judicis* que sont compris ces droits. Ils sont en quelque sorte jugés sans le préliminaire de l'action. Nous n'avons d'ailleurs aucun texte sur ce point ; la l. 7 § 3 se rapporte à la fonction positive.

CHAPITRE III.

CONSÉQUENCES DE LA CONSOMMATION D'UN DROIT D'ACTION.

De ce que l'action exercée une fois ne peut pas être renouvelée, il s'ensuit que le droit pour lequel on a agi se trouve dépourvu d'action. Ce droit existe encore, mais il sera l'avenir impossible de s'en prévaloir par voie d'action, en sorte que si le *judicium* ne s'est pas terminé par la condamnation du défendeur, le droit du demandeur sera désormais presque toujours inutile.

S'il est vrai que l'effet de la litiscontestation ne soit pas de détruire le droit lui-même, nous ne comprenons pas comment on a pu assimiler cet effet à celui d'une novation. La novation est en effet l'extinction d'une obligation par la création d'une obligation nouvelle. Or il n'y a, dans le cas de litiscontestation, ni extinction de l'obligation antérieure, ni création d'une obligation nouvelle destinée à la remplacer. L'ancienne obligation existe. C'est ainsi que jusqu'au jugement les hypothèques et les priviléges subsistent (l. 29 ff. *De nov.*), les intérêts continuent à courir (l. 35 ff. *De us. et fruct.*). Après le jugement nous verrons que l'obligation existe encore, même au cas d'absolution, dépourvue seulement de toute action civile. Il est vrai que la litiscontestation établit entre les parties un nouveau rapport de droit qui remplace non pas le droit toujours existant, mais l'action consommée. C'est en ce sens que les anciens dont parle Gaius pouvaient dire : « (§ 180-181) *Ante litis contestatam dare debitorem oportere, post litis contestatam, condemnari oportere, post condemnationem judicatum facere oportere.* » Il y a en quelque sorte novation d'action, il n'y a pas novation d'obligation. Mais les jurisconsultes romains ont quelquefois parlé de cette substitution d'un droit d'action à un droit d'action, en termes qui semblaient convenir à une novation véritable. D'autres fois ils ont rapproché les effets différents de la novation et de la litiscontestation (V. Gaius, l. c. ; l. 29 ff.

De nov.; Fr. Vatic. § 263; l. 3 pr. C. *De us.*). Quelles que
soient les expressions de textes mutilés, nous ne pouvons
pas voir une novation véritable dans un cas où l'obligation
antérieure n'est pas complétement anéantie.

Or, il est bien certain que l'obligation n'est pas éteinte par
la *litiscontestatio*. Des textes positifs nous apprennent que les
obligations dépourvues d'action par l'effet de la *litiscontestatio* conservent encore des effets importants sous le nom
d'obligations naturelles. Elles peuvent être la base d'une
exception, elles peuvent être garanties par la fidéjussion, par
l'hypothèque, elles peuvent donner lieu à une novation, à
un pacte de constitut, à un paiement valable; enfin elles
peuvent être opposées en compensation.

Ainsi la l. 8 § 1 ff. *Rat. rem. hab.* nous montre un créancier qui, après qu'il a exercé son action et perdu son procès
par l'effet de la péremption d'instance, peut encore opposer
l'exception *doli mali* au débiteur qui avait déjà payé entre les
mains d'un *procurator*. On suppose que le créancier intervient
au procès que le débiteur intente au *procurator ex stipulatione ratam rem dominum habere*.

La validité de la fidéjussion postérieure à la litiscontestation à raison de l'obligation naturelle qui survit à l'action est
affirmée par la l. 85 ff. *De fidej.* De même deux textes donnent l'*actio pigneratitia* au créancier qui a perdu le droit
d'agir pour l'obligation elle-même (l. 30 § 1 ff. *A leg. Aqu.*;
l. 27 ff. *De pign.*). Quant à la *condictio indebiti*, elle n'est certainement pas possible (l. 60 *De cond. ind.*).

Enfin, il ne nous paraît pas douteux que l'obligation dépourvue d'action par l'effet de la *litiscontestatio* ne puisse
même être opposée en compensation. Ce n'est en effet qu'une
application de l'exception de dol. Mais nous reconnaissons
que la l. 50 § 2 *De peculio* ne saurait être citée à l'appui de
cette opinion. Dans l'espèce de ce texte, l'action a été exercée,
mais le résultat du *judicium* n'est pas encore connu (Machel.,
Oblig. nat., p. 362 et sq.).

Le droit d'action étant perdu, on ne pourra plus agir,
même par une autre forme d'action. En ce sens la règle
d'Ulpien est vraie : *Quotiens concurrunt plures actiones ejusdem rei nomine una quis experiri debet* (l. 43 § 1 ff. *De reg.
juris*). Mais il faut entendre comme il fait lui-même, *de ea-*

dem re, sur le même rapport de droit. Si donc une personne a plusieurs droits d'action nés de faits juridiques différents, elle pourra les exercer successivement. Seulement, si ces actions, bien que nées de causes civiles distinctes, se rapportent à un même *negotium*, comme, par exemple, si on a confirmé par une stipulation un droit pour lequel on avait déjà une autre action, il sera juste de ne permettre au demandeur d'agir que *ut quod plus sit in reliquis actionibus, id actoris fiat* (l. 41 § 1 ff. *De O. et A.*; l. 28 ff. *De act. emp.*; l. 47 pr. *Pro socio*).

Cette solution était évidemment applicable au cas si fréquent où plusieurs actions pénales concourent, parce que le même fait constitue plusieurs délits différents. Il y a en effet alors plusieurs droits d'action distincts nés de causes distinctes. Modestin avait donné cependant une opinion contraire (l. 57 ff. *De O. et A.*). Mais Paul, Papinien et Ulpien étaient d'accord pour donner successivement toutes ces actions. Seulement Paul ne les accordait que pour le *amplius* (l. 34 p. ff. *De O. et A.*; l. 88 ff. *De furtis*; l. 1 ff. *Arb. fuit. cæs.*), Papinien et Ulpien les donnaient pour le tout (l. 6 ff. *Ad leg. Jul. de ad.*; l. 60 ff. *De O et A.*; l. 130 ff. *De r. j.*) Et cette opinion qui nous paraît mieux fondée, mais que nous n'avons pas à étudier ici, aurait enfin triomphé dans la doctrine, au témoignage d'Hermogénien (l. 32 *De O. et A.*).

On n'obtenait que difficilement la restitution directe ou indirecte du droit d'action perdu. Deux moyens pouvaient avoir ce résultat. Par l'action *de dolo* la partie lésée obtenait sinon l'objet même du procès perdu, du moins une indemnité du préjudice qu'elle avait éprouvé (l. 18 § 4 *De doli mali*). Mais en général on accordait plutôt la *restitutio in integrum* (l. 7 § 1 ff. *De in int. res*). Seulement Gaius (IV, § 3) et Justinien (4, t. 6 § 33) nous font connaître que la *restitutio in integrum* elle-même n'était accordée qu'aux mineurs de 25 ans ou pour cause d'erreur bien justifiée. Nous retrouverons dans la l. 25 *De ad. et peric. tut.* un exemple de *restitutio in integrum* accordée à un mineur tant contre la consommation de l'action que contre l'autorité de la chose jugée, et dans la l. 20 § 1 *De dol. malo* un exemple d'action de dol. Mais nous devons, dès à présent, indiquer pourquoi d'autres textes donnent, dans des cas semblables, soit à un mineur, soit à un majeur lésé par dol, l'exception *doli mali*, et non, comme dans les cas précédents, l'action *doli mali* ou la *restitutio in integrum* (46 § 5 *De ad. et per. tut.*; 25 *De d. m.*). Les anciens commentateurs n'ont pu imaginer aucune conciliation de ces lois; mais la découverte de Gaius a donné le mot de l'énigme. On était obligé d'accorder l'action *doli mali* ou la *restitutio in integrum* lorsque l'action était éteinte *ipso juré*. L'exception *doli mali* suffisait au contraire sous forme de réplique à repousser l'exception *rei judicatæ*. Cette explication était déjà écrite, si on avait pu la comprendre, dans la loi 19 C. *De trans.* M. Machelard pense avec raison que l'exception *doli mali* n'était pas accordée plus facilement que les deux autres moyens.

Enfin, l'action qu'on accordait contre le juge *qui litem suam fecit* était également un moyen indirect de réparer le préjudice causé par les effets des deux exceptions *rei judicatæ* (*Inst.* G. 1. 4 t. 5 pr.).

Nous savons d'une manière assez certaine que le décret par lequel le préteur organisait une instance était, comme tous les autres actes émanés de son autorité, soumis aux effets de l'*intercéssio*, c'est-à-dire au veto de son collègue, d'un magistrat supérieur ou d'un tribun (Cic. *Pro Tullio*, C. 7, 38, 39, 40; *Aca. quæst.* II, 30; *Pro Quinctio*, C. 7, 20, 21; *In Verrem*, 1, C. 46).

On peut croire que le décret, se trouvant privé de ses effets et de ses suites, était considéré comme nul et qu'en conséquence l'action d'abord éteinte renaissait.

Tels sont les effets de la consommation de l'action.

Nous savons déjà que, dès l'apparition du principe rival, ils ne se sont plus produits que dans quelques rares hypothèses.

En effet, s'il y a eu absolution du défendeur et jugement sur le fond emportant négation du droit, l'autorité de la chose jugée repousse la nouvelle action du demandeur aussi bien que la consommation de l'action. Le seul effet distinct que puisse avoir alors la consommation de l'action sera, comme nous l'avons vu tout à l'heure, de nécessiter quelquefois une action *de dolo* ou une *in integrum restitutio*, alors qu'une simple exception *doli mali* aurait suffi à repousser l'*exceptio*.

S'il y a condamnation du défendeur, l'autorité de la chose

jugée s'oppose au contraire à l'effet de la consommation de l'action. Car, s'il est vrai que l'action n'existe plus, elle est remplacée par l'effet même de l'autorité de la chose jugée, c'est-à-dire par une preuve légale qui dispense de toute action. Ainsi, un créancier hypothécaire a fait juger qu'il avait une hypothèque. Pour se faire délivrer la chose hypothéquée, il ne pourra agir que *hypothecaria actione*. On lui opposera l'exception *rei judicatæ* tirée de la consommation de l'action. Il répliquera, dit Marcien, *si secundum me judicatum non est* (l. 16 § 5 *De pign.*). L'effet de la fonction négative de l'exception est ainsi anéanti par l'effet de la fonction positive de la même exception *rei judicatæ*. Telle est encore la décision de la l. 9 § 1 *De ex. r. j.* Un propriétaire est également obligé d'agir deux fois contre le même individu: Il répond aussi à l'exception *rei judicatæ* par la réplique *De re secundum se judicata*. On peut croire que la consommation de l'action était neutralisée par un moyen semblable dans les hypothèses des l. 17, 18 *De ex. r. j.* et 8 p. *Rat. rem. hab.* Dans les espèces de ces textes, le défendeur n'a été absous que parce qu'il ne possédait pas. On décide que l'exception *rei judicatæ* ne peut pas être opposée si le demandeur agit de nouveau contre le défendeur devenu possesseur. Nous verrons pourquoi l'exception *rei judicatæ* positive n'a alors point d'effet. Mais il faut bien que l'exception négative ait été écartée.

La consommation de l'action n'a donc pu conserver ses effets que dans les hypothèses où l'exercice de l'action n'avait pas été suivi d'un jugement statuant sur le droit litigieux.

Ce résultat se présentait dans les trois hypothèses de la péremption d'instance, des exceptions dilatoires et de la *plus petitio.*

Le *judicium*, une fois organisé, durait dix-huit mois s'il était *legitimum ;* il ne se prolongeait pas après l'expiration des fonctions du magistrat qui l'avait constitué, s'il était *imperio continens* (G., IV, § 103 ; l. 13 § 1 Ul. *De jud.*), du moins dans les provinces du peuple romain (l. 49 § 1 *De jud.*). L'expiration du délai de dix-huit mois ou la cessation des fonctions du magistrat mettait ainsi fin au *judicium.* L'action, bien qu'inutilement exercée, était consommée.

On ne donnait pas seulement le non d'*exceptio dilatoria*

aux exceptions qui ne pouvaient être opposées que pendant un certain temps. Il y avait aussi les *exceptiones dilatoriæ ex persona;* telle était l'*exceptio cognitoria* par laquelle on repoussait la demande intentée par un *cognitor*, en soutenant soit que la partie n'avait pas pu se faire représenter, soit que la personne choisie pour jouer le rôle de *cognitor* n'en était pas légalement capable.

Dans tous ces cas l'effet de l'exception était d'entraîner l'absolution du défendeur, puisque le juge ne devait condamner que si cette exception n'était pas justifiée. Le demandeur ne pouvait pas agir de nouveau, parce qu'en intentant son action, il l'avait consommée. *Rem perdit, re in judicium deducta et per exceptionem perempta.* (G., IV, 122, 123, 124).

Gaius nous fait connaître avec précision comment un demandeur qui emploie une *intentio certa* peut avoir demandé plus qu'il ne lui est dû, *re, tempore, loco, causa.* Le juge ne peut pas alors résoudre affirmativement la question contenue dans l'*intentio;* il est obligé de répondre *non paret*. Le procès est perdu et ne peut être recommencé. Nous avons montré, en effet, que le droit qui appartenait réellement au demandeur avait été compris dans le droit plus étendu et avait été ainsi consommé (G., IV, § 51).

Sous Justinien, il n'y a plus de péremption d'instance. Il nous apprend lui-même aux Institutes (l. 4 t. 6 § 33 ; tit. 13 § 10) qu'une constitution de Zénon (l. 16. *De plus pet.*) et une constitution qu'il a lui-même rendue (l. 26 ibid.) ont modifié la rigueur des effets de la *plus petitio* et de l'*exceptio dilatoria*. Ni l'une ni l'autre n'entraînent plus la perte du droit d'agir.

Il ne nous reste plus qu'à rappeler que la consommation de l'action produit ses effets tantôt *ipso jure*, tantôt *exceptionis ope*, suivant les distinctions que nous avons rappelées dès le début. Quant à l'exception, nous n'avons pas besoin de démontrer qu'elle n'est pas de celles qu'on doit suppléer dans les actions de bonne foi. Il n'en est aucune qui soit plus certainement *strictissimi juris*.

SECTION II.

DE L'AUTORITÉ DE LA CHOSE JUGÉE.

Nous avons déjà indiqué, dans notre théorie, la division que nous nous proposons de suivre en droit romain comme en droit français.

CHAPITRE I.

DES JUGEMENTS CIVILS.

Nous avons déjà dit comment, dès le système des actions de la loi, après que l'*actio* avait été accomplie, les parties étaient renvoyées devant un *judex*. C'était le *judicium* qui succédait à l'*actio*. Il se terminait par la *sententia* ou décision du *judex*. A côté de celui-ci se place déjà l'*arbiter* qu'on demande par la *judicis postulatio*. Enfin, certaines questions, telles que les questions d'Etat, de propriété quiritaire, de succession, sont attribuées au tribunal des centumvirs.

Sous le système formulaire au juge et à l'arbitre, il faut ajouter les *récupérateurs*. Il est difficile de déterminer la différence qui existait entre le juge et l'arbitre. Cicéron nous apprend que toute la subtilité des jurisconsultes n'y avait pas suffi (*pro Murena*, c. 12). Il est certain du moins que le *judex* était toujours unique et pris dans la liste constituant l'*ordo judicum*. On nommait, au contraire, quelquefois plusieurs arbitres, et peut-être pouvait-on les prendre dans toutes les classes de citoyens. Il paraît probable que l'arbitre était donné dans les cas qui comportaient une certaine latitude d'appréciation. Les récupérateurs étaient de véritables arbitres qui ne jugèrent d'abord que les affaires entre Romains et pérégrins. Ils pouvaient être pris parmi les pérégrins. Tous ces juges privés des parties étaient choisis ou du moins agréés par elles (Cic. *pro. Clu.*, c. 43). En cas de désaccord, il est probable qu'on recourait à la voix du sort.

On peut considérer les pouvoirs des juges comme une délégation de l'autorité du magistrat. Il est à peu près certain qu'au temps où le roi était le magistrat unique et suprême, il jugeait lui-même les contestations. Cicéron dit formelle-

ment : « *Nec vero quisquam privatus erat disceptator aut arbiter litis, sed omnia conficiebantur judiciis regiis* (*De repub.*,
V, 2). Des rois, ce pouvoir passa aux consuls (Denys d'Halic.,
X, I. Cic. *De leg.*, III, 3), des consuls aux préteurs (l. 2 § 17
ff. *De or. j.*). A quel moment l'usage se serait-il introduit de
renvoyer à un *judex* la connaissance du litige ? Gaius nous
l'apprenait peut-être. On lit dans ses Commentaires (IV, § 15) :
*Idque per legem Pinariam factum est; ante eam legem... da-
batur judex.* Faut-il lire *nondum dabatur judex* ou *statim dabatur judex*, leçon qui s'accorde également avec ce qui précède ? Mais il paraît certain que le renvoi de la cause à un
juge privé n'était imposé au magistrat que par un usage qui
s'était introduit sans doute avec la liberté politique, comme
il se perdit avec elle (V. Ortolan, t. II, p. 418).

Cette coutume n'empêcha jamais d'ailleurs le préteur de
statuer lui-même sur certaines contestations (V. Ortol., t. II,
p. 506). Ce furent les *cognitiones extraordinariæ.* Puchta
(t. II, § 175) a mis en doute que les décisions ainsi rendues
par le préteur fussent *res judicatæ.* Nous avons cependant sur
ce point un texte formel : *Res judicatæ videntur ab his qui
imperium potestatemque habent, vel qui ex auctoritate eorum
inter partes dantur, itemque a magistratibus municipalibus,
usque ad summam qua jus dicere possunt, itemque ab his qui
ab imperatore extra ordinem petuntur* (Paul. S., l. V, t. V,
§ I). Rien n'autorise en effet la correction que Puchta propose :
Res judicatæ videntur a judicibus qui ab... En outre, le texte
est confirmé par la loi 8 C. *De jud.*, et par la loi 10 *Si sæpius.*
Il nous semble raisonnable d'admettre que le préteur avait
toute la plénitude de la *jurisdictio*, du pouvoir judiciaire,
sauf l'usage de déléguer son autorité à des citoyens, usage
plus ou moins bien observé suivant les temps, et que les préteurs se permettaient de ne pas suivre quand il s'agissait de
contestations faciles ou peu importantes. *Juris disceptator
qui privata judicat judicarive jubeat prætor esto* (Cic. *De. leg.*
III, 3). A côté des préteurs, il faut placer à Rome les édiles
curules qui avaient une juridiction spéciale (2 § 26 *De or.
juris*) et les magistrats des provinces, proconsuls o proprié-
teurs.

La *cognitio extraordinaria* généralisée devint la procédure
des derniers siècles de Rome. Les jugements furent alors

toujours rendus par les magistrats qui, sous différents noms, et à des degrés différents, depuis le préfet du prétoire jusqu'aux présidents des provinces, étaient les représentants de l'autorité impériale. L'ancienne procédure avait été sans cesse restreinte par les *cognitiones extraordinariæ*. Elle fut enfin supprimée par Dioclétien (l. 2, C. l. 3, t. 3). Les présidents des provinces purent seulement renvoyer la connaissance des contestations de peu d'importance à des juges nommés *pedanei judices*. Leur institution ne nous est pas bien connue (l. 2, C. *De ped. jud.*) .

Sous les deux premiers systèmes, le droit d'intercession ne s'appliquait pas aux jugements. Avant qu'il eût rendu sa sentence, le juge pouvait être empêché de juger, soit par le magistrat qui l'avait chargé de juger, soit par un magistrat supérieur (l. 58 ff. *De jud.*). Mais une fois rendue, la sentence était inattaquable. *Quod jussit vetuitve prœtor contrario imperio tollere et repetere licet, de sententiis contra* (l. 14 ff. *De re. jud.*). La sentence rendue par le préteur *extra ordinem*, dans les cas de plus en plus nombreux où il jugeait lui-même, avait-elle la même autorité ? Aucun texte ne tranche la question. Nous avons déjà cité les textes qui nous indiquent que les actes même judiciaires du préteur étaient soumis à l'effet de l'*intercessio*. Mais aucun ne nous fait connaître la possibilité d'une *intercessio* à l'occasion d'un décret contenant une décision judiciaire, une *sententia*. On peut cependant admettre que l'intervention s'appliquait même alors, parce que la décision du préteur ne pouvait avoir que l'ancienne forme des décrets, et surtout parce que cette supposition explique très-bien l'origine de l'appel dont nous avons maintenant à parler.

Nous voyons en effet, quand le système extraordinaire s'est établi, tous les jugements soumis au recours de l'appel. Cette institution est certainement dérivée de l'ancienne *appellatio*. A l'époque où les magistrats égaux ou supérieurs et les tribuns avaient le droit de s'opposer à l'exécution de l'ordre d'un magistrat, les parties s'adressaient à eux pour obtenir leur *intercessio*. On appelait ce recours *appellatio*. Si l'on admet que l'*intercessio* ait été applicable aux décisions rendues par les magistrats *extra ordinem*, on comprend facilement que l'*appellatio* soit devenue une voie de recours régulière et ordinaire, et que l'Empereur, magistrat supérieur et successeur des tribuns, ait eu un droit général de censure sur tous les actes judiciaires. Dans le dernier état du droit, tous les jugements peuvent être attaqués par le moyen de l'appel. Du dernier magistrat à l'Empereur, il y a plusieurs degrés de juridiction. Leur nombre a souvent varié. La décision du juge d'appel avait évidemment l'autorité de la chose jugée. Quant aux jugements réformés sur l'appel, ils n'existaient plus.

CHAPITRE II.

EFFETS DES JUGEMENTS CIVILS.

Déclaration et sanction des droits. — Autorité de la déclaration des droits.

Les jugements civils à Rome avaient le double effet de déclarer et de sanctionner les droits contestés.

Comme sanction du droit, le juge imposait au défendeur une obligation qui donnait lieu contre lui à l'action *judicati* et à toutes les mesures d'exécution qui furent reçues en droit romain. La condamnation créait ainsi un droit nouveau destiné à assurer la sanction du droit antérieur. Un autre mode de sanction résultait de l'exécution du *jussus*, s'il faut admettre qu'il ait pu être exécuté *manu militari*.

Quant à la déclaration sur les droits contestés, elle n'était formellement prononcée par le juge que dans les actions connues sous le nom de *præjudicia*. La formule de ces actions ne se composait que d'une *intentio* où le préteur interrogeait le juge sur l'existence de certains rapports de droit. Gaius nous a fait connaître quelques-uns des droits, dont on pouvait ainsi demander la constatation, sans en vouloir tirer encore aucune conséquence sous forme de condamnation. « *Qualis est,* « dit Gaius, *qua quæritur aliquis libertus sit, vel quanta dos* « *sit et aliæ complures* » (IV, § 44). On a conjecturé que le juge était ainsi interrogé : *Præjudicio quærito an...* (Ortol., t. 2, p. 464). La réponse ne devait donc contenir qu'une déclaration affirmative ou négative sur le droit mis en cause. Il est bien certain que dans ces cas les jurisconsultes romains ont dû reconnaître sans difficulté que l'autorité de la chose jugée s'appliquait à cette déclaration. Mais dans toutes les autres actions, où était la déclaration de droit? Le préteur avait dit au juge : *Si paret rem Auli Agerii esse condemna, si non paret absolve.* La décision n'était-elle pas tout entière dans la condamnation ou l'absolution?

Les jurisconsultes romains ne se sont pas arrêtés à cette apparence. Ils ont bien compris que le jugement avait pour principal effet une déclaration sur le droit dont la sanction était accordée ou refusée. Si cette déclaration n'était pas formellement exprimée, elle était implicitement rendue; car elle était supposée par la sanction ou le refus de sanction, la condamnation ou l'absolution.

Nous verrons tout à l'heure suivant quelles règles les jurisconsultes romains ont dû reconnaître quelle était cette déclaration implicite. Nous devons montrer auparavant que l'autorité de la chose jugée était en effet attachée à la déclaration du jugement sur le droit des parties. Nous avons déjà cité la règle de Julien trois fois rapportée par Ulpien (l. 3; l. 7 § 1.; l. 7 § 4. *De exc. r. jud.*). *Exceptio rei judicatæ obstat quotiens inter easdem personas revocatur.* On appelait évidemment *quæstio* la contestation sur l'existence du rapport de droit soumis au juge. C'est donc à la *quæstio* que se rapportait l'autorité de la chose jugée. Elle couvrait la déclaration rendue sur le rapport de droit litigieux. Nous allons voir que les jurisconsultes romains ont admis toutes les applications de cette règle.

C'est parce que l'autorité de la chose jugée se rapportait à la déclaration de droit résultant du jugement, qu'on ne reconnaissait pas cette autorité aux sentences qui ne contenaient encore ni directement ni implicitement une déclaration de droits. « Res judicata dicitur quæ finem controversiarum « pronuntiatione judicis accipit » (l. 1 *De re jud.*).

Au contraire, dès que l'affirmation ou la négation d'un droit résultait d'un jugement, quelque restreint qu'eût été le pouvoir donné au juge dans la *condemnatio,* il y avait chose jugée sur le droit lui-même. C'est ce que démontrent des textes très-nombreux.

Certains rapports de droit peuvent avoir de nombreuses conséquences. En agissant pour une de ces conséquences, on oblige le juge à rendre sur le droit lui-même une déclaration qui a l'autorité de la chose jugée.

Ainsi le droit héréditaire lui-même a été affirmé ou nié par le juge qui a été saisi par un prétendant à l'hérédité contre un autre prétendant soit d'une action réelle, soit d'une action personnelle. « Si singulis rebus petitis hereditatem pe-« tat vel contra exceptione submovebitur. Idem est probandum « et si quis debitum petat a debitore hereditario deinde here-« ditatem petat vel contra si ante hereditatem petierit et pos-« tea debitum petat » (l. 7 §§ 4 et 5).

Les lois 8-11 § 3 *De ex. r. j.* et 25 § 8 *Fam. erc.* donnent une solution identique pour les cas où l'action en revendication a été précédée ou suivie par les actions *communi dividundo* ou *familiæ erciscundæ*.

C'est cette application de l'autorité de la chose jugée qui rendit nécessaire l'usage de la *præscriptio : Ne præjudicium fiat.* Il parut, en effet, juste d'autoriser le défendeur à ne pas accepter un débat qui mettrait indirectement en cause un droit auquel était réservée d'ordinaire, à cause de son importance, une forme d'action ou même une juridiction spéciale.

Ainsi le défendeur pouvait écarter l'action qui aurait préjugé la question d'hérédité en obtenant l'insertion de la prescription : « Ea res agatur si in ea re præjudicium hære-« ditati non fiat » (G., IV, § 133).

Nous voyons qu'il y avait lieu à cette prescription dans les cas où étaient mises en cause : l'hérédité (l. 25 § 7 ff. *De hæred. pet.;* l. 13 ff. *De ex.;* l. 5 § 2 ff. *De hæred. pet.;* l. 7 § 1 ; l. 25 § 17 ibid.; l. 1 § 1 ff. *Fam. erc.*), la propriété (l. 16 et 18 ff. *De excep.;* Cic. *De invent.;* l. 2, c. 20), les questions d'état (l. 3 § 8 ff. *De Carb. edict.;* l. 2 C. *De ord. jud.*).

Quelques textes ont paru indiquer que les jurisconsultes romains n'avaient pas toujours rigoureusement appliqué leur règle : *Quoties eadem quæstio revocatur.* Mais il est facile de se convaincre qu'en ne faisant pas, dans les hypothèses de ces textes, l'application de leur règle, les jurisconsultes romains ne l'avaient pas violée.

(L. 5 §§ 8 et 9 ff. *De agn. vel al.* Ulp.). « Si vel parens « neget filium idcircoque alere se non debere contendat, « vel filius neget parentem, *summatim* judices oportet super « ea re cognoscere... § 9. Meminisse autem oportet et si pro-

« nuntiaverint ali oportere, attamen eam rem præjudicium
« non facere veritati nec enim hoc pronuntiatur filium esse
« sed ali debere. Et ita divus Marcus rescripsit. » Le § 9
donne la même décision à l'égard des patrons et des affranchis, et il ajoute également : « Nec tamen decretum tollit
« liberto facultatem quominus præjudicio certare possit si
« libertum se neget. »

Ces décisions sont justes, si on suppose que les demandes
d'aliments précédant le jugement sur la question d'état
avaient, comme en droit français, le caractère d'une demande de provision, En accordant les aliments, le juge n'affirmait pas encore le droit, il se fondait seulement sur une
probabilité suffisante pour justifier des secours urgents.
Aussi examinait-on l'affaire *summatim.*

Cette explication est d'ailleurs presque formellement contenue dans un texte qui rapporte la même décision. L. 10 ff.
De his qui sui vel al. « Si judex nutriri vel ali oportere pro-
« nuntiaverit, dicendum est de veritate quærendum filius sit
« annon. Neque enim alimentorum causa veritati facit præ-
« judicium. »

On explique d'une manière analogue l'espèce suivante. Les
biens d'un débiteur condamné ont été saisis. Un tiers intervient et revendique une chose saisie. Ulpien nous apprend
(l. 15 § 4 ff. *De re jud.*) qu'en vertu d'une constitution impériale, le juge qui procédait à l'exécution statuait *de proprie-
tate.* « Sed sciendum est summatim eos cognoscere debere
« nec sententiam eorum posse debitori præjudicare, si forte
« dimittendam eam rem putaverint quasi ejus sit qui contro-
« versiam movit, non ejus cujus nomine capta est. Nec eum
« qui restituta est statim habere sententiam debere, si forte
« jure ordinario cœperit ab eo res peti. Sic evenit ut omnibus
« integris tantum capioni res judicata proficiat. »

Ainsi, à l'occasion d'une demande en distraction d'une
chose saisie, le juge ne prononce pas sur le fond du droit.
Il décide seulement *summatim* s'il convient de distraire la
chose revendiquée, *dimittere rem.* Mais, dans aucun cas, la
question de propriété n'est jugée.

Enfin, un dernier texte n'est relatif qu'à une question de
compétence. A l'époque à laquelle il se rapporte, le président dans les provinces prononçait lui-même sur les ques-

tions d'état. Il renvoyait encore à un juge les questions relatives à l'hérédité.

Un testament est attaqué comme rompu par l'agnation d'un posthume dont la légitimité est contestée. Le juge pourra-t-il être saisi de la question relative à l'hérédité et de la question d'état qui en est inséparable?

Sévère et Antonin répondent affirmativement (l. 1, C. *De ord. jud.*). « Adite præsidem provinciæ et ruptum esse testamentum « Fabi præsentis agnatione filii docete ; neque enim impedit « notionem ejus quod status quæstio in cognitione vertitur, « etsi super status causa cognoscere non possit. »

Il est impossible de comprendre ce texte si on ne suppose pas avec la plupart des auteurs que, dans une phrase omise par les rédacteurs du Code, il était expliqué qu'on n'avait pas demandé au *præses* de statuer lui-même, mais bien de donner un *judex*. La suite en effet ne peut que se rapporter à « cette hypothèse. « Pertinet enim ad officium judicis qui de « hæreditate cognoscit universam incidentem quæstionem « quæ in judicium revocatur examinare. Quoniam non de ea « sed de hæreditate pronuntiat. »

Le juge est compétent parce qu'il n'est saisi que d'une question d'hérédité. Mais il ne s'ensuit pas que sa décision ne doive impliquer une déclaration affirmative ou négative sur la question d'état. C'est dans le même sens que la l. 3 C. *De jud.* formule cette règle générale. « Quoties quæstio sta-« tus bonorum disceptationi concurrit, nihil prohibet quo « magis apud eum quoque qui alioquin super causa status « cognoscere non possit, disceptatio terminetur. »

Il n'y a donc pas de textes qui contredisent réellement la règle que nous avons posée.

M. de Savigny (t. 6, p. 459) et M. de Wangerow (t. 1, p. 270 et sq.) en font une application qu'on peut admettre, bien qu'aucun texte ne la rapporte. Le *furtum* donnait naissance à la *condictio furtiva* et à l'action *furti*. En absolvant le défendeur sur la première de ces actions le juge niait le *furtum*, c'est-à-dire le rapport de droit, base commune des deux actions.

La l. 26 p. ff. *De ex. r. jud.* présente une application remarquable de la même règle. Le droit qu'on n'y permet pas de prétendre n'avait pas été compris dans la généralité d'un

4

droit déjà jugé. Mais le droit précédemment nié était nécessaire à l'existence du droit qu'on prétendait plus tard. On ne pouvait donc affirmer celui-ci, sans affirmer celui-là contrairement au premier jugement. Nous avons vu que la première partie de ce texte s'explique par l'effet de la fonction négative, mais la seconde contient bien ce que nous venons d'indiquer. « Sed et si rursus ita agam jus mihi esse altius ad « alios decem pedes tollere, obstabit exceptio quum aliter « superior pars jure haberi non possit quam si inferior quo- « que jure habeatur. »

Nous pouvons enfin maintenant achever l'explication de la fameuse loi 7 ff. *De ex. r. jud.* Nous n'avons plus qu'à nous occuper des paragraphes relatifs à la fonction positive. Nous suivrons l'ordre rétabli par M. de Savigny. « L. 7 § 1. « Item si quis fundum petierit, mox arbores excisas ex eo « fundo petat, aut insulam petierit, deinde aream, vel tigna, « vel lapides petat ; item si naves petiero, postea singulas ta- « bulas vindicem : si ancillam prægnantem petiero aut post « litem contestatam conceperit et pepererit mox partum ejus « petam. Utrum idem petere videor an aliud magnæ quæstio- « nis est.» Et cette difficulté, c'est bien par l'effet du jugement sur la *quæstio* qu'Ulpien la résout : « Et quidem ita definiri « potest, totiens eamdem rem agi quoties apud judicem pos- « teriorem id quæritur quod apud priorem quæsitum est. »

On ne peut donc pas donner la même solution pour tous les cas. Si le demandeur réclame ces choses comme propriétaire de la chose principale, il devra être repoussé parce qu'il mettrait en cause la question jugée. Si, au contraire, il invoque un droit indépendant de la question jugée, son action sera admise. C'est évidemment la distinction dont le jurisconsulte veut parler quand il continue ainsi : « In his igitur fere « omnibus, exceptio nocet.»

Les choses énumérées dans le § 1 ne peuvent pas, en effet, en général, être l'objet d'un droit autre que le droit jugé. Il est cependant facile de concevoir que quelques-unes ne soient pas toujours l'objet du même droit. C'est ce qu'Ul-pien exprime ensuite. « Sed in cementis et tignis diversum « est. Nam is qui insulam petit, si cementa vel tigna, vel quid « aliud suum petat, in ea conditione est ut videatur aliud « petere : etenim cujus insula est, non utique et cementa

« sunt. Denique ea quæ juncta sunt ædibus alienis, separata
« dominus vindicare potest.

Le § 3 assimile ensuite les fruits au *partus* : « De fructi-
« bus eadem quæstio est ut de partu. Hæc enim nondum
« erant in rebus humanis, sed ex ea re sunt quæ petita est ;
« magisque est ut ita exceptio noceat. Plane si in restitu-
« tionem vel fructus, vel etiam partus venerunt æstimati-
« que sunt, consequens erit dicere exceptionem objicien-
« dam. »

La solution relative à ces deux hypothèses était justifiée par
les mêmes principes que les précédentes. Mais elle l'était
aussi souvent par une règle que nous examinerons plus tard.
Nous verrons en effet que, quant aux fruits existants avant le
jugement et au *partus* né ou conçu depuis la litiscontestation, le jugement les comprend aussi bien que la chose elle-
même, sans difficulté, *plane, si in restitutionem venerunt*,
non moins certainement dans le cas contraire, bien qu'implicitement. Il en résulte que la décision rendue sur l'objet
principal fût-elle favorable au demandeur, il ne pourra plus
réclamer ces objets accessoires. Mais la règle que nous exa-
minons en ce moment serait seule applicable aux fruits produits ou au *partus* conçu après le jugement. Ces choses devraient être accordées ou refusées au demandeur en vertu de
la chose jugée sur le premier procès, suivant que le droit
qu'il invoque aurait été alors affirmé ou nié.

Les derniers paragraphes de la loi 7 rappellent la règle et
l'appliquent à des hypothèses que nous avons déjà rapportées.

Nous avons ainsi trouvé les jurisconsultes romains toujours fidèles à leur grande règle : « L'autorité de la chose
jugée appartient à la déclaration rendue sur les droits contestés, sur la *quæstio* du procès. » Ne l'ont-ils jamais étendue
au-delà ? Nous avons déjà réfuté la théorie de M. de Savigny
sur l'autorité des motifs. Il faut maintenant examiner s'il a
pu avec raison prétendre que son système était celui du droit
romain.

Aucun des textes qui sont cités par M. de Savigny ne se
rapporte à un véritable motif. Ainsi, c'est un rapport de droit
nécessaire à la condamnation et non pas un simple élément
de rapport de droit que la possession du défendeur à une ac-

tion réelle. On ne peut donc pas nous opposer les l. 17, 18, 9, ff. *De exc. r. j.* Quant aux l. 7 § 1, ff. *De corp.* et 8 § 2 ff. *De neg. gest.*, que M. de Savigny cite encore, nous les retrouverons dans le chapitre suivant.

CHAPITRE III.

QUELLES DÉCLARATIONS DE DROITS RÉSULTENT DES JUGEMENTS CIVILS.

Les déclarations du juge sur les droits mis en cause n'étaient presque jamais formellement énoncées. Nous avons vu que, dans les *prœjudiciales formulœ*, le juge était directement interrogé sur l'existence du droit, en sorte que la réponse était une déclaration formelle. Mais dans tous les autres cas, la formule du juge n'exprimait que la condamnation ou l'absolution. Ainsi le dispositif de la sentence ne mentionnait que la sanction ou le refus de sanction. Il n'indiquait aucune déclaration de droits. Divers textes semblent, il est vrai, prouver que le juge faisait connaître, au moins quelquefois, les motifs de la sentence (l. 1 § 2 ff. *Quœ sent. sine app.;* l. 2 C. *Quand. prov.;* l. 17-18 ff. *De re jud.*). Nous admettrons en effet que ces indications de motifs peuvent servir dans quelques hypothèses à l'interprétation de la décision. Mais il est certain que, dans le plus grand nombre de cas, le juge se contentait de condamner ou d'absoudre, sans expliquer les causes de sa décision. Il est-très probable que les motifs n'auraient jamais été assez complets pour faire connaître exactement toutes les déclarations de droit rendues par le juge. Nous verrons que, même dans notre droit, où les motifs sont obligatoires, ils ne donneraient généralement que des indications insuffisantes. Enfin il faudrait toujours, pour vérifier la validité des déclarations énoncées dans les motifs, les comparer avec les pouvoirs que le juge tenait de la *condemnatio* et de l'*intentio* combinées. Or c'est précisément ce rapprochement qui nous fera connaître sûrement quelles déclarations ont été rendues par le juge sur les droits qu'il avait mission de juger.

Il est en effet facile de déduire de la sanction ou du refus de sanction, c'est-à-dire de la condamnation ou de l'absolution, les déclarations de droits dont ces décisions sont les conséquences. Quelquefois seulement il serait absolument nécessaire de consulter les motifs de la sentence pour connaître laquelle de deux significations possibles il faut attribuer à la décision.

Nous allons rechercher d'abord quelles déclarations sont supposées par la condamnation et l'absolution du défendeur, relativement aux droits émis en cause par le demandeur.

Nous verrons ensuite s'il peut résulter de la condamnation et de l'absolution du défendeur une déclaration relativement aux droits que celui-ci a directement ou par voie d'exception opposés à la prétention du demandeur.

Quelles déclarations relatives aux droits du demandeur sont impliquées par la condamnation et l'absolution du défendeur. — La condamnation du défendeur suppose évidemment que les droits du demandeur ont été affirmés par le juge. Ces droits sont eux-mêmes indiqués soit par l'*intentio,* soit en outre par la *sponsio* dans les cas où on agissait par *sponsionem.* L'hypothèse de la condamnation n'offre donc aucune difficulté.

Au contraire l'hypothèse de l'absolution soulève plusieurs questions graves.

Il y a absolution non-seulement quand le juge a répondu : *absolvo,* mais dans tous les cas où il y a refus, soit de la sanction demandée, soit d'une partie de la sanction demandée. En sorte que la condamnation partielle équivaut à une absolution sur tous les droits dont la sanction n'a pas été accordée. — Cette vérité a été très-bien mise en lumière par **M.** de Savigny (t. 6, p. 286) : « Tout jugement qui « prononce contre le défendeur est toujours un jugement « mixte, car il entraîne absolution sur la partie non accor- « dée. » En effet, le devoir du juge égalant son pouvoir, on doit supposer qu'il a refusé tout ce qu'il a pu accorder et n'a pas accordé, qu'il a nié tout ce qu'il était appelé à affirmer et qu'il n'a pas affirmé.

Il en résulterait que, ainsi que la condamnation partielle, l'omission de statuer devrait être considérée comme une absolution tacite du défendeur. Mais la procédure romaine ne distinguait pas divers chefs de demandes. Il ne pouvait donc jamais y avoir omission de statuer. Ou aucun jugement n'avait été rendu ou le jugement se terminait soit par une absolution formelle, soit par une condamnation égale ou inférieure à la condamnation demandée.

Formelle ou implicite, l'absolution n'emportait pas toujours la négation de tous les rapports de droit qu'aurait supposés la condamnation. Il suffisait souvent qu'un seul de ces rapports eût été nié. Ainsi, dans l'action en revendication, la pétition d'hérédité et l'action *ad exhibendum*, la possession du défendeur donnait lieu à un des rapports de droit nécessaires à la condamnation. Si le juge admet que le défendeur n'est pas en possession, il devra absoudre le défendeur sans examiner la question de propriété. Mais le droit de propriété n'aura pas été par ce jugement dénié au demandeur (l. 9, 17, 18 ff. *De ex. r. j.*). Les *exceptiones dilatoriæ* nous offrent de nombreux exemples semblables. Il suffit que l'*exceptio* soit justifiée pour que la condamnation ait dû être refusée. Mais on ne peut pas dire alors qu'il y a chose jugée sur le droit lui-même.

Comment distinguait-on dans les jugements d'absolution les rapports de droit niés et les rapports de droit non jugés? Il semble que sous le système formulaire il devait être impossible de faire cette distinction. La rédaction de la formule est en effet telle que la cause de l'absolution ne paraît pas avoir pu être indiquée. Le juge faisait-il du moins connaître le motif de sa décision quand il absolvait sans nier le droit même du demandeur, mais seulement en vertu de l'irrecevabilité de son action. Nous ne sommes pas autorisé à croire que ce fut un usage constant. Toutefois quelques textes supposent que les termes de la décision avaient permis de reconnaître que le droit du demandeur n'avait pas été lui-même nié par le jugement d'absolution. L. 17 ff. *De ex. r. j.* « Si rem meam a te petiero, tu autem *ideo fueris* absolutus « *quod* probaveris sine dolo malo te desiisse possidere, deinde « postea cœperis possidere et a te petam, non nocebit mihi « exceptio rei judicatæ. » La même décision et des expressions semblables se retrouvent dans les l. 9 et 18 *ibid*. Nous ne savons pas comment ces explications étaient données par le juge. Mais il paraît impossible de prétendre que ces textes se rapportent comme les deux suivants à des *cognitiones extraordinariæ* (l. 2 § 1 et 2 ff. *Quæ sent.*; l. 2 C. *Quando prov.*).

Il est d'ailleurs certain que dans la plupart des cas où l'absolution du défendeur n'aurait pas emporté négation des droits du demandeur, la fonction négative de l'exception avait conservé son empire. Peut-être la difficulté de connaître sûrement le rapport du droit qui aurait été seul niée a-t-elle été une des raisons pour lesquelles la consommation de l'action a continué de produire ses effets dans des cas où elle pouvait cependant être en opposition avec l'autorité de la chose jugée?

Sous le système extraordinaire on peut admettre que la rédaction des jugements, quelque imparfaite qu'elle dût être encore, faisait généralement connaître si l'absolution avait pour cause la négation du droit du demandeur. L'indication contraire étant possible, si elle manquait nous pensons qu'on devait supposer que le juge avait examiné le fond du procès et par conséquent nié les droits dont il refusait la sanction.

Supposons maintenant qu'il est ainsi certain que l'absolution n'a pas pour cause l'irrégularité de l'action ou la négation d'un rapport de droit secondaire. Elle implique, avons-nous dit, négation de tous les droits dont la sanction pouvait être prononcée. Nous sommes ainsi amenés à rechercher quels sont les droits que le juge pouvait sanctionner et déclarer.

Ces droits sont ceux qui ont été mis en cause par le demandeur, *deducta in judicium* et ceux dont il est permis au juge de se saisir *officio judicis*.

Nous avons déjà indiqué les moyens de connaître les droits soumis au juge par le demandeur dans le chapitre II de notre 1re section. On se souvient que nous avons dû, sans nous arrêter aux droits expressément indiqués, analyser la désignation de chacun des éléments des droits. Nous avons ainsi pu retrouver tous les droits formellement ou implicitement mis en cause.

L'absolution doit emporter nécessairement négation de tous ces droits, pourvu néanmoins que le juge ait eu le pouvoir d'affirmer chacun d'eux séparément.

Sous le système formulaire, ce pouvoir n'appartenait aux juges que lorsque l'*intentio* de la formule était *incerta : quidquid dare facere.* — Quand l'*intentio* était *certa*, le juge ne pouvait qu'affirmer ou nier le droit formellement indiqué. Il n'aurait pas pu déclarer l'existence d'un droit moindre. Aussi, dans ce cas, l'autorité de la chose jugée ne concourait-elle pas avec l'effet de la consommation de l'action? C'était à celle-ci seule qu'étaient dues les conséquences de la *plus petitio*. Au contraire, dans le cas où on avait agi *cum formula incerta*, si le juge avait absous, l'autorité de la chose jugée excluait, comme la consommation de l'action, toute demande relative à un droit compris dans les droits précédemment mis en cause.

Sous le système extraordinaire, au moins depuis Zénon et Justinien, le pouvoir du juge ne fut plus borné par aucune forme de procédure (Just. Inst., l. 4 t. 6 § 33). Il pouvait déclarer et sanctionner séparément chacun des droits compris dans le droit dont on l'avait expressément saisi. Il en résultait que, lorsque le juge n'avait prononcé aucune condamnation, il avait implicitement nié tous les droits compris dans les désignations de l'action. C'est sans doute pour qu'ils fussen appliqués aux seuls cas d'absolution que Justinien a reproduit au Digeste quelques textes relatifs à l'ancienne *plus petitio*.

Outre les droits mis en cause par le demandeur, le juge avait pu affirmer et sanctionner les droits dont il lui était permis de saisir *officio judicis*. C'étaient des droits ayant pour objet des choses qu'on peut considérer comme accessoires à l'objet du droit mis en cause. Il nous suffira de rappeler sommairement les décisions des textes sur ce sujet.

Il résulte de textes nombreux qu'en matière d'actions réelles la condamnation comprenait non-seulement la chose indiquée dans l'*intentio*, mais *omnem causam*, c'est-à-dire avec la chose ses fruits ou même ses produits accidentels suivant les distinctions suivantes. Le possesseur de bonne foi restituait les fruits antérieurs à la litiscontestation qui étaient *exstantes* et tous les fruits postérieurs à la litiscontestation. Le possesseur de mauvaise foi restituait tous les fruits, même ceux qu'il avait négligé de percevoir (G. Inst., IV, 17 § 2; l. 17 § 1; 20, 35 § 1; 22 ff. *De r. vind.;* l. 25 § 9; 27 pr. 29, 20 § 6 ff. *De her. pet.*, etc.).

Les mêmes règles étaient appliquées à l'*actio ad exhibendum* (l. 9 § 5 et 8 ff. *Ad exh.*) et à l'*actio hypothecaria* (l. 16 § 4 ff. *De pign.*).

Quant aux autres actions personnelles, on faisait plusieurs distinctions. Le juge tenait compte de tous les fruits, s'il s'agissait d'une *repetitio* (l. 15 p. ff. *De c. ind. ;* l. 12 6, 38 ff.

De us.). Quand on avait plaidé *ad consequendum quod meum non fuit*, les fruits produits avant et après la litiscontestation pouvaient être pris en considération par le juge si l'action était de bonne foi (l. 18 § 15 ff. *De us.*). Même au cas où l'action était *stricti juris*, on avait fini par admettre que les fruits postérieurs à la litiscontestation pourraient être appréciés par le juge (l. 38 § 7 *e. t.*).

Nous avons déjà vu comment les intérêts conventionnels étaient compris dans l'action pour le principal quand ils étaient dus en vertu de la même cause juridique, du même contrat.

Quant aux intérêts moratoires et judiciaires, dans les cas où il y avait lieu de les adjuger, le juge n'en avait le pouvoir que s'il était saisi par une formule *incerta* (l. 1 § 1 C. *De h. p.*; l. 20 §§ 11, 12 et 15 : l. 36 § 3 ff. *De h. p.*). Quand l'*intentio* était *certa*, les intérêts judiciaires ne pouvaient pas être ajoutés à la condamnation (l. 1 C. *De cond. ind.*). Cependant la possibilité d'obtenir des intérêts, restreinte d'abord aux fidéicommis qui étaient jugés *extra ordinem*, fut bientôt étendue aux legs *sinendi modo* et plus tard à tous les autres (G., II, § 280 ; l. 51 ff. *pr. ex.*, etc... (V. Sav., *Syst.*, t. 6, § 264 et suiv.).

Il est d'abord certain que tous ces droits accessoires ne pouvaient pas être prétendus contrairement à la déclaration négative rendue par un premier jugement sur le droit principal (l. 7 § 1 et 13 ff. *De exc. r. j.*).

Mais s'il y avait eu déclaration affirmative sur le droit principal et négation formelle ou implicite du droit accessoire compris dans l'*officium judicis*, l'autorité de la chose jugée s'opposerait-elle à ce que le droit accessoire fût prétendu par une action nouvelle? La l. 7 ne prévoit que le cas où les fruits ont été compris dans la restitution ou l'estimation. Elle ne distingue pas l'hypothèse contraire du cas où il y a eu négation du droit principal. Mais la l. 3 C. *De fruct.* semble bien donner à notre question une solution affirmative. Elle refuse toute action pour les *sumptus* compris aussi dans l'*officium judicis* auxquels le défendeur n'aurait pas été condamné. « Post absolutum enim dimissumque judicium nefas est litem « alteram consurgere ex litis primæ materia. »

L'*officium judicis* a enfin reçu de Zénon et de Justinien une extension exagérée, à laquelle doit correspondre nécessairement une extension de l'effet de l'absolution implicite.

Zénon avait dit : « Si quis minus quam re sit taxaverit « suam litem, nec ad hoc respiciat judex sed in veram quan- « titatem calculum ferat » (l. 1 C. *De plus pet.*). Justinien confirme cette décision au Code (l. 2 § 1 *ibid.*) et aux Instituts (IV, 6, § 34) : « Si minus in intentione complexus fue- « rit actor quam ad eum pertineret, veluti si cum ei de- « cem debentur, quinque sibi dari oportere intenderit... « sine periculo agit ; in reliquum enim nihilominus judex « adversarium in eodem judicio condemnat ex constitutione « divæ memoriæ Zenonis. » Justinien n'exige même pas, comme dans le paragraphe suivant où il parle de celui qui a demandé *aliud pro alio*, que le demandeur corrige lui-même son erreur. Le juge reçut ainsi le pouvoir d'accorder *ultra petita*. Il en résulte qu'on doit regarder comme justifiée en droit romain cette conclusion de M. de Savigny qui serait fausse dans une législation restée plus fidèle aux vrais principes : « On peut aller encore plus loin et dire que tout jugement, « celui même qui est entièrement conforme aux conclu- « sions du demandeur, doit être considéré comme un juge- « ment mixte, car toujours il prononce tacitement que le de- « mandeur n'a pas droit à davantage » (t. vi, § 288).

Quelles déclarations sur les droits opposés par le défendeur résultent des jugements? — Certains droits sont quelquefois mis en cause par le défendeur.

Dans une première hypothèse le défendeur ne conteste pas le droit invoqué par le demandeur. Mais il prétend qu'au lieu de prononcer contre lui la condamnation demandée, le juge doit tenir compte des droits qu'il a lui-même à l'égard du demandeur. On dit alors que le défendeur oppose la compensation.

Le droit opposé en compensation sera l'objet d'une déclaration du juge, qui aura l'autorité de la chose jugée. Il n'y a sur ce point aucun doute dans le cas où la déclaration sera formelle, si la compensation a été admise ou formellement rejetée. Mais si, sans s'expliquer, le juge a prononcé la condamnation demandée malgré le droit invoqué par le défendeur et qui devait empêcher la condamnation, ne faut-il pas dire que le droit opposé en compensation a été implicitement nié. Ce raisonnement est certainement logique. Cependant les jurisconsultes ont adopté l'opinion contraire. Ulpien dit : « Si quocumque modo ratio compensationis habita non est a « judice, potest contrario judicio agi ; quod si post examina- « tionem reprobatæ fuerint pensationes, verius est quasi re « judicata amplius agi contrario judicio non posse » (l. 8 § 2 ff. *De n. gest. ; l. 7 § 1 ff. De comp. ; l. 1 § 4 ff. De cont. tut.*). Gaius nous apprend même que l'une des raisons qui rendaient nécessaire la *contraria actio*, était qu'il pouvait arriver « *ut judex pensationis rationem non habeat* » (l. 18 § 4 ff. *Commod.*).

Dans une autre hypothèse le défendeur oppose un droit qui, prévalant sur le droit du demandeur, le détruit. Tel est le cas de l'acheteur qui oppose à la revendication du vendeur demeuré propriétaire de la chose l'exception *rei traditæ et venditæ.* La l. 17, ff. *De evict,* où Ulpien expose cette hypo- thèse, est suivie d'un fragment de Paul qui résout ainsi la question : « Sed etsi exceptio omissa sit aut opposita ea « nihilominus evictus sit, ex duplæ quoque stipulatione « vel ex empto potest conveniri » (l. 18). Il ne semble pas possible de rapporter cette décision à la seule fonction néga- tive de l'exception. Il faut donc croire que les droits que le défendeur fut ainsi autorisé à invoquer ne parurent jamais saisir le juge comme l'action elle-même. C'est pourquoi même au cas où ces droits ont été formellement affirmés ou niés, Ulpien dit encore : *quasi re judicata* (l. 8 § 2 *De neg. gestis*).

CHAPITRE IV.

RELATIVITÉ DES EFFETS DES JUGEMENTS.

A l'égard de quelles personnes a lieu l'autorité de la chose jugée.

Les jurisconsultes romains ont reconnu comme un carac- tère essentiel de l'autorité de la chose jugée la relativité de ses effets. « *Sæpe constitutum est res inter alios judicatas aliis non præjudicare* » (l. 63 ff. *De re jud.*).

Ce principe a été aussi rigoureusement appliqué qu'il avait été nettement affirmé. Jamais les jurisconsultes romains n'ont admis l'autorité de la chose jugée contre une personne qu'ils n'ont pas pu considérer comme ayant été partie au procès. Mais ils l'ont étendu à toutes celles qui leur paraissaient avoir figuré dans la cause.

La personne juridique n'est pas seulement l'individu, c'est l'individu agissant en une qualité, jouant un rôle civil. Il ne suffira donc pas de rechercher quels individus ont plaidé, mais quels individus et en quelle qualité (*conditio personarum*). Car le même individu, agissant en une qualité différente, ne serait pas la même personne. Nous verrons que les jurisconsultes romains faisaient dans tous les cas cette distinction. Mais, dans aucun texte, on ne trouve la confusion qu'ont faite plusieurs auteurs modernes, entre les diverses qualités ou divers rôles d'un même individu et les divers titres ou droits qu'il invoque. Le changement du titre, comme dans le cas où, après avoir agi de son chef, on agit *hereditario nomine*, ne permet pas sans doute l'application de la chose jugée (l. 10 fl. *De ex. r. j.*). Mais Modestin ne dit pas que ce soit pour une autre cause que la non-identité du droit postérieurement acquis.

Il n'était pas besoin de dire que l'*advocatus* n'est point partie au procès qu'il plaide (l. 54 ff. *De r. vind.*). La partie est l'individu dont le droit a été légalement mis en cause. Il en résulte que sont parties des individus qui n'ont pas matériellement figuré au procès, mais qui y ont été légitimement représentés, et qu'au contraire, ceux qui y ont assisté pour eux sont eux-mêmes étrangers à la chose jugée, s'ils n'ont pas agi en même temps dans leur intérêt personnel.

Parmi les mandataires légaux par lesquels certaines personnes mettent leurs droits en cause, la l. 11 § 7 ff. *De ex. r. j.* cite le *tutor*, le *curator pupilli*, l'*actor municipum*. On peut ranger dans cette catégorie le citoyen exerçant une *actio popularis* (l. 1, 3, ff. *De pop. act.*). Il est le mandataire légal de tous. *Nisi de perfidia prioris potuerit aliquid dici* (l. 3 § 13 *De h. lib. extr.*).

Le mandant est de même représenté par le *procurator* qu'il a choisi (l. 11 § 7), ou par le gérant dont il a ratifié les actes (l. 25 § 2).

Macer nous apprend que, dans certains cas, on supposait qu'une partie qui avait laissé plaider une personne sur un droit à l'existence duquel elle était aussi intéressée, avait donné à celle-ci mandat d'agir pour elle. Mais il n'en était pas ainsi dans tous les cas où deux personnes sont co-inté-ressées. Le mandat n'était présumé que « *quum quis de ea re cujus actio vel defensio primum sibi competit sequenti agere patiatur*. Tel est l'ayant-cause qui aurait pu intervenir au lieu de laisser agir l'*auctor* seul. Macer cite le créancier qui a laissé son débiteur plaider sur la propriété de son gage, le mari qui a laissé son beau-père ou sa femme plaider sur la propriété de la dot, l'acheteur qui a laissé le vendeur plai-der sur la propriété de la chose vendue (l. 63 *De r. j.*). La loi 29 § 2 *De ex r. j.* exige même que le créancier gagiste ait été averti par le débiteur, *admonitus*. On voit que, si les juris-consultes romains opposaient quelquefois aux créanciers ga-gistes ou hypothécaires le jugement rendu contre le débiteur, c'était seulement dans les cas où ils pouvaient supposer que le débiteur avait reçu un mandat du créancier. Il est certain qu'en dehors de cette hypothèse, la chose jugée contre le débiteur, postérieurement à la constitution du gage, n'était pas opposable aux créanciers (l. 3 ff. *De pign. et hyp.*; l. 11 § 10 ff. *De ex. r. j.*). Toutefois, il faut dire qu'un texte semble en antinomie avec les précédents (l. 5 C. *De pign. et hyp.*). Mais on peut supposer que le créancier avait été averti.

Cette présomption de mandat avait-elle été appliquée au cas où un héritier ou propriétaire apparent a soutenu un procès? Aucun texte n'autorise à le croire. En effet, la loi 44 ff. *De re jud.* prévoit une hypothèse bien différente. Elle permet d'opposer aux héritiers le jugement rendu non contre un faux héritier, mais contre un pupille dont le tuteur a d'abord plaidé, puis a renoncé à la succession pour son pupille en s'abstenant.

Il est certain que les jurisconsultes romains n'appliquaient pas la présomption de mandat dans une hypothèse où elle a été admise de nos jours dans une certaine mesure. *Plu-res ejusdem pecuniæ credendæ mandatores si unus judicio eligatur absolutione quoque secuta non liberantur* (l. 52 § 3 ff. *De fid.*).

Il nous semble, en effet, qu'il n'est pas nécessaire de considérer un pareil mandat comme essentiel à l'obligation solidaire.

Mais les jurisconsultes romains n'avaient certainement pas même examiné cette question dans les hypothèses suivantes.

Nous avons vu qu'à cause de leur unité les obligations cor-réales et celles des fidéjusseurs étaient éteintes par une seule litiscontestation. Cette unité dut encore faire admettre sans examen que, même au point de vue de la chose jugée sur l'obligation elle-même, les parties devaient être confondues dans une semblable unité. Les textes nous manquent sur ce point, parce que l'effet subsistant de la litiscontestation ne laissait pas en général place à l'autorité de la chose jugée. Pomponius dit cependant, en parlant du débiteur principal et du *fidejussor* : *Res judicata secundum alterutrum eorum utrique proficit* (l. 42 § 3 ff. *De j. j.*). Il n'est pas douteux que la même décision doive être appliquée aux *correi promittendi*. Par la même raison les jugements rendus contre le débi-teur principal ont dû être opposables au fidéjusseur et les jugements rendus contre l'un des *duo rei* ont dû être opposables à l'autre. De-même il faut admettre que la chose jugée à l'égard de l'un des *correi stipulandi* est toujours chose jugée à l'égard de tous les autres. M. de Savigny (t. 1, *Oblig.*, p. 213, 222, 223) n'admet pas cette dernière opinion. Il ne pense pas que le *correus promittendi* puisse en plaidant obliger son *correus*, et il reconnaît seulement que le juge-ment rendu contre l'un des *correi stipulandi* est opposable aux autres. Mais en recherchant quel mandat comporte la corréalité, M. de Savigny se place à un autre point de vue que les jurisconsultes, car ils auraient alors admis une doctrine analogue à l'égard des obligations simplement solidaires. Il nous semble que, quant à l'autorité de la chose jugée comme sur tous les autres points, les Romains faisaient prédominer l'unité de l'obligation sur la diversité des sujets. Ils en dédui-saient nécessairement l'unité des sujets eux-mêmes.

Notre doctrine nous paraît confirmée aussi bien que com-plétée par les décisions certaines du texte relativement aux droits dont l'objet est indivisible. Nous avons dit, en parlant de l'effet de la litiscontestation, que cette indivisibilité entraînait l'unité nécessaire du droit. De même au point de vue de la chose jugée, l'indivisibilité de l'objet paraît devoir emporter l'unité ou plutôt l'union forcée de tous les sujets. C'est ce que Pothier exprime ainsi : l'indivisibilité du droit les fait regar-der comme une même partie (*Des oblig.* 907). Les jugements favorables n'étaient pas en effet seuls réputés rendus à l'égard detous les copropriétaires, cocréanciers ou codébiteurs (1. 4 § 3 ff. *Si servitus;* 4 § 4 ; 6 § 4 *ibid.*; 1. 1 § 5 ff. *De arb. cœd.*). C'est dans notre ancien droit qu'on a imaginé de restreindre le mandat tacite à cette hypothèse. La 1. 19 ff. *Si serv.*, dit formellement : « Si per collusionem cessit litem adversario cæteris « dandam esse actionem de dolo. » Or il est évident que cette action serait inutile si le jugement n'était opposable qu'à celui contre lequel il a été rendu.

Nous devons maintenant parler de quelques décisions qui peuvent surtout paraître une exception au principe.

Les textes nous font connaître trois cas où la chose jugée contre une personne qu'on appelle *justus contradictor* est chose jugée à l'égard de certaines autres. On dit alors : « *judex jus facit.* » Dans ces hypothèses le droit des personnes auxquelles on étend l'autorité de la chose jugée à l'égard du *justus contradictor* est subordonné à l'existence du droit de celui-ci. On en conclut sinon que le dernier pouvait disposer des droits de tous, par exemple, en déférant le serment (1. 3 § 3 ff. *De j. j.*), du moins qu'il lui appartenait d'appeler la justice à se prononcer sur le droit de tous, et que lorsqu'il avait agi sans fraude la décision rendue faisait loi au profit ou au préjudice de tous.

Mais cette décision ne fut appliquée qu'aux hypothèses qui présentaient de la manière la plus frappante cette subordination de plusieurs intérêts secondaires à un droit principal.

L'état d'affranchi avait des conséquences juridiques qui intéressaient plusieurs personnes, mais avant tous le patron. Celui-ci fut donc considéré comme *justus contradictor*, et le jugement rendu à son égard, qu'il déclarât un individu affranchi ou ingénu, fut réputé rendu à l'égard de tous les intéressés (1. 25 ff. *De st. hom.;* 1. 4 ff. *De col. det.;* 1. 27 § 1 ff. *De lib. causa*; 1. 14 ff. *De j. patr.*)

Mais le jugement n'était pas opposable à celui qui aurait prétendu être le patron de l'affranchi. A son égard il ne pouvait être question de *justa contradictio* (1. 1 et 5 ff. *Si ing.*). On ne pourrait donc lui opposer le précédent jugement qu'au cas où il y serait intervenu (1. 63 ff. *De r. jud.*; 1. 5 ff. *Si ing.*)

On considéra de même comme *justus contradictor* le père qui contestait la légitimité des enfants de sa femme. Après lui, nul ne pouvait mettre en question leur état contrairement au jugement rendu (l. 1 § 16; l. 2 § pr. *De agn. lib.*; l. 1 § 4 *De lib. exhib.*)

Non-seulement en effet en droit romain le droit du père était bien supérieur à ceux des plus proches parents eux-mêmes, mais c'est à lui seul qu'il doit appartenir de contester l'état des enfants nés pendant le mariage. Aussi nous verrons que notre action en désaveu produit des conséquences semblables.

Quand l'héritier institué défendait le testament, le jugement rendu à son égard étendait nécessairement ses effets jusqu'aux légataires et aux esclaves affranchis. En effet, les legs et les affranchissements dépendent nécessairement de l'institution d'héritier dont ils sont en quelque sortes les conditions, *leges hæreditatis* (l. 9 pr. ff. *De pign.*; l. 50 § 1 ff. *De leg.*).

Mais les créanciers de la succession peuvent s'adresser même à l'héritier institué qui a succombé (l. 12 § 1 C. *De pet. hered.*).

Cette extension de l'autorité de la chose jugée est surtout appliquée par les textes au cas où l'héritier institué a défendu à l'action de la *querela inofficiosi testamenti*. La décision est alors réputée commune, même à d'autres personnes que les légataires et les esclaves affranchis. Ainsi le jugement qui annule le testament profitera à l'héritier qui exclut la partie qui a attaqué le testament (l. 6 § 1 ff. *De inof. test.*). et il sera opposable aux débiteurs qui se sont libérés entre les mains de l'héritier institué qui a succombé (l. 8 § 16 *ibid.*).

De nombreux textes nous font connaître quelles conditions on exigeait pour reconnaître ces effets aux jugements rendus avec le *justus contradictor*. Le jugement devait être contradictoire (l. 27 § 1 ff. *De lib. causa* ; l. 50 § 1 ff. *De leg.* 1°; l. 14 ff. *De appel.*). Il devait avoir été rendu sans collusion (l. 1-4 ff. *De col. det.*) On reconnaissait d'ailleurs aux intéressés le droit de faire appel (l. 14 ff. *De app.*; l. 8 § 11 *De in. test.*) et même le droit d'intervenir (l. 14 ff. *De opp.*). Remarquons qu'aucune de ces lois n'est et ne pouvait être relative à l'hypothèse du père contestant la légitimité des enfants de sa femme. Telles sont les décisions qui, mal interprétées, ont donné lieu à l'erreur commise par Toullier (n° 216, t. 10) et les auteurs qu'il cite. Nous voyons qu'il n'est pas vrai qu'en droit romain, tout jugement sur une question d'état fût opposable à toute personne. Quelques jugements seulement étaient réputés rendus à l'égard de quelques personnes n'ayant qu'un intérêt secondaire et subordonné. Rien ne justifie non plus la théorie plus générale encore du même auteur, d'après laquelle tous les *prœjudicia* auraient eu le même effet absolu.

Enfin les relations juridiques qui existent entre une partie et un tiers peuvent être telles que celui-ci bénéficie indirectement du jugement rendu. C'est ainsi que les jurisconsultes romains admettaient, sans aucun doute, que le *mandator pecuniæ credendæ* et le *fidejussor indemnitatis* étaient libérés par le jugement qui avait absous le débiteur principal. Ils ne devaient payer qu'à défaut de celui-ci.

De même la transmission des droits d'une partie rendait le jugement commun à des personnes qui n'avaient pas été parties au procès et qui ne pouvaient être réputées y avoir été représentées. C'est le cas de tous les successeurs, non-seulement des successeurs universels, mais même des successeurs à titre particulier. En effet, toutes les fois qu'un droit est transmis, il est nécessairement transmis tel qu'il est entre les mains du transmettant et par conséquent affecté par les conséquences des actes juridiques antérieurs à la transmission. C'est la décision générale de la loi 28 ff. *De ex. r. j.*, particulièrement appliquée à l'acheteur par les l. 9 § 2 et 11 § 3 et 9, et au créancier gagiste ou hypothécaire par la l. 3 § 1 ff. *De pign.* et 11 § 10 ff. *De ex. r. j.* En effet le créancier ne peut avoir plus de droits sur la chose que n'en avait le débiteur lui-même. Le jugement antérieur à la constitution du gage doit donc lui être opposable. Mais les jurisconsultes romains avaient très-bien compris qu'après la constitution du gage ou de l'hypothèque le créancier commençait à avoir un droit dans la chose distinct de celui du débiteur. Ils décidaient donc très-justement que tous les jugements rendus contre le débiteur, à partir de ce moment, devaient être sans effet à l'égard du créancier, à moins toutefois que le créancier prévenu ne pût être considéré comme ayant donné au débiteur mandat de le représenter (V. sup.).

CHAPITRE V.

EFFETS DE L'AUTORITÉ DE LA CHOSE JUGÉE.

L'autorité de la chose jugée n'a jamais été considérée par les jurisconsultes romains comme un mode d'extinction des droits. Ils ont reconnu le véritable caractère de ce principe en l'exprimant ainsi : « *Res judicata pro veritate accipitur,* » et ils n'en ont jamais tiré que cette conséquence exacte : toute preuve du droit affirmé par un jugement est inutile, toute preuve contraire est impossible.

De ce que le droit n'a pas cessé d'exister, il s'ensuit qu'il produira tous ses effets, s'il n'est pas nécessaire d'en faire la preuve. Si donc le débiteur absous a cependant payé sa dette, le paiement est valable, parce que l'obligation existait et parce que le créancier n'a pas eu à faire la preuve contre un débiteur qui, renonçant au jugement rendu en sa faveur, avait exécuté son obligation.

Judex, si male absolvit et absolutus sua sponte solverit, repetere non potest (l. 28 ff. *De cond. ind.*).

Mais faut-il que le débiteur ait connu le jugement rendu en sa faveur? Ou suffit-il qu'il ait volontairement payé? Le texte dit seulement : « *sua sponte solverit,* » s'il a volontairement payé.

M. de Savigny (*Obl.*, t. 1, p. 104), avec tous les défenseurs anciens et modernes de l'opinion que nous combattrons tout à l'heure, pense qu'il est nécessaire de supposer que le débiteur ignorait l'absolution dont il aurait pu se prévaloir. Ces mots : « *sponte sua* » signifieraient seulement que le débiteur n'a pas été contraint à payer, qu'il est allé au devant de la poursuite. Il faut, dit-on, que le paiement dont parle le texte ait eu pour cause une erreur. En effet, si le paiement avait été fait sans erreur, la *condictio indebiti* aurait été repoussée par application de la règle *consulto dati donatio est* (l. 53 ff. *De reg. juris*). Le jurisconsulte n'aurait donc pas eu besoin de dire « *si judex male absolvit,* » car le même résultat se serait produit après une absolution juste.

Il ne nous paraît pas possible de supposer une erreur que le texte ne mentionne pas et d'attribuer aux mots « *sponte sua »* une signification qui les rend fort inutiles. Nous ne voulons pas croire non plus que la *condictio indebiti* soit refusée en vertu de la règle de la loi 53 *De reg. jur.* Les mots *si male absolvit* seraient sans portée. En outre le sens de toute la loi est évidemment que le refus de la *condictio indebiti* a pour cause l'existence d'une obligation naturelle.

Mais nous n'admettons pas que, pour donner à son obligation l'effet de valider le paiement, le débiteur ait dû payer par erreur. Il suffit qu'il ait spontanément payé, car il reconnaît ainsi l'existence de la dette et son aveu prévaut sur la présomption qu'il emprunterait à l'autorité de la chose jugée. Il n'est pas même ainsi nécessaire de supposer, avec M. Machelard (*Obl. nat.*, p. 442), que le refus de la *condictio indebiti* malgré l absence d'une erreur aurait pour cause l'accomplissement d'un devoir, *officium pietatis*, ainsi que dans les cas que ce savant auteur énumère (p. 281 et seq.).

Il faut, en effet, seulement que du paiement volontaire on puisse induire une reconnaissance valable de la dette. Dans certains cas, il est vrai, cette présomption ne serait pas admissible ; par exemple, si la dette a été payée par l'héritier du débiteur absous, il est évident que ce paiement ne saurait être considéré comme un aveu. Mais notre texte parle du débiteur lui-même et d'un débiteur que rien ne contraint à payer, qui paie *sponte sua,* qui ne paierait donc pas, s'il ne se reconnaissait débiteur.

Quelques textes pourraient paraître contraires à notre opinion. Le principe semble posé par la l. 26 § 3 *De cond. ind.* « Indebitum autem solutum accipimus, non solum si om-« nino non debeatur, sed etsi per aliquam exceptionem per-« petuam peti non poterat, quare hoc quoque repeti poterit « nisi sciens se tutum exceptione solvit. »

Le débiteur absous avait une *exceptio perpetua.* S'il a payé sans connaître le moyen de défense que cette exception lui donnait, il pourra répéter. S'il a su qu'il avait l'*exceptio perpetua*, il ne pourra répéter : *Donasse videtur.*

Mais il nous semble impossible d'appliquer le principe de la l. 26 § 3 aux exceptions qui n'anéantissent pas l'obligation.

En effet, quand l'obligation est véritablement éteinte *per exceptionem,* comme par l'effet de l'exception tirée du pacte de remise, il n'y a plus d'obligation. Il ne peut donc avoir été fait un paiement valable. Mais l'autorité de la chose jugée n'anéantit pas l'obligation niée par le juge. Le jugement d'absolution dispense seulement le défendeur absous de prouver que l'action n'existait pas. Il permettrait ainsi au débiteur d'intenter avec succès la *condictio indebiti.* Mais lorsque le paiement qu'a fait le débiteur peut être considéré comme une reconnaissance tacite de l'obligation, le débiteur ne peut plus invoquer le jugement d'absolution et ne réussit pas dans sa *condictio indebiti,* parce qu'il a donné lui-même la preuve de son obligation.

C'est pour une raison semblable que nous avons vu que la consommation de l'action n'autorisait pas la *condictio indebiti.* Ce n'est pas en effet l'obligation elle-même, mais l'action seule qui était éteinte par la litiscontestation.

Il est vrai que l'exception *jurisjurandi* permettait au débiteur qui avait payé par erreur d'exercer la *condictio indebiti* (l. 39, 40, 42 ff. *De j. j.*; 43 ff. *De cond. ind.*), et que quelques textes rapprochent cette exception de l'exception *rei judicatæ* (l. 26 § 2; 35 § 1, ff. *De j. j.*; l. 56 ff. *De r. jud.*). Mais des textes plus décisifs nous font connaître qu'on assimilait plutôt l'effet du serment déféré à l'effet du pacte de remise. L'obligation était absolument éteinte dans les deux cas. C'est ce qu'indiquent les lois 39 et 40 ff. *De j. j.* elles-mêmes. La loi 42 *e. t.* ne laisse surtout aucun doute. Ulpien y dit formellement : « *obligatio naturalis hac pactione tollitur.* » Ainsi la dette n'existe plus. Donc, en cas de paiement par erreur, ou on peut répéter, ou on a fait une donation.

Mais tel ne saurait être l'effet de l'autorité d'un jugement d'absolution. Elle ne constitue pas un mode de libération, mais une preuve invincible. Elle est donc sans effet dès qu'elle ne peut plus être opposée comme preuve. C'est pourquoi, lorsque le paiement postérieur à l'absolution peut être considéré comme une reconnaissance de la dette, la *condictio indebiti* n'est pas recevable, parce qu'il existait une obligation susceptible d'être payée et que l'autorité de la chose jugée n'en empêche plus la preuve.

En ce sens, il est permis de dire qu'après l'absolution du débiteur, il reste une obligation qu'on peut appeler naturelle, à laquelle le débiteur rendra ses effets en reconnaissant la dette.

Mais quand l'autorité de la chose jugée n'est pas paralysée par l'aveu postérieur du débiteur, elle s'oppose à l'affirmation de toute obligation naturelle, à moins qu'on ne puisse invoquer une obligation naturelle que le jugement n'ait pas niée en niant l'obligation civile.

Il est évident, en effet, que l'absolution du défendeur n'emporte pas toujours négation de l'obligation naturelle. Dans les cas d'absolution à suite de péremption d'instance, *plus petitio, exceptio dilatoria,* il n'y a même pas chose jugée sur l'obligation elle-même. Mais l'obligation civile est seule niée quand le juge absout en admettant une exception qui doit transformer l'obligation en une pure obligation naturelle (l. 40 ff. *De cond. ind.*). M. Machelard (p. 431), qui paraît avoir le premier fait cette observation, cite encore le cas où le défendeur a été absous parce qu'il aurait contracté l'obligation, étant *in servitute.* Cette absolution ne s'oppose pas à ce qu'il reste tenu de l'obligation naturelle. Mais ce résultat se présente dans un bien plus grand nombre d'hypothèses. En effet, en absolvant, le juge ne nie jamais que la seule obligation civile, puisque c'est elle seule qui justifie la condamnation. L'obligation naturelle pourra donc valablement être invoquée toutes les fois qu'elle pourra être distinguée de l'obligation civile. Ainsi on a intenté une action *ex stipulatu.* De ce que le défendeur a été absous, il résulte qu'il n'y a pas eu stipulation. Il n'en résulte pas qu'un pacte n'avait pas été formé par l'effet duquel le débiteur peut être encore obligé *naturaliter.* Mais il faudra prouver qu'il y a eu pacte ou stipulation imparfaite. Si on prouvait la stipulation, on serait repoussé par l'exception de la chose jugée. On voit qu'il est alors plus vrai de dire que l'autorité de la chose jugée n'existe pas sur les questions relatives aux obligations naturelles.

Mais quand l'autorité de la chose jugée peut atteindre l'obligation naturelle, elle n'en empêche pas moins la preuve que s'il s'agissait d'une obligation civile. Cette proposition ne nous semble devoir faire aucun doute. Il n'y a pourtant pas de question plus controversée.

Cujas (*ad. leg.* 60. *De c. ind.*) et Favre (*conj.* IV, 20, *ration. ad. l.* 60) avaient soutenu que l'autorité de la chose jugée ne faisait pas obstacle à certains effets de l'obligation naturelle.

Cette opinion a été de nos jours défendue par plusieurs savants allemands à la tête desquels se place M. de Savigny (*Syst.*, V, 376 ; *Obl.*, 1, p. 97).

Elle avait été déjà combattue par Doneau (C. *De j. civ.*, 1. 14 c. 12), que suivent M. de Vangerow (*Leh. P.*, t. I, p. 278) et M. Machelard (*Oblig. nat.*, p. 414 et suiv.).

Remarquons d'abord que l'obligation naturelle dont on veut établir la persistance contrairement à l'autorité de la chose jugée, n'aurait que des conséquences fort restreintes, sans qu'on puisse cependant expliquer pourquoi elle ne produirait pas tous ses effets ordinaires.

Ainsi M. de Savigny reconnaît lui-même qu'on ne pourrait pas opposer en compensation cette obligation naturelle. L'*exceptio doli mali* par laquelle on voudrait opposer cette compensation serait, dit-il, paralysée par la *replicatio rei judicatæ*. M. de Savigny affirme, il est vrai, que le cautionnement intervenu auparavant resterait valable, mais il cite à l'appui de son opinion la l. 8 § 3 ff. *De fidej.*, qui ne parle que d'un cautionnement postérieur et qui s'occupe évidemment d'une espèce où il n'y a encore que litiscontestation. Quant à l'*actio hypothecaria*, M. de Savigny reconnaît qu'elle ne peut être exercée contre le débiteur absous sans être repoussée par l'exception *rei judicatæ*. S'il la donne contre le tiers possesseur, c'est parce que celui-ci n'aurait pas l'exception *rei judicatæ*, n'ayant été ni partie au procès, ni représenté. Il y a sur ce point en effet un texte formel (l. 13 ff. *De quib. mod.*).

Un seul effet semblerait attribué par un texte à cette obligation naturelle, celui d'empêcher la *condictio indebiti* (l. 60 *De cond. indeb.*). Et c'est cependant par un principe général que M. de Savigny essaie de justifier une solution dont il est obligé lui-même de reconnaître le caractère exceptionnel.

L'obligation naturelle, s'opposant à la *condictio indebiti*, subsisterait, parce que l'exception *rei judicatæ* ne serait pas *juris gentium*, mais *juris civilis* (Just. Inst., 1. 4, t. 13), et ne pourrait ainsi détruire l'obligation naturelle qui appartient au *jus gentium* (l. 84 ff. *De reg. juris*). On a répondu qu'il y a des exceptions *juris civilis* qui ne laissent pas subsister d'obligation naturelle. Mais il nous semble qu'on ne doit pas permettre que la question soit ainsi posée. Il est vrai qu'une obligation subsiste après l'absolution, parce que la déclaration négative du juge n'a pas pour effet de détruire les droits auxquels elle s'applique. Mais cette déclaration irréfragable ne permet plus d'affirmer l'obligation, soit qu'on veuille l'exercer par voie d'action, soit qu'on se contente d'invoquer les conséquences qu'elle peut autrement avoir. Pour opposer en compensation l'obligation niée par un jugement, il faudra prouver son existence. Or c'est ce que l'autorité du jugement d'absolution ne permet plus. Pour repousser la *condictio indebiti,* le créancier devra prouver une obligation au moins naturelle. L'autorité de la chose jugée s'y oppose encore, à moins qu'elle ne soit elle-même rendue inutile par l'aveu postérieur du débiteur.

On a pu citer, pour témoigner de cet effet absolu de l'autorité de la chose jugée, tous les textes généraux (l. 207 ff. *De rej. j.* ; 63 p. *De re jud.*) et cette loi si explicite : « Post rem « judicatam nihil quæritur (l. 56 ff. *De re jud.*). » Nous approuvons moins l'usage des textes relatifs à l'exception *jurisjurandi.* Nous avons déjà dit, en effet, que le serment déféré devait être assimilé plutôt au pacte de remise qu'à l'exception *rei judicatæ* Mais la loi 13 ff. *Quib. mod. pign. lib.* dit formellement que le gage est également libéré quand le débiteur a été absous, *quamvis per injuriam.* Il n'en serait évidemment pas ainsi si le créancier pouvait se prévaloir d'une obligation naturelle.

Les textes, comme les principes, sont contraires à l'opinion de M. de Savigny.

Comment faut-il donc entendre la fameuse loi 60 ff. *De cond. ind.?*

« Julianus verum debitorem post litem contestatam ma- « nente adhuc judicio negabat solventem repetere posse, « quia nec absolutus, nec condemnatus repetere posset. Licet « enim absolutus sit natura, tamen debitor permanet ; simile- « que esse ei dicit, qui ita promisit sive navis ex Asia ve- « nerit, sive non venerit, quia ex una causa alterius solutio- « nis origo proficiscitur. »

Un débiteur réel a payé après la litiscontestation et avant la sentence. Il veut ensuite répéter. Il ne le peut pas, dit Julien, car après la sentence, condamné ou absous, il ne le pourrait pas. En effet, même absous, il reste débiteur *natura.* Ce jurisconsulte compare ensuite cette situation à celle d'un homme qui aurait promis sous deux conditions, dont l'une, étant le contraire de l'autre, arrivera nécessairement.

M. de Savigny conclut que de ce texte résultent ces deux points : 1° la persistance d'une obligation naturelle après l'absolution ; 2° le refus de la *condictio indebiti* fondé sur ce motif, non-seulement dans l'espèce du texte, mais aussi dans le cas où le paiement aurait eu lieu après l'absolution. Nous admettons avec M. Machelard que tel est bien le sens du texte. Il nous paraît impossible d'approuver l'opinion de Doneau et de M. de Vangerow qui restreignent l'application de la l. 60 au cas où le paiement a eu lieu *manente judicio*. C'est en effet l'espèce que pose le jurisconsulte, mais il dit bien formellement *licet absolutus natura debitor permanet.* M. de Savigny se demande alors si le *verus debitor* a payé en parfaite connaissance de cause pour mettre fin au procès, et il écarte avec raison cette hypothèse, car le paiement ainsi fait, même en l'absence d'une obligation naturelle, n'aurait pas pu donner lieu à une *condictio indebiti* (l. 65 § 1 ff. *De cond. indeb.*; l. 2 C. *De transact.*). On peut supposer avec M. de Savigny que le débiteur ne savait absolument rien de la contestation engagée (elle avait pu être engagée par un mandataire), qu'il ne payait donc pas dans l'intention de la terminer, mais qu'il voulait simplement éteindre une dette qu'il reconnaissait. Telle nous paraît, en effet l'hypothèse la plus conforme au texte. M. de Savigny en conclut que si ce débiteur ne peut pas répéter, c'est parce que, malgré l'absolution, le créancier prouvera l'existence de l'obligation naturelle qui n'est par conséquent pas éteinte par l'absolution.

M. Machelard repousse en général cette conclusion. Il rappelle que dans certains cas l'absolution ne s'opposait pas à l'existence d'une obligation naturelle, parce qu'elle n'était pas la conséquence de la négation du droit, mais l'effet de la péremption d'instance, de la plus *petitio* ou d'une *exceptio dilatoria*. N'était-ce pas l'hypothèse de la l. 60 où nous voyons le débiteur appelé *verus debitor*, bien qu'absous ?

Cette explication nous semble bien préférable à celle qui suppose une mutilation du texte. La doctrine de Julien aurait été critiquée par Paul qui la rapporte. Mais les commissaires de Justinien auraient jugé inique d'autoriser un *verus debitor* à répéter ce qu'il avait payé.

La l. 60 ne serait-elle pas simplement tout à fait conforme à la doctrine que nous avons exposée tout à l'heure et à notre explication de la l. 28 ff. *De c. ind.?* Avec Julien nous admettons que le débiteur absous « *natura obligatus manet.* » C'est même par l'effet de la litiscontestation qu'il n'est obligé que *naturaliter;* l'autorité de la chose jugée laisse l'obligation telle qu'elle était avant le procès. Seulement cette obligation n'aura plus d'effets, si elle a besoin d'être prouvée contrairement à l'autorité de la chose jugée. Pour poursuivre les fidéjusseurs, pour exercer l'*actio hypothecaria*, pour opposer la compensation, le créancier devrait prouver son droit. L'exception *rei judicatæ* ne le lui permettra pas. De même, quand on exerce contre le créancier la *condictio indebiti*, il ne peut pas prouver l'existence de la dette contrairement à l'autorité de la chose jugée. Mais si le débiteur, en payant volontairement, *sponte sua*, a reconnu lui-même sa dette, l'autorité de la chose jugée s'efface devant cet aveu. Or nous avons vu que M. de Savigny lui-même suppose que le *verus debitor* a payé, ignorant le procès, pour éteindre une dette qu'il reconnaissait. La *condictio indebiti* se trouve alors impossible, sans qu'il y ait toutefois *donatio consulto dati*, parce que l'absolution n'a pas détruit l'obligation et qu'elle ne peut plus en empêcher la preuve.

L'autorité de la chose jugée a toujours cet effet de ne pas souffrir de contradiction. La déclaration rendue sur un droit doit toujours être respectée, de quelque manière qu'il soit mis en cause. Ainsi nous avons déjà vu qu'il n'importe pas que l'action ne soit pas *ejusdem generis* (l. 5-7 § 4 ff *De ex. r. j.*), ni que les parties aient changé de rôle (l. 19-30 § 1-24 *e. t.*).

En général l'autorité de la chose jugée est irrévocable. Elle ne cesse d'exister que si le jugement lui-même est légalement anéanti par l'effet de l'appel ou s'il peut être considéré comme n'ayant pas d'existence légale.

Étaient ainsi réputés nuls de plein droit les jugements rendus *contra leges vel senatusconsultum, vel constitutiones* (l. 19 ff. *De appel.*).

Il était alors inutile de se pourvoir par appel. On pouvait toujours invoquer la nullité de pareilles sentences. Mais pour que le jugement fût ainsi nul il fallait qu'il eût prononcé contre la loi elle-même, qu'il eût jugé que la loi ne devait pas être observée, qu'il eût ouvertement violé la loi. Si le juge avait seulement fait à la cause une fausse application des lois, on ne pouvait pas se dispenser de faire appel. « Cum pro- « latis constitutionibus contra eas pronuntiat judex, eo quod « non existimat causam de qua judicat per eas juvari, non vi- « detur contra constitutiones sententiam dedisse, ideoque « ab ejus modi sententia appellandum est. Alioquin rei judi- « catæ stabitur » (l. 32 ff. *De re jud.* — 1 § 2 ff. *Quæ sent.;* 27-32 ff. *De re jud.*).

Hors de ces cas, on respectait l'autorité du jugement quelle qu'eût été l'erreur des juges. Il n'importait pas même que cette erreur fût aussi évidente que peut l'être une erreur de calcul (l. 2, C., *De rei jud.*). On corrigeait seulement, sans que l'appel fût nécessaire, l'erreur de calcul qui se trouvait dans la sentence elle-même. « Velut si judex pronuntiaverit Ti- « tium Seio ex illa specie quinquaginta item ex illa specie « viginti quinque debere; idcirco Lucium Titium Seio cen- « tum condemno » (l. 1 § 1, *Quæ sent. sine*).

L'erreur n'était pas mieux prise en considération, quand elle était justifiée par la découverte de pièces nouvelles (l. 41 ff. *De re jud.*), à moins toutefois que l'intérêt du fisc ne fût en jeu (l. 35 ff. *De re jud.*)

La *restitutio in integrum* directe ou indirecte par le moyen de l'exception *doli mali* ne semble avoir été accordée contre l'exception *rei judicatæ* positive qu'aux personnes favorisées, aux mineurs (l. 25 et 46 § 5 ff. *De adm. et per. tut.*), aux femmes (l. 11 ff. *De ex. r. j.*), ou en cas de dol (l. 20 § 1-25 ff. *De d. m.*; l. 19, C., *De transact.*). L'exception *doli mali* aurait tou- jours suffi à repousser l'exception *rei judicatæ* positive. Nous avons expliqué au contraire que la fonction négative, se pro- duisant quelquefois *ipso jure*, rendait alors nécessaire l'ac- tion *de dolo* ou la *restitutio in integrum*.

Les effets de l'autorité de la chose jugée étaient indirecte- ment combattus quand la partie attaquait le juge qui *litem suam fecerit*. Quand le juge avait fait perdre un procès, *dolo*, ou même *per imprudentiam* (Just. Inst., IV, 5 pr.), il était responsable du préjudice qu'il avait ainsi causé. *In quantum de ea re æquum religioni judicantis videbitur pœnam sustinebit*. Il est très- probable que l'*imprudentia* du juge ne pouvait être alléguée que lorsqu'il avait fait perdre le procès, non pas en rendant une sentence mal fondée, mais, par exemple, en laissant s'accomplir la péremption d'instance.

Nous n'avons plus qu'à indiquer suivant quelle forme de procédure on invoquait l'autorité de la chose jugée.

L'*actio judicati* était un moyen de poursuivre l'exécution de la condamnation prononcée. S'il y avait contestation sur l'existence du jugement, un juge était chargé de rechercher si le défendeur était obligé pour cette cause et de constater ainsi l'existence du jugement.

La *revocatio in duplum* que nous trouvons mentionnée par Paul (l. V, t. 4 § 5, S.) paraît avoir été une procédure par laquelle une partie soutenait qu'elle n'avait pas été condamnée.

Par ces deux actions, on recherchait l'existence des jugements, mais toujours en vue de l'exécution du droit créé par la condamnation, et non en vue de la déclaration de droit résultant du jugement.

La forme spéciale à l'autorité de la chose jugée est l'exception et la réplique *rei judicatæ*.

Cette exception n'a aucun caractère particulier.

On s'est demandé s'il était toujours nécessaire que l'exception *rei judicatæ* fût demandée au préteur. Dans les actions *bonæ fidei* où le juge devait se conformer à l'équité, l'*exceptio doli mali* était inutile. *Doli exceptio inest bonæ fidei judiciis* (l. 21 ff. *Sol. mat.*). S'il était donc vrai que l'exception *rei judicatæ* ne fût qu'une exception de dol rédigée *in factum*, elle serait tacitement comprise dans toutes les actions de bonne foi et, dans les actions *stricti juris*, elle serait suffisamment représentée par l'exception *doli*. Or Ulpien dit : « Generaliter sciendum est ex omnibus in factum exceptionibus doli oriri exceptionem. Quia dolo facit quicumque id quod quaqua exceptione elidi potest petit » (l. 2 § 5 ff. *De d. m. et in. ex.*). Ne s'ensuit-il pas que l'*exceptio rei judicatæ* n'est, comme toute autre exception *in factum*, qu'une véritable exception de dol ? M. Demangeat (t. 2, p. 669) repousse avec raison cette conséquence tirée d'un texte qui ne contient pas une affirmation absolument exclusive, *generaliter sciendum est*. La plupart des exceptions ont en effet pour base un dol passé ou actuel du demandeur. Mais celui qui, ayant perdu son procès, agit de nouveau, ne commet aucun dol, si son droit existe réellement. C'est le défendeur au contraire qui n'obéit pas alors à l'équité, qui est de mauvaise foi. Le dol du demandeur ne résulterait donc que du jugement sur l'action elle-même. Concluons qu'il est certain que l'*exceptio rei judicatæ* n'était jamais suppléée.

Si la partie avait négligé de demander l'exception et qu'un jugement contraire à l'autorité d'un jugement antérieur eût été rendu, on semble avoir admis que le second jugement était nul de plein droit (l. 1 C. *Quando prov. non. nec.* ; l. 1 C., *Sent. resc. non pos.*)

DROIT FRANÇAIS.

Origine.

L'autorité que notre droit reconnaît aux jugements civils a son origine dans les traditions et les textes du droit romain.

Il est vrai qu'avant l'époque où l'influence du droit romain s'exerça sur leurs anciennes coutumes, les Germains avaient déjà songé à assurer l'irrévocabilité de leurs jugements. C'était dans ce but qu'étaient dressés les actes dont nous avons les formules sous le nom de *securitates*. La partie qui avait obtenu satisfaction s'engageait solennellement à ne pas intenter une nouvelle poursuite (Sirmond, form. 39; Mabillon, form. 5, 26, 38, 41, 43; Lindenbrog, form. 124. — V. aussi *Lex Frisionum. Add. sap.*, tit. 1, *De pace faidosi*).

Mais, dès Charlemagne, l'autorité de la chose jugée est exprimée sous une forme évidemment empruntée à la tradition romaine.

« Ut nullus contra rectum judicium audeat judicare quic-« quam » (cap. 7, an. 800. *Bal.*, p. 404).

« Flagitari judicium non debet de causa quæ diffinita vel « judicata est » (Cap. 450. liv. vii).

Dès lors tous les efforts n'ont plus tendu qu'à introduire dans nos usages le principe et les règles du droit romain,

Tandis que le droit ecclésiastique restait naturellement fidèle à la tradition latine (Dec. Greg., 1. 2, t. **27** *De sent. et re jud.;* t. 28 *De appell.;* Sext. Decr. 1. 2, t. 12 *De except.*), nos légistes traduisaient aussi le principe du droit romain et s'efforçaient d'entendre et d'appliquer les décisions rapportées au Digeste (V. Beaumanoir, édit. Beugnot, p. 34, 124 et 417; P. de Fontaines, édit. Marmier, C. 24, §§ 4, 5, 6, 7; Grand Coutumier, p. 348; Somme rurale, p. 767).

Au xvie siècle, les praticiens Imbert et Mazuer surtout nous montrent déjà un grand nombre de textes romains appliqués par notre jurisprudence (V. Mazuer, p. 477 et suiv., *Des choses jugées*).

Ce long travail d'assimilation était enfin terminé, grâce au secours de nos grands romanistes, quand Pothier vint pour en fixer les résultats.

C'est à Pothier que le Code Napoléon a emprunté ses deux articles 1350 et 1351 et que nos auteurs ont demandé toutes leurs règles d'application.

Ainsi notre loi et notre doctrine procèdent également du droit romain interprété par nos vieux auteurs et modifié en quelques endroits par l'ancien usage.

Nous avons cependant reçu de nos pères quelques principes inconnus au droit romain : la règle « *Voies de nullité n'ont lieu* » (Loysel, t. 2, p. 115) et les principes énoncés dans l'art. 121 de l'ordonnance de 1629 relativement à l'autorité des jugements étrangers.

Il nous suffira de rappeler ou de faire connaître ces origines dans le cours des développements que nous allons entreprendre en suivant l'ordre déjà indiqué.

CHAPITRE PREMIER.

DES JUGEMENTS CIVILS.

La mission de déterminer et de sanctionner d'après les lois les rapports de droit contestés appartient aux diverses autorités qui constituent le pouvoir judiciaire.

Autorités judiciaires.—Dans notre législation, le jugement par le jury n'est admis, en matière civile, que dans un seul cas. C'est un jury qui fixe les indemnités dues aux particuliers à suite d'expropriation pour cause d'utilité publique.

Toutes les autres contestations sont soumises à des magistrats institués par le gouvernement. Ce système de jugement par des magistrats est complété par l'institution de deux degrés de juridiction et d'un tribunal de cassation chargé d'annuler les décisions définitives qui ne sont pas conformes aux lois.

Tels sont les principaux caractères de notre justice civile.

Elle se divise en deux véritables juridictions distinctes.

A côté de la *juridiction civile* proprement dite s'est en effet développée la *juridiction administrative*. On a cru devoir attribuer, soit aux administrateurs eux-mêmes, soit à des corps placés auprès d'eux, la connaissance des contestations qui intéressent l'administration. Nous n'avons pas à traiter ici du principe de cette institution. Il nous faut cependant rappeler les règles générales de la compétence administrative. Le contentieux administratif embrasse deux classes d'affaires : 1° toutes les réclamations qui, étant fondées sur un droit, tendent à la rétractation ou à la réformation d'un acte administratif ; 2° un grand nombre de contestations que le législateur a, par des dispositions expresses, attribuées aux tribunaux administratifs, parce qu'elles sont relatives à des questions administratives.

Juridiction civile. — En première instance, le *tribunal civil* est le juge du droit commun, c'est-à-dire celui auquel appartient la connaissance de toutes les contestations que des lois expresses n'ont pas enlevées à sa compétence. A côté du tribunal civil, *les juges de paix* connaissent des affaires de peu d'importance, les *tribunaux de commerce* et nos *consuls* dans les pays étrangers, des affaires commerciales, les *conseils de prud'hommes*, des contestations entre ouvriers et patrons.

Les juges du second degré sont les *tribunaux civils* auxquels sont portés les appels des jugements rendus par les *juges de paix*, et les *Cours impériales* qui connaissent en appel des causes jugées par les *tribunaux civils* et les *tribunaux de commerce*.

Les *présidents* des tribunaux civils et de commerce et les *juges-commissaires* des mêmes tribunaux ont dans certains cas une juridiction véritable.

A ces tribunaux il faut encore ajouter les *cours d'assises* qui rendent quelquefois des arrêts en matière purement civile (art. 358 C. inst. c.), les *tribunaux des colonies et les tribunaux musulmans* reconnus par la loi française en Algérie. Quant à ces derniers, on avait cru pouvoir douter que leurs décisions eussent l'autorité de la chose jugée. La loi musulmane n'admet pas en effet l'irrévocabilité des jugements. Mais la Cour de cassation a très-bien jugé que, devenus français, ces tribunaux étaient nécessairement régis par un principe que nous considérons comme essentiel à toute institution judiciaire (Cas. 13 décembre 1864, D., 65, 1, 142).

Enfin la *Cour de cassation* est la plus haute autorité judiciaire.

Juridiction administrative. —Les juges de la juridiction administrative qui jugent des affaires civiles proprement dites sont en première instance les *conseils de préfecture*, les *préfets* et les *ministres ;* en dernier ressort, les *ministres* et le *conseil d'Etat*, ou, plus exactement, l'*Empereur* statuant sur l'avis de son conseil d'Etat. Ce même *conseil d'Etat* exerce enfin en matière administrative un droit de censure analogue à celui de la Cour de cassation.

En toutes matières les *arbitres* que les parties choisissent elles-mêmes rendent des sentences qui ont une autorité analogue à celle de la chose jugée, mais ayant sa cause dans le consentement des parties (Cas. 28 juin 1852, D., 54).

Mentionnons enfin un tribunal exceptionnel, le *conseil de famille* institué par le statut des 21-30 juin 1853, et dans les attributions duquel est comprise la connaissance des contestations purement personnelles intentées soit par les princes et princesses de la famille impériale, soit contre eux.

Telles sont les autorités dont les actes peuvent avoir la force de la chose jugée.

Mais il faut bien remarquer que cet effet ne saurait appartenir qu'à ceux de leurs actes qui sont de vrais jugements, c'est-à-dire à ceux qui sont rendus pour la déclaration et la sanction des droits ou, suivant l'expression reçue, en *matière contentieuse*.

Juridiction contentieuse et juridiction gracieuse. — Quant aux autorités administratives, on sait combien leurs fonctions sont diverses. Il faudra toujours rechercher si l'acte rendu par elles est un vrai jugement. Il n'est pas difficile de distinguer un jugement des actes administratifs proprement dits, arrêtés généraux ou spéciaux. Mais il faut souvent quelque réflexion pour ne pas confondre la décision rendue sur le recours d'une partie qui demande la rétractation ou la réformation d'un acte administratif en vertu d'un droit, et la décision rendue sur la réclamation d'un individu qui sollicite, sans y prétendre aucun droit, la rétractation ou la réformation d'un acte administratif. Dans ce dernier cas l'acte appartient à la *juridiction gracieuse*. Ce n'est pas un jugement.

Les actes émanés des autorités qui appartiennent à la justice civile proprement dite ont en général le caractère de véritables jugements. Cependant les officiers de la justice civile ont aussi une *juridiction gracieuse*. Ils ont été chargés par la loi de procéder à certains actes relatifs aux intérêts des citoyens et d'accorder certaines autorisations.

Les *juges de paix* ont ainsi dans leurs attributions un grand nombre d'actes qu'on ne peut pas confondre avec des jugements véritables. Tels sont les actes relatifs à l'adoption, à l'émancipation, à la composition et aux délibérations des conseils de famille, à l'apposition et à la levée des scellés, etc. Les *juges de paix* ne jugent même pas quand ils président à la tentative de conciliation dont le soin leur a été confié.

Les tribunaux civils eux-mêmes ne rendent pas de véritables jugements, quand ils approuvent une adoption, homologuent une délibération de conseil de famille, prononcent l'envoi en possession provisoire ou définitif, accordent l'autorisation d'aliéner l'immeuble dotal, etc. On dit en général que les jugements rendus sur requête n'ont pas l'autorité de la chose jugée. Mais cette règle n'est pas exacte, car certaines instances véritablement contentieuses peuvent être introduites par la voie de la requête.

De ce qu'un acte du juge n'est pas un jugement véritable, il ne s'ensuit pas qu'il n'oblige pas irrévocablement la partie qui l'a demandé. C'est ainsi qu'on juge avec raison, d'une part, que ces sortes de jugements ne peuvent nuire aux tiers dans des cas où un jugement véritable leur serait opposable (Colmar, 18 janvier 1850, D. 51, 2, 161. D. V. ch. j. 256) et, d'autre part, que les tiers peuvent se prévaloir des mêmes jugements à l'égard de la partie qui les a obtenus (Rouen, 21 mai 1851, D. 52, 2, 148). Mais on s'exprimerait avec plus d'exactitude, si on n'employait pas alors des termes qui ne conviennent qu'à l'autorité de la chose jugée proprement dite.

Ne faut-il pas exclure encore de la catégorie des véritables jugements ceux qui déclarent la faillite, prononcent l'interdiction, la séparation de corps ou de biens? Dans ces cas il semble, en effet, qu'il n'y ait pas contestation sur l'existence

6

d'un droit, parce que l'état de droit dont il s'agit n'existait pas avant le jugement. Au contraire, il est créé par le jugement lui même. Mais il est plus vrai de dire que ces actes appartiennent à la juridiction contentieuse. L'état de droit qui résulte du jugement avait été seulement subordonné par le législateur à la condition que certains faits seraient constatés par la justice. Quand cette constatation a eu lieu, c'est de la loi elle-même que dérive la constitution d'un nouvel état de droit. Il n'est pas alors au pouvoir du juge de refuser la décision qu'on lui demande. Ainsi, bien que la décision du juge soit alors nécessaire à l'existence du droit, elle n'est encore que la déclaration d'un droit qui était acquis aux parties. Les décisions dont nous parlons ont donc le caractère de vrais jugements. Nous verrons en quoi leurs effets diffèrent de ceux des autres jugements.

C'est surtout au président du tribunal civil qu'appartient une juridiction gracieuse très-étendue.

Il est impossible d'énumérer ici les nombreuses hypothèses où ce magistrat rend des *ordonnances* soit pour autoriser certaines formalités judiciaires, soit pour permettre des mesures d'exécution ou de conservation extrajudiciaires. Jamais ces ordonnances dites ordonnances sur requête n'ont un caractère contentieux.

Il en est autrement des *ordonnances* rendues en référé. Alors en effet il y a contestation engagée ou qui va l'être sur l'existence d'un droit. Le règlement provisoire que le juge impose aux parties se rattache à la contestation et participe de son caractère.

Le président du tribunal de commerce rend aussi dans certains cas des ordonnances semblables à celles du président du tribunal civil.

Enfin les *ordonnances des juges-commissaires* sont presque toutes relatives à de simples formalités de procédure.

Mais dans deux cas très-importants il faut considérer les ordonnances des juges-commissaires comme de véritables jugements.

Après une saisie-arrêt, une saisie-exécution ou autre, ayant pour objet des meubles, le prix des ventes doit être distribué entre les créanciers saisissants ou opposants suivant l'ordre des privilèges et au marc le franc entre les créanciers chirographaires. De même la vente d'un immeuble grevé d'hypothèques donne lieu à la répartition du prix entre les créanciers privilégiés, hypothécaires et chirographaires. Pour régler cette opération on a dû créer les procédures connues sous le nom de *distribution par contribution* et d'*ordre*. Il fallait évidemment déterminer les droits de chacun des créanciers à l'égard du débiteur et les droits de chacun des créanciers à l'égard de tous les autres. Mais, au lieu d'appeler tout de suite le tribunal à rendre une décision, le législateur a jugé plus commode et moins dispendieux de charger un seul juge d'opérer ce règlement, sauf le droit des parties de porter la contestation devant le tribunal.

Ainsi, en matière de distribution, les créanciers sont sommés de produire leurs titres entre les mains d'un juge-commissaire. Celui-ci, après vérification, dresse un état des créances. Communication en est donnée au saisi et aux créanciers. S'ils contredisent, le tribunal statue. S'ils ne contredisent pas dans certains délais, la distribution est arrêtée par ordonnance du juge (C. P. civ., art. 656 et sq.).

En matière d'ordre la procédure est la même avec plus de formalités. On essaie d'abord de fixer à l'amiable l'ordre des créanciers. En cas de désaccord les créanciers produisent leurs titres entre les mains d'un juge désigné par décret. Celui-ci admet ou rejette les demandes en collocation et détermine ainsi le rang des créanciers. L'état qu'il a dressé est communiqué au saisi et aux créanciers. S'ils contredisent, le tribunal statue; s'ils ne contredisent pas en temps utile, le juge-commissaire arrête le règlement définitif de l'ordre par une ordonnance de clôture qui peut encore être frappée d'opposition dans certains délais (C. P. civ., art. 749 et sq.; l. 21-29 mai 1858).

Dans l'un et l'autre cas les ordonnances de clôture n'ont-elles pas l'autorité de la chose jugée?

Il nous semble qu'on n'en pouvait pas douter. Ne résulte-t-il pas de ces ordonnances une déclaration sur l'existence des droits en vertu desquels les collocations avaient été demandées, tant à l'égard du saisi qu'à l'égard des créanciers?

En admettant un créancier, le juge a affirmé un droit prétendu, en repoussant une demande, il a nié un droit prétendu. Il y a donc jugement. Seulement la procédure n'a pas été celle des jugements ordinaires. Au lieu d'ouvrir d'abord les débats, on a proposé aux parties un projet de règlement dressé par un juge-commissaire. Les parties n'avaient qu'à contredire pour retrouver toutes les garanties que la loi donne aux plaideurs. Si elles n'ont pas contredit l'ordonnance qui consacre le règlement, ne tient-elle pas lieu de jugement, n'est-elle pas un jugement rendu par un délégué du tribunal accepté par les parties pour leur juge? Les ordonnances des juges-commissaires qui arrêtent définitivement la distribution ou l'ordre doivent donc avoir la même autorité que les jugements qui, en cas de contestation, auraient été rendus par le tribunal lui-même.

Quant à la distribution, la question ne paraît pas s'être souvent présentée. Elle a été cependant résolue dans le sens de notre opinion, par un arrêt du 20 juillet 1842(D. 42, 1, 343).

La jurisprudence n'avait pas hésité non plus relativement aux ordonnances de clôture d'ordre. Elle admettait l'autorité de ces ordonnances à l'égard des créanciers et à l'égard du débiteur. Outre les arrêts nombreux cités par Dalloz (V. Ordre, 1112 et sq.), on peut voir dans ce sens Cas. 25 mai 1836 (D. 36, 1, 375); Cas. 9 décembre 1846 (D. 47, 1, 45) et surtout l'arrêt du 6 novembre 1848 (D. 48, 1, 242), au rapport de M. Troplong.

Cependant la Cour de Paris a essayé de renouveler une controverse qu'on pouvait considérer comme terminée. Elle a nié l'autorité des ordonnances de clôture dans un arrêt longuement motivé en date du 13 novembre 1852 (D. 56, 1, 17). Mais de nouveaux arrêts de la Cour de cassation ont maintenu expressément ou implicitement l'ancienne jurisprudence (14 juin 1834. D. 54, 1, 310; 20 avril 1857. D. 57, 1, 164; 21 juillet 1857; D. 57, 1, 446). Aujourd'hui enfin cette opinion serait invincible après le vote de la loi de 1858, qui, loin d'édicter une disposition contraire à la jurisprudence antérieure, a confirmé l'autorité des ordonnances de clôture d'ordre, en ouvrant contre elles dans certains délais la voie de l'opposition.

Les actes judiciaires qui ont, suivant les distinctions que nous venons d'indiquer, le caractère de jugements, n'en ont pas toujours les effets. Mais il suffit que, par leur nature, ils en soient susceptibles. Nous verrons dans le chapitre suivant que les effets des jugements varient comme leur contenu, d'où ils dérivent. C'est alors que nous aurons à nous occuper de la division en *jugements provisoires* (auxquels on peut rattacher les *ordonnances de référé*), *jugements préparatoires*, *jugements interlocutoires*, *jugements définitifs*. Nous recherchons maintenant seulement quels actes ont le caractère de jugements.

Deux conditions nous ont paru jusqu'ici nécessaires pour constituer un vrai jugement : l'autorité du juge et la prétention d'un droit que ce juge est appelé à reconnaître et à sanctionner. Ces deux conditions suffisent. Ainsi il n'est pas nécessaire qu'il y ait eu réellement contestation entre les parties. Il en résulte qu'il faut reconnaître l'autorité des jugements aux *jugements rendus par défaut* sur lesquels l'absence d'une partie n'a pas permis la contradiction et même aux *jugements d'expédient* qui ne font que constater et sanctionner l'accord des parties.

Quant aux *jugements par défaut*, on les a sans difficulté assimilés aux jugements ordinaires, sauf l'effet de l'opposition que la partie défaillante forme dans certains délais. C'est sur le sens et non sur la nature du jugement rendu contre le demandeur défaillant que s'est élevée la discussion dont nous aurons à nous occuper.

On dit qu'il y a *jugement d'expédient*, quand les parties, ayant transigé et désirant donner à leurs accords la forme d'une décision judiciaire, soumettent au juge leur contrat comme un projet de jugement. En se l'appropriant, le tribunal transforme ce contrat en un jugement véritable. Dans l'ancien droit, il est vrai, quelques auteurs ne voyaient dans cet acte qu'une simple transaction susceptible d'être attaquée par toutes les voies de nullité applicables à ce genre de contrat (d'Argentré, art. 265 *de la cout. de Bret.*). Mais cette opinion était repoussée par d'autres auteurs (*Nouv. Deniz.*, V. Expédient). Aujourd'hui la jurisprudence et la plupart des auteurs ne distinguent pas les jugements d'expédient des jugements ordinaires. La Cour de cassation a même admis que ces jugements étaient susceptibles d'appel malgré le consentement que les parties y avaient donné (req. 29 juin 1808. *D. V. Ap. civ.*, p. 289).

Voies de recours. — Le caractère et les effets des jugements appartiennent aux actes judiciaires qui en sont susceptibles dès qu'ils ont été rendus. Nous avons déjà dit que la plupart des contestations sont soumises à deux degrés de juridiction et que les jugements de défaut peuvent être frappés d'opposition. Mais pendant les délais de l'appel et de l'opposition le jugement a toute son autorité. Il ne la perd que le jour où il est attaqué. C'est donc par un usage vicieux que, dans la pratique, on réserve le nom de jugements ayant l'autorité de la chose jugée, passés en force de chose jugée, aux décisions qui sont en dernier ressort ou qui ne peuvent plus être attaquées par la voie d'appel ou d'opposition. Les jurisconsultes romains n'avaient pas commis cette erreur.

Outre l'appel et l'opposition, les jugements peuvent être attaqués par des voies de recours dites extraordinaires, que nous devons citer parce que la cassation ou la rétractation par laquelle elles peuvent se terminer anéantit aussi le jugement.

C'est d'abord le *pourvoi en cassation.* Il est ouvert, dans certains délais, contre les jugements en dernier ressort et est admis pour des causes qu'on peut réduire à deux moyens généraux : violation des lois, omission de formes prescrites à peine de nullité ou considérées comme essentielles. Si le pourvoi est rejeté, l'arrêt subsiste. Si l'arrêt est cassé, la cause est renvoyée entière devant d'autres juges. Ceux-ci ont, quant au fait et quant au droit, toute liberté d'appréciation. C'est seulement après une seconde cassation que la loi du 1er avril 1837 oblige le tribunal de renvoi à se conformer à la doctrine de la Cour de cassation.

Par la *requête civile,* on demande la rétractation d'un jugement au tribunal même qui l'a rendu. Cette voie de recours n'est ouverte que contre les jugements en dernier ressort et pour les causes énoncées en l'art. 480 C. pr. civ. Si la requête civile est admise, le jugement est rescindé. Il n'existe plus, et la cause est à nouveau débattue.

Le Code de procédure civile range aussi parmi les voies de recours extraordinaires contre les jugements la *prise à partie* (art. 505). C'est une action en dommages-intérêts intentée contre le juge coupable de dol, fraude ou concussion, ou même, dans certains cas, d'une négligence très-grande. Quand cette action réussit, s'ensuit-il que le jugement n'existe plus.

On ne peut pas dire que telle soit la conséquence directe de la condamnation du juge. Mais les auteurs s'accordent à admettre que le plaideur qui a obtenu la condamnation de son juge recouvre le droit de former appel ou requête civile dans des délais qui ne courent que du jour du jugement sur la *prise à partie* (Poncet, t. 2, 482; Pigeau, t. 1, 799; Carré et Chauveau, qu. 1823; Thomine, 2, 967).

Enfin, nous devons parler des deux voies de recours ouvertes contre les jugements civils par les art. 80 et 88 de la loi du 27 ventôse an VIII.

L'art. 88 de cette loi donne au procureur général à la Cour de cassation le droit de déférer à cette cour les jugements en dernier ressort et contre lesquels les parties ne se seraient pas pourvues dans les délais, s'ils ont été rendus contrairement aux lois et aux formes de procéder. Mais l'article dit expressément que ce pourvoi n'a lieu que dans l'intérêt de la loi, sans que la cassation puisse profiter ni préjudicier aux parties. L'arrêt cassé est donc seulement censuré par la Cour de cassation. Il subsiste comme un jugement ayant à l'égard des parties tous ses effets et l'autorité de la chose jugée.

Mais tels ne sont pas la nature et les effets de la voie de recours ouverte par l'art. 80 de la loi du 27 ventôse an VIII.

Cet article est ainsi conçu : « Le gouvernement, par la voie « de son commissaire et sans préjudice du droit des parties « intéressées, dénoncera au tribunal de cassation, section des « requêtes, les actes par lesquels les juges auraient excédé « leurs pouvoirs ou les délits commis par eux relativement « à leurs fonctions. La section des requêtes annulera ces « actes, s'il y a lieu, et dénoncera les juges à la chambre « civile. »

Cette disposition était empruntée par le législateur de l'an VIII à la constitution du 3 septembre 1791 (art. 27, sect. 3, tit. 3) et à la constitution du 5 fructidor an III (art. 262-263).

Elle y était mieux placée que dans une loi relative à la seule organisation judiciaire.

La place que cette disposition occupait indiquait en effet suffisamment quel était son vrai caractère et quels devaient être ses effets. On voyait que c'était pour défendre la constitution elle-même et l'ordre public qu'on accordait au gouvernement le droit de faire annuler tout acte par lequel les juges auraient excédé leurs pouvoirs. Il en résultait que ce pourvoi n'était ouvert que dans les cas où la constitution était violée et l'ordre public menacé par l'excès de pouvoir, soit que le juge eût usurpé un pouvoir réservé par la constitution à une autre autorité, soit qu'il eût usurpé un pouvoir qu'elle n'avait accordé à aucune autorité. Il en résultait aussi que, pour atteindre le but que s'étaient proposé les auteurs de la constitution, il fallait que le jugement fût complétement anéanti.

On ne nie pas aujourd'hui même que tel doive être l'effet du pourvoi formé en vertu de l'art. 80 de la loi de ventôse an VIII. Mais nous verrons qu'on ne veut plus reconnaître le même sens à la même disposition reproduite par l'art. 441 du Code d'inst. crim. En matière civile du moins, la jurisprudence reconnaît que le pourvoi en annulation pour excès de pouvoir donne lieu à l'annulation des jugements et non à une cassation dans le seul intérêt de la loi (cas. 12 août 1835, 20 avril 1836, 20 avril 1846. D. 46, 1, 172).

A l'occasion de cette dernière affaire, M. Dupin demanda l'annulation absolue en vertu d'une théorie que nous ne pouvons admettre. « Lorsque l'excès de pouvoir, disait-il, se lie « à l'intérêt public ou à un intérêt privé mélangé d'intérêt « public, la Cour a toujours cassé utilement en annulant la « décision et tout ce qui s'en est suivi. » Le texte de l'art. 80 n'autorise pas cette distinction. Dès qu'il y a excès de pouvoir, le pourvoi du gouvernement est recevable, et, sur ce pourvoi, l'acte attaqué est toujours annulé d'une manière absolue. Il faut se garder seulement d'admettre le pourvoi du gouvernement contre une décision qui ne constituerait pas un véritable excès de pouvoir, c'est-à-dire l'usurpation d'une attribution refusée au pouvoir judiciaire.

Telles sont les voies de recours par lesquelles on peut obtenir l'annulation d'un jugement. Nous verrons dans notre dernier chapitre les effets de ces voies de recours en conflit avec ceux de l'autorité de la chose jugée.

Mais il faut encore dire ici que, dans notre droit, il est toujours indispensable d'employer les moyens indiqués par la loi pour faire cesser les effets d'un jugement. Il suffit qu'un acte ait le caractère d'un jugement pour qu'il en ait tous les effets.

On ne pourrait même plus considérer comme non avenus les jugements que nous avons vu les jurisconsultes romains rejeter comme nuls de plein droit, parce qu'ils avaient prononcé contre la loi elle-même. Quelquefois seulement l'exécution de ces jugements serait empêchée comme contraire à l'ordre public.

C'est en ce sens que nos pères disaient déjà : « Voies de nullité n'ont lieu » (Loysel, l. 5, t. 2, r. 5).

Autorité des jugements étrangers. — Faut-il reconnaître aux jugements émanés des juges étrangers les effets que nous attribuons aux jugements rendus par nos tribunaux ? Peu de questions ont donné lieu à une aussi longue et aussi brillante controverse. Nous essaierons de déterminer d'abord les principes d'après lesquels la question doit être résolue ; nous rechercherons ensuite quelle est, en cette matière, la disposition de nos lois.

Il faut d'abord distinguer les deux effets que nous avons reconnus aux jugements, la déclaration des droits contestés et la sanction des droits déclarés.

Le juge assure la sanction des droits qu'il déclare en rendant un ordre exécutoire. Il est évident que cet ordre est sans effet au-delà des limites de l'Etat. Il n'est, en réalité, qu'un commandement donné par le souverain à ses officiers. Il ne peut donc obliger les autorités d'une nation étrangère. Il s'ensuit qu'on doit admettre comme vrai ce principe : « Les « jugements étrangers n'ont pas d'exécution en France. » Même quand un traité obligera notre gouvernement à faire exécuter les jugements d'un pays étranger, ce ne sera pas à l'ordre du magistrat suisse ou italien que les agents français obéiront. On aura dû d'abord demander à une autorité française une ordonnance d'*exequatur*.

Mais la déclaration de droits, la chose jugée, est indépendante de l'ordre exécutoire. Elle produit ses effets alors même que le droit n'a pas reçu la sanction de l'ordre exécutoire. C'est le cas de tous les jugements d'absolution et des jugements qui ne doivent aboutir qu'à l'affirmation ou à la négation d'un droit. Dans quelques législations étrangères, le jugement ne contient même jamais un ordre exécutoire. Il faut, pour procéder à l'exécution, recourir à une autre autorité. Il serait donc possible qu'un jugement n'eût pas

d'exécution en France et y conservât cependant l'autorité de
sa déclaration, l'autorité de la chose jugée ?

La plupart des auteurs et M. Fœlix lui-même pensent
« que, dans la rigueur du droit, le jugement rendu dans
« un Etat ne peut avoir aucun effet dans les pays étrangers »
(C. Fœl. *Droit int. pr.*, t. 2, p. 39). M. Fœlix fonde son opinion sur ce raisonnement qu'il emprunte à Merlin (*Qu. de
dr. Jugement*, § 14) : « L'autorité de la chose jugée ne dérive
« pas du droit des gens ; elle ne tire sa force que du droit
« civil de chaque nation. Or le droit civil ne communique
« point ses effets d'une nation à l'autre. L'autorité publique
« dont chaque souverain est investi ne s'étendant point au-delà
« de son territoire, celle des magistrats qu'il institue est né-
« cessairement renfermée dans les mêmes limites, et par con-
« séquent les ordres émanés de ses officiers doivent perdre
« sur la frontière toute leur force civile. » « Tels sont, ajoute
« M. Fœlix, les principes rigoureux. Les relations de bonne
« amitié (*comitas*) et des considérations d'utilité publique et
« de convenance réciproque (*ob reciprocam utilitatem*) y ont
« fait admettre des exceptions. »

Nous n'admettons pas cette opinion. Ce n'est pas sans
doute de la loi française que le jugement étranger tiendra
son autorité. Il ne peut la tirer que de la loi étrangère elle-
même. Mais pourquoi l'effet qu'une loi étrangère attache à
un acte ne serait-il jamais reconnu par la loi française ? Il
n'est pas vrai que l'action des lois ne dépasse pas les limites
de l'Etat qui les a édictées. Les lois régissent partout les personnes et les actes auxquels elles s'appliquent. Et c'est un
devoir pour les tribunaux de juger suivant les lois des parties et de la cause, et non pas suivant les seules lois du pays
qui les a institués.

« *Ob reciprocam utilitatem in disciplinam juris gentium
« receptum esse ut civitas alterius civitatis leges apud se valere
« patiatur* (Huberus, *De jure publico universo*). Il est comme
« indispensable que les mœurs et les lois des différentes na-
« tions s'entrecèdent les unes les autres pour le bien de leurs
« communications » (Boullenois, *De la personnalité et de la
réalité des lois*).

Ce principe est si bien reconnu par notre jurisprudence,
qu'elle refuse de connaître en général des contestations

entre étrangers, précisément par ce motif qu'il faudrait faire aux parties l'application des lois étrangères.

Si le juge français doit respecter la loi étrangère, toutes les fois qu'elle régit les parties, il suffit de rechercher si la loi qui donne au jugement l'autorité de la chose jugée régit les parties, même hors du pays où elles ont plaidé.

L'étranger qui a été jugé par un tribunal de sa nation, est certainement régi en France par la loi de sa nation, qui oblige les parties à accepter la présomption résultant de l'autorité de la chose jugée.

Si donc on oppose à cet étranger l'autorité du jugement rendu contre lui dans son propre pays, le juge français devra admettre ce moyen par application de la loi étrangère qui régit l'étranger devant lui. Seulement, comme dans tous les autres cas où l'effet d'une loi étrangère est invoqué en France, nos juges ne permettront pas que l'application de la loi étrangère porte atteinte aux lois françaises qui sont d'ordre public. Ils ne sanctionneront donc pas tous les droits déclarés par les juges étrangers, mais seulement ceux de ces droits que nos lois n'ont pas proscrits.

Le même principe s'applique au Français qui a plaidé à l'étranger. Le jugement rendu contre lui aura en France l'autorité que lui donne la loi étrangère, si le jugement de la cause appartenait en effet à la loi étrangère. Mais la nation dont le citoyen a été condamné par un tribunal étranger ne peut pas toujours reconnaître le droit que s'est arrogé la nation étrangère d'attribuer à ses tribunaux la connaissance de la contestation qui a été jugée. Ainsi la disposition de l'art. 14 du Code Napoléon, qui permet aux Français de citer devant les tribunaux français l'étranger non résidant en France, même pour les obligations contractées par lui en pays étranger, est contraire au droit des gens comme à la maxime : « *Actor sequitur forum rei.* » Les autres peuples n'admettront donc pas que leurs nationaux jugés en France en vertu de cette loi aient été régulièrement jugés.

On peut voir dans l'ouvrage de M. Fœlix que ces conclusions sont à peu près celles de la plupart des auteurs qui ont écrit sur le droit des gens moderne, notamment de Vattel et de Martens. M. Fœlix exprime en effet ainsi, suivant Martens, les conditions auxquelles on doit admettre contre le nationaux l'autorité des jugements étrangers. « Il faut : « 1° que le tribunal ait été compétent, soit d'après la nature « du litige, soit en vertu de conventions expresses ou tacites « existant entre les deux Etats ; 2° que le plaideur étranger « ait été entendu dans les formes prescrites par les lois du « pays où la cause a été jugée, et qu'à l'égal du sujet on lui « ait ouvert les voies de recours ; 3° qu'au fond la cause ait « été jugée d'après les lois que le droit des gens déclarait ap-« plicables. »

La loi ou l'usage de la plupart des nations civilisées est conforme à cette doctrine. Une seule condition est en général ajoutée, la réciprocité. Telle est la législation de presque tous les Etats allemands, de la Suisse, de l'Italie, du Danemark et de la Belgique. En Angleterre et aux Etats-Unis où un nouveau jugement est toujours nécessaire, on reçoit également le jugement étranger comme un titre décisif, s'il a été rendu par une juridiction compétente sans fraude et sans irrégularité (V. Fœlix). Quelques-uns de ces Etats ont fait seulement exception à ces principes pour exercer des mesures de rétorsion contre certaines nations et surtout contre la France.

Notre législation n'a pas en effet consacré ces vrais principes du droit des gens. Mais nous ne pensons pas qu'elle s'en écarte autant que s'en est éloignée la jurisprudence.

Dans notre ancien droit une disposition législative avait fait en cette matière cesser tous les doutes. L'art. 121 de l'ordonnance de 1629 est ainsi conçu :

« Les jugements rendus, contrats et obligations reçus ès-« royaumes et souverainetés étrangères, pour quelque cause « que ce soit, n'auront aucune hypothèque ni exécution en « notre royaume. Ains tiendront les contrats lieu de simples « promesses ; et nonobstant les jugements, nos sujets contre « lesquels ils ont été rendus pourront de nouveau débattre « leurs droits comme entiers par devant nos officiers. »

Ni la valeur ni le sens de ce texte n'étaient contestés avant la Révolution.

Il est vrai que l'Ordonnance de 1629, connue sous le nom de Code Michaut, n'avait été enregistrée que par les Parlements de Toulouse, de Grenoble, de Bordeaux et de Normandie. Mais l'art. 121, reproduisant un usage déjà reçu, fut toujours cité comme ayant force de loi.

Le sens de cette disposition était également bien fixé par la doctrine. Il en résultait 1° que les jugements étrangers n'avaient pas en France de force exécutoire, et qu'il fallait, pour les mettre à exécution, obtenir un *pareatis* ou *exequatur* accordé par les parlements sans examen du fond de la sentence ; 2° qu'à l'égard des sujets français, les jugements étrangers ne manquaient pas seulement de force exécutoire, mais qu'ils étaient sans aucun effet, en sorte que le sujet français pouvait de nouveau débattre ses droits. En un mot, les jugements étrangers n'avaient point d'exécution, et ils ne conservaient l'autorité de la chose jugée qu'à l'égard des étrangers.

Il est aujourd'hui certain que l'ordonnance était bien ainsi entendue. Au commencement de la grande controverse que nous allons voir s'élever sur cette question, on avait invoqué des autorités contraires à l'interprétation que nous venons de résumer, Brodeau, Chopin, Dumoulin, d'Héricourt, d'Aguesseau. Il est curieux de voir M. Dupin, dans son plaidoyer pour W. Stacpoole (*Ann. du bar.*, t. 10, p. 368), montrer l'inexactitude de toutes ces citations. Ajoutant de nouvelles autorités à celles que Merlin avait déjà citées, M. Dupin fit voir la même interprétation reproduite par Boullenois, Emerigon, Julien, Bourjon, et confirmée par plusieurs arrêts des parlements de Paris et d'Aix. Nous n'emprunterons à M. Dupin qu'une seule de ses citations, qui est péremptoire. Lors de l'arrêt du 25 février 1778, M. l'avocat général d'Aguesseau, fils du chancelier, s'exprimait ainsi dans ses conclusions : « Les jugements rendus en pays étranger contre « un Français, en faveur d'un étranger, n'ont point d'exécu- « tion en France. Le Français peut de nouveau discuter l'af- « faire et la soumettre à des juges nationaux ; mais les ju- « gements rendus entre deux étrangers en pays étranger « peuvent être mis à exécution en France avec la simple « permission du juge, parce que l'ordonnance qui défend « l'exécution des jugements étrangers en France n'a dû éta- « blir ce privilège qu'en faveur des Français.

Ces règles, si bien attestées, ont-elles été abrogées ou reproduites par nos lois nouvelles ? Deux textes sont relatifs à l'effet des jugements étrangers :

Art. 546 C. proc. civ. « Les jugements rendus par les tri-
« bunaux étrangers et les actes reçus par les officiers étran-
« gers ne seront susceptibles d'exécution en France que de
« la manière et dans les cas prévus par les art. 2123-2128 du
« Code Napoléon. »

Art. 2123, § ult. « L'hypothèque ne peut résulter des juge-
« ments rendus en pays étranger qu'autant qu'ils ont été
« déclarés exécutoires par un tribunal français, sans préju-
« dice des dispositions contraires qui peuvent être dans les
« lois politiques ou dans les traités. »

Comment devait-on interpréter ces textes?

N'étaient-ils qu'une application de l'ancien principe et de
l'art. 121 de l'ordonnance demeurée en vigueur? Nos tribunaux devaient-ils donner encore leur *pareatis* sans examen
du fond aux jugements rendus contre un étranger et permettre au contraire aux Français de débattre de nouveau
leurs droits?

Il est certain que l'affirmative fut d'abord adoptée sans
hésitation. En l'an XII, Merlin et la Cour de cassation avaient
encore appliqué l'art. 121 de l'ordonnance (18 pluviôse an XII,
Rép. jug. § 8). Un arrêt du 7 janvier 1806 fit une nouvelle
application du même texte (*Rép.* V. Souv. § 6). Pigeau, l'un
des rédacteurs du Code de procédure civile (t. 2, p. 35);
Malleville (art. 2123), l'un des rédacteurs du Code Napoléon;
Berriat Saint-Prix (p. 45), Carré (t. 2, p. 179) professaient
sans le moindre doute la même doctrine.

Mais, en 1819, la Cour de cassation cassa un arrêt de la
cour de Paris, rendu conformément à l'opinion généralement
admise. La Cour de cassation jugea que l'art. 121 de l'ordonnance ne trouvait plus d'application après les art. 2123 C. N.
et 546 C. p. c., et que ceux-ci soumettaient toutes les causes
jugées en pays étranger à un examen nouveau, sans distinguer entre le jugement rendu contre un étranger et le jugement rendu contre un Français (17 avril 1819. Dal. *Dr.
civ.* 453). Cet arrêt, bientôt approuvé par de nombreux auteurs: Delvincourt (1, p. 32), Toullier (X, 81), Persil (*Reg. hyp.*,
art. 2123), Pardessus (6, 1488), Troplong (*Hyp.*, 2, 451), a
fait jurisprudence. La cour de Paris protesta encore par un
arrêt très-bien motivé, en date du 13 mai 1820. Elle s'est

aujourd'hui ralliée à l'opinion de la Cour de cassation (5 mai 1840, 22 décembre 1852, 23 juin 1855. D. 55, 2, 220).

Ce nouveau système a été bientôt vivement attaqué. Il a eu pour principaux adversaires M. Dupin (l. cit.), M. Maniez, auteur d'une dissertation spéciale publiée en 1837, M. Fœlix (*Rev. de dr. fr. et étr.* 1840 à 1843), M. Demangeat (*Hist. de la cond. des étr.*, p. 405), enfin M. Valette (*Rev. de dr. fr. et étr.*, t. 6, p. 597). Nous pensons, avec ces auteurs, que la jurisprudence interprète mal notre législation nouvelle et que celle-ci est restée fidèle au principe de l'ancien droit.

L'art. 121 de l'ordonnance avait, comme nous l'avons vu, deux dispositions distinctes : l'une interdisant toujours l'exécution des jugements étrangers, l'autre n'excluant qu'à l'égard du Français l'autorité de la chose jugée résultant des jugements étrangers. La première de ces dispositions est reproduite, quant à l'exécution proprement dite, par l'art. 546 Pr. civ., et, quant à l'hypothèque, par l'art. 2123 C. N. Nous aurons à voir si elle doit être, dans ces textes, entendue avec un autre sens. La seconde disposition n'a été formellement reproduite par aucune loi. N'est-elle pas toujours en vigueur. C'est la seconde question qu'il faudra examiner.

En jugeant que les art. 546 P. civ. et 2123 C. N. attribuent à nos tribunaux le droit de réviser le fond du jugement, on méconnaît la tradition que le législateur a voulu suivre, l'intention qu'il a manifestée et le sens même des expressions qu'il a employées.

Nous savons déjà quelle était la tradition.

Il est facile de se convaincre que les auteurs de nos Codes n'ont voulu que se conformer aux anciens principes. Le conseiller d'État Réal et le tribun Favart ne parlent également devant le Corps législatif que de l'impossibilité de souffrir en France l'exécution d'un ordre étranger : « Comme un des « principaux attributs de la souveraineté est de rendre exé-« cutoires les jugements des tribunaux, le Code civil et le « Code de procédure civile portent que les jugements étran-« gers ne sont pas susceptibles d'exécution en France, à « moins qu'ils n'aient été déclarés exécutoires par un tribu-« nal français (Locré, t. 22, p. 572 et 617). »

Enfin comment a-t-on pu prétendre que les jugements étrangers sont non avenus en France, quand la loi dit : « Ils seront rendus exécutoires ? » Si on examine de nouveau le fond du procès, on ne rendra pas exécutoire le jugement étranger, on le supprimera et on le remplacera par un jugement français conforme ou contraire. C'est par un raisonnement trop subtil, bien qu'il soit rigoureusement juste, que M. Valette est amené à penser que cet argument doit être écarté. Il est sans doute vrai que le jugement révisé peut être considéré comme existant pendant qu'il est révisé, de même que le jugement frappé d'appel n'est que paralysé pendant que l'appel est vidé. Mais il s'agit ici de rechercher le sens probable des expressions employées par le législateur. Or aurait-il dit que le jugement frappé d'appel est rendu exécutoire ou même est révisé par la Cour?

La jurisprudence argumente de ce que le tribunal lui-même rend exécutoires les jugements étrangers, tandis que le président rend les ordonnances d'*exequatur* relatives aux sentences arbitrales. Elle en conclut qu'il doit y avoir lieu de statuer sur le fond. La réponse est facile. Non-seulement l'intervention du tribunal lui-même serait justifiée par la gravité des questions auxquelles peuvent donner lieu l'existence, le caractère et la valeur de l'acte étranger qu'on qualifie de jugement. Mais nos tribunaux ont en outre le devoir de veiller à ce qu'il ne soit reçu en France aucune déclaration des droits que nous considérons comme contraires à l'ordre public. Ainsi on n'autorisera jamais l'exécution d'un jugement étranger qui tendrait à établir sur un immeuble situé en France des droits prohibés par nos lois, tels que droits féodaux, substitutions, etc... De même nos juges devront rejeter toute demande en exécution d'un jugement qui reconnaîtrait un état tel que l'esclavage ou toute autre sujétion contraire à la liberté et à l'égalité des hommes. On voit combien le rôle du tribunal qui autorise sans examen du *jugé* est encore important. M. Dupin l'a assez exactement défini en disant : « Nos tribunaux procèdent en pareil cas comme la « Cour de cassation. »

Nous rapporterons enfin une observation de M. Demangeat (Fœl., p. 99, note) sur une singulière conséquence du système de la jurisprudence. Pour obtenir l'exécution d'un jugement étranger rendu en matière commerciale, il faut s'adresser au tribunal civil. Le tribunal de commerce ne connaît pas en effet de l'exécution de ses propres jugements (Paris, 16 avril 1855; S. 55, 2, 336). Le tribunal civil, s'il est obligé de juger de nouveau le fond, se trouvera ainsi saisi d'une affaire commerciale.

Les art. 546 C. civ. et 2123 C. N. ne sont relatifs qu'à l'exécution des jugements étrangers. Ils n'ont aucune disposition sur l'autorité de la chose jugée. C'est pourquoi nous avons admis que l'autorité de la chose jugée conserve sa force à l'égard de l'étranger. A l'égard du Français elle serait seulement soumise aux restrictions que permet le droit des gens, si l'art. 121 de l'ord. ne devait pas être appliqué. C'est l'opinion de quelques auteurs, notamment de Boitard (art. 546).

Mais il nous paraît plus exact d'admettre que l'art. 121 n'a pas cessé d'être en vigueur. Les art. 546 et 2123, n'étant relatifs qu'à l'exécution, ne l'ont pas tacitement abrogé en tant qu'il est relatif à l'autorité de la chose jugée. Ne serait-il pas en effet étonnant qu'après avoir édicté contre les étrangers en faveur des nationaux des dispositions inconnues à l'ancien droit, nos législateurs eussent abrogé un privilége que celui-ci accordait déjà aux Français? Il eût été sans doute plus sage de donner sur ce point une décision formelle. Peut-être a-t-on considéré la seconde partie de l'art. 121 comme une disposition de droit politique ou international ne pouvant trouver place ni dans un Code civil, ni dans un Code de procédure?

Si ce système était admis, il faudrait examiner la question suivante. Le Français qui a lui-même poursuivi l'étranger devant le tribunal étranger, n'a-t-il pas renoncé au droit de débattre de nouveau ses droits devant la justice française? La jurisprudence estime que le Français qui a saisi le juge étranger n'a pas même ainsi renoncé dans tous les cas au bénéfice de l'art. 14, C. N., c'est-à-dire au droit d'assigner de nouveau son adversaire en France. Il y a lieu, dit-on, d'apprécier les circonstances, le Français ayant pu être obligé de s'adresser à la justice étrangère (Paris, 22 novembre 1851; S. 51, 2, 783). Il est évident qu'on ne pourrait pas plus facilement supposer la renonciation au bénéfice de l'art. 121 de l'ord.

Ces dispositions de nos lois relativement à l'autorité des jugements étrangers n'ont été modifiées que par trois traités,

7

avec la Suisse (18 juillet 1828), avec la Sardaigne (24 mars 1760), avec la Russie (11 janvier 1787). Mais ce dernier traité n'est relatif qu'aux contestations relatives aux héritages des Français morts en Russie et des Russes morts en France. Il faut remarquer que le traité avec la Sardaigne est aujourd'hui commun à tous les pays qui, annexés à cet État, constituent le nouveau royaume d'Italie. Les jugements de ces États sont exécutés en France en vertu d'une simple ordonnance d'*exequatur* rendue par le président du tribunal civil siégeant au lieu où l'exécution doit être faite.

Autorité des sentences arbitrales rendues en pays étranger. — Enfin les sentences arbitrales rendues à l'étranger ont des effets différents, suivant que l'arbitrage a été forcé ou volontaire. Dans le premier cas, la sentence arbitrale est un véritable jugement étranger. Dans le second, les parties sont liées en France, comme ailleurs, par le contrat par lequel elles se sont soumises à la décision des arbitres de leur choix. Elles ne pourront donc éviter les effets de la sentence arbitrale qu'en attaquant le compromis lui-même (Val., l. c., p. 611). Remarquons seulement que la sentence émanée d'arbitres étrangers ne pourrait être exécutée en France qu'en vertu d'une ordonnance d'*exequatur* rendue par le magistrat français.

CHAPITRE II.

EFFETS DES JUGEMENTS CIVILS.

Déclaration et sanction des droits contestés. — Autorité de la déclaration des droits contestés.

Nos jugements civils ont le double effet que nous avons en théorie attribué à tous les jugements. Ils déclarent et ils sanctionnent les droits contestés.

La sanction des droits contestés consiste en une obligation que le juge impose au défendeur. Cette obligation ou condamnation est exécutoire en vertu de l'ordre du souverain qui est écrit en tête de tous les jugements. Elle est aussi, par une disposition propre à notre législation, garantie par une hypothèque dite judiciaire.

Dans nos usages, comme en droit romain, la sanction ou le

refus de sanction constitue la décision, la sentence, le *dispositif* du jugement.

La déclaration rendue par le juge sur les droits des parties n'est pas en général formellement exprimée.

Mais notre doctrine ne pouvait pas, en s'arrêtant à ce dispositif incomplet, tomber dans une erreur qu'avaient évitée les jurisconsultes romains et méconnaître le principal effet des jugements. On a donc toujours admis qu'il résultait des jugements une déclaration sur les droits des parties, fondement de la condamnation ou de l'absolution, faisant l'objet du jugement (art. 1351 C. N.), véritable chose jugée à laquelle doit appartenir l'autorité qui dérive de l'irrévocabilité des jugements. On a également reconnu, du moins en principe, que l'autorité de la chose jugée n'appartient qu'à la déclaration rendue sur le droit des parties, laquelle est seule la chose jugée. Aucun de nos auteurs en effet n'a enseigné un système analogue à celui de M. de Savigny sur l'autorité des motifs. Et la jurisprudence reconnaît en principe que l'autorité de la chose jugée ne s'étend à aucun des motifs de la décision.

La règle pratique de notre droit français se trouve donc conforme à celle que nous avons théoriquement posée.

De ce que l'autorité de la chose jugée appartient à la déclaration du juge sur les droits contestés, il s'ensuit qu'il n'y a lieu de considérer ni l'*ordre sanctionnateur* qu'a poursuivi la partie dont le droit a été jugé, ni le *moyen* par lequel la partie a essayé de justifier la déclaration qu'elle a sollicitée.

Ce n'est pas en effet à l'ordre sanctionnateur, ce n'est pas au moyen, c'est au droit jugé lui-même que s'attache l'autorité du jugement.

De ce que l'autorité de la chose jugée appartient exclusivement à la déclaration rendue sur les droits contestés, il s'ensuit qu'aucune autre affirmation du juge n'a cette autorité et que les jugements qui ne contiennent aucune déclaration sur l'existence du droit contesté n'ont pas proprement l'autorité de la chose jugée.

§ 1. — La déclaration du juge sur les droits des parties n'est pas restreinte à la seule conséquence du droit qu'on ait invoquée ou au seul ordre sanctionnateur qu'on ait poursuivi. — Il n'est donc pas nécessaire de rechercher l'identité de cette conséquence ou de cet ordre considéré comme objet de la demande.

Un rapport de droit peut avoir de nombreuses conséquences et être l'objet de sanctions diverses. Bien qu'on n'ait invoqué qu'une seule de ces conséquences ou qu'on n'ait poursuivi qu'une seule de ces sanctions, la déclaration que le juge a rendue s'attache au droit lui-même, en sorte qu'elle serait opposable, si on invoquait plus tard une autre conséquence du droit, ou si on poursuivait quelque autre des sanctions que ce droit peut recevoir. Cette conclusion est conforme aux décisions de la jurisprudence et des auteurs. N'est-elle pourtant pas contraire à la théorie qui exige l'identité de l'objet de la demande ?

Sans abandonner cette théorie, on reconnaît que le juge saisi de la revendication à titre héréditaire prononce sur le droit héréditaire, que le juge qui admet un enfant à la succession de son père le déclare enfant légitime (cas. 25 pluv. an II. D. ch. j. 163), que le juge qui ne condamne qu'au paiement du quart d'une créance, des intérêts du capital, affirme, dans le premier cas, toute la créance, et, dans le second, la créance du capital (req. 20 décembre 1830. D. ch. j. 112. Toulouse, 24 décembre 1840, *ibid.* 113).

On devait également admettre que les décisions rendues à propos de l'exercice d'une voie d'exécution, comme le jugement qui prononce la validité d'une saisie-arrêt, contiennent une déclaration sur l'existence du droit. Nous verrons que la Cour de cassation, par son arrêt du 14 août 1828 (D. ch. j. 168), a seulement nié que cette déclaration dût implicitement résulter du jugement de validité. Mais elle aurait reconnu l'autorité d'une déclaration expresse. Nous pensons, au contraire, qu'il faut admettre aussi bien la déclaration implicite que la déclaration expresse.

La jurisprudence et la doctrine ne sont du moins pas douteuses relativement à l'autorité implicite des jugements et ordonnances qui règlent définitivement les distributions par contribution et les ordres. Nous avons déjà dit qu'il faut reconnaître aux ordonnances de clôture la même autorité qu'aux jugements qui statuent sur les contredits. Ces jugements et ordonnances ne sont, il est vrai, rendus qu'en vue d'un prix de vente à distribuer. Mais le droit même des créanciers se trouve mis en cause et jugé à l'égard du saisi. « Le jugement qui prononce une collocation, dit Merlin (*Rép.* Vº *Ord. de cr.*, §8), décide nécessairement que les sommes colloquées sont légitimement dues au créancier qui les réclame; il est, par conséquent, censé condamner le débiteur à les payer (Cf. req., 25 mai 1836. D. ch. j. 37).

Deux arrêts plus récents de la Cour de cassation (24 avril 1854. D. 54, 1, 156; 14 juin 1834. D. 54, 1, 310) ne sont pas, en réalité, contraires à cette opinion. Ils admettent seulement le débiteur à opposer à son créancier une quittance antérieure à l'ordonnance qui a clôturé l'ordre, en vertu d'une jurisprudence sur l'effet des quittances que nous examinerons plus loin.

Nous devons signaler enfin une conséquence très-importante de la règle que nous développons.

C'est l'application de cette règle qui donne lieu aux *questions préjudicielles.*

Quelquefois un tribunal, qui est compétent pour rendre l'ordre qu'on sollicite de lui comme sanction d'un droit, n'a pas reçu le pouvoir de prononcer sur l'existence de ce droit. Si ce tribunal accordait ou refusait la sanction demandée, le droit contesté devant lui serait par lui affirmé ou nié et cette déclaration aurait l'autorité de la chose jugée. Le tribunal aurait ainsi indirectement rendu une déclaration sur un droit soustrait à sa compétence. Il a donc fallu enjoindre au juge incompétent sur la question relative à l'existence du droit de renvoyer cette question devant le tribunal auquel il appartient de la juger. C'est ainsi que les tribunaux civils se dessaisissent des questions administratives, les tribunaux administratifs, des questions purement civiles, les tribunaux d'exception, tribunaux de commerce et juges de paix, des questions laissées à la compétence du juge de droit commun.

Il est donc bien admis dans notre droit que la déclaration du jugement porte sur le droit contesté tout entier, et non pas seulement sur le droit contesté relativement à la condamnation qui était demandée. En sorte que, si on veut considérer la sanction sollicitée du juge comme l'objet de la demande, il faudrait dire, contrairement à l'usage reçu et aux termes mêmes de l'art. 1351 C.N. : « *Il n'est pas nécessaire, pour que la chose jugée ait lieu, que la demande ait le même objet.*

§ 2. — La déclaration du juge sur les droits des parties n'est pas restreinte aux moyens proposés. — Il n'est donc pas nécessaire de rechercher l'identité des moyens considérés comme causes des demandes.

Une partie a souvent plusieurs moyens propres à établir le droit qu'elle prétend ou à repousser le droit qu'on prétend contre elle. Si elle n'a usé que d'un seul de ces moyens, la déclaration du juge ne doit-elle pas être restreinte au réjet de ce seul moyen, en sorte qu'il lui soit loisible de faire valoir plus tard chacun des moyens qu'elle avait d'abord négligés ?

Cette décision serait juste si le juge n'avait en effet pou mission que de rendre une déclaration sur la valeur des moyens qui lui ont été soumis. Mais ce sont les droits euxmêmes que le juge doit déclarer pour accomplir sa fonction qui est de mettre l'accord entre les parties en déterminant et en sanctionnant les rapports de droit qui existent entre elles. Les parties mettent donc nécessairement en cause l'existence de leurs droits. Elles plaident par les moyens qui leur conviennent ; mais elles ne peuvent pas restreindre l'effet de la décision du juge aux moyens dont elles se sont servies, en se réservant tous les autres.

D'ailleurs, on admettrait vainement le demandeur à ne provoquer qu'une déclaration relative au moyen qu'il propose. Car, de son côté, le défendeur intéressé à obtenir la négation absolue du droit prétendu contre lui conclut à cette négative ou doit être censé y conclure.

De ce que le juge statue sur les droits des parties et non sur leurs moyens, il s'ensuit d'abord qu'il peut admettre d'autres moyens que ceux qui ont été proposés par les parties.

Il lui est seulement interdit de suppléer certains moyens auxquels la loi suppose que les parties renoncent quand elles ne les invoquent pas formellement, quelquefois même quand elles ne les invoquent pas dès le début de la procédure.

Mais de ce que le juge statue sur les droits des parties et non sur leurs moyens, il s'ensuit aussi qu'il affirme ou qu'il nie les droits des parties d'une manière absolue et non pas seulement en tant qu'ils seraient prétendus par les moyens déjà proposés.

Cette conclusion est admise en principe par nos auteurs et par la jurisprudence. Ainsi tout le monde convient que l'allégation d'un moyen nouveau ne doit pas permettre qu'on remette en cause un droit déjà jugé. Mais on est loin d'appliquer exactement cette règle. Non-seulement, nous verrons qu'on l'écarte pour résoudre, suivant une autre règle, les questions relatives aux actions en nullité. Même dans les autres hypothèses où l'application du principe n'est pas contestée, on n'en a pas toujours admis toutes les conséquences. Nous parlerons d'abord de ces derniers cas.

Dans les demandes autres que les actions en nullité, les déclarations négatives n'ont donné lieu à aucune difficulté. On n'autorise jamais à prétendre le même droit par d'autres moyens.

Mais on a quelquefois méconnu le caractère également absolu des déclarations affirmatives.

En effet, de ce que le droit affirmé par le juge est affirmé d'une manière absolue, il s'ensuit qu'il n'est plus possible de proposer non-seulement les moyens qui tendraient à établir que le droit affirmé n'a jamais pris naissance, mais aussi les moyens qui tendraient à établir que ce droit n'a existé qu'entaché d'un vice qui en opérait la nullité et les moyens qui tendraient à établir que ce droit avait cessé d'exister antérieurement au jugement qui l'a affirmé.

Ainsi la Cour de cassation a jugé avec raison qu'après un jugement qui avait condamné au paiement d'une rente ancienne postérieurement à la loi du 17 juillet 1793, on n'avait pas pu attaquer le droit de rente comme entaché de féodalité (13 therm. an 7. D. ch. j. 165). Nous approuvons également un arrêt de la cour de Caen qui n'a pas permis de demander la nullité d'une obligation affirmée par un précédent jugement, pour cause de minorité du débiteur (18 août 1828. D. ch. j. 166 1°).

Dans ces cas, en effet, comme dans toutes les hypothèses où on aurait invoqué une cause de nullité, l'existence légale du droit était remise en question par la proposition d'un moyen nouveau. Or l'existence légale du droit avait été affirmée d'une manière absolue par le premier jugement.

Mais dans une hypothèse trop fréquente la jurisprudence ne s'est qu'avec beaucoup d'hésitation conformée aux vrais principes. Pouvait-on permettre à une partie condamnée de prétendre que son obligation devait être annulée ou réduite pour cause d'usure ? La Cour de cassation avait d'abord admis l'affirmative (req. 18 mars 1811. D. ch. j. 203). Mais des arrêts postérieurs, et notamment un arrêt de rejet du 13 avril 1841, ont plus exactement reconnu que l'annulation ou la réduction pour cause d'usure d'une obligation sanctionnée par un jugement porterait atteinte à l'autorité de ce jugement. Cependant la cour de Paris a rendu encore un arrêt conforme à l'ancienne jurisprudence (24 avril 1847. D. 47, tab.), et plus récemment elle s'en rapprochait encore en écartant du moins comme frauduleusement obtenu un jugement qui avait déclaré et sanctionné une créance usuraire (11 décembre 1854. D. 54, 2, 223). Nous examinerons plus loin la valeur de cette décision.

Mais la jurisprudence fait surtout une fausse application de la règle quand elle permet d'opposer, après le jugement de condamnation, les moyens de libération par lesquels la dette aurait été antérieurement éteinte. Ainsi, par un arrêt du 2 juillet 1861 (D. 61, 1, 479), la Cour de cassation a jugé « que « les questions relatives à l'existence et à la cause d'une dette « sont autres que les questions qui concernent son extinction « par une remise ou un paiement, et que la chose jugée sur « les premières n'entraîne point chose jugée sur les secon- « des. » La même cour avait déjà décidé « qu'il ne résulte pas d'un règlement d'ordre chose jugée sur un paiement dont il n'aurait pas été excipé » (14 juin 1854. D. 54, 1, 310).

Les causes de libération ne sont que des moyens par lesquels on conteste l'existence actuelle d'une dette. Si on laisse le juge rendre un jugement de condamnation, l'existence actuelle de la dette est judiciairement déclarée. En invoquant ensuite la libération dont on ne s'était pas d'abord prévalu, on proposerait sans doute un moyen nouveau, mais on contesterait la déclaration qui a affirmé l'existence du droit comme actuelle et justifiant une condamnation. Pourrait-on mieux violer l'autorité de la chose jugée?

Nous croyons donc inexactes les décisions que nous venons de citer.

Remarquons seulement que la question relative aux quittances n'est pas ainsi entièrement résolue. Nous verrons en effet qu'on a prétendu qu'une quittance même antérieure à la condamnation devait être admise comme réalisant en quelque sorte la condamnation elle-même. Nous examinerons cette opinion plus tard. Il résulte seulement de la décision que nous venons de donner qu'il n'y aura aucune distinction à faire entre l'hypothèse où le paiement aurait été opposé lors du jugement et l'hypothèse où ce moyen n'aurait pas été invoqué (V. P. Pont, *Revue crit.*, t. 2, p. 257).

Il ne nous reste plus qu'à examiner la question relative aux actions en nullité, Nous ne pensons pas qu'on doive leur appliquer une règle différente. Mais les auteurs et la jurisprudence suivent un système qu'il faut d'abord exposer.

Comme les jurisconsultes romains n'avaient donné aucune solution spéciale à des demandes qu'ils ne distinguaient pas des autres actions, Pothier ne fait aucune mention des actions en nullité dans le chapitre qu'il a écrit sur l'autorité de la chose jugée.

Toullier (t. X, 162 et seq.) paraît avoir le premier traité les questions auxquelles ces actions donnent lieu. Il leur applique naturellement la méthode qui lui a paru empruntée au droit romain et consacrée par l'art. 1351, C. N. Tous les auteurs l'ont suivi.

On a donc voulu trouver l'objet et la cause de ces demandes. En général, on considère comme objet de la demande la nullité demandée, comme cause, le vice à raison duquel la nullité est demandée. Admettant, d'une part, que l'identité de cause est nécessaire à l'autorité de la chose jugée, et, d'autre part, que la cause des demandes en nullité est le vice indiqué comme opérant la nullité, on devait conclure qu'il n'y a pas lieu à l'autorité de la chose jugée, toutes les fois que le même vice n'est pas allégué.

On pourrait donc demander, par exemple, la nullité d'un

testament, par autant d'actions successives : 1° pour chacun des vices de forme ; 2° pour chacun des vices de consentement ; 3° pour chacune des causes qui peuvent affecter la capacité civile du testateur, des notaires, des témoins, des légataires. Cette décision est la conséquence rigoureuse de la règle qu'on croit formulée par l'art. 1351. M. Dalloz en convient : « On ne peut méconnaître, dit-il, que tel ne soit le sens simple et naturel de la loi. »

Mais il était trop évident qu'une telle loi serait, suivant l'expression des auteurs, « une véritable calamité. » Il a donc fallu trouver des correctifs.

Toullier crut y avoir réussi en empruntant au droit romain une théorie que personne n'y avait encore aperçue.

Dans la l. 27 ff. *De ex. r. j.* Neratius s'exprime ainsi : « Spectanda sunt : personæ, id ipsum de quo agitur, *causa* « *proxima actionis*, nec jam interest qua ratione quis eam « causam actionis competere existimâsset, perinde ac si quis « posteaquam contra eum judicatum esset, nova instrumenta « causæ suæ reperisset. »

Nous avons montré le véritable sens de ces mots *causa proxima actionis*. Ils signifient le droit même dont on exerce l'action et qui est la *causa* de l'action. Le jurisconsulte distinguait précisément ce droit du moyen de preuve, de l'*instrumentum causæ* dont on avait cru pouvoir se servir.

Toullier au contraire appelle cause de la demande non pas le droit prétendu, mais de simples moyens. Il détache cependant du texte ces mots : *causa proxima actionis*, et il en conclut qu'on reconnaissait en droit romain d'autres causes de l'action, *causæ remotæ*, dont on ne tenait pas compte et qu'il s'agit de déterminer.

A l'appui de cette interprétation, au moins conjecturale, Toullier n'a pu citer que des textes évidemment inapplicables. Les l. 5 et 7 *De ex. r. j.* excluent toute contestation sur le même droit, fût-elle soulevée par une autre forme d'action, *vel alio genere actionis*. Dans la l. 25 § 1, Julien décide qu'on doit choisir entre l'action rédhibitoire et l'action *quanti minoris, nam posterior actio etiam redhibitionem continet*. Ce sont encore deux manières d'invoquer le même droit.

C'est donc en se fondant sur un texte mal interprété et sur trois lois qu'il suffit de lire pour reconnaître qu'elles sont étrangères à la question, que Toullier a créé le système qu'on a depuis fidèlement suivi.

Afin de déterminer les *causæ proximæ* et les *causæ remotæ*, Toullier a divisé en divers groupes les vices qu'il considérait comme causes des demandes en nullité. Chaque vice est une *causa remota*, le groupe est la *causa proxima*, cause prochaine ou immédiate. Ainsi le dol est une *causa remota* qui rentre dans le groupe des vices du consentement, *causa proxima*. Après avoir demandé la nullité pour cause de dol, on ne peut invoquer ni l'erreur, ni la violence, ni la lésion. Il est permis, au contraire, de faire valoir la nullité qui résulte d'un vice de forme parce que les vices de forme constituent une autre catégorie, une autre *causa proxima*.

Mais comment déterminera-t-on ces catégories? Où sont écrits les principes de cette classification? Nous avons vainement essayé de présenter cette classification en rapprochant les catégories que les auteurs ont cru pouvoir distinguer? Ils n'ont classé que quelques-uns des vices si divers qui peuvent affecter les causes des droits. Encore ne l'ont-ils pas toujours fait avec certitude.

Ainsi Marcadé voit un vice de forme dans l'incapacité d'un témoin. La Cour de cassation a rendu une décision en sens contraire (1er juin 1814. D. ch. j. 199). Et M. Dalloz pense aussi « qu'on doit regarder comme intrinsèque encore plus « que comme extérieure la nullité dont il s'agit. » La vérité est qu'il est impossible d'établir une classification qui ne soit pas artificielle et arbitraire.

Enfin, si on veut juger ce système par ses conséquences, il faut reconnaître qu'il laisse encore une grande facilité de renouveler les procès et qu'il est loin de garantir les parties contre les suites de la négligence ou de l'erreur.

La jurisprudence qui applique aujourd'hui ce système (Rejet 2 janv. 1851, D. tab. 52; Rej. 19 janv. 1864; D. 64, 1, 292, rej. 15 déc. 1856, D. 57, 1, 97. — Chambéry, 31 août 1861, D. 62, 2, 159), avait d'abord été mieux inspirée. Le premier arrêt notable en cette matière, bien que Toullier prétende se conformer à sa décision, avait reconnu et nettement formulé la véritable règle. « Considérant, disait la cour de « Colmar (arr. 17 juillet 1816. D. ch. j. 200) que, par un « premier arrêt, la nullité prétendue de l'obligation notariée a

« été rejetée ; qu'ainsi cette *obligation est défendue par l'au-*
« *torité de la chose jugée ;* que l'intimé n'a pu, sans y porter
« atteinte, remettre en question cette nullité sous prétexte
« d'un autre vice de forme que celui qu'il avait d'abord ob-
« jecté ; que *la simple proposition d'un nouveau moyen ne*
« *constitue pas une nouvelle cause de demande ou d'excep-*
« *tion.* »

Il est facile de montrer que telles sont en effet les conséquences nécessaires des principes que nous avons posés.

Une partie est quelquefois obligée de faire déclarer la non-
existence d'un droit, soit parce qu'elle n'a pas d'autre moyen
d'en faire cesser les effets, soit parce qu'il lui importe de prévenir la poursuite qui serait exercée contre elle en vertu de
ce droit. Au lieu d'invoquer, en défendant, les vices de la
cause du droit, pour empêcher l'affirmation du droit, elle
invoque, en demandant, les mêmes vices, pour obtenir la
négation du droit.

Mais dans la seconde hypothèse, comme dans la première,
la nullité de la cause n'est qu'un moyen tendant à établir
l'existence du droit. C'est toujours l'existence même du droit
qui est, sous la forme négative comme sous la forme positive, la véritable question du procès, celle que le juge résout
nécessairement en affirmant ou en niant le droit contesté.

Il s'ensuit que le demandeur qui provoque la négation d'un
droit ne peut, pas mieux que le demandeur qui provoque
l'affirmation d'un droit, restreindre l'autorité du jugement
aux moyens qu'il propose, défaut de cause, incapacité, vice
de consentement, vice de forme. Ce n'est pas la valeur de
ces moyens que le tribunal a jugée, c'est l'existence même du
droit.

Si donc le tribunal rejette l'action en nullité, il affirme le
droit contesté d'une manière absolue. La cour de Colmar dit
avec élégance : « L'obligation est défendue par l'autorité de
la chose jugée.»

Ainsi la même règle devait régir deux classes d'actions qui
ne diffèrent qu'en ce que la question posée au juge a, dans
le premier cas, une forme affirmative et, dans le second, une
forme négative. Dans les deux hypothèses l'autorité de la
chose jugée s'attachait à l'affirmation ou à la négation du

droit lui-même et non à l'admission ou au rejet des moyens proposés pour ou contre l'existence du droit.

Quant aux conséquences de cette règle, elles auraient été les mêmes dans les deux cas. Jamais on n'aurait pu, en invoquant un moyen nouveau, remettre en contestation un droit précédemment affirmé ou nié. Pourquoi, après avoir reconnu cette conclusion exacte et utile dans le plus grand nombre des hypothèses, a-t-on cru qu'elle serait injuste et trop rigoureuse dans le seul cas des actions en nullité ?

Dans notre système, il faudrait seulement distinguer des actions qui tendent à la nullité, c'est-à-dire à l'inexistence du droit, les demandes qui ont pour objet la résolution du droit pour quelque cause postérieure à sa naissance. Telles sont, par exemple, les actions en résiliation des contrats pour inexécution des conditions (Req., 23 juin 1814. D. ch. j. 196-3°) et les actions en révocation des donations pour cause de survenance d'enfants (Cas., 21 juin 1821. D. ch. j. 202-1°).

§ 3. — Toute proposition d'un jugement qui n'est pas une déclaration sur les droits des parties n'a pas l'autorité de la chose jugée. — Application de cette règle aux motifs des jugements définitifs et aux décisions des jugements qui ne sont pas définitifs.

Les déclarations sur les droits des parties ne sont pas les seules propositions affirmatives ou négatives que contiennent formellement ou implicitement les jugements civils.

La décision suppose et le plus souvent, dans notre droit, le jugement exprime diverses propositions que le juge a dû admettre pour rendre sa déclaration sur les droits contestés. Ce sont les motifs. Nous avons déjà montré, contrairement à l'opinion de M. de Savigny, que ni les motifs subjectifs, ni les motifs objectifs ne doivent participer à l'autorité des jugements, parce que le juge n'a pas mission de prononcer sur la vérité des principes ou sur l'existence des faits. Nous n'avons plus maintenant qu'à rechercher comment dans notre droit cette règle est observée.

Quant aux principes de droit qu'un jugement aurait affirmés, il ne paraît pas qu'on ait jamais prétendu leur attribuer l'autorité de la chose jugée. Cependant la Cour de cassation a dû juger récemment encore que le jugement qui avait validé une citation n'avait pas sur le rejet du moyen de nullité une autorité qu'on pût invoquer dans une instance où le même moyen de nullité était proposé contre un commandement (27 juillet 1858. D. 58, 1, 957).

Les faits affirmés par le juge n'ont été que rarement eux-mêmes considérés comme ayant l'autorité de la chose jugée. Toutefois, il y a eu contestation relativement à certains faits très-importants. Il arrive souvent qu'un jugement reconnaît à une partie une qualité qui a de graves conséquences juridiques, comme, par exemple, la qualité de commerçant. Un arrêt de rejet du 7 août 1827 avait jugé que la qualité de commerçant avait été affirmée avec l'autorité de la chose jugée par une décision sur la compétence. Evidemment, la Cour de cassation avait ainsi attaché l'autorité du jugement d'un simple motif. Aussi, par plusieurs arrêts plus récents et notamment ceux des 12 mai 1834 et du 4 mai 1852 (D. ch. j. 134 et seq.), la Cour de cassation a-t-elle reconnu que l'affirmation de la qualité d'une partie, n'étant qu'un motif, n'a aucune autorité.

La jurisprudence a d'ailleurs appliqué sans hésitation la règle qui refuse toute autorité aux motifs dans les cas qui pouvaient présenter le plus de doute.

Une même cause, un même contrat par exemple, peut donner naissance à plusieurs droits différents. Si un seul de ces droits a été contesté, la déclaration du juge doit-elle être rapportée à tous les autres qui seraient ainsi affirmés ou niés comme le droit contesté lui-même? L'affirmative devrait être admise, si la cause de tous ces droits avait pu être l'objet des déclarations du juge. Mais le fait juridique, qui a donné naissance au droit jugé, ne peut être affirmé par le juge que comme cause de ce droit et comme motif de la décision. Ainsi il n'y a pas jugement sur la cause elle-même. La déclaration du jugement ne s'étendra donc pas aux droits nés de cette cause qui n'auraient pas eux-mêmes été l'objet du jugement rendu.

La jurisprudence a souvent fait cette application de la règle que nous étudions. Ainsi la Cour de cassation a décidé, par arrêt du 28 mars 1849 (D. 50, 1, 57), que le jugement rendu sur la réclamation d'un immeuble compris dans une donation n'avait pas jugé la validité de la donation relativement à un autre immeuble faisant partie de la même donation. Des arrêts semblables avaient été déja rendus par la même cour, le 8 mai 1839 (D. ch. j. 142) et par la cour de Bourges, le 5 mai 1830 (D. ch. j. 162).

C'est surtout aux jugements et ordonnances qui clôturent les ordres que cette règle restrictive de l'autorité de la chose jugée a dû être souvent appliquée. Du jugement ou de l'ordonnance qui prononce la collocation d'un créancier, nous avons déjà déduit l'affirmation du droit de créance à l'égard du débiteur et par conséquent à l'égard des créanciers eux-mêmes qui n'agiraient que comme ayants-cause de leur débiteur. Il résulte encore de la même collocation d'un créancier une déclaration ayant l'autorité de la chose jugée sur son droit d'hypothèque ou de privilége. Mais les effets de cette déclaration sont nécessairement restreints au prix qui est en distribution. Il y a, en effet, autant de droits d'hypothèque et de droits de privilége que d'immeubles frappés par ces droits. Toutes les fois donc qu'un ordre sera ouvert sur le prix d'un immeuble différent, les créanciers devront débattre à nouveau toutes les questions relatives à leurs priviléges et hypothèques. La décision formelle ou implicite rendue à l'occasion du précédent ordre n'aura jugé, relativement au prix de ce second immeuble, ni la validité de l'hypothèque, ou la régularité de l'inscription, ni l'existence, le rang ou la conservation du privilége. Le privilége ou l'hypothèque grevant le premier immeuble ont seuls été jugés. Merlin avait déjà fait cette observation (*Rép. ord. de cr.*, § 8). La jurisprudence s'y est toujours conformée (V. D. ch. j. 152. Ordre 1125). C'est à tort que le *Recueil périodique de Dalloz* signale comme contraire à cette doctrine un arrêt de la Chambre des requêtes du 8 novembre 1838 (D., 59, 1, 212). La décision à laquelle la Cour de cassation a reconnu l'autorité de la chose jugée relativement à tous les ordres ouverts sur les immeubles d'une succession n'était pas relative à un véritable privilége. C'était un arrêt qui, pour rétablir l'égalité entre deux héritiers, avait ordonné que l'un d'eux prélèverait une somme déterminée sur le prix des immeubles composant la succession. Cette décision n'était évidemment pas analogue à celles dont nous venons de parler.

Mais cette jurisprudence n'a pas été suivie par deux arrêts (Grenoble, 5 août 1859 ; Limoges, 29 janvier 1862. D. 62, 2, 39). Une revendication d'objets compris dans une cession de droits successifs avait été rejetée par un jugement fondé sur la nullité de la cession. Suivant notre opinion et la jurisprudence générale, il était seulement jugé que le revendiquant n'avait aucun droit sur les choses qu'il avait désignées. La nullité de la cession n'avait pu être que le motif et non l'objet de la décision. Les arrêts que nous venons de citer ont cependant rejeté, par application de l'autorité de la chose jugée, une réclamation postérieure qui n'était relative qu'à des objets et par conséquent à des droits non compris dans le premier procès.

Nous devons enfin faire remarquer qu'il y a une hypothèse où l'autorité de la chose jugée semble s'étendre à des droits qui n'ont pas été l'objet du jugement.

C'est le cas du demandeur qui, ayant vainement réclamé la quantité moindre ou la partie d'une chose, n'est plus reçu à prétendre droit à la quantité supérieure ou à la totalité de la même chose. Comment cette décision peut-elle être justifiée, s'il ne résulte pas du premier jugement négation de la cause même qu'on attribue en second lieu à un droit plus ample ? Ne suffirait-il pas de rejeter la seconde demande en tant qu'elle comprend les droits jugés sur le premier procès ? Ainsi supposons qu'on ait d'abord prétendu droit à 10 et qu'on prétende ensuite droit à 20, le même fait juridique étant invoqué comme cause de deux droits. Nous dirions : « Il est jugé que le droit à 10 n'existe pas ; mais on peut prétendre à une autre quantité de 10. En effet, quant à ce droit, l'autorité de la chose jugée n'a pas lieu, puisqu'il n'était pas compris au premier jugement et que la cause qui lui est commune avec le droit jugé n'est pas jugée elle-même.

Mais la question doit être autrement résolue. Le droit à la quantité de 10 a été seul nié. Mais cette négation même empêche de prétendre un droit qui supposerait l'existence du premier. C'est pourquoi on ne peut pas réclamer 20 qui se composeraient d'abord de 10 déjà refusés, même en consentant au retranchement de ces 10. Nous avons vu que telle était la décision de la l. 26 p. ff. *D. ex. r. j.* « Cum aliter superior pars « jure haberi non possit quam si inferior quoque jure habea-

« tur. » En niant le droit au moins ou à la partie, le juge a nié le droit au plus ou au tout. Ce sont encore des droits implicitement jugés. Et c'est à ce titre qu'ils sont considérés comme niés eux-mêmes par le premier jugement et non parce qu'ils procéderaient d'une cause à laquelle se rapporterait la déclaration négative du premier jugement.

Nous avons ainsi montré dans toutes les hypothèses l'autorité de la chose jugée refusée à tous les motifs des jugements, même à l'affirmation ou à la négation de la cause des droits jugés.

Nous devons encore indiquer une conséquence remarquable de cette règle. Nous avons vu que quelques jugements ne déclarent pas un droit qui préexistait déjà, mais créent plutôt certains rapports ou états de droit, après avoir constaté les conditions que la loi exige dans chacune de ces hypothèses. Tels sont les jugements qui déclarent la faillite, qui prononcent l'interdiction, la séparation de corps et la séparation de biens. Ces jugements affirment ou nient les faits qui donnent naissance à la faillite, qui autorisent l'interdiction, la séparation de corps et la séparation de biens. Mais il n'y a chose jugée sur aucun de ces faits. Ils ne sont en effet que les motifs de la sentence et n'ont pu être affirmés que relativement à la décision rendue sur le fond de la demande. L'autorité du jugement ne peut ainsi s'attacher qu'au droit qu'il constitue ou qu'il refuse de constituer. Il en résulte que, si de nouveaux faits surviennent après une première demande inutile, on pourra intenter une action nouvelle. Rien n'empêcherait même qu'on invoquât de nouveau les faits précédemment jugés insuffisants (Rej. 13 mars 1860. D. 60, 1, 400). Nous pensons même qu'on pourrait alors proposer une seconde fois les faits que le juge aurait d'abord formellement niés. Ces constatations de faits, n'étant que des motifs, n'ont pas en effet l'autorité de la chose jugée.

La règle qui refuse l'autorité de la chose jugée aux propositions des jugements autres que les déclarations sur les droits des parties, prive absolument de cette autorité les actes par lesquels le juge, sans prononcer encore sur les droits des parties, ordonne le plus souvent une mesure relative à l'instruction du procès.

Tels sont d'abord les jugements qui statuent sur une *demande de provision*. Ils ne déclarent évidemment que le droit à la provision.

Les jugements *préparatoires* et *interlocutoires* n'ordonnent qu'une mesure d'instruction.

Une première difficulté est de savoir quelle est l'autorité de cet ordre. Nous pensons qu'il ne peut pas être révoqué par le juge, surtout quand il intéresse une partie. L'ordre donné sera donc exécuté. Ainsi la jonction d'instance prononcée aura lieu, l'enquête ordonnée sera poursuivie. On a plusieurs fois rendu des décisions contraires à cette opinion. Mais il est aujourd'hui reconnu que c'était par une fausse application de la maxime : *ab interlocutorio discedere licet*. Cette décision a été surtout bien établie par Carré (*Lois de la pr. civ.* t. 4, qu. 1616). Un grand nombre d'arrêts cités par cet auteur l'ont adoptée. Il faut remarquer seulement que si le juge ne peut plus directement révoquer l'ordre, en défendre l'exécution, il peut très-bien par un ordre nouveau en paralyser les effets.

Mais si les jugements préparatoires et interlocutoires ont un dispositif auquel appartiennent les effets que nous venons de faire connaître, ils ne contiennent jamais une déclaration sur les droits contestés, qui puisse avoir l'autorité de la chose jugée. Par ces décisions, en effet, le juge ne prononce pas encore sur l'existence des droits contestés; il ordonne seulement une mesure qui doit mettre la cause en état d'être jugée.

Toutefois en ordonnant une mesure d'instruction le juge indique souvent à quelle preuve il entend subordonner sa décision. Le procès est ainsi préjugé. Cette considération a fait permettre aux parties d'interjeter appel de jugements qui, sans statuer encore sur leurs droits, sont cependant de nature à décider du sort du procès. Ce sont ces jugements qu'on appelle *interlocutoires*, tandis que les autres conservent le nom de *préparatoires*. Au point de vue de la recevabilité de l'appel il est très-important de savoir reconnaître les jugements interlocutoires. Mais au point de vue de la chose jugée, ceux-ci ne diffèrent pas des autres jugements préparatoires. Ne statuant pas sur l'existence des droits contestés, ces jugements ne constituent qu'un préjugé moral. Quelque opinion qu'il ait paru exprimer d'avance, le juge reprend toute sa liberté quand il rend le jugement définitif. C'est le sens de la maxime : « Ab interlocutorio discedere licet. »

Logiquement appliquée, cette doctrine ne laisse l'autorité de la chose jugée à aucun jugement interlocutoire. Mais les auteurs font en général exception pour le cas où l'admissibilité d'une preuve a été formellement prononcée par le jugement qui a ordonné la preuve. Et la jurisprudence, après avoir hésité longtemps (V. D. jug., 13 et seq. Av. dire droit, 64 et seq. Ch. j. 43 et seq.), n'a enfin admis le principe qu'avec l'exception relative à l'admissibilité des preuves. Encore l'a-t-elle plus d'une fois mal appliqué?

Ainsi la cour de Besançon, par arrêt du 3 août 1861 (D. 62, 2, 11), reconnaît à l'interlocutoire qui a déclaré que la propriété d'un bien a originairement appartenu au défendeur l'autorité de la chose jugée sur ce point. Il n'y avait cependant dans cet interlocutoire aucune déclaration sur le droit contesté, c'est-à-dire sur la propriété actuelle des biens. Le juge avait seulement admis dès lors un moyen du défendeur. Or on reconnaît que l'autorité de la chose jugée ne saurait appartenir aux moyens.

Nous critiquerons de même deux arrêts de rejet du 15 avril 1807 (D. jug., 13, n° 18) et du 11 janv. 1841 (D. jug., 14, n° 6). Ils reconnaissent l'autorité de la chose jugée au jugement interlocutoire qui a déclaré une chose prescriptible. Ces jugements ne contenaient qu'un motif objectif, la reconnaissance de l'un des éléments d'un droit. La déclaration sur le droit n'était pas rendue.

Quant à l'admissibilité de la preuve elle avait paru à Carré jugée par l'interlocutoire. La jurisprudence a toujours suivi son opinion. (V. D. jug., 13, n° 21. Ch. j. 48. Toutefois *contra* req. 30 août 1808, D. av. dire droit, 64, n° 7).

Nous maintiendrons même dans ce cas l'application de notre règle. Il ne peut y avoir chose jugée que sur un droit. Quand un tribunal déclare une preuve admissible, il tranche une pure question de droit dont la solution ne sera qu'un motif objectif de la décision qu'il rendra sur l'existence du droit contesté. Le jugement définitif lui-même n'aurait pas eu sur ce point l'autorité de la chose jugée. Comment le jugement préalable qu'on a rendu sur cette question pourrait-il avoir un autre effet? Il n'appartenait au tribunal de résoudre la question de droit qu'il a d'abord examinée qu'en prononçant sur le droit contesté. Il n'a pu d'avance aliéner sa liberté d'appréciation.

Ces raisons ont été très-bien exprimées dans un arrêt remarquable de la cour de Nancy (28 juillet 1817. Carré, l. cit.). « C'est une chimère, disait la cour de Nancy, de supposer « qu'un jugement puisse être déjà définitif sur le point de « droit, lorsqu'il n'est qu'interlocutoire sur le point de fait, « *d'autant que le point de droit n'étant que la raison de décider* « *et non la matière immédiate du jugement, il n'est pas suscep-* « *tible d'une décision séparée, mais qu'il n'acquiert la force et* « *l'autorité de la chose jugée que par son application à la de-* « *mande qui fait la matière du litige et par la décision défi-* « *nitivement portée sur cette demande;* qu'aussi longtemps « donc que l'objet du litige est en suspens, le droit lui-même « demeure indécis, le juge ayant pu adopter mentalement, « décider même une opinion ou un principe, mais non les « réduire en jugement...; que ce n'est donc pas seulement « une faculté laissée au juge, mais plutôt un devoir qui lui « est imposé de juger en définitive suivant sa conscience, « rejetant, si sa conscience le lui commande, le principe qu'il « avait d'abord adopté, pour revenir aux moyens, soit de fait, « soit de droit, que primitivement il avait rejetés. »

Nous avons été heureux de trouver dans un aussi beau monument de la jurisprudence la consécration de toute notre théorie sur ces difficiles questions. On peut résumer ainsi la doctrine de cet arrêt. Il ne peut y avoir chose jugée, même par un jugement définitif, sur ce qui ne fait pas l'objet des jugements. Or l'objet des jugements ne peut être qu'un droit. Donc le jugement interlocutoire qui ne statue pas encore sur le droit contesté ne peut avoir l'autorité de la chose jugée. Remarquez aussi avec quelle précision et quelle netteté l'arrêt de la cour de Nancy définit le caractère emprunté de cette espèce d'autorité que les motifs acquièrent par leur application à l'objet du jugement, mais qu'ils perdraient, dès qu'on voudrait les détacher de la décision dont ils font partie.

Il ne faut pas confondre avec les jugements interlocutoires des jugements qui, sans terminer la contestation, sont cependant définitifs.

C'est ainsi que, sans aucun doute, il peut être prononcé par jugements distincts sur les divers chefs d'une demande, c'est-à-dire sur les divers droits contestés.

Tel est aussi le cas des jugements qui statuent sur la recevabilité de l'action, c'est-à-dire sur l'existence du droit d'action. Ce sont des jugements préalables mais complets, contenant une véritable déclaration sur un droit, le droit d'agir, le droit d'action (V. D. jug., 13, 14, 15).

Nous considérons au contraire comme une véritable exception un cas où la loi a voulu qu'un simple fait fût recherché et constaté par un jugement. Le jugement qui est rendu sur une inscription de faux est une sorte de jugement préjudiciel ayant pour objet la sincérité d'un acte. C'est, comme on l'a dit, un procès fait à la pièce elle-même. La déclaration par laquelle le juge affirme ou nie la fausseté d'un acte contre lequel on s'est inscrit en faux aura donc l'autorité de la chose jugée. Mais il ne faut pas oublier que la fausseté d'un acte n'est cependant qu'un simple fait et non un rapport de droit, en sorte que, d'après la règle ordinaire, elle ne serait pas consacrée par l'autorité de la chose jugée. C'est par application de cette règle que la sincérité d'un acte sur lequel s'est fondé un jugement pour prononcer une condamnation n'est pas jugée et peut être contestée par la voie d'inscription de faux. Seulement, bien que l'acte ait été plus tard annulé comme faux, il ne s'ensuivra pas que le jugement précédemment rendu sur le fondement de cette pièce doive perdre ses effets.

Enfin nous devons signaler comme un cas exceptionnel l'autorité du second arrêt de cassation qui, aux termes de la loi du 1er avril 1837, oblige le juge du renvoi de suivre la doctrine de l'arrêt qui le saisit. A vrai dire, cet acte n'est pas un jugement. C'est une loi interprétative restreinte au litige à l'occasion duquel elle est rendue.

Sauf ces exceptions, nous maintenons notre principe. Nous devons seulement faire remarquer qu'il ne s'ensuit pas que jamais un jugement qui n'est pas absolument définitif n'ait l'autorité de la chose jugée.

Il arrive en effet qu'un jugement statue sur le droit lui-même, soit sous certaines conditions, soit en réservant l'examen de quelques points. Ainsi il est évident que le jugement qui condamne le défendeur, à la charge par le demandeur de prêter un serment, affirme conditionnellement l'existence d'un droit et aura par conséquent, si la condition est réalisée, l'autorité de la chose jugée. Il y a encore jugement sur un droit quand le tribunal reconnaît l'existence d'une créance et ordonne la reddition d'un compte à l'effet d'en déterminer le montant (D. ch. j., 13, 24°, 18).

Enfin on a pu voir dans un même jugement deux jugements, l'un définitif et statuant sur l'existence d'un droit, l'autre interlocutoire et relatif à un autre droit (D. ch. j., 49, 1°, 3°, jug. 17).

CHAPITRE III.

QUELLES DÉCLARATIONS DE DROITS RÉSULTENT DES JUGEMENTS CIVILS.

Nous avons déjà dit que la déclaration du juge sur les droits des parties n'est presque jamais expressément énoncée dans nos jugements civils. Le dispositif du jugement qui constitue la sentence proprement dite ne contient que l'ordre sanctionnateur ou le refus de cet ordre, la condamnation ou l'absolution du défendeur. L'absolution du défendeur est exprimée par ces formules peu françaises : « Le tribunal déboute le demandeur, renvoie, relaxe le défendeur des fins de la demande. » Ainsi le plus souvent ni l'affirmation du droit que le juge sanctionne, ni la négation du droit qu'il refuse de sanctionner, ne sont expressément indiquées. Dans un seul cas, lorsque le juge n'est appelé qu'à constater l'existence d'un rapport ou état de droit, sans qu'on lui demande d'en tirer aucune conséquence, ni d'y appliquer aucune sanction, il faut bien que le dispositif énonce expressément l'affirmation ou la négation du droit contesté. Par exception aussi quelques magistrats font précéder leurs dispositifs de cette formule : « Le tribunal dit ou déclare que tel droit existe. » Il serait à désirer que cet usage devînt général. Toutefois nous allons voir que cette indication elle-même ne rendrait pas toute autre recherche inutile.

En général la déclaration rendue par le juge sur les droits des parties est du moins énoncée dans les *motifs* du jugement. En faisant connaître, comme y est obligé par l'art. 141

C. P. C. et par là loi du 20 avril 1810, les raisons qui l'ont déterminé, le juge indique d'ordinaire les droits qu'il affirme ou qu'il nie. Mais les motifs, d'ailleurs si souvent incomplets, ne donnent que des indications peu sûres et qu'il faut contrôler. Il n'est pas en effet certain que le juge ait voulu rendre une déclaration formelle, officielle, un *jugement* sur tous les droits qu'il énonce, surtout s'il n'était pas régulièrement saisi de la connaissance du droit qu'il paraît avoir jugé.

Cette raison doit même empêcher d'admettre, sans autre examen, les déclarations que le juge énonce quelquefois en termes formels dans le dispositif même.

Il est au contraire bien certain que le juge a prononcé sur l'existence d'un droit, lorsqu'il a sanctionné ou refusé de sanctionner ce droit. On connaîtra donc toujours et d'une manière sûre les déclarations rendues par le juge en interprétant la sanction ou le refus de sanction, la condamnation ou l'absolution qu'il a prononcée, c'est-à-dire en recherchant les déclarations de droits qui, dans chaque espèce, sont impliquées par la décision du *dispositif*. Quant aux *motifs*, ils devront être souvent consultés, surtout quand le dispositif est susceptible de deux interprétations différentes.

Le dispositif lui-même énonce toujours formellement la condamnation; mais il contient souvent une absolution implicite.

L'absolution est formelle, quand le juge refuse au demandeur l'ordre sanctionnateur qu'il sollicitait. Elle est tacite, quand le juge n'accorde qu'une partie de la condamnation demandée. Il refuse en effet ainsi le surplus, en sorte que la condamnation partielle équivaut pour le surplus à une absolution. Nous avons déjà établi en droit romain l'exactitude de cette observation que nous empruntons à M. de Savigny (*Syst.*, t. 6, § 286). Dans notre droit, il faut encore considérer comme un mode d'absolution l'omission de statuer sur l'un des chefs de demande. Le devoir du juge est de sanctionner tous les droits contestés dont il reconnaît l'existence. S'il se dessaisit sans avoir sanctionné quelqu'un des droits contestés, il doit être censé juger que ce droit n'existe pas. On supposerait autrement que le juge n'a pas fait son devoir en négligeant de statuer sur l'un des chefs de demande. C'est pourquoi l'art. 480 du Code de proc. civ. ouvre la requête civile dans le cas « où il a été omis de prononcer sur l'un des chefs de demande. » N'est-ce pas reconnaître à cette omission la valeur et l'autorité d'une décision négative?

Cette opinion n'est cependant pas admise. On pense en général que l'omission de statuer sur un chef ne peut être considérée comme une absolution implicite (V. D. ch. j. 179; Chauveau sur Carré, t. 4, 1749 *ter*. Douai, 23 mai 1850, D. 54, tab.).

La condamnation et l'absolution du défendeur ne supposent, en général, que des déclarations relatives aux droits mis en cause par le demandeur. Nous verrons toutefois que dans le cas où le demandeur a lui-même invoqué et mis en cause un droit qui lui est propre, à l'encontre du demandeur, il résulte aussi de la condamnation ou de l'absolution du défendeur une déclaration relative à ce droit.

Nous devons donc distinguer les deux hypothèses.

§ 1. — Quelles déclarations sur les droits mise en cause par le demandeur résultent de la condamnation et de l'absolution du défendeur.

La condamnation et l'absolution du défendeur ont deux sens différents, suivant que la question relative à l'existence du droit contesté a été posée sous une *forme positive* ou *négative*. Nous avons déjà dit que, si en général celui qui demande au juge un ordre sanctionnateur l'appelle à affirmer un droit, quelquefois, au contraire, le demandeur provoque le juge à nier un droit déjà prétendu ou exercé par le défendeur et à rendre, en vertu de cette négation, un ordre sanctionnateur qui le protége désormais. Nous avons vu que ce dernier cas se présentait notamment dans toutes les actions en nullité.

Il est évident que la condamnation du défendeur suppose, dans la première hypothèse, l'affirmation du droit prétendu par le demandeur, et, dans la seconde hypothèse, la négation du droit contesté par le demandeur.

Il est de même évident que l'absolution du défendeur, quand elle touche le fond de la contestation, suppose, en sens inverse, dans la première hypothèse, la négation du droit prétendu par le demandeur, et, dans la seconde hypothèse, l'affirmation du droit contesté par le demandeur.

Le sens de la condamnation et le sens de l'absolution étant ainsi déterminés, nous pouvons rechercher les droits auxquels se rapportent les déclarations supposées par la condamnation et par l'absolution.

Toutefois nous devrons encore indiquer comment l'absolution n'implique pas toujours une déclaration sur les droits mis en cause.

1° *Condamnation du défendeur*. — Il est facile de reconnaître quels sont les droits sur lesquels la condamnation suppose une déclaration du juge le plus souvent affirmative, quelquefois négative. Ce sont tous les droits dont l'existence, dans le premier cas, ou l'inexistence, dans le second cas, était nécessaire pour justifier l'ordre sanctionnateur.

Nous avons déjà dit que la sanction même partielle du droit donne lieu à une déclaration sur le droit lui-même, qui a un effet absolu. Nous n'avons ici qu'à faire mieux remarquer que cette déclaration n'a pas besoin d'être exprimée. Elle est suffisamment impliquée par la sanction elle-même. Les arrêts que nous avons cités au chapitre précédent, § 1, se rapportent en général à des déclarations qui n'étaient qu'implicites. Nous avons dû seulement citer un arrêt de rejet du 14 août 1828 (D. ch. j., 168, 19°), qui nie que l'affirmation du droit de créance résulte implicitement du jugement qui a prononcé la validité d'une saisie-arrêt. Cet arrêt, d'ailleurs très-faiblement motivé, n'a pas été suivi. Nous avons notamment montré qu'on admet aujourd'hui, sans hésitation, la déclaration qui résulte implicitement des jugement et ordonnances qui clôturent les distributions et les ordres, sur le droit des créanciers colloqués, à l'égard du saisi et, à l'égard des créanciers, sur le rang attribué à chacun dans la distribution du prix.

2° *Absolution du défendeur*. — L'absolution du défendeur ne suppose pas nécessairement la négation des droits prétendus par le demandeur ou l'affirmation des droits contestés par le demandeur.

Nous devrons d'abord distinguer les jugements d'absolution qui ne statuent pas sur le fond des demandes.

Nous aurons encore à faire remarquer que, même lorsqu'il

statue sur le fond, le juge absout quelquefois le défendeur, sans nier tous les droits sur lesquels la condamnation aurait impliqué une déclaration affirmative.

Jugements d'absolution qui ne statuent pas sur le fond. — Avant d'examiner le fond d'une demande, c'est-à-dire la question relative à l'existence des droits mis en cause, le juge doit rechercher s'il a le pouvoir de rendre le jugement qu'on lui demande, s'il est compétent et régulièrement saisi, si l'action est recevable. Un premier jugement peut donc être rendu sur la *recevabilité de l'action.* Si l'action n'est pas recevable, le juge absout le défendeur. Mais il est évident que cette absolution n'emporte aucune déclaration sur les droits mis en cause. Ils n'ont pas été jugés.

Quelquefois les expressions du *dispositif* lui-même font connaître que l'absolution n'a pour cause que la non-recevabilité de l'action. Le tribunal « *déclare le demandeur non recevable, donne congé au défendeur.* » Presque toujours les motifs du jugement indiqueraient du moins le vrai sens de l'absolution.

Cependant que devrait-on décider au cas où les termes du jugement laisseraient la question douteuse? Nous pensons qu'il faudrait toujours supposer qu'il y a eu jugement sur le fond et que l'absolution a par conséquent le sens que nous lui reconnaîtrons tout à l'heure. Il n'y a pas lieu d'hésiter, quand le défendeur n'a pas conclu à la non-recevabilité, puisqu'elle ne peut, en général du moins, être prononcée d'office. Mais alors même que le défendeur aurait conclu à la non-recevabilité, nous croyons plus juridique de supposer que le juge qui ne s'est pas formellement dessaisi a statué sur le fond, a jugé. Nous répétons d'ailleurs que ce doute ne se présentera presque jamais, parce que le juge aura dû s'expliquer dans les *motifs.*

Nous avons enfin à examiner une question difficile.

Faut-il ranger parmi les jugements qui ne statuent pas sur le fond les jugements de défaut rendus contre le demandeur?

Nous avons vu que les jugements de défaut ont aussi bien que les jugements contradictoires le caractère et les effets des jugements. Mais nous avons annoncé qu'il y avait souvent doute sur le sens qu'on doit leur reconnaître.

Quant aux jugements de défaut contre le défendeur, aucune

hésitation n'était possible. Le juge condamne le défendeur défaillant, « si les conclusions du demandeur se trouvent justes et bien vérifiées. » Il absout dans le cas contraire. Il y a donc examen du fond. La condamnation et l'absolution impliquent sur l'existence des droits contestés des déclarations que nous rechercherons tout à l'heure.

A l'égard des jugements par défaut rendus contre le demandeur, deux questions se sont soulevées. La seconde de ces questions appartiendrait seule à notre sujet. Mais la solution qu'elle doit recevoir nous paraît résulter nécessairement de la solution donnée à la première question.

1° Le juge peut-il, malgré le défaut du demandeur, examiner la demande et l'adjuger, si elle se trouve juste et bien vérifiée?

2° Le jugement rendu au profit du défendeur contre le demandeur défaillant contient-il une déclaration sur le fond, sur les droits mis en cause par la demande?

Sur le premier point, il est universellement admis et constamment jugé que le juge ne peut jamais adjuger la demande et qu'il doit nécessairement, sans aucun examen, donner défaut au profit du défendeur.

Nous admettons cette décision, mais nous n'approuvons pas la raison qu'on en donne d'ordinaire.

C'est, dit-on, parce que celui qui prétend un droit est obligé de le prouver. « Actore non probante reus absolvitur. » Mais cette raison n'est pas décisive, car de ce que le demandeur n'est pas présent, il ne s'ensuit pas qu'il ne prouve pas son droit. Cette preuve peut en effet se trouver dans l'assignation même ou dans les pièces signifiées. Il y aurait donc toujours une allégation du demandeur défaillant à examiner.

La véritable raison est que, pour saisir valablement le juge, il faut non-seulement assigner et comparaître, mais conclure et plaider. Si le demandeur n'a pas conclu, le juge n'est pas saisi de la demande. Celle-ci sera donc nécessairement écartée, sans qu'aucun examen soit nécessaire.

L'art. 150 pouvait laisser quelques doutes. Il dit en effet : « Les conclusions de la *partie* qui le requiert seront adjugées, si elles se trouvent justes et bien vérifiées. » Aucune distinction n'est faite entre le demandeur et le défendeur.

Mais la tradition ne permettait pas d'entendre ce texte autrement qu'on l'a fait.

Pothier avait en effet distingué, avec la plus grande netteté, les jugements de congé et les jugements de défaut. « Le juge, « pour le profit, doit toujours donner congé de la demande, et « en cela le congé est différent du défaut qui se donne au « demandeur contre le défendeur défaillant. Le juge, pour « faire droit sur la demande contre le défendeur défaillant, « doit entrer en connaissance de cause et examiner si elle est « bien fondée ; mais il n'est pas besoin qu'il entre en aucune « connaissance de cause pour donner congé au défendeur de « la demande du demandeur défaillant. Il suffit qu'il ne se « présente pas pour qu'il ne puisse pas être écouté dans sa « demande (Ch. 5, § 3 Pr. civ.). »

On peut remarquer même que Pothier donne à sa décision le motif que nous avons proposé. Il ne nie pas que le demandeur défaillant ne soutienne sa demande, ne la prouve peut-être. Il dit, au contraire, que le défaillant n'est pas écouté, parce qu'il ne se présente pas.

La première question ainsi résolue, il est évident que la solution de la seconde devait s'ensuivre nécessairement.

Si le juge n'est plus saisi de la demande à l'effet d'affirmer, après examen, les droits qui en sont l'objet, il n'est pas possible qu'il soit saisi de la demande à l'effet de nier ces mêmes droits. Il ne peut donc que se déclarer dessaisi, donner *congé* au défendeur, le renvoyer, le relaxer de l'action.

Cette conclusion, qui nous paraît si logique, est cependant contredite par notre jurisprudence et par la plupart de nos auteurs et elle n'est même pas exactement suivie par la jurisprudence belge qu'on a opposé à celle de nos cours.

On a dû pourtant reconnaître qu'au moins jusqu'à l'ordonnance de 1667 la tradition a été conforme à notre opinion.

Ulpien s'était déjà demandé, dans le cas où le défaut du demandeur avait été régulièrement constaté, « an vero salva « quidem lis est, verum instantia tantum edicto periit ? » Et il répondait : « Et magis est ut instantia tantum perierit, « ex integro autem litigari possit (l. 73 ff. *De jud.*). »

Cette décision était devenue chez nous une règle traditionnelle.

Bouteiller disait : « Si le demandeur fault, le défendeur aura congé de cour, et c'est le profit du défendeur en tel cas, puisque litiscontestée ne seroit la demande et pourroit le demandeur réintenter une autre fois sa demande, par nouvel adjournement; mais après litiscontestée, il serait descheu de sa demande et n'y pourroit plus retourner. » On voit seulement que ces derniers mots se rapportent à l'effet romain de la litiscontestation. Il n'en faut pas tenir compte.

La même maxime est ensuite reproduite par Imbert (l. 1, t. 13 et Despeisses (t. 2, p. 13). Elle est alors ainsi formulée : « *Actor cadit ab instantia, non tamen a causa... ex integro* « *licet actori postea actionem movere.*»

L'ordonnance de 1667 s'exprime, il est vrai, moins exactement, en disant que le défendeur sera renvoyé *absous*. Mais Rodier nous paraît avoir conclu à tort de cette expression que l'ancienne règle était abrogée (sur l'art. 1 et 4, tit. 14, ordon. 1667). On peut d'ailleurs admettre comme un point certain que son opinion n'avait pas prévalu. Il reconnaît lui-même qu'au parlement de Toulouse on ne faisait que prendre un congé au greffe qui portait *relaxe de l'assignation seulement*. Un autre commentateur de l'ordonnance, Bornier, maintenait l'ancienne pratique. Enfin Pothier nous paraît, surtout dans les lignes que nous avons citées, discerner avec trop de soin le congé et le défaut pour qu'on ne soit pas autorisé à supposer qu'il leur attribuait des effets différents.

Telle était la tradition.

Aucune discussion n'est rapportée qui indique que les auteurs du Code de procédure aient voulu établir une règle nouvelle.

Aussi Carré écrivait-il que la demande du demandeur défaillant devait être considérée comme non avenue, mais non déclarée mal fondée (n° 515). Deux arrêts avaient même été rendus dans ce sens (Turin, 23 août 1809. Bruxelles, 26 avril 1810. Merl. *Q. de dr. Défaut*, § 1 bis).

Mais en 1825 la Cour de cassation a rendu un arrêt qui, approuvé par Merlin, a bientôt fait jurisprudence (23 nov. 1825. *Ibid*. req. 7 décembre 1840. Douai, 20 janv. 1855. Metz, 10 août 1855. D. 56, 2, 281). Défendue par Chauveau (n° 617) et Berriat Saint-Prix (p. 237), cette jurisprudence a été vivement attaquée par Boncenne (t. 3, p. 21 et seq.) et, avec plus d'hésitation, par Boitard (t. 1, p. 376).

La Cour de cassation n'a donné que ce seul motif : « Prendre défaut de la part du défendeur, c'est, dit-elle, se faire renvoyer de la demande, en faire débouter le demandeur en vertu du principe « *Actore non probante reus absolvitur.* » M. Boncenne a très-bien répondu qu'il n'était pas toujours vrai que le demandeur ne fît pas sa preuve, quoique absent, par l'assignation même ou par les pièces signifiées. Aussi avons-nous montré que telle n'est pas la raison pourquoi les demandes du demandeur défaillant ne peuvent pas lui être adjugées. Si le juge ne peut affirmer les droits du demandeur, c'est parce que, à défaut de conclusions du demandeur, il n'est pas complétement saisi. Comment serait-il mieux saisi pour nier les droits qu'il ne peut pas affirmer?

La Cour de cassation de Belgique a mieux jugé « que l'article 154 P. civ. suppose nécessairement que le juge, *s'il n'en est requis,* ne doit pas disposer en connaissance de cause et apprécier le fondement de la demande (17 janv. 1846. D. 46, 2, 281). » Mais elle semble admettre que le juge pourrait examiner le fond de la demande, s'il en était requis par le défendeur. Evidemment si, comme nous le pensons, le juge est en réalité dessaisi par le défaut du demandeur, il n'importe pas que le défendeur le requière de statuer au fond. On ne prétendrait pas que, dans le cas où le défendeur a requis le juge de statuer au fond, le juge recouvre le pouvoir d'affirmer les droits du demandeur. Comment alors peut-on admettre que le juge ait le pouvoir de nier des droits qu'il n'affirmerait pas valablement? C'est le résultat que nous trouvons toujours inadmissible.

La Cour de cassation de Belgique n'a fait que suivre une opinion déjà émise par Merlin. Celui-ci avait invoqué pour la défendre un argument spécieux. Si le juge, disait-il, a expressément débouté le demandeur défaillant et nié ses droits, comment pourra-t-on rejeter cette déclaration, fût-elle entachée d'excès de pouvoir, sans faire annuler le jugement? Nous ne pensons pas que dans ce cas l'annulation soit nécessaire. L'excès de pouvoir ne serait pas en effet dans le dispositif lui-même, mais dans l'interprétation qu'on lui donnerait.

Ainsi dans tous les cas nous refusons de considérer un jugement de défaut contre le demandeur comme contenant une déclaration négative sur les droits mis en cause par le demandeur. L'instance seule est anéantie, comme par l'effet de la péremption. Il en résulte néanmoins, outre la condamnation du demandeur aux dépens, des conséquences quelquefois fort graves, comme la déchéance d'un appel, mais toujours étrangères à l'autorité de la chose jugée.

Jugements d'absolution qui statuent sur le fond. — Lorsque le juge a statué sur le fond, l'absolution du défendeur a, comme la condamnation, mais en sens inverse, deux significations différentes, suivant que la question relative à l'existence des droits mis en cause a été posée dans la forme positive ou dans la forme négative.

Si le demandeur prétendait un droit, l'absolution du défendeur emporte négation de ce droit. Si le demandeur contestait un droit, l'absolution du défendeur emporte affirmation de ce droit.

Mais il faut remarquer que la portée de l'absolution n'est pas toujours égale en sens contraire à la portée de la condamnation.

Quelquefois l'existence de plusieurs droits est nécessaire pour justifier la condamnation poursuivie par le demandeur. Quand cette condamnation est prononcée, elle implique évidemment l'existence de tous ces droits. Mais on voit non moins aisément que l'absolution peut ne pas avoir toujours le même sens. Il suffit en effet, pour qu'elle soit justifiée, qu'un seul des droits nécessaires ait fait défaut. Ainsi une demande d'intérêts suppose qu'un capital est dû et que ce capital produit des intérêts qui sont encore dus. En reconnaissant la créance des intérêts la condamnation affirme la créance du capital. Mais, pour que le défendeur soit absous sur la demande des intérêts, il suffit que les intérêts ne soient pas dus, soit qu'ils n'aient pas été produits, soit qu'ils aient été payés. Le capital lui-même peut être dû.

Dans ces cas on ne devra admettre que la négation qui résulte des motifs et des conclusions. On y trouvera toujours des indications suffisantes. S'il y avait doute, il faudrait s'en tenir à la négation du droit qui est certaine, par exemple, à celle de la créance des intérêts.

Le sens de l'absolution étant ainsi déterminé, il faut rechercher à quels droits doit être rapportée la déclaration affirmative ou négative que l'absolution suppose. Il a été inutile d'indiquer des règles pour reconnaître les droits nécessaires à la condamnation prononcée. Mais le cas de l'absolution présente plus de difficultés.

Pour connaître tous les droits dont l'affirmation ou la négation est impliquée par l'absolution, il faut rechercher tous les droits dont le juge pouvait par une condamnation sanctionner l'existence ou l'inexistence.

Le juge français est en effet toujours autorisé à sanctionner celui des droits prétendus qui lui paraît seul établi. Jamais, comme il arrivait souvent en droit romain, nos tribunaux ne sont obligés soit de prononcer toute la condamnation qu'on leur demande, en reconnaissant tous les droits qu'on prétend, soit de ne prononcer aucune condamnation et d'absoudre entièrement le défendeur.

Il s'ensuit que, pour supposer que le juge a fait son devoir, nous devons toujours admettre qu'en ne prononçant aucune condamnation, le juge a nié tous et chacun des droits prétendus par le demandeur.

Le même raisonnement s'applique aux droits contestés par le demandeur et dont le juge est appelé à déclarer et à sanctionner l'inexistence. Mais nous continuerons, pour rendre nos explications plus simples, à ne parler que du premier cas qui est le plus important. On devra entendre aussi de la seconde hypothèse tout ce que nous dirons de la première.

Nous avons donc à rechercher tous les droits que le juge est autorisé à sanctionner, tous les droits dont il est saisi.

Le juge est saisi des droits que le demandeur met lui-même en cause.

Les droits que le demandeur met lui-même en cause sont désignés dans l'assignation ou dans les conclusions par lesquelles il peut être fait quelques additions à la demande.

Aux termes de l'art. 61 du C. de pr. civ., l'exploit d'ajournement doit contenir.... 3º l'objet de la demande, l'exposé sommaire des moyens. L'art. 64 indique comment les immeubles doivent être désignés. Enfin l'art. 65 exige qu'il soit donné copie des pièces ou de partie des pièces sur lesquelles la demande est fondée.

Les droits que le demandeur est autorisé à mettre en cause pour compléter sa demande principale ne doivent pas moins être formellement indiqués. L'art. 337 P. civ. s'exprime ainsi : « Les demandes incidentes seront formées par un « simple acte contenant les moyens et les conclusions.... »

Il semble ainsi facile de reconnaître les droits dont le demandeur a saisi le juge. Mais le juge n'est pas seulement saisi des droits que le demandeur a expressément désignés ; il peut connaître de tous les droits implicitement compris dans les désignations dont les parties se sont servies. Il est permis au juge d'analyser ces désignations et, si quelqu'un des droits qu'il y trouve contenus lui paraît établi, de le constater et de le sanctionner. Le juge est donc également saisi de ces droits et il est également réputé les nier, quand il absout.

Pour connaître les droits implicitement compris dans les désignations employées, nous aurons à faire l'analyse de ces désignations.

Nous avons déjà dû faire cette étude en droit romain. Nous suivrons ici la même méthode.

Les droits sont désignés par l'indication des quatre éléments suivants : 1° *nature du droit;* 2° *fait juridique donnant naissance au droit ou cause du droit ;* 3° *objet du droit;* 4° *sujet du droit.* L'identité de chacun de ces éléments est, en effet, la condition nécessaire de l'identité des droits. Changez la nature, la cause, l'objet ou le sujet du droit, le droit n'est plus le même. C'est pourquoi, pour constater quels droits ont été ou n'ont pas été compris dans une demande, il faut rechercher quels sont les droits dont les éléments ont été désignés ou quels éléments de droits ont été désignés.

Nous avons vu qu'en droit romain deux de ces éléments, la cause et l'objet, ne recevaient quelquefois aucune désignation.

Dans notre droit, il n'arrivera presque jamais que la cause du droit n'ait pas été déterminée. L'art. 61 du Code de pr. civ. veut, en effet, que le demandeur donne, dans l'ajournement, « un exposé sommaire des moyens. » On peut cependant supposer que, malgré cette disposition, un droit, surtout un droit réel, ait été prétendu sans indication de cause. Nous pensons qu'il faudrait alors, comme en droit romain, présumer que le juge qui absout a nié tout droit ayant la nature, l'objet, le sujet indiqués et une cause quelconque.

La chose qui est l'objet du droit est également le plus souvent indiquée. Quelquefois cependant on laisse au juge le soin de déterminer les choses et les quantités qui doivent être l'objet des droits prétendus. Il n'y a dans ce cas aucune difficulté à admettre que l'absolution emporte négation de tous droits ayant la nature, la cause, le sujet indiqués et un objet quelconque.

Nous n'avons plus qu'à indiquer les règles suivant lesquelles on pourra reconnaître quels éléments comprend la désignation que les parties ont expressément donnée à la nature, à la cause, à l'objet et au sujet des droits.

Désignation de la nature du droit. — La nature du droit qui est mis en cause ne peut jamais comprendre qu'un droit. Ainsi il est évident que l'indication d'un droit de propriété ne peut pas saisir le juge de la connaissance d'un droit d'obligation auquel d'ailleurs les autres termes de la désignation conviendraient. Mais certains droits semblent être contenus dans un autre droit. Ainsi, quand on a réclamé un droit de propriété sur une chose, n'a-t-on pas implicitement réclamé non-seulement le droit d'usufruit causal, l'une des conséquences du droit de propriété, mais aussi le droit d'usufruit formel, ou un droit d'usage, ou un droit de servitude, c'est-à-dire un de ces droits sur la chose qui peuvent être considérés comme des démembrements du droit de propriété. On a toujours admis avec raison que la nature du droit était indivisible et qu'ainsi il n'avait pas été permis au juge saisi d'un droit de propriété de statuer sur un des droits inférieurs (D. ch. j., 110-117, 118).

Nous approuvons de même qu'on suive la solution de la loi 11 § 6 ff. *De ex. r. j.* Les trois servitudes *via*, *actus*, *iter* diffèrent par la nature même du rapport de droit, et non par l'étendue de l'objet. Il en serait autrement, comme nous le verrons, si l'objet de la servitude avait été compris dans la désignation de l'objet d'une même servitude précédemment demandée. Ainsi, après avoir réclamé une servitude de passage sur toute l'étendue d'un domaine, on ne pourrait demander la même servitude sur partie du domaine ou sur une largeur moindre.

C'est l'application de cette règle que la Cour de cassation semble avoir voulu faire dans l'arrêt célèbre du 30 mars 1837 (D. ch. j. 174). Un terrain avait été vendu « avec la charge « qu'il ne pourrait être fait aucun bâtiment sur ledit terrain « que du côté de la rue Richelieu. » La rue Vivienne ayant été percée, l'acquéreur prétendit que la servitude *altius non tollendi* avait cessé d'exister, du moins avec l'effet d'interdire l'élévation de bâtiments nouveaux sur la rue Vivienne. Il fut jugé que la servitude n'avait pas cessé de grever l'immeuble. L'acquéreur prétendit alors qu'il pouvait du moins construire des boutiques sans dépasser la hauteur du mur de clôture. La Cour de cassation a autorisé cette nouvelle demande : «Attendu que la demande générale par laquelle on réclame un droit absolu et sans bornes est tout à fait différente de la demande spéciale par laquelle on réclame un droit déterminé, distinct du premier et dont il n'a été nullement question à l'occasion du premier arrêt... »

Cette doctrine est vraie, si on suppose, comme nous l'avons fait plus haut, deux droits différents par leur nature, plus ou moins étendus par leur nature et non par leur objet.

Mais il nous semble que l'espèce de cet arrêt était plus facile à juger. Le premier jugement avait affirmé une servitude contestée. Cette servitude ne pouvait plus être niée. Mais par sa nouvelle demande l'acquéreur ne niait pas l'existence de la servitude. Il prétendait seulement que cette servitude ne devait pas l'empêcher d'élever certaines constructions. Ainsi l'existence même de la servitude n'était pas remise en question. On ne plaidait que sur les conséquences de la servitude, sur l'exécution du premier arrêt. L'action était donc recevable, mais il n'y avait pas lieu de justifier cette décision par les motifs que la Cour de cassation a donnés.

Désignation de la cause du droit. — Il n'y a aucune difficulté à reconnaître quels faits juridiques pouvant donner naissance à des droits ont été désignés par la partie. Il faut seulement, comme nous l'avons déjà vu, se garder de confondre ces causes des droits et les moyens qui peuvent servir à les prouver (V. D. ch. j. 197 1º-2º).

Désignation de l'objet du droit. — Lorsque l'objet est déterminé, le juge doit rester dans les limites de cet objet déterminé. Tout droit ayant autre chose pour objet échappe à son examen. Mais il peut statuer sur tous les droits qui, avec la nature, la cause et le sujet indiqués, auraient un objet compris dans l'objet déterminé.

Or il est facile de comprendre que la désignation d'une quantité comme objet du droit mis en cause comprend toutes les quantités moindres, et que la désignation d'un corps certain comme objet du droit mis en cause comprend toutes les fractions de ce corps.

C'est ainsi que se justifie l'application qu'on à faite à l'autorité de la chose jugée de la maxime : *pars in toto continetur*. Le jugement qui renvoie d'une demande relative *au tout* ou *au plus* rend irrecevable toute demande relative à *la partie* ou *au moins*, non pas seulement parce que la partie est comprise dans le tout et le moins dans le plus, mais parce que, pour cette raison, le juge saisi *du tout* ou *du plus* a été saisi de *la partie* ou *du moins*. Nous approuvons donc les solutions que toutes ces questions ont reçues depuis les lois romaines, mais nous reconnaissons que Marcadé ne critiquait pas sans raison la doctrine traditionnelle qui déclare identiques le droit au tout et le droit à la partie, le droit au plus et le droit au moins.

Ainsi ce n'est pas à tort que la doctrine et la jurisprudence n'admettent pas qu'après avoir prétendu à dix mille francs on en demande cinq mille à raison d'un droit né du même fait juridique.

De même quand on s'est prétendu propriétaire ou créancier de la totalité d'un corps, on ne peut plus au même titre se prétendre propriétaire ou créancier d'une fraction du même corps.

Dans les deux cas il y a chose jugée sur le droit dont l'objet est moins ample, parce que le juge, formellement saisi du droit dont l'objet est plus ample, est implicitement saisi du droit dont l'objet est moins ample, et qu'en absolvant complétement le défendeur il a nié aussi bien l'un que l'autre.

Cependant il pourra résulter quelquefois des termes du jugement que, en refusant la condamnation demandée, le juge n'a entendu nier que le droit plus ample et n'a pas statué sur le droit moins ample (D. ch. j. 125).

A la règle « *pars in toto continetur* » on rattache en

général les décisions qui ne permettent pas de prétendre le droit plus ample, après avoir vainement invoqué le droit moins ample. Mais nous avons vu que ces décisions se justifient par l'application d'une autre règle.

Désignation du sujet. — Il est inutile de rechercher quelles personnes sont comprises dans la désignation du sujet des droits mis en cause. Nous aurons en effet à faire une étude plus complète de cette question en recherchant quelles personnes ont été parties au procès.

Outre les droits mis en cause par les parties, le juge français peut-il se saisir lui-même de certains droits?

On pourrait lui reconnaître ce pouvoir à l'égard des dépens et des fruits ou intérêts produits par la chose litigieuse pendant l'instance. Mais il est contesté que le juge puisse même condamner aux dépens la partie qui succombe, si l'autre ne l'en a requis. L'ordonnance de 1667 avait paru permettre au juge de taxer d'office les dépens (art. 1, t. 31). Mais l'art. 130 P. civ. est moins formel et au contraire l'art. 480 du même Code suppose, sans exception, qu'il ne peut être jamais adjugé plus qu'il n'est demandé (V. Boitard, t. 1, p. 279. D. *jug.* 170, *frais et dépens,* 32).

Si on décide que les droits à la condamnation aux dépens, aux fruits et intérêts peuvent être affirmés d'office par le juge, il faudra admettre qu'ils se trouvent niés par la décision qui omet de les affirmer.

§ 2. — Quelles déclarations relatives aux droits mis en cause par le défendeur résultent de la condamnation ou de l'absolution du défendeur.

Quelquefois le défendeur, pour éviter la condamnation poursuivie contre lui, oppose au droit qu'on prétend et qu'il ne conteste pas un droit qui lui est propre et qui fera obstacle à la condamnation. C'est le cas des demandes reconventionnelles et de la compensation que le débiteur invoque contre les réclamations du créancier. Un droit nouveau se trouve ainsi mis en cause. Il peut être affirmé ou nié par le juge.

Dans ces cas la condamnation du défendeur implique quelquefois, outre l'affirmation du droit prétendu, la négation du droit invoqué par le défendeur comme un moyen de défense contre la condamnation. Mais il faut qu'il résulte des motifs que le droit invoqué a été écarté parce qu'il n'existait pas, et non parce qu'il ne pouvait faire, nstacle à la condamnation. Ainsi il n'y a pas évidemment négation du droit opposé en compensation, lorsque le juge n'a pas tenu compte de la compensation parce que la créance invoquée par le défendeur n'était pas liquide. On voit que dans ces hypothèses il est indispensable de consulter les motifs. Dans le doute, on ne pourrait pas supposer que le droit a été nié et non pas seulement écarté.

Le dispositif est encore plus insuffisant à faire connaître la déclaration du juge qui a absous le défendeur. Les motifs peuvent seuls en effet indiquer si le juge a affirmé également le droit du défendeur et le droit du demandeur, ou s'il a nié également le droit du demandeur et le droit du défendeur, ou enfin s'il a nié le droit du demandeur et affirmé le droit du défendeur. Remarquez seulement que, dans ce dernier cas, il y aurait quelquefois une condamnation prononcée contre le demandeur originaire.

CHAPITRE IV.

RELATIVITÉ DES EFFETS DES JUGEMENTS.

A l'égard de quelles personnes a lieu l'autorité de la chose jugée.

Notre droit français ne pouvait méconnaître le caractère relatif des déclarations de droits qui résultent des jugements.

Nos anciens auteurs n'avaient eu qu'à adopter et à suivre la règle si souvent et si nettement formulée en droit romain : « *Sæpe constitutum est res inter alios judicatas aliis* « *non præjudicare* » (l. 53 ff. *De re jud.*). Celui qui les résume et les complète tous, Pothier, reproduit enfin, comme devant être admises, presque sans modifications, toutes les applications que les jurisconsultes romains avaient faites de leur règle.

Nous verrons que, plus d'une fois, Pothier et les auteurs modernes qui l'ont suivi ont été trop fidèles au droit romain.

Le Code Napoléon a emprunté à Pothier la formule donnée au principe de la relativité par l'art. 1351

« Il faut que la demande soit entre les mêmes parties et
« formée par elles et contre elles en la même qualité. »

La relativité de la chose jugée est ainsi afûrmée comme une
règle qui doit régir tous les jugements.

Aussi croyons-nous que, sauf une exception qui résulte
d'une disposition législative formelle, aucun jugement n'a
d'une manière absolue l'autorité de la chose jugée.

Aux termes de l'art. 37 de la loi du 5 juillet 1844 sur les
brevets d'invention, le ministère public peut, dans toute instance tendant à la nullité ou à la déchéance d'un brevet, se
rendre partie intervenante, à l'effet de faire prononcer la nullité ou la déchéance *absolue* du brevet. Il peut même, dans
certains cas, se pourvoir aux mêmes fins par action principale.

Les jugements qui prononcent la nullité ou la déchéance
d'un brevet jugent que le droit prétendu ou contesté par le
demandeur n'existe pas. Ils contiennent donc une déclaration de droit qui ne devrait avoir qu'un effet relatif.

Mais on a cru devoir faire une dérogation au principe en faveur de la liberté de l'industrie qu'on venait de restreindre par
l'institution des brevets. On a voulu que les brevets qui n'auraient pas été légalement pris ou légalement conservés pussent
être en quelque sorte supprimés, sans que tout intéressé fût
obligé d'en poursuivre la nullité ou la déchéance. Dans ce but,
on a donné au ministère public le droit d'intervention et même
quelquefois celui d'agir directement, en attribuant un effet absolu à la nullité ou à la déchéance qui serait prononcée sur ses
réquisitions. Mais comme on faisait cette exception au principe
dans le seul intérêt de l'industrie, on s'est gardé de donner le
même effet absolu au jugement qui déclare un brevet valable,
bien qu'il ait été rendu sur l'action ou sur l'intervention du
ministère public. Ce jugement n'a que l'autorité relative que
l'art. 1351 reconnaît à tous les jugements.

Ainsi, cette exception elle-même ne déroge qu'à moitié à
la règle générale.

Nous ne considérons pas également comme une véritable
exception au principe l'effet absolu qu'ont certains jugements dont nous avons déjà signalé la nature particulière.
Quand un tribunal déclare une faillite, prononce une interdiction, une séparation de corps, une séparation de biens,
l'état de droit que ce jugement crée existe à l'égard de tous.

En ce sens ce jugement a un effet absolu. Mais nous avons déjà distingué cette espèce de décisions des jugements ordinaires. Elles ne déclarent pas, comme les autres jugements, un droit préexistant, elles créent un état de droit qui n'existait pas, en vertu d'un pouvoir spécial que la loi a conféré aux tribunaux. L'état de droit ainsi constitué n'existe pas par l'effet de l'autorité de la chose jugée, mais comme une création de la puissance publique.

Aussi, quand les jugements rendus en ces matières ne contiennent pas la constitution d'un état de droit, mais, au contraire, la déclaration que les parties ne se trouvent pas dans les conditions que la loi exige, ces jugements n'ont-ils que l'autorité relative attachée à toutes les déclarations des juges ? Ainsi la demande en déclaration de faillite rejetée à l'égard d'un créancier peut être admise sur l'action d'une autre partie.

Hors de ces cas, dont l'un est une exception formellement édictée par la loi dans une hypothèse particulière, et l'autre est en réalité étranger à l'autorité de la chose jugée, la règle posée dans l'art. 1351 reprend son empire.

Quelle que soit la nature du droit jugé, la déclaration rendue sur ce droit n'a l'autorité de la chose jugée qu'à l'égard des parties. Cette proposition est aujourd'hui généralement admise. Il existe cependant dans la doctrine, relativement à certains droits, des divergences ou des doutes.

On a quelquefois affirmé que les droits qui constituent l'état civil des personnes et la qualité d'héritier devaient être considérés comme *indivisibles* et, pour cette raison, ne pouvaient pas exister à l'égard d'une personne sans exister également à l'égard de tous. Nous n'aurons pas besoin de réfuter longuement cette théorie. Non-seulement elle est aujourd'hui abandonnée, mais les auteurs mêmes qui l'avaient d'abord soutenue n'ont pas manqué de la répudier et de la combattre en d'autres endroits. Toullier surtout a ainsi, à la fin de ses explications, réfuté très-fortement le principe qu'il avait dû au commencement invoquer.

Il est vrai sans doute que, dans la réalité, aucune chose ne peut à la fois être et n'être pas. Mais toutes les choses peuvent également être tenues pour vraies à l'égard d'une personne et reconnues fausses à l'égard d'une autre. Il peut y avoir dans les présomptions que la loi nous impose la même contrariété que dans les opinions que nous nous formons librement.

Cependant, même après avoir abandonné cette théorie tirée de l'indivisibilité de certains droits, quelques auteurs ont persisté à vouloir appliquer une règle particulière aux jugements rendus sur la question d'Etat et à ceux qui attribuent à un successible la qualité d'héritier pur et simple.

Jugements sur les questions d'état. — La première des qualités qui constituent l'état civil d'une personne, la nationalité, n'a donné lieu à aucune controverse. Aucun auteur n'a soutenu que la chose jugée sur la qualité de Français prétendue par un individu pût être opposable à une personne qui n'aurait pas été partie au procès. Il était, en effet, impossible d'appliquer à cette demande le système que nous allons exposer. Qui aurait été légitime contradicteur ?

C'est aux questions d'état relatives aux liens de famille, aux rapports de droit que crée la filiation, qu'on a essayé d'appliquer une règle contraire à la relativité de la chose jugée.

Cette théorie a son origine dans une fausse interprétation de quelques textes du droit romain.

Nous avons expliqué quel était le véritable système des jurisconsultes romains à l'égard des hypothèses où ils disaient : « *judex jus facit.* »

Un premier cas doit être écarté, parce que l'effet qu'on y reconnaît au jugement ne dérive pas de l'autorité de la chose jugée (l. 1 § 16, l. 2 et 3 pr. ff. *De agn. lib.*). Quand le mari conteste la légitimité des enfants nés de sa femme, le juge établit l'état de l'enfant à l'égard de tous, non parce que ce jugement a une autorité absolue, mais parce que nul ne pouvant, après le mari, contester l'état de l'enfant, ce jugement ne sera jamais contredit.

De même, dans notre droit, le jugement rendu sur l'action en désaveu fixe l'état de l'enfant, parce que l'action en désaveu n'appartient qu'au mari ou, sous certaines conditions, à ses héritiers. Le même résultat se produit sans qu'il y ait aucune atteinte portée au principe de la relativité, dans toutes les hypothèses où une action ne peut être intentée que par une personne, par exemple, dans les cas où la nullité du mariage ne peut être demandée par tous les intéressés.

Quant aux deux autres hypothèses qu'on cite en droit romain, non-seulement elles sont relatives à des droits qui n'existent pas chez nous : le droit du patron sur l'affranchi (l. 23 ff. *De statu homin.* ; l. 4 ff. *De col. det.*), le droit de l'héritier institué (l. 9. pr. ff. *De pign.* ; l. 50, § 1 ff. *De leg.*). Mais on voudrait vainement, même en droit romain, tirer des décisions relatives à ces hypothèses, le principe général qu'on essaie d'établir en droit français. Il n'est pas vrai, en effet, que les jugements rendus à l'égard du patron et de l'héritier institué eussent un effet absolu, opposable à toutes personnes. C'est seulement à l'égard de ceux qui ne pouvaient prétendre qu'un droit subordonné à ceux du patron et de l'héritier que l'autorité de la chose jugée avait lieu. Ainsi on ne pouvait pas, pour en tirer quelque conséquence juridique secondaire, faire juger qu'un homme était affranchi, s'il avait été régulièrement jugé ingénu contradictoirement avec un prétendu patron. Mais on pouvait très-bien remettre en question l'ingénuité, en se prétendant patron (l. 1 et 5 ff. *Si ing.*). De même, c'est aux seules personnes qui avaient des droits subordonnés à ceux de l'héritier, aux légataires ou aux esclaves affranchis par le testament, qu'était opposable le jugement rendu contradictoirement avec l'héritier.

Il n'est donc pas vrai que, même dans ces hypothèses, l'autorité de la chose jugée eût un effet absolu.

Mais quelques commentateurs avaient tiré de ces textes mal compris une théorie différente. Vinnius l'a ainsi formulée. On appelle, dit-il, certaines actions préjudicielles : « *Ex* « *fine harum actionum proprio, quia etiam præjudicii aliis* « *rebus faciendi causa ex professo instituuntur atque ita in-* « *stituuntur ut et sine exceptione omnibus præjudicium, etiam* « *inter alias personas, faciant....* » (Vin., § 13, Iust. *De act.* n° 1 ; V. Huberus, Inst. *De act.* n° 15). Quant à la personne qui avait qualité pour défendre à ces *præjudicia*, pour être *justus contradictor*, c'était, d'après Vinnius, le principal intéressé (*part. jur.* l. 4, c. 47).

De là, dans notre ancien droit, une tradition mal définie que les auteurs les plus exacts et notamment Pothier n'ont pas rapportée, mais dont se sont cependant inspirés les premiers commentateurs de notre nouveau Code.

Toullier surtout (t. X, 216 et seq.) s'est rattaché avec empressement à une doctrine qui avait été celle de son compatriote d'Argentré (*Avis sur les partages des nobles*, qu. 29, n° 7).

D'après ce dernier, aurait été dans toutes les questions d'état contradicteur légitime celui auquel appartient le *primitif et proche intérêt*.

Toullier s'est efforcé de préciser dans l'application ces termes trop vagues. Il n'admet pas que le mari représente la femme, ni que le frère représente le frère, ni même que les parents représentent leurs enfants vivants. Il reconnaît que chacune de ces personnes a un droit distinct, propre, absolument personnel. Mais Toullier admet que les parents d'une ligne sont représentés par les plus proches et que les père et mère représentent leurs enfants à naître (V. aussi Duranton, *Oblig.*, 1190 ; Bonnier, n° 703). C'est donc, en définitive, à ces deux propositions contraires à la relativité de la chose jugée que se réduit la conclusion de ce système.

Cette doctrine ne pouvait pas être acceptée.

Merlin, le premier, l'a combattue (*Rép.*, t. 17, *qu. d'état*, 53, art. 1). Elle est aujourd'hui repoussée par la plupart des auteurs (Val. sur Proud, t. 2, p. 111-113 ; Zach., Aub. et Rau, t. 3, p. 667-669 ; Demo.. t. 5, p. 295).

Quant à la jurisprudence, il faut reconnaître que quelques arrêts paraissent se référer à ce système par les expressions de leurs motifs. Ainsi la chambre des requêtes, repoussant l'intervention d'un créancier dans une question d'état, par application de l'art. 1166 qui excepte des droits et actions qu'il autorise les créanciers à exercer du chef de leurs débiteurs, ceux qui sont attachés à la personne, a cru devoir sans nécessité énoncer dans un motif : « que de pareilles actions intentées, « exercées et jugées *avec les contradicteurs légitimes*, mem- « bres de la famille, sans dol et sans fraude au préjudice des « tiers, fixent l'état de la famille à l'égard des tiers » (6 juillet 1836, S. 36, 1, 633).

Mais aucune décision n'a jamais fait en cette matière une application de l'autorité de la chose jugée contraire aux principes de la relativité.

On a bientôt, en effet, remarqué que ce système n'avait pas réellement de base en droit romain et surtout qu'il manquait de point d'appui dans notre droit.

Personne n'avait pu maintenir la conséquence qu'on avait d'abord voulu tirer de la prétendue indivisibilité des droits qui sont l'objet des questions d'état.

Dès lors, en vertu de quelle raison aurait-on pu attribuer, dans certains cas, aux jugements rendus sur les questions d'état, un effet absolu ?

Evidemment il ne suffisait pas d'alléguer, en les exagérant, les inconvénients qui naîtraient de jugements contradictoires, surtout à l'appui d'un système qui ne mettrait pas toujours obstacle à cette contrariété.

Comment surtout aurait-on pu méconnaître la généralité de la règle formulée dans l'art. 1351 et nettement appliquée par l'art. 100 C. N. à des jugements qui tranchent de véritables questions d'état : « Le jugement de rectification (d'un « acte de l'état civil) ne pourra, dans aucun temps, être « opposé aux parties intéressées qui ne l'auraient point re- « quis ou qui n'y auraient pas été appelées. »

Un seul point pouvait paraître douteux pour un motif particulier.

Toullier n'avait-il pas du moins raison de dire : « Quant à « l'enfant qui n'était pas né au temps où le procès a com- « mencé, le jugement rendu contre ses père et mère a néces- « sairement, à son égard, l'autorité de la chose jugée; car il « ne peut avoir des droits plus étendus qu'ils n'en avaient « eux-mêmes au moment de sa naissance (223). »

C'est aussi ce qu'ont admis MM. Aubry et Rau (Zach., t. 3, p. 667-669).

Mais ce raisonnement même n'est pas juste. Le droit des enfants nés après le jugement rendu avec leur père ne leur a pas été transmis par leur père. Il est né en eux. Ils ne le tiennent que de la nature et de la loi (Val. sur Proud., t. 2, 111-113 ; Demol. 5, p. 298).

Ainsi, dans aucun cas, les questions d'état ne doivent faire exception à la règle générale. L'application en est seulement dans ces hypothèses particulièrement difficile.

Par exemple, si *Primus* a réclamé avec succès l'état d'enfant légitime contre l'un de deux frères, *Secundus*, et a échoué contre l'autre, *Tertius*, quelle sera la part de chacun dans la succession de leurs parents ? **M.** Duranton, après s'être d'abord trompé, a donné la solution juste de ce problème juridique. *Tertius*, contre lequel la réclamation de *Primus* n'a pas réussi, n'a qu'un frère, *Secundus*, avec lequel il doive concourir. Il prendra donc la moitié de la succession ou trois sixièmes. *Primus* et *Secundus* ont chacun deux frères. Ils auraient donc droit, chacun, à un tiers ou deux sixièmes. Mais il ne reste plus que trois sixièmes à partager entre eux. C'est évidemment *Primus* qui doit subir la réduction à laquelle son échec contre *Tertius* donne lieu. *Secundus* aura donc ses deux sixièmes et *Primus* un sixième seulement (Dur., t. 13, n. 527).

Des questions plus difficiles se présentent dans le cas suivant. Un individu peut être successivement déclaré fils de deux pères. Bien que la Cour de cassation ait rendu une décision contraire (Cas. 8 prairial an VII. D. ch. j. 277), nous croyons, en effet, que celui qui a réclamé une première filiation n'est pas non recevable à réclamer une filiation différente, si, d'ailleurs, l'acte de naissance et la possession d'état ne sont pas contraires (Merlin, *Rép.*, t. 17, qu. d'état, § 3, art. 1, n° 10 ; Demo., t. 5, p. 301). Du moins, aucune fin de non-recevoir ne serait admissible, si l'enfant n'avait pas introduit l'une des deux demandes. Or, si l'action est recevable, l'autorité de la chose jugée, n'ayant d'effet qu'entre les parties, n'empêchera pas que *Primus*, déclaré d'abord fils de *Secundus*, ne soit ensuite également déclaré fils de *Tertius*.

Il en résulte une situation très-embarrassée. M. Demolombe est surtout frappé du conflit qui s'élèverait entre les deux prétendants à la paternité, l'un émancipant l'enfant et l'autre le retenant en puissance, l'un donnant son consentement au marige, l'autre le refusant. M. Demolombe propose qu'on fasse former opposition par chacun au jugement qui lui préjudicie. « Celle des deux tierces-oppositions qui « réussira aura, dit-il, pour résultat de faire tomber com- « plétement l'un des jugements à l'égard de toutes les parties « qui y avaient figuré, à raison de l'indivisibilité des consé- « quences de ces deux décisions. »

La tierce-opposition ou l'action principale exercée par l'un des prétendants à la paternité contre l'autre nous semble aussi devoir aboutir à cette conséquence que l'un d'eux sera empêché de faire aucun acte contraire aux droits de l'autre.

Celui-ci aura donc seul le droit de succession, le droit de garde, d'émancipation, etc. Mais il nous paraît impossible qu'un tiers puisse jamais faire tomber un jugement, en tant qu'il ne préjudicie pas à ses droits. Il faudrait donc admettre que le jugement contre lequel la tierce-opposition a réussi conserve entre les parties tous les effets qui ne préjudicient pas au tiers opposant. Ainsi, tandis que celui qui avait été d'abord déclaré père de l'enfant ne pourra exercer aucun des droits que confère la paternité, l'enfant aura conservé à l'égard du même individu tous ses droits.

Il serait sans doute difficile d'imaginer une situation plus bizarre. Mais n'est-elle pas une conséquence logique des principes ?

En présence de ces difficultés on se demande nécessairement si le législateur n'aurait pas dû édicter en cette matière des règles spéciales.

Nous ne le pensons pas. Les hypothèses dans lesquelles ces dernières difficultés se présenteraient sont tout à fait extraordinaires. On n'en pourrait citer aucun exemple.

En vue d'hypothèses presque chimériques, on écarterait un principe qui seul protége efficacement les intérêts de tous. Quelque garantie qu'on eût imaginée, il y aurait toujours plus de danger que de commodité à faire rendre sur les questions d'état des jugements opposables à des personnes qui n'auraient pas pu se défendre.

Il ne serait d'ailleurs pas facile de donner aux intéressés un représentant. M. Demolombe propose qu'un conseil de famille soit chargé de désigner un des siens pour défendre à l'action et représenter toute la famille. Mais on ne préviendrait ainsi que les moindres contradictions. On n'aurait pas mis obstacle à la contrariété de jugements que M. Demolombe lui-même songe surtout à faire cesser, celle qui résulte de jugements attribuant à un même individu deux familles différentes. On ne pourrait donner la mission de représenter tous les intéressés qu'au ministère public. Or, nous avons vu avec quelle restriction la loi a attribué un mandat semblable au ministère public dans la matière bien moins importante des brevets d'invention.

Jugements qui condamnent le successible en qualité d'héritier pur et simple. — Moins encore que les qualités qui constituent l'état civil des personnes, la qualité d'héritier ne saurait être exceptée de la règle commune.

Cette qualité n'est pas même un état de droit, mais seulement un titre, une cause qui opère transmission de droits et d'obligations. Le jugement qui statue sur la qualité d'héritier statue, en réalité, sur une généralité de droits et d'obligations ordinaires qu'on prétend avoir été transmis par ce mode particulier de succession.

Aussi Pothier appliquait-il sans hésitation à ce cas la règle de la relativité (*Succes.*, ch. 3).

De nos jours, la doctrine aurait sans doute admis sans difficulté la même opinion, si les termes de l'art. 800 C. N. n'avaient pas paru contenir une exception formelle au principe de la relativité.

Cet article est ainsi conçu : « L'héritier conserve néanmoins, après l'expiration des délais accordés par l'art. 795, même de ceux donnés par le juge conformément à l'art. 798, la faculté de faire encore inventaire et de se porter héritier bénéficiaire, s'il n'a pas fait d'ailleurs acte d'héritier ou *s'il n'existe pas contre lui de jugement passé en force de chose jugée, qui le condamne en qualité d'héritier pur et simple.* »

Si l'héritier condamné en qualité d'héritier pur et simple ne peut plus accepter sous bénéfice d'inventaire, n'est-ce pas par cette raison que le jugement qui l'a déclaré héritier pur et simple a l'autorité de la chose jugée non-seulement à l'égard de la partie qui l'a obtenu, mais au profit de tous les intéressés ?

Le législateur aurait considéré la qualité d'héritier comme indivisible (Vazeille, t. 1, p. 208 ; Boncenne, t. 3, p. 332 ; Chabot, art. 800, 1re édition). Selon d'autres auteurs, c'est à un effet particulier du quasi-contrat judiciaire qu'il faudrait rapporter cette décision. Ainsi, d'après Merlin, le successible condamné en qualité d'héritier pur et simple doit être, a raison du contrat judiciaire, traité comme si, dans un contrat, il s'était déclaré héritier (Merlin, *Q. de dr. Hérit.*, § 8 ; Coulon, *Dial.*, t. 143 ; Malpel, n° 194).

Mais cette opinion est généralement repoussée.

Au point de vue doctrinal, on réfute, comme nous l'avons déjà fait, l'argument tiré de la prétendue indivisibilité. L'effet qu'on avait attribué au contrat judiciaire n'a pas pu être

mieux défendu. **M.** Valette dit très-bien : « Ces mots *contrat*
« *judiciaire* n'expriment chez nous aucune idée particulière.
« Ce n'est là qu'une formule bonne pour faire entendre que
« le jugement oblige. Il n'en résulte nullement que la partie
« ait donné son assentiment à la prétention de l'adversaire,
« se soit volontairement obligée. »

Mais il est plus difficile de résoudre la question de savoir
si, quelque mal fondée qu'elle puisse être, telle n'est pas la
disposition de la loi.

On a d'abord prétendu que l'art. 800 semblerait vainement
reconnaître une autorité absolue aux jugements rendus contre le successible en qualité d'héritier pur et simple. Un jugement ne peut, a-t-on dit, avoir un effet que relativement
aux personnes à l'égard desquelles *il existe*. Or, d'après
l'art. 1351, les jugements *n'existent qu'à l'égard des parties*
(Toullier, X, 236 ; Chabot, 2ᵉ éd., art. 800 ; Duranton, VII,
nᵒ 25 ; Delvincourt, t. 2. p. 32).

Aujourd'hui, on reconnaît avec raison que cette explication
n'est pas satisfaisante.

C'est par d'autres moyens et en proposant des interprétations de l'art. 800 étrangères à l'autorité de la chose jugée,
qu'on maintient même dans cette hypothèse la règle de
l'art. 1351.

Nous montrerons, en effet, que le système qui aurait fait
une exception au principe a été repoussé par les auteurs du
Code.

Mais nous croyons qu'il faut reconnaître que les expressions de l'art. 800 se rapportent au système abandonné et
qu'aucune autre explication n'en saurait être donnée. Il ne
restera qu'à choisir l'une de ces deux décisions : se conformer au texte, bien qu'il soit contraire à la volonté certaine du
législateur, ou ne tenir aucun compte d'expressions qui ont été
laissées par erreur dans un article d'où elles auraient dû disparaître et qui sont contredites par des dispositions postérieures.

Nous disons d'abord que nos législateurs ont précisément
rejeté le système qui attribuerait une autorité absolue aux
jugements qui condamnent le successible en qualité d'héritier pur et simple.

Les procès-verbaux du conseil d'Etat ne nous semblent laisser sur ce point aucun doute.

La commission du gouvernement avait, dans son projet, reconnu un effet absolu aux jugements contradictoires rendus contre l'héritier. L'art. 87, au titre des *Successions*, était ainsi conçu : « Celui contre lequel un créancier de la succes-« sion a obtenu un jugement contradictoire passé en force « de chose jugée, qui le condamne comme héritier, est réputé « avoir accepté la succession. Si le jugement passé en force « de chose jugée n'a été rendu que par défaut, la condamna-« tion obtenue par un créancier seul ne profite point aux « autres. »

L'art. 104 du même projet rappelait naturellement cette disposition pour l'appliquer à l'acceptation bénéficiaire.

« Quoique les délais soient expirés, disait cet article, l'hé-« ritier conserve la faculté de faire inventaire et de se porter « héritier bénéficiaire, pourvu qu'il n'ait pas fait acte d'héri-« tier ou *qu'il ne soit pas intervenu de jugement contradic-« toire et passé en force de chose jugée qui le condamne en « qualité d'héritier pur et simple.* »

Mais à l'art. 87 du premier projet, la section de législation substitua un art. 67 formellement contraire : « Celui contre lequel un créancier de la succession a obtenu un jugement, même contradictoire, passé en force de chose jugée, qui le condamne comme héritier, n'est réputé héritier, en vertu de ce jugement, qu'à l'égard seulement du créancier qui l'a obtenu. »

Le conseil d'Etat eut à choisir entre les deux systèmes. Boulay, Bigot-Préameneu et Regnaud de Saint-Jean-d'Angely proposèrent devant lui le système de la commission; Treilhard, Emmery, Berlier et Réal soutinrent celui de la section de législation. Berlier surtout défendit très-bien les vrais principes. Il lut, en terminant, l'art. 243 tit. des *Obligations* du projet du Code civil (art. 1351 C. N.), et il ajouta que, si cet article passait, comme il y avait lieu de l'espérer, celui qu'on discutait pourrait être supprimé comme inutile, « attendu que le principe général recevrait son application à cette espèce comme à toutes les autres. » Réal fit encore une observation dans le même sens et on vota. Le procès-verbal

10

constate que l'article a été retranché (Séance du 9 nivôse an xi. Fenet, t. XII, p. 38, Chabot, art. 800).

Nous ne comprenons pas qu'on ait pu douter que ce vote avait la signification que Berlier lui avait attribuée d'avance. En effet, pour adopter l'opinion contraire, il n'aurait pas suffi de *retrancher* l'article, ni même de le rejeter. Il aurait fallu provoquer une rédaction conforme au projet de la commission.

Nous pouvons d'ailleurs invoquer un témoignage qui ne saurait être suspect, puisqu'il émane de l'un des membres du conseil d'Etat dont l'avis n'avait pas prévalu. Malleville s'exprime ainsi : « Sur ces observations l'article fut retranché et le 1351ᵉ auquel on faisait allusion a été depuis adopté, de manière que, ce dernier article portant que la chose jugée n'a d'autorité que pour les parties entre lesquelles le jugement a été rendu et n'étant restreint par aucune exception sur le cas actuel, c'est au principe qu'il pose qu'il paraîtrait qu'on doit se tenir (t. 2, p. 261-265). »

La question avait donc été écartée comme devant rester soumise à la règle générale qu'on se proposait d'édicter plus tard.

Après avoir ainsi rejeté l'art. 67 du projet de la commission, on aurait dû retrancher la disposition de l'art. 104 qui s'y référait : « pourvu qu'il ne soit pas intervenu de jugement contradictoire et passé en force de chose jugée qui le condamne en qualité d'héritier pur et simple. » Cependant l'art. 800 C. N. reproduit encore cette disposition.

Ces expressions ont-elles été conservées par erreur ou parce qu'on leur a donné un autre sens? Nous n'hésitons pas à penser qu'il n'y a eu là qu'une négligence de rédaction. Non-seulement nous verrons qu'aucune autre explication de ces expressions ne saurait être admise. Mais nous avons l'aveu, à notre avis, décisif de l'un des rédacteurs du Code. Après avoir indiqué, comme nous l'avons vu, le véritable sens de la décision qu'on avait prise, Malleville signale l'opposition qui semble exister entre l'art. 800 et l'art. 1351. Il n'explique pas cette apparence d'antinomie en attribuant à la disposition de l'art. 800 une signification différente. Il s'étonne lui-même de rencontrer le texte en désaccord avec la décision du législateur. « Il y a même, dit-il, cette circon-

« stance remarquable que, fidèles à notre principe, nous
« n'avions attribué cet effet qu'au jugement contradictoire et
« qu'on a retranché ce mot dans l'art. 800. Comment se gou-
« verner *en pareille occurrence?* Le parti le plus sage me pa-
« raît être d'exécuter l'art. 800 dans son cas et l'art. 1351 dans
« tous les autres, jusqu'à ce que le législateur se soit mieux
« expliqué.»

Cette conclusion pouvait être contestée, comme nous essaierons de le faire. Mais la déclaration qui la précède n'aurait dû laisser aucun doute sur l'origine et le sens de la disposition de l'art. 800.

Cependant les auteurs se sont efforcés de trouver une explication de l'art. 800 qui pût se concilier avec le principe de
l'art. 1351.

Les uns ont vu dans la disposition de l'art. 1351 un simple
cas d'acceptation tacite. D'autres ont cru y trouver un terme
mis par le législateur, soit à la faculté de renoncer et d'accepter sous bénéfice d'inventaire, soit à cette dernière faculté
seule.

Le regrettable M. Mourlon considère comme une acceptation tacite le fait du successible qui, assigné comme héritier,
a plaidé sans contester cette qualité.

Il nous semble qu'il suffit de faire remarquer que la même
acceptation tacite devrait être logiquement admise dans le cas
où le successible a accepté le débat au fond, mais n'a pas été
condamné. Or l'art. 800 ne fait mention que des jugements
qui condamnent l'héritier.

D'autres ont vu l'acceptation tacite dans un fait postérieur
au jugement. Ils s'attachent aux mots « jugements passés en
force de chose jugée. » L'héritier a perdu, disent-ils, la faculté de renoncer ou d'accepter sous bénéfice d'inventaire,
parce qu'il a tacitement accepté en laissant le jugement rendu
contre lui acquérir l'autorité de la chose jugée, faute de se
pourvoir par les voies légales. Ce n'est pas par l'effet de la
chose jugée qu'il est réputé à l'égard de tous héritier pur et
simple, mais par l'effet de l'acquiescement qu'il a par son in-
action donné au jugement (Marc., art. 800 et 1351).

Ce système, que sa subtilité seule condamnerait, est fondé
sur une fausse interprétation de ces mots: « jugements passés
en force de chose jugée. » Cette locution est plus générale ;

elle comprend tous les jugements qui ne peuvent pas être attaqués par les voies de recours ordinaires, soit parce qu'ils n'ont pas été attaqués dans les délais légaux, soit parce qu'ils sont en dernier ressort. L'art. 800 n'est donc pas seulement relatif à des jugements auxquels on aurait acquiescé en négligeant de se pourvoir.

Les deux derniers systèmes que nous avons signalés ont été présentés par M. Valette dans une de ses plus remarquables dissertations (*Rev. de dr. fr. et étr.*, t. 9, p. 257).

On avait déjà imaginé de considérer la disposition de l'article 800 comme un terme mis par le législateur à la faculté d'accepter sous bénéfice d'inventaire ou de renoncer.

M. Valette n'admet pas que le successible condamné en qualité d'héritier pur et simple ait complétement perdu le droit de renoncer. Mais il croit pouvoir établir que, restreinte au bénéfice d'inventaire, cette sorte de déchéance est la véritable disposition de l'art. 800.

M. Valette rappelle que dans les pays de coutume où le bénéfice d'inventaire était reçu on n'en était jamais déchu et qu'au contraire dans les pays de droit écrit, la l. 22 C. *De jure delib.* qu'on y suivait, limitait à un an ou à trois mois, suivant les circonstances, le délai accordé à l'héritier pour faire inventaire.

La commission du gouvernement s'était conformée à l'ancienne coutume (art. 104). Au contraire, la section de législation adopta le système du droit romain et proposa au conseil d'Etat l'art. 88 de son projet se terminant ainsi : « Cette fa-« culté ne s'étend pas au-delà d'une année, à compter du jour « de l'expiration des délais ; l'héritier ne peut ensuite qu'ac-« cepter purement et simplement ou renoncer. »

Le conseil d'Etat a préféré l'avis de la commission. Il a retranché cette dernière partie de l'art. 88 du projet avant d'en faire l'art. 800 du Code Napoléon.

Mais, en supprimant ce délai, on n'aurait pas affranchi le successible de toute déchéance. On aurait du moins retiré la faculté d'accepter sous bénéfice d'inventaire au successible condamné en qualité d'héritier pur et simple. « Cette condam-« nation, dit M. Valette, vient clore le délai indéfini qui suit « les délais réguliers pendant lesquels l'exception dilatoire « peut être invoquée. »

Il est certain qu'on aurait pu assigner cette sorte de limite à la faculté d'accepter sous bénéfice d'inventaire.

Mais les auteurs du Code ont-ils en effet, en écrivant dans l'art. 800 les mots dont nous cherchons le sens, édicté une disposition pareille ?

Nous ne croyons pas que M. Valette ait réussi à le prouver.

Le savant professeur explique d'abord qu'on ait mis cette limite à la faculté d'accepter sous bénéfice d'inventaire, en la considérant comme une restriction que comportait la faveur accordée par la loi nouvelle à l'héritier, contrairement à la tradition romaine. Mais la disposition dont il s'agit était déjà écrite dans le projet de la section qui n'accordait à l'héritier que le délai d'une année. L'explication de M. Valette ne peut donc pas être admise.

L'innovation que M. Valette attribue aux auteurs du Code n'aurait laissé aucune trace dans les travaux préparatoires. Cependant comment admettrions-nous que cette disposition, également inconnue du droit coutumier et du droit romain, n'ait été au conseil d'Etat ni attaquée, ni défendue, ni même exposée ?

M. Valette a été ainsi réduit à conjecturer les raisons qui auraient déterminé le législateur à prendre cette décision. Mais aucune ne nous paraît satisfaisante. Il faut écarter d'abord la raison qu'il donne comme très-puissante, « qui « est d'éviter autant que possible les complications nom- « breuses que fait naître un état de succession où l'héritier « est pur et simple à l'égard des uns et bénéficiaire à l'égard « des autres. » Si le législateur s'était arrêté à cette considération, il aurait, comme on le lui proposait, reconnu aux jugements rendus en cette matière un effet absolu. Il resterait seulement ce motif, qu'on aurait suspecté la conduite de l'héritier qui s'est laissé poursuivre et condamner sans dresser l'inventaire et avertir les intéressés de venir surveiller sa gestion. Mais M. Valette lui-même ne paraît pas juger cette raison décisive.

Enfin on a très-justement répondu à M. Valette que la rédaction de l'art. 800 résiste à l'interprétation qu'il propose. Ce texte rapproche et assimile les deux hypothèses où il refuse la faculté d'accepter bénéficiairement : *s'il n'a pas fait acte d'héritier ou s'il n'existe pas contre lui de jugements...*etc.

Dans l'un et l'autre cas, la raison pour quoi l'acceptation bénéficiaire est impossible doit être la même. Le successible est héritier pur et simple. On a cru devoir rappeler la condition essentielle de l'acceptation bénéficiaire, l'absence d'une acceptation pure et simple.

Quand on avait voulu mettre un terme à l'exercice de la faculté laissée au successible, on s'était autrement exprimé. On avait dit : « *Mais cette faculté ne s'étend pas au-delà... etc.* » Si on avait considéré le jugement rendu contre le successible comme une limite au-delà de laquelle la faculté d'accepter bénéficiairement devait cesser, on se serait servi de quelque formule analogue (V. Aub. et Rau sur Zach., t. 4, p. 275, n. 24; Mourl., art. 800).

Ainsi on a vainement essayé de donner à la disposition de l'art. 800 une explication étrangère à l'autorité de la chose jugée.

Il reste donc démontré que les expressions de l'art. 800 se rapportaient au système qui aurait reconnu une autorité absolue aux jugements condamnant un successible en qualité d'héritier pur et simple.

Ce système ayant été repoussé par le rejet de l'art. 67 du projet de la section et de l'art. 87 du projet de la commission, et par le vote postérieur de l'art. 1351, quel effet devons-nous attribuer à l'art. 800 ? Faut-il, comme Malleville, s'attacher rigoureusement à ce texte et l'appliquer dans l'hypothèse qu'il prévoit.

Nous croyons qu'il est possible de ne tenir aucun compte de cette disposition. Non-seulement elle est le résultat d'une erreur de rédaction certaine, ce qui suffirait peut-être. Mais elle est en opposition avec l'art. 1351 voté postérieurement et qui formule le principe de la relativité comme une règle ne souffrant aucune exception.

Nous ne croyons donc pas violer le respect qui est dû à la loi et aux textes qui la contiennent, en décidant que la disposition de l'art. 800, bien qu'ayant à la lettre une autre signification, ne doit être interprétée et appliquée que conformément au principe de la relativité posé dans l'art. 1351.

Ainsi les jugements sur la qualité d'héritier ne font pas plus exception à la règle que les jugements rendus sur les questions d'état.

Nous n'avons qu'un mot à dire d'une dernière sorte de jugements. Les décisions relatives au nom et aux titres n'ont en réalité, malgré la nature indivisible de ces droits, qu'une autorité restreinte aux parties. Seulement on aura vainement obtenu la reconnaissance de la propriété d'un nom à l'égard de plusieurs personnes, si on échoue contre une seule. Celle-ci pourra en effet empêcher d'une manière absolue que le nom soit porté.

Il faudrait enfin ici, pour traiter de tous les droits qui ont pu sembler par leur nature échapper à la règle de la relativité, examiner les questions relatives aux droits dont l'objet est indivisible. Mais nous renvoyons plus loin ces questions parce qu'on les a en général résolues suivant d'autres principes.

Nous avons dû établir d'abord la généralité du principe d'après lequel l'autorité de la chose jugée n'existe qu'à l'égard des parties. Nous pouvons maintenant étudier les difficultés que l'application de cette règle présente.

L'autorité de la chose jugée n'ayant lieu qu'à l'égard des parties, il faut toujours se demander si celui contre lequel ou en faveur duquel un jugement est invoqué a été partie dans ce jugement ou si du moins il a reçu de la partie le droit d'invoquer ce jugement ou l'obligation de le respecter.

Nous devrons donc rechercher : 1° quelles personnes sont parties dans un jugement; 2° à quelles personnes deviennent applicables les jugements rendus entre d'autres parties, par l'effet des transmissions de droits.

§ 1er. — Quelles personnes sont parties dans les jugements.

Une personne n'est pas seulement un individu, mais un individu agissant en une qualité, jouant un rôle civil. Le même individu, s'il agissait avec une autre qualité, ne serait plus la même personne.

Il faut donc rechercher non pas quel individu, mais quels individus agissant en quelle qualité, quelles *personnes* ont été parties dans un jugement.

C'est ce qu'exprime ainsi l'art. 1351 : « Il faut que la demande soit entre les mêmes parties et formée par elles et contre elles en la même qualité. »

Mais les auteurs nous paraissent avoir en général attribué au mot qualité une signification qu'il ne peut avoir.

Quand il agit dans son propre intérêt, le même individu est toujours une seule personne, il n'a qu'une seule qualité dans laquelle se confondent tous ses droits. C'est en agissant pour autrui, soit comme mandataire légal ou conventionnel, soit comme représentant ou membre d'une personne morale, qu'un individu peut jouer différents rôles civils, avoir plusieurs qualités, plusieurs personnes. Mais la plupart des auteurs, suivant l'exemple de Toullier (nos 214 et seq.), pensent qu'il peut y avoir diversité de qualités, même quand une personne agit dans son propre intérêt. Ils donnent comme exemple l'individu qui agit d'abord de son chef, puis comme héritier d'une personne ou successivement comme héritier de plusieurs personnes différentes. Mais cette opinion nous paraît réfutée par ces auteurs eux-mêmes, quand ils établissent ensuite que ces deux qualités d'héritiers se sont confondues, si elles ont existé ensemble lors du premier procès. « Il ne peut plus les séparer, dit Toullier. Ces successions ne « forment plus qu'un seul et même patrimoine. Ce n'est plus « désormais le droit de son père, le droit de sa mère qu'il « peut réclamer. C'est son droit personnel. » En effet, le titre d'héritier ne modifie pas la personnalité d'un individu, il est seulement pour lui une cause de droits ou d'obligations. Si les droits ou les obligations nés de cette cause n'ont pas fait l'objet d'un jugement antérieur, ils peuvent être encore prétendus ou contestés, non parce qu'il y aurait changement de parties, mais parce que le droit prétendu ou contesté n'a pas été jugé.

Nous pensons cependant que la qualité d'héritier bénéficiaire constitue, dans le successible, une personne distincte. L'effet du bénéfice d'inventaire est précisément d'empêcher la confusion des personnes du défunt et de l'héritier. Ce qui a été jugé à l'égard de l'héritier bénéficiaire ne serait donc pas jugé à l'égard du même individu, s'il agissait ensuite en vertu d'un droit qu'il ne tiendrait pas du défunt. C'est ce que la Cour de cassation a jugé dans l'espèce suivante. Un jugement avait condamné l'héritier bénéficiaire au paiement des frais qu'il déclarait *privilégiés comme frais de justice*. La Cour de cassation a jugé avec raison que cette décision ne pouvait être opposée à l'héritier bénéficiaire agissant ensuite comme créancier hypothécaire du défunt (26 avril 1852. D. 52 1, 131).

Sont parties dans les procès les personnes qui y figurent comme demandeurs, défendeurs ou intervenants.

Il n'est pas nécessaire que la partie assiste elle-même au procès. Elle peut et elle doit quelquefois être représentée par un *mandataire légal* qui lui-même, comme nous venons de le voir, n'engage pas dans la cause sa propre personne.

Ainsi les mineurs et les interdits sont représentés par leurs tuteurs, et la femme, par son mari, toutes les fois que celui-ci a le droit d'agir pour elle.

Outre les incapables, toutes les personnes morales, depuis l'Etat jusqu'aux sociétés commerciales, plaident par le ministère de leurs représentants.

Citons enfin les curateurs à l'hoirie vacante et les syndics des faillites qui sont également mandataires institués par la loi pour exercer au nom d'autrui certaines actions.

Il faut seulement que ces mandataires légaux n'aient pas dépassé les limites de leurs pouvoirs, car ils ne sauraient engager alors les personnes qu'ils auraient cessé de représenter.

Toutefois, s'ils avaient omis seulement d'accomplir une formalité nécessaire, par exemple, d'obtenir une autorisation exigée par la loi, nous pensons qu'ils n'auraient pas moins représenté la personne dont les intérêts leur sont confiés. L'art. 481 P. C. accorde en effet la requête civile à l'Etat, aux communes, aux établissements publics, aux mineurs qui n'ont pas été défendus ou qui ne *l'ont pas été valablement* (V. Req., 19 juin 1844. D. ch. j. 234).

Le mandataire *conventionnel* représente également son mandant.

Une partie peut même avoir été représentée par une personne qui n'avait reçu d'elle aucun mandat d'agir, si elle a ratifié l'acte fait en son nom.

C'est à cet effet du mandat que se rattachent les principales difficultés de cette matière. N'est-on pas autorisé quelquefois à supposer l'existence d'un mandat qui rende un jugement commun à une personne qui n'y a pas figuré ?

C'est la question que présentent certaines hypothèses où la doctrine et la jurisprudence décident tantôt que tous les jugements sont réputés avoir été rendus avec une partie qui n'a pas plaidé, tantôt seulement que les jugements favorables pourront être invoqués par elle, sans que les jugements contraires doivent lui nuire.

Nous n'accepterons jamais ni l'une ni l'autre de ces opinions.

Quant à la première, nous tâcherons de démontrer que, dans aucune des hypothèses qu'on cite, il n'y a nécessité de présumer le mandat *ad litem*.

Mais nous rejetons dès à présent dans tous les cas le mandat restreint. Il n'est pas possible qu'une personne ait été ou n'ait pas été mandataire, suivant l'issue du procès. Il faut qu'au moment où l'instance s'engage, le mandat, en vertu duquel elle serait engagée, existe. Et s'il existe alors, il ne peut pas ne pas avoir existé.

Nous verrons seulement que, dans plusieurs hypothèses, une personne profite nécessairement des jugements rendus en faveur d'une partie, non par l'effet d'un mandat restreint, mais indirectement, par l'effet des rapports de droit qui existent entre cette personne et la partie.

Il est d'abord admis sans difficulté que la seule *communauté d'intérêts* ne donne lieu à la présomption d'aucun mandat réciproque.

Ainsi ne sont mandataires les uns des autres ni les *cocréanciers, codébiteurs* ou *copropriétaires* d'une chose divisible, ni les *cohéritiers,* ni les *légataires* inscrits dans le même testament.

Il est également reconnu que l'*auteur* et l'*ayant-cause,* le *garant* et le *garanti* ne sont pas mandataires l'un de l'autre.

On n'a jamais admis, dans notre droit, la présomption de mandat que les jurisconsultes romains tiraient de la connaissance que le garanti avait eue de l'action intentée contre son *auctor* (Proud., t. 3, 1326 et suiv.). Mais dans le cas où le garanti a appelé le garant au procès et demandé sa mise hors de cause, c'est par l'effet d'un véritable mandat qu'il se trouve être resté partie au jugement dans la personne du garant. De même le garant peut avoir accepté d'avance le résultat du procès intenté contre le garanti. C'est ce qu'un arrêt de la Cour de cassation, en date du 1er mars 1824, a jugé dans un cas où le garant, appelé en cause, avait déclaré ne pas vouloir prendre part à la contestation (D. ch. j. 268).

D'ailleurs, l'ayant-cause profitera nécessairement du jugement rendu en faveur de son auteur, s'il lui suffit de faire valoir ses droits à l'égard de son auteur. Il en résulte que, même après avoir succombé contre le tiers revendiquant, l'ayant-cause exercerait utilement son recours contre l'auteur qui aurait, au contraire, triomphé de la même revendication.

Mais voici de nombreuses hypothèses où la doctrine est encore très-incertaine.

L'*héritier apparent* est-il le représentant du véritable héritier? Nous ne le pensons pas ; mais nous ne croyons pas devoir reproduire ici la controverse à laquelle a donné lieu cette fameuse question.

Un arrêt a même jugé que les jugements rendus contre le *propriétaire apparent* ou contre le *créancier apparent* sont opposables au *propriétaire* ou au *créancier véritable* (Pau, 14 juillet 1823. D. ch. j. 264). Mais aucun auteur n'a admis cette opinion. Elle n'est d'ailleurs fondée, dans l'arrêt, que sur l'affirmation de ce prétendu principe. Il est vrai que l'art. 1240 C. N. valide le paiement fait de bonne foi à celui qui est en possession de la créance. Mais il est inutile de montrer que cette décision est dictée par d'autres motifs.

Nous n'admettrons pas même avec Marcadé que le propriétaire et le créancier apparents puissent être considérés comme des administrateurs ayant qualité pour faire tout ce qui intéresse le véritable propriétaire et le véritable créancier, sans pouvoir cependant compromettre leurs droits. Il faudrait, en effet, que ces personnes pussent être assimilées à des gérants d'affaires dont les actes ratifiés, parce que la gestion a été heureuse, profitent au maître. Mais le propriétaire et le créancier apparents agissent en leur propre nom. Il n'appartient donc pas au propriétaire ou au créancier véritable de donner quelque effet à leurs actes en les ratifiant.

On applique, en général, cette solution à des hypothèses où une personne, en faisant juger l'existence de son propre droit, a fait juger l'existence du droit d'autrui.

Ainsi on accorde le bénéfice des jugements rendus en faveur du *propriétaire sous condition résolutoire* à celui que l'événement de la condition a rendu propriétaire. Nous repoussons encore cette solution parce qu'il n'y a pas eu gestion pour autrui.

Nous admettrons moins encore que le *nu-propriétaire* ait représenté l'*usufruitier* ou que l'*usufruitier* ait représenté le *nu-propriétaire*, quand les jugements ont été favorables. Il est vrai seulement que l'usufruitier profite indirectement des jugements rendus en faveur du nu propriétaire. Il lui suffit en effet d'établir son droit à l'égard de ce dernier. Proudhon remarque très-bien qu'il en serait ainsi même dans le cas où un jugement aurait été déjà rendu contre l'usufruitier au profit du tiers revendiquant et n'aurait été anéanti que sur la tierce-opposition du nu-propriétaire et à son égard seulement. Ce jugement perd tous ses effets, même à l'égard de l'usufruitier, dès que celui-ci peut exiger du nu-propriétaire la délivrance de son usufruit. (Proud., *Usuf.*, t. 3, 1298 et suiv.)

Au contraire, le jugement rendu en faveur de l'usufruitier ne serait jamais d'aucune utilité au nu-propriétaire, car il établirait vainement son droit à l'égard de l'usufruitier, s'il échouait contre un tiers revendiquant.

Les mêmes décisions s'appliquent au droit d'*usage* ou d'*habitation* et au *droit que le bail confère au locataire*. Dans ce dernier cas, il est plus évident encore que le locataire profitera des jugements rendus au profit du locateur, parce que celui-ci est personnellement tenu de lui procurer la jouissance de la chose.

On aurait dû sans difficulté adopter les mêmes solutions à l'égard de ceux qui ont des *droits de servitude* et des *créanciers hypothécaires*.

Les servitudes et le droit d'hypothèque sont en effet des droits réels distincts du droit de propriété qu'ils diminuent en quelque sorte. Les jugements rendus avec le propriétaire, après la constitution de ces droits, doivent donc être étrangers à ceux au profit desquels ces droits ont été établis. Ils n'en pourraient profiter qu'en tant que ces jugements établissent le droit dont l'existence est nécessaire à celle de leurs propres droits.

Quant aux servitudes, Proudhon seul leur a appliqué la décision que nous allons combattre (t. 3, p. 1299 et s.).

Mais relativement aux créances hypothécaires, le système que nous allons examiner, bien qu'il soit aujourd'hui critiqué par la plupart des auteurs, n'a été un moment abandonné par la Cour de cassation que pour être bientôt consacré de nouveau par elle.

Nous avons vu que les jurisconsultes romains décidaient sans aucun doute que les jugements rendus contre le débiteur, postérieurement à la constitution de l'hypothèque, n'étaient pas opposables au créancier hypothécaire, sauf l'effet de l'adhésion tacite qu'il était réputé avoir donné à la sentence, quand il avait connu le procès. Pothier (*Obl.*, 304) paraissait admettre la même décision. Comme les jurisconsultes romains, il ne distinguait pas l'hypothèque des autres droits constitués avant le jugement. Merlin le premier soutint que le jugement rendu contre le débiteur est opposable aux créanciers hypothécaires. Son opinion, adoptée par la Cour de cassation (Q. de dr., *Tierce-opp.*, § 1), fut d'abord suivie par la plupart des auteurs. Mais attaqué déjà dans leurs ouvrages par Duranton et Zachariæ, ce système semble avoir été complétement réfuté par M. Valette (*Rev. de dr. fr. et étr.*, 1844, p. 27). La Cour de cassation elle-même avait rétracté sa jurisprudence (28 août 1849, D. 50, 1, 57), quand, par des arrêts postérieurs, elle a de nouveau consacré le système de Merlin (6 déc. 1859, D. 60, 1, 17; 13 déc. 1864. D. 65, 1, 142. V. aussi Paris, 24 janv. 1855. D. 56, 2, 110).

Sans doute Merlin dit avec raison que le créancier hypothécaire ne saurait avoir qu'un droit subordonné au droit de propriété du débiteur, en sorte que, si le débiteur n'était pas propriétaire, l'hypothèque n'aurait pas existé. Mais c'est ainsi que l'usufruitier et l'acquéreur de la propriété eux-mêmes n'auraient rien acquis s'ils avaient acquis *a non domino*. La question est également dans les trois hypothèses de savoir si le jugement qui a nié la propriété de l'auteur est opposable à ceux qui avaient acquis antérieurement des droits sur l'immeuble. On reconnaît qu'il ne saurait être invoqué ni contre l'usufruitier, ni contre l'acquéreur. Pourquoi donner une autre décision quand l'ayant-cause est un créancier hypothécaire ?

Merlin n'en donnait aucune raison juridique. Proudhon

t. 3, 1299 et suiv.) a allégué que le débiteur représente le créancier hypothécaire, parce qu'il possède et que le possesseur représente tous ceux qui ont des droits sur la chose et ne possèdent pas. C'est pourquoi il applique la même solution aux servitudes. Il devrait l'étendre à l'usufruit et à l'usage, car alors aussi le nu-propriétaire possède. Mais est-il vrai que le possesseur est ainsi mandataire de tous les intéressés ? Nous ne l'avons pas même reconnu mandataire à l'effet de rendre meilleure la condition d'autrui. Aussi Proudhon ne pouvait-il appuyer son opinion que sur deux textes romains étrangers à la question. Il résulte, en effet, seulement des l. 9 ff. *De re. vind.* et l. 1 C. *Ubi in rem actio*, que la revendication peut être intentée contre quiconque possède la chose et peut ainsi être condamné à la restituer.

Quant à l'argument qu'on tire de l'utilité générale, il n'est pas une raison de droit. Il est d'ailleurs très-contestable. Il est, en effet, plus facile, grâce à la publicité des hypothèques, de connaître et de mettre en cause tous les créanciers hypothécaires que de connaître et de mettre en cause toutes les autres personnes ayant des droits sur l'immeuble litigieux. Et il ne serait pas moins dangereux de faire dans ce cas une dérogation au principe qui ne permet pas que nos droits soient compromis par autrui. C'est, en effet, un remède bien insuffisant que d'excepter le cas de collusion (Cass., 13 déc. 1864. D. 65, 1, 142).

Nous pensons donc, avec la plupart des auteurs, qu'il n'y a pas lieu de distinguer les créanciers hypothécaires des autres ayant-cause.

Proudhon (t. 3, 1314) et Demolombe (t. 22, p. 529-531) décident que les jugements rendus en faveur du grevé ou contre le grevé, avant l'ouverture de la substitution, ont l'autorité de la chose jugée à l'égard des appelés, pourvu que, s'il s'agit de jugements contraires, ils aient été rendus contradictoirement avec le tuteur à la substitution et sur les conclusions du ministère public.

Il est vrai que les art. 49 et 50 du tit. II de l'Ord. de 1747 déclaraient opposables aux appelés les jugements qui auraient été rendus contre le grevé, sur les conclusions du ministère public. Mais cet article n'est plus en vigueur. Sur quelle disposition est donc fondée la décision de Proudhon ? Le tuteur à la substitution n'a pas reçu mandat de représenter l'appelé en tout ce qui touche la substitution. L'art. 1055 le charge seulement de l'exécution des dispositions du testateur. Il veille ainsi à l'établissement légal de la substitution. Mais c'est aux appelés eux-mêmes qu'il appartient de défendre leurs droits contre les tiers. Nous pensons donc qu'ils ne sont pas représentés valablement par le tuteur dans les instances relatives à la propriété des biens grevés de substitution.

Nous arrivons en dernier lieu à trois hypothèses où l'incertitude est encore plus grande dans la doctrine et dans la jurisprudence.

L'obligation de la *caution* est subordonnée à l'existence de l'obligation du *débiteur principal*. Mais il ne s'ensuit pas que le débiteur principal doive être considéré comme le mandataire de la caution à l'effet de contester l'existence de l'obligation principale. Pothier n'a pu l'affirmer (908) qu'en s'appuyant sur des textes romains relatifs au cas bien différent des *fidéjusseurs*. Il a été suivi cependant par la plupart des auteurs et par la jurisprudence (C., 27 nov. 1811; Req., 11 déc. 1836; Cas., 12 fév. 1840). Nous pensons, au contraire, avec Zachariæ et Marcadé, qu'ici encore on ne saurait présumer l'existence d'un mandat donné par la caution au débiteur principal. Il est vrai seulement que la caution profitera toujours indirectement du jugement rendu en faveur du débiteur principal. La caution ne peut être obligée qu'avec le débiteur principal. Donc, dès que celui-ci s'est libéré par un moyen quelconque, la caution n'est plus tenue. Elle est ainsi libérée par le jugement qui libère le débiteur principal.

A plus forte raison nous n'admettrons pas, comme quelques auteurs, que la chose jugée à l'égard de la caution ait effet à l'égard du débiteur principal. Il faut avouer toutefois qu'on peut tirer argument contre notre opinion de l'art. 1305 C. Nap.

Quel effet faut-il reconnaître au jugement rendu avec l'un des *créanciers solidaires* ou avec l'un des *débiteurs solidaires?* Peu de questions sont aussi difficiles. Les premiers auteurs, après le Code civil, Merlin (*Qu. de D.*, ch. j. 518), Toullier (X, 202), Proudhon (t. 3, 1321), tiennent, en général, que les créanciers et les débiteurs solidaires ont mandat général de se représenter en justice les uns les autres ; mais ils

s'appuient surtout sur des textes de droit romain qui n'é-
taient relatifs qu'à des obligations corréales.

Des auteurs plus récents, notamment Zachariæ (t. 5, p. 775)
et Marcadé (art. 1351), restreignent le mandat au cas où le jugement est favorable.

Enfin une troisième opinion considère comme étrangers à
ceux qui n'ont pas plaidé les jugements rendus avec un seul
des cocréanciers ou des codébiteurs solidaires. C'était la
décision des jurisconsultes romains (1. 52 § 3 ff. *De fidej.*). V.
Demangeat, *De duob. reis,* p. 99, note).

La jurisprudence semble hésiter entre les deux premières
opinions.

Nous avons déjà refusé d'admettre d'une manière générale
le mandat restreint du deuxième système.

Entre les deux autres nous n'hésitons pas à choisir le dernier. Il est, en effet, facile de montrer qu'un mandat général
ad litem n'est compris ni dans la solidarité des créanciers, ni
dans la solidarité des débiteurs.

L'effet essentiel de la solidarité entre créanciers est de permettre à un seul des créanciers de poursuivre le paiement de
toute la dette et, en le recevant, de libérer le débiteur.

Chaque créancier est ainsi mandataire des autres quand il
poursuit le paiement. Il en résulte que tous les jugements rendus avec un seul des créanciers ont l'autorité de la chose jugée, en ce qui concerne la poursuite du paiement, l'exécution
de l'obligation. Tel serait, par exemple, le jugement rendu
sur une demande en validité de saisie.

Mais il n'est pas nécessaire de supposer que le créancier ait
donné mandat à chacun de ses cocréanciers de compromettre
son droit lui-même, en plaidant pour lui sur l'existence même
de la créance. Ce mandat aurait d'ailleurs un singulier effet,
d'après une remarque que M. Bonnier a faite le premier fort
exactement, sans en développer toutes les conséquences
(n° 887). Il ne servirait qu'à permettre au débiteur d'opposer
à tous les créanciers le jugement rendu contre un seul. En
effet, le créancier solidaire n'invoquerait jamais utilement le
jugement rendu en faveur de son cocréancier solidaire. sur
l'existence même de la créance, car il faudrait qu'il prouvât
d'abord qu'il est créancier solidaire. Au contraire, si le jugement sur l'existence de la créance était favorable au débi-

teur, celui-ci pourrait l'opposer à tous les créanciers, car ils ne sauraient se prétendre créanciers solidaires, sans se reconnaître mandataires de celui contre lequel il a été jugé que la créance n'existe pas. Nous pensons donc que les créanciers solidaires ne peuvent être réputés mandataires les uns des autres que relativement aux jugements rendus sur l'exécution de l'obligation.

Mais il nous semble que le débiteur qui a fait juger à l'égard de l'un des créanciers que la dette n'existe pas devra être autorisé à déduire du total la part de ce créancier. Il aurait en effet le droit de recourir contre lui (art. 1365).

Le même raisonnement s'applique aux débiteurs solidaires. Cette solidarité ne comprend que le mandat réciproque d'être poursuivi pour le tout et de payer la totalité de la dette. Il en résulte que les jugements relatifs au paiement, à l'exécution, devront être seuls tenus pour communs à tous les codébiteurs.

Quant aux contestations relatives à l'existence même de la dette, rien n'autorise à supposer que les débiteurs aient consenti à être représentés les uns par les autres. En l'admettant, on arriverait encore à un étrange résultat. La solidarité des débiteurs nuirait au créancier. En effet le jugement favorable au créancier serait inutilement opposé au codébiteur, car le créancier devrait prouver d'abord que celui qu'il poursuit est codébiteur solidaire et, à raison de cette qualité, a été représenté au premier procès. Mais si le jugement avait été contraire au créancier, celui-ci serait sûrement repoussé par le codébiteur. Car le créancier prétendrait lui-même que celui qu'il poursuit est codébiteur et reconnaîtrait ainsi qu'il a été représenté dans le premier procès.

N'est-il pas impossible de supposer que le créancier ait voulu imposer à ses débiteurs un mandat réciproque qui ne pouvait que lui être contraire ?

Mais le créancier devra déduire la part du débiteur qui a triomphé contre lui, car celui-ci, attaqué par ses codébiteurs, pourrait recourir contre le créancier. Il faudra seulement que les codébiteurs condamnés aient prouvé que le débiteur absous était débiteur.

L'art. 1365 ne nous paraît pas contraire à notre opinion. Il est vrai qu'il décide que le débiteur qui a prêté le serment

11

déféré par le créancier a libéré ses codébiteurs. Mais on peut dire que le serment déféré par le créancier est une remise conditionnelle (art. 1285). C'est, au contraire, par force que le créancier accepte la décision du juge.

L'*indivisibilité* de l'objet d'un droit de créance ou de propriété nous paraît présenter moins de difficultés.

Des deux systèmes que nous avons à combattre, l'un est évidemment fondé sur une théorie inapplicable à notre droit et d'ailleurs se contredit lui-même, l'autre se rattache à une doctrine que nous avons déjà réfutée.

Pothier pensait que le jugement rendu avec l'un des copropriétaires, cocréanciers ou codébiteurs d'une chose indivisible n'est pas *res inter alios ac ta,* « parce que, dit-il, l'in-« divisibilité de leur droit avec le sien les fait regarder comme « étant avec lui une même partie. » On voit que Pothier reproduit la théorie que les jurisconsultes romains avaient eux-mêmes empruntée mal à propos à une règle de la consommation de l'action. Mais Pothier atténue immédiatement les conséquences de sa solution ; car il ajoute que l'usage est d'accorder au copropriétaire, cocréancier ou codébiteur de la chose indivise auquel on oppose ce jugement, non-seulement le droit d'en faire appel, mais même celui d'y former opposition en tiers. En sorte que ce jugement profite et ne nuit pas à ces personnes que Pothier vient cependant de déclarer ne former qu'une seule partie. Aussi M. Bugnet estime-t-il avec raison que ces deux décisions sont inconciliables? La contradiction paraît surtout bien évidente, si, comme l'a fait logiquement Proudhon, on conclut que la rétractation obtenue par celui qui n'a pas figuré en premier lieu dans la cause devra profiter même au copropriétaire qui a perdu le premier procès, à cause de l'indivisibilité du droit (t. 3, 1297). Il n'est pas vrai, en effet, que, parce qu'ils ont un objet indivisible, les droits de personnes différentes ne soient pas distincts. C'est ce que reconnaissent Marcadé et Zachariæ. Mais ils permettent au copropriétaire de la chose indivisible d'invoquer les jugements favorables, comme à tous les copropriétaires. Nous avons déjà rejeté cette opinion.

Nous devons donc admettre que la chose jugée à l'égard d'un cocréancier, codébiteur ou copropriétaire d'une chose indivisible est étrangère aux autres, puisqu'ils ne forment pas une même partie et ne sont en aucun cas mandataires les uns des autres. Il y a lieu seulement de se demander comment seraient exécutés, dans ces hypothèses, deux jugements contradictoires. M. Bugnet applique avec raison la solution de l'art. 1224. Le cocréancier ou copropriétaire tiendra compte de la part du cocréancier ou copropriétaire qui aura perdu son procès. De même le codébiteur condamné pourra se faire tenir compte de la part de son codébiteur absous. Car autrement il recourrait contre lui et celui-ci contre le créancier.

§ 2. — A quelles personnes deviennent applicables les jugements rendus entre d'autres parties par l'effet des transmissions de droits.

Les jugements rendus à l'égard d'une partie deviennent communs à tous ses successeurs.

Nous transmettons en effet à nos successeurs universels l'ensemble de nos droits et de nos obligations.

Quant aux divers successeurs à titre particulier, ils acquièrent les droits de l'auteur tels qu'ils existent au moment de la transmission et par conséquent affectés par les conséquences des jugements antérieurement rendus.

En effet, le droit a été transmis intact, n'ayant pas encore été atteint par la déclaration du jugement. Mais il suffit que l'instance soit engagée quand le droit est transmis. Nous verrons bientôt que l'effet de la déclaration du jugement remonte au jour de l'assignation.

Les créanciers chirographaires deviennent ayant-cause de leur débiteur, quand ils veulent exercer ses droits et se mettre en possession de ses biens. Il s'ensuit que tous les jugements rendus jusqu'à ce moment contre le débiteur leur deviennent communs. Nous savons qu'il en est autrement des créanciers hypothécaires relativement à la chose affectée en garantie de leurs droits. Ils sont ayant-cause du jour de l'affectation.

Nous n'avons plus qu'à remarquer que les créanciers n'agissent pas comme ayant-cause dans l'hypothèse fréquente où ils attaquent de leur chef un acte de leur débiteur, comme fait en fraude de leurs droits (Req. 14 nov. 1853. D. 53, 1, 325).

CHAPITRE V.

EFFETS DE L'AUTORITÉ DE LA CHOSE JUGÉE.

L'article 1350 reconnaît le véritable caractère de l'autorité de la chose jugée en la rangeant parmi les présomptions légales. Le juge ne crée pas en effet le droit qu'il sanctionne et n'anéantit pas le droit qu'il refuse de sanctionner. Il déclare que le droit qu'il sanctionne existe et que le droit qu'il refuse de sanctionner n'existe pas. Comme cette déclaration est irrévocable, elle donne à la partie qui l'a obtenue un moyen invincible d'établir toujours, à l'égard de l'autre partie, soit l'existence, soit l'inexistence du droit jugé.

De ce que le droit affirmé par le jugement n'est pas créé par lui, il s'ensuit qu'il reste tel qu'il était auparavant et que, si quelque cause postérieure venait à l'atteindre, il ne serait pas protégé par le jugement. C'est ainsi qu'ont été anéanties par la loi du 15 août 1793, avec les droits féodaux constatés par des jugements antérieurs, les condamnations qui avaient été la conséquence de la déclaration de ces droits. (D. ch. j. 206.)

De ce que le droit nié par le jugement n'est pas détruit, il s'ensuit que, s'il a jamais existé, il continuera à produire ses effets, pourvu qu'il ne soit pas nécessaire, pour l'établir, de combattre la présomption de la chose jugée. Si donc la partie qui a obtenu la déclaration négative reconnaît elle-même postérieurement son obligation, cette obligation aura tous ses effets.

Ainsi le débiteur ne pourrait, sans aucun doute, répéter le paiement qu'il aurait fait, connaissant le jugement rendu en sa faveur. Nous pensons même qu'une reconnaissance valable de la dette pourrait résulter quelquefois du paiement fait par un débiteur qui ignorait le jugement rendu en sa faveur, surtout si ce débiteur, ayant lui-même contracté la dette, devait être certain de son existence.

Il appartient en effet aux parties de se prévaloir de l'autorité des jugements rendus à leur profit ou de renoncer au contraire à ce moyen, soit pour reconnaître leur obligation, soit pour consentir à plaider de nouveau.

On exige même que le moyen tiré de l'autorité de la chose jugée soit proposé par les parties. Si elles le négligeaient, le juge ne serait pas autorisé à le suppléer. Ainsi la Cour de cassation a jugé que, même en frappant d'appel un jugement rendu contrairement à l'autorité de la chose jugée, la partie n'avait pas autorisé la Cour à réformer par le moyen tiré de l'autorité de la chose jugée (26 août 1861, D. 61, 1, 427).

Cependant la Cour de cassation a peut-être trop facilement admis que les juges sont autorisés à suppléer le moyen tiré de l'autorité de la chose jugée, par les parties qui s'en rapportent à leur prudence (Req. 7 juill. 1829. D. ch. j. 334).

Mais on n'est pas allé jusqu'à supposer qu'une partie a renoncé au moyen tiré de l'autorité de la chose jugée, parce qu'elle ne l'a pas opposé *in limine litis.* Il suffit que le moyen soit proposé. Il l'est donc utilement en tout état de cause, même en appel, jusqu'à ce que la cause soit entendue et les parties privées de la parole.

Quand l'autorité de la chose jugée est invoquée par une partie qui n'y a pas renoncé, elle constitue à son profit une présomption légale contre laquelle rien ne peut prévaloir.

Nous savons seulement que cette présomption peut cesser d'exister, si le jugement lui-même est annulé par le moyen d'une voie de recours légale. Mais il n'en faut évidemment pas conclure avec Toullier (t. X, 72) que l'autorité de la chose jugée n'est pas une de ces présomptions qui excluent toute preuve contraire. Nous verrons en effet que, lorsqu'elle est définitive, l'autorité de la chose jugée ne peut jamais être ni combattue, ni éludée.

Nous avons indiqué déjà les diverses voies de recours par lesquelles les jugements peuvent être attaqués. Nous devons ici rechercher seulement quels effets sont produits par l'exercice d'une voie de recours contrairement à l'autorité du jugement attaqué.

L'effet de l'appel est de permettre au tribunal supérieur de réformer, s'il y a lieu, la sentence du premier juge. Mais cet effet n'a lieu qu'autant qu'il y a appel. Donc l'autorité de la chose jugée reprend son empire là où se limite l'appel. « *Tantum appellatum quantum devolutum.* »

L'appel est restreint explicitement, par les termes de l'acte d'appel qui peuvent le borner à un chef ou à plusieurs chefs du jugement attaqué, implicitement, par l'intérêt de l'appelant.

Quant à la première restriction, il suffit en général de consulter l'acte d'appel. Si le recours n'est pas formellement restreint à certains chefs, il est général et frappe toutes les dispositions du jugement. Si l'appel est restreint à un seul chef, il faut déterminer son étendue. Celle-ci dépend moins des termes de l'acte que de la nature des choses. Ainsi, un jugement ayant validé des offres et en conséquence condamné la partie qui ne les avait pas acceptées aux dommages-intérêts et aux dépens, il a été évidemment jugé avec raison que l'appel, bien que restreint par les termes de l'exploit à la condamnation aux dommages-intérêts et aux dépens, donnait nécessairement à la Cour le droit d'annuler les offres (Req. 28 août 1827. — D. v° *App. civ.* 1192).

L'intérêt de la partie appelante restreint l'effet de l'appel en deux sens.

L'appel ne peut d'abord profiter qu'à elle ou aux parties au profit desquelles elle agit.

En second lieu, l'appel se trouve implicitement restreint en ce sens que l'effet du jugement ne cesse qu'autant que l'intérêt de l'appelant l'exige. Il n'y a appel qu'au profit de l'appelant, et, comme le juge supérieur ne peut réformer qu'autant qu'il y a appel, il en résulte que l'appel ne peut jamais préjudicier à l'appelant. Il ne peut avoir d'autre résultat que la réformation au profit de l'appelant ou la confirmation pure et simple.

On peut résumer ces observations en disant que l'appel n'anéantit pas d'une manière entière ni absolue le jugement attaqué, mais seulement en tant qu'il frappe certains chefs et en faveur de la partie qui a fait appel.

L'effet de l'opposition aux jugements et arrêts rendus par défaut est également restreint par la désignation des chefs attaqués et par l'intérêt de l'opposant.

Les mêmes règles s'appliquent aussi aux voies de recours dites extraordinaires, la requête civile et le pourvoi en cassation.

Mais dans ces derniers cas une autre difficulté se présente.

La décision attaquée par ces voies de recours ne peut être

annulée qu'autant qu'elle est affectée d'un vice qui en opère la nullité.

Si donc le vice reconnu n'atteint qu'une disposition du jugement indépendante des autres, par exemple, la disposition qui autorise une voie d'exécution, comme la contrainte par corps, l'annulation ne doit porter que sur ce chef du jugement. Le reste conserve l'autorité de la chose jugée.

Si, au contraire, la violation de la loi affecte, soit toutes les dispositions de la décision, soit quelque formalité essentielle du jugement, l'annulation est complète.

Telles sont les règles suivant lesquelles l'effet des voies de recours est de s'opposer à l'autorité de la chose jugée résultant des jugements attaqués, en faisant tomber soit l'ensemble, soit quelque chef de ces jugements.

Mais quand un jugement n'a pas été ainsi annulé, l'autorité des déclarations qu'il contient est irréfragable. Nous verrons cependant qu'on a essayé quelquefois d'écarter l'autorité de jugements définitifs sous certains prétextes ou de l'éluder par des moyens indirects.

Il est évident qu'on ne saurait jamais repousser l'autorité d'un jugement en alléguant qu'il est entaché d'erreur. L'autorité de la chose jugée est précisément au contraire une présomption de vérité. On a ainsi reconnu que, quelque grossière que soit l'erreur commise par le juge, elle ne peut pas être rectifiée. L'erreur de calcul elle-même ne pourrait être redressée, si elle avait été l'objet du jugement, comme s'il était jugé que 2 et 2 égalent 5.

C'est seulement dans le cas où l'erreur de calcul serait dans le jugement, sans être l'objet du jugement, qu'on en demanderait utilement la rectification. Nous avons vu que les jurisconsultes romains avaient déjà distingué cette hypothèse du cas où il y avait jugement sur le calcul erroné lui-même. Dans une espèce assez récente, la cour d'Aix avait condamné une partie à payer à titre de restitution de fruits une somme de 3,000 fr. représentant les intérêts de 25,000 fr. à 3 p. 100. Or, il résultait du même jugement que la restitution de fruits était due pour huit ans. La somme à laquelle le juge avait voulu condamner était donc supérieure à 3,000 fr. La cour d'Aix a pu rectifier son arrêt sans encourir la cassation (Req., 21 janv. 1857. D., 57, 1, 360).

De même on a pu demander aux juges la rectification d'autres erreurs, quand elles n'étaient que des fautes de rédaction. Dalloz en cite quelques exemples (Ch. j. 374).

Dans ces hypothèses comme dans celles où nous verrons le juge interpréter sa décision, il y a explication et non modification du jugement.

C'est parce qu'elle alléguerait vainement l'erreur du juge que la partie condamnée n'est pas autorisée à faire cesser les effets du jugement, en prouvant la fausseté des pièces sur lesquelles il a été rendu ou en produisant des pièces nouvelles.

Il semble qu'on devait appliquer cette décision dans l'hypothèse où une quittance antérieure au jugement et non produite lors du jugement est opposée au créancier qui poursuit l'exécution.

Nous avons établi, contrairement à la jurisprudence, qu'il résulte du jugement de condamnation non-seulement l'affirmation de la dette, mais l'affirmation d'une dette existant encore au moment du jugement et en conséquence la négation de l'extinction de la dette par quelque cause antérieure. Nous en avons conclu qu'en invoquant un paiement antérieur au jugement on violerait l'autorité de la chose jugée aussi bien dans le cas où ce moyen n'aurait pas été proposé lors du jugement que dans le cas où il aurait été proposé et rejeté.

Mais cette décision est contestée même dans cette dernière hypothèse.

On a longtemps admis comme une proposition constante que les actes libératoires antérieurs au jugement de condamnation neutralisent l'effet de ces jugements par une sorte de compensation (Dur., t. XIII, 1476; Dal., ch. j. 376; Carette, S. 51, 1, 577; Req., 5 déc. 1811; Req., 12 juill. 1818; Colmar, 3 fév. 1825; etc.).

On suivait ainsi la doctrine de plusieurs de nos anciens jurisconsultes. Ainsi Duparc-Poullain (t. X, p. 260) disait : « Ce « n'est pas attaquer le jugement, mais prouver qu'on l'a exé- « cuté d'avance. Car les condamnations au paiement s'enten- « dent toujours par argent ou quittances (V. Rodier, art. 34, « tit. 35 de l'Ord.). »

Mais la Cour de cassation a plus récemment condamné cette opinion (29 juill. 1851. D. 51, 1, 217).

Nous approuvons complétement la nouvelle jurisprudence de la Cour de cassation. En effet il n'est pas possible de prouver la libération, sans contredire le jugement qui formellement ou implicitement a jugé qu'il n'y avait pas eu libération. C'est une preuve qu'on oppose à la présomption qui ne peut céder à aucune preuve.

On a dû supposer que le juge n'avait rendu qu'une déclaration conditionnelle et devant cesser d'avoir effet, si la quittance était représentée.

Mais cette réserve ne peut pas être présumée, surtout parce que, si le défendeur l'avait requise, il est à peu près certain que le demandeur s'y serait opposé en mettant dès lors le défendeur en demeure de prouver sa libération (V. Paul Pont, *Rev. cr.*, t. 2, p. 257).

Nous ne pensons pas même qu'on soit autorisé à écarter le jugement dans le cas où l'erreur aurait été la suite d'une sorte de dol commis par les deux parties, dans le but de tromper le juge. La Cour de Paris a cru pouvoir cependant, dans une hypothèse semblable, ne tenir aucun compte du jugement. Elle a jugé : « qu'en matière d'usure la chose jugée est sou-« mise à l'appréciation des magistrats appelés à statuer sur « les répétitions fondées sur des stipulations usuraires ; qu'en « effet, lorsque les décisions judiciaires sont évidemment des « manœuvres concomitantes de la création des titres desti-« nés à masquer l'usure, elles perdent le caractère de chose « jugée qui doit les mettre à l'abri de tout recours (1er déc. « 1854. D. 54, 2, 223). » Nous ne pouvons admettre cette opinion, car, pour juger que le jugement a perdu son autorité, il faut déclarer qu'il y a usure. Or le premier jugement a implicitement jugé qu'il n'y avait pas usure. Il reste donc inattaquable.

De même qu'on ne peut pour aucune cause écarter l'autorité de la chose jugée, on ne peut l'éluder par aucun moyen. Ainsi on ne serait pas admis à déférer le serment décisoire sur l'existence d'un droit déjà nié par un jugement (Req. 7 juillet 1829. D. ch. j. 307).

L'autorité de la chose jugée a encore paru avec raison méconnue par la partie qui demandait la nullité d'un acte d'exécution à cause de la nullité du jugement en vertu duquel il avait été procédé à cet acte (27 fév. 1837. D. 87, 1, 113).

On a surtout essayé souvent en vain de triompher de la chose jugée, en intentant une action en dommages-intérêts contre la partie au profit de laquelle le jugement a été rendu, soit à raison du dol commis par elle (Dalloz, ch. j. 313), soit à raison de la fausseté de la pièce qui lui a donné gain de cause (Cass., 17 fév. 1860. D. 60, 1, 341).

Dans ce dernier cas, il est évident qu'on aurait pu moins encore s'inscrire en faux incident, car il n'est plus possible de renouveler l'action principale (V. D. ch. j., 60, 61, 62, 65, 133).

La poursuite en faux principal serait recevable. Le jugement rendu n'a pas, en effet, affirmé avec l'autorité de la chose jugée la sincérité d'un titre, parce que les motifs des décisions n'ont pas l'autorité de la chose jugée. Mais si la pièce peut encore être déclarée fausse, le jugement rendu sur le fondement de cette pièce n'en subsistera pas moins avec tous ses effets, à moins qu'il ne soit rétracté par la voie de la requête civile (art. 480 P. civ.).

Enfin un moyen indirect par lequel on a tenté souvent d'éluder les effets de la chose jugée est la voie d'interprétation. La jurisprudence admet les parties à demander à leurs juges l'interprétation des décisions ambiguës. Au lieu de laisser fixer le sens de la sentence par le juge de l'exécution, il peut paraître plus commode aux parties de s'adresser aux juges mêmes qui ont rendu le jugement et de leur demander le sens de leurs déclarations. Mais il est évident que, si sur la demande en interprétation le juge se permettait de modifier sa première décision, il rétracterait son jugement et violerait l'autorité de la chose jugée. La Cour de cassation conserve donc toujours le droit de vérifier si l'interprétation que le juge a donnée de sa propre sentence n'en a pas en réalité modifié le sens. Dalloz cite de nombreux exemples où des arrêts d'interprétation ont été cassés comme contraires à l'autorité de la chose jugée (Dalloz, ch. j. 348).

Tels sont les effets qui se déduisent de la nature de la chose jugée.

Nous avons encore à rechercher à partir de quel moment et jusqu'à quel terme ces effets se produisent.

Les jugements ont l'autorité de la chose jugée, dès qu'ils sont rendus. C'est inexactement qu'on dit d'un jugement dont l'appel n'est plus possible qu'il a acquis l'autorité de la chose jugée. On veut dire qu'il a acquis définitivement cette autorité. C'est même à partir d'une époque antérieure au jugement que se produisent les effets des déclarations qu'il contient. Nous pensons en effet, avec Marcadé et Zachariæ, qu'il faut faire remonter les effets du jugement au jour de la demande, en sorte, par exemple, que l'autorité de la chose jugée soit commune à ceux qui sont devenus, depuis la demande et antérieurement au jugement, les ayant-cause de l'une des parties.

Le juge ne déclare pas en effet seulement que le droit existe ou n'existe pas au moment où il prononce, mais qu'il a existé ou qu'il n'a pas existé au moment où il a été saisi par l'assignation. C'est alors que la demande doit être justifiée pour être admise.

Dans l'avenir, les effets de l'autorité de la chose jugée sont perpétuels. Les déclarations contenues dans le jugement ne sont atteintes par aucune prescription. Il en est autrement du droit créé par le jugement comme sanction du droit déclaré ; il est soumis à la prescription de 30 ans.

On ne peut pas supposer une condamnation à terme destinée à n'avoir son effet que jusqu'à un certain temps.

Au contraire, on voit fréquemment des déclarations conditionnelles. Si la condition se réalise, la décision a l'autorité de la chose jugée ; dans le cas contraire, elle est non avenue (Cass., 17 prairial an II. D. ch. j. 363).

On peut considérer comme des décisions conditionnelles les anciens jugements comminatoires. L'usage s'était établi en Bretagne de rendre des jugements d'absolution en l'état et d'autoriser les demandeurs à faire révoquer ces décisions, si, dans les trente ans, ils pouvaient produire les pièces justificatives qui leur avaient d'abord fait défaut. On appelait cette voie de rétractation *lief de comminatoire*. Même sous les lois nouvelles, la cour de Rennes a voulu d'abord se conformer à cette tradition. Mais cet usage, vivement attaqué par les auteurs, notamment par Toullier, a été bientôt proscrit par la Cour de cassation. Il avait été déjà critiqué par d'Aguesseau comme contraire à l'irrévocabilité nécessaire des jugements.

Aujourd'hui on appelle comminatoires des décisions différentes. Quelquefois le juge rend une sentence par laquelle il condamne ou absout, faute par une partie d'avoir, dans un délai, fait une production, une justification ou quelque autre acte. Si la partie ne se conforme pas à l'ordre qu'elle a reçu, ne faut-il pas dire que la condition à laquelle l'effet de la sentence était subordonné s'est réalisé et qu'il y a chose jugée? On a préféré, en général, considérer ces dispositions comme simplement comminatoires. On permet donc d'obtenir ou d'éviter les effets du jugement, en faisant la justification nécessaire, même après le délai fixé. Peut-être cette appréciation de la volonté du juge a-t-elle été d'abord plus indulgente qu'exacte. Mais, aujourd'hui, c'est simplement dans un but comminatoire que ces conditions sont insérées dans les jugements. Il faut donc le plus souvent interpréter ainsi ces dispositions (V. D. ch. j. 388-389).

Toutefois, quand le jugement, pour assurer l'exécution d'un ordre, condamne une partie à payer, à titre de dommages-intérêts, une somme déterminée pour chaque jour de retard, il semble plus difficile de considérer cette disposition comme purement comminatoire. Cependant la jurisprudence admet encore que la fixation de ces dommages-intérêts peut être modifiée plus tard à raison des circonstances qui ont mis obstacle à l'exécution de l'acte ordonné (Rej., 18 octobre 1824).

Enfin, nous devons indiquer les formes suivant lesquelles on fait valoir le moyen tiré de l'autorité de la chose jugée.

Nous avons déjà dit que ce moyen doit être invoqué par les parties. Comme il appartient en général au défendeur, il est d'ordinaire présenté sous la forme de défense improprement appelée *exception*.

Si on exige que ce moyen soit invoqué, nous savons aussi qu'on permet de le proposer en tout état de cause, c'est-à-dire, même en appel, jusqu'à la fin des débats, jusqu'à ce que la parole ait été donnée au ministère public.

Devant la Cour de cassation, il est facile de comprendre

que le moyen de la chose jugée ne peut pas être proposé pour la première fois. Cette cour ne casse en effet que si l'art. 1351 a été violé par l'arrêt attaqué. Or, cet article n'a pas été violé quand il n'a pu être appliqué par des juges que les parties n'avaient pas appelés à statuer sur ce moyen.

On devra, dans ce cas, se pourvoir par voie de requête civile, pourvu toutefois qu'il s'agisse de jugements en dernier ressort, entre les mêmes parties et sur les mêmes moyens, dans les mêmes cours ou tribunaux (art. 480, P. civ.).

Si les deux décisions émanent de tribunaux différents, la deuxième ne pourra pas être cassée.

Dans ce cas et dans celui où on aurait laissé expirer le délai de la cassation ou de la requête civile, c'est au dernier jugement qu'appartiendrait l'autorité de la chose jugée. Les parties sont, en effet, censées avoir renoncé au premier jugement, puisqu'elles ne l'ont pas invoqué en temps utile.

A l'autorité de la chose jugée se rattache une voie de recours dont la nécessité a été contestée.

L'art. 474 du Code de procédure civile est ainsi conçu : « Une partie peut faire tierce-opposition à un jugement qui « préjudicie à ses droits et lors duquel, ni elle, ni ceux « qu'elle représente n'ont été appelés. »

On s'est demandé quelle était la nécessité de cette voie de recours ouverte à des tiers auxquels le jugement ne peut pas préjudicier, aux termes de l'art. 1351. Proudhon a seul prétendu que les tiers auxquels on opposait un jugement étaient tenus, pour se défendre, d'opposer ce moyen. On reconnaît aujourd'hui que la tierce-opposition est toujours facultative. Seulement il est quelquefois utile à une partie de l'employer pour éviter un plus grand dommage. Elle pourra en effet par ce moyen, sauf le cas de l'art. 478 Pr. civ., faire suspendre une exécution qui compromettrait peut-être irrévocablement ses droits.

Pour échapper aux conséquences de droit d'un jugement, le tiers n'a pas besoin de la tierce-opposition, mais, pour éviter les suites de l'exécution d'un jugement, le tiers n'a d'autres moyens que d'arrêter cette exécution par la voie de la tierce-opposition.

FIN.

DEUXIÈME PARTIE.

———

DE L'AUTORITÉ DES JUGEMENTS CRIMINELS A L'ÉGARD DES JUGEMENTS CRIMINELS OU DE L'AUTORITÉ DE LA CHOSE JUGÉE EN MATIÈRE CRIMINELLE.

Théorie de l'autorité de la chose jugée en matière criminelle.

Division du sujet.

Les lois criminelles infligent des peines aux auteurs de ·certaines violations du droit.

Pour appliquer ces lois, l'ordre d'une autorité est toujours nécessaire. Cet ordre se nomme condamnation. Mais il ne doit être donné qu'après qu'il a été reconnu que le fait commis par une personne est contraire à la loi pénale. Chaque application de la loi pénale exige donc qu'il soit rendu un jugement, tandis qu'en matière civile le recours aux tribunaux n'est nécessaire qu'en cas de résistance ou de contestation.

Mais les jugements criminels n'en sont pas moins de même nature que les jugements civils. Ce sont encore les décisions d'une autorité chargée de prononcer sur le rapport d'un fait avec une loi à laquelle on déclare que ce fait est conforme ou contraire.

Il s'ensuit que l'autorité des jugements criminels a le même fondement que l'autorité des jugements civils. Dès qu'on attribue à une autorité le pouvoir de prononcer sur la conformité d'un fait avec une loi, il est nécessaire que le jugement rendu par cette autorité devienne la loi de l'espèce. On n'aurait pas autrement atteint le but qu'on se proposait. L'extrême gravité des jugements criminels, loin d'entraîner une conséquence contraire, rend leur irrévocabilité encore plus nécessaire.

12

On invoque aussi d'ordinaire, pour justifier la maxime *non bis in idem*, un autre principe du droit pénal mieux senti et plus souvent exprimé : *La justice ne veut pas qu'un crime soit puni deux fois.* Ce principe justifie sans doute l'autorité des jugements de condamnation invoquée par le condamné pour repousser une nouvelle poursuite. Mais il n'explique ni l'autorité des jugements de condamnation, quand elle est opposée au condamné lui-même, ni l'autorité des jugement d'absolution. Est-il en effet bien juste, comme on le fait quelquefois, d'assimiler à une peine les chances de condamnation que l'accusé a courues ? Enfin il est évident que ce principe seul ne justifierait jamais que les jugements bien rendus. « Il faudrait, dit M. Ortolan (*El. de dr. pén.*, t. 2, p. 282), que le compte pénal eût été bien réglé. » Pour donner aux jugements erronés la même autorité qu'aux décisions justes, on est ainsi obligé de recourir à la règle qui nous paraît la seule nécessaire, la seule suffisante et par conséquent la seule exacte : *Res judicata pro veritate habetur.*

Ainsi c'est à l'irrévocabilité, qui est essentielle à tous les jugements, qu'il faut rattacher l'autorité des jugements criminels, comme celle des jugements civils.

Il s'ensuit que les mêmes règles doivent être applicables à l'une et à l'autre. Seulement, elles donnent quelquefois dans l'application des résultats différents, parce que leurs conséquences se trouvent modifiées par d'autres règles.

Ainsi l'autorité de la chose jugée ne doit appartenir qu'à la décision même du juge criminel, c'est-à-dire à la déclaration qu'il rend sur la culpabilité du prévenu. Comme en matière civile, il ne faut étendre cette autorité ni aux motifs subjectifs, ni aux motifs objectifs du jugement, c'est-à-dire ni aux divers raisonnements à la suite desquels le juge a formé sa conviction, ni même aux affirmations de fait ou de droit que l'acte énonce ou que la décision implique.

En matière criminelle comme en matière civile, l'autorité de la chose jugée n'est que relative. Un jugement n'est jamais qu'un arbitrage forcé sur l'application de la loi entre deux parties. Seulement ici l'une des parties est toujours la même. C'est la société elle-même, poursuivant la répression des délits qui l'ont troublée. On l'appelle partie publique. Mais, comme elle agit nécessairement par des représentants, il a été quelquefois difficile d'admettre toutes les conséquences de cette unité de la partie accusatrice. Cela n'est même possible que dans les législations où l'exercice de l'action publique appartient exclusivement à une autorité, à un ministère public.

A l'égard de l'accusé, du moins, le principe de la relativité reçoit sans peine toute son application.

Enfin, l'autorité des jugements criminels a les mêmes effets que celle des jugements civils. Il en résulte aussi que la déclaration d'un jugement criminel ne peut être contredite par la déclaration d'un jugement criminel postérieurement rendu entre les mêmes parties. De là, contre toute poursuite réitérée, une sorte de fin de non-recevoir. Seulement, en matière criminelle, les effets de la chose jugée ne peuvent être écartés par la renonciation des parties. L'intérêt qui est en jeu n'est pas en effet susceptible de transaction.

Le principe étant le même qu'en matière civile, nous devons, pour l'appliquer, suivre une division tout à fait analogue.

I. — Des jugements criminels.

II. — Effets des jugements criminels. Déclaration et exécution. Autorité de la déclaration résultant des diverses décisions criminelles.

III. — A quels faits s'étend la déclaration résultant des diverses décisions criminelles.

IV. — Relativité des effets de la chose jugée en matière criminelle.

V. — Effets de l'autorité de la chose jugée résultant des jugements criminels.

On a souvent voulu suivre dans cette étude la division indiquée par l'art. 1351 C. N., et rechercher successivement l'identité de la chose demandée et l'identité de la cause de la demande. Nous avons déjà critiqué cette méthode en refusant de l'appliquer en matière civile. Ici il est facile de montrer qu'elle ne serait d'aucune utilité.

On considère comme la *chose demandée* la répression même qui est le but de l'action publique. Mais toutes les poursuites criminelles tendant à cette fin, on doit reconnaître qu'elles ont toutes le même objet. On pourrait seulement distinguer par la différence de l'objet la chose jugée en matière disciplinaire de la chose jugée au criminel. Mais ne vaut-il pas mieux dire que les décisions des juridictions disciplinaires ne sont pas des jugements criminels et ne sauraient en conséquence avoir la même autorité ?

Reste donc seulement *l'identité de cause*. La cause de la demande est ici le délit poursuivi. On est donc réduit à traiter seulement de l'identité des délits sous le titre d'identité de cause.

Mais il est facile de montrer que cette méthode est vicieuse. Elle semble indiquer que la raison de décider est toujours dans l'identité des délits. Or, dans le plus grand nombre de cas, on ne prétend pas que le délit poursuivi soit identique à un délit incontestablement jugé. La difficulté est de savoir si le délit a été compris dans une décision antérieure et jugé par elle, ainsi qu'un autre délit incontestablement différent.

C'est ainsi l'étendue des décisions qu'il faut presque toujours rechercher.

La division que nous adoptons nous servira même de cadre pour l'étude sommaire que nous nous proposons de faire d'abord des règles suivies en cette matière par le droit romain et par notre ancienne jurisprudence.

DROIT ROMAIN.

Il est difficile d'indiquer avec quelque précision à partir de quelle époque une autorité particulière fut attribuée aux actes en vertu desquels les crimes étaient punis à Rome.

Dans une première période, une véritable juridiction criminelle n'existe pas encore. Elle commence seulement à se distinguer des pouvoirs législatif et administratif. On ne peut dire qu'il y ait alors une autorité de la chose jugée.

Mais quand l'organisation des *quæstiones perpetuæ* eut créé une justice régulière, le principe de l'irrévocabilité des jugements dut être bientôt admis. Nous pourrons, en effet, retrouver les règles suivant lesquelles on l'appliquait.

Nous suivrons ensuite leur transformation sous la troisième période de la procédure criminelle à Rome (1).

(1) Rudorff, *Ræmische Rechtsgeschichte*, t. 2, p. 320. — Geib, *Gesch. der ræm. crim. Proc.* — Rein, *Das Criminal-Recht der Ræmer.* — Humbert, *De l'or-*

PREMIÈRE PÉRIODE.

On peut conjecturer que la punition des crimes appartint d'abord aux pères de famille et aux prêtres.

Il est vrai que, dès le commencement, les pontifes ne paraissent plus connaître que des crimes commis par les Flamines et les Vestales.

Mais c'était peut-être comme chefs religieux plutôt que comme chefs politiques que les rois avaient alors la plénitude du droit de punir. Les rois paraissent, en effet, avoir été les premiers juges criminels à Rome. Les *duumviri perduellionis* n'étaient que leurs délégués.

Les consuls héritèrent d'abord de ce pouvoir des rois. Mais ils en furent bientôt presque entièrement dépouillés par le peuple. Dès le temps des rois, les condamnés en appelaient au peuple, au moins quand le jugement avait été rendu par les *duumviri* (1. 2, § 1, 6 ff. *De or. juris;* Cic., *Rép.*, II, 31). Sous la république, une première loi Valeria consacra d'abord le droit d'appel au peuple contre toutes les condamnations à une peine corporelle, et bientôt le principe de la juridiction populaire fut posé dans la loi des Douze Tables : « *De capite civis nisi per maximum comitiatum ne ferunto.* » Ce qui restait de la juridiction des consuls fut enfin supprimé par deux autres lois Valeriæ et par les lois Porciæ. Le peuple dans ses comices devint ainsi le seul juge criminel.

Le Sénat n'avait une juridiction criminelle que dans les provinces.

Exercé par les rois, les consuls, le peuple et le Sénat, le droit de punir se distinguait également mal de l'autorité législative ou du pouvoir administratif. « Le peuple, dit M. E. La-« boulaye (*Essai sur les lois crimin.*, p. 105), était souverain « juge, souverain administrateur et législateur suprême. « Pour punir, il suffisait que l'acte lui parût coupable, fût-il « ou non qualifié par des lois antérieures. » Les rois et les consuls avaient eu autrefois les mêmes pouvoirs. Il ne pouvait guère être question devant de pareils juges de l'autorité

ganisation de la justice crim. chez les Romains. — Laboulaye, *Essai sur les lois criminelles des Romains concernant la responsabilité des magistrats*, etc.

de la chose jugée. A vrai dire, il n'y avait pas encore de véritables jugements criminels. Les rois et les consuls condamnaient les coupables, comme ils auraient donné quelque autre ordre. Bien que d'ordinaire un citoyen paraisse avoir joué auprès d'eux le rôle d'accusateur, ils statuaient souvent d'office sur de simples dénonciations. C'est ainsi que furent condamnés les fils de Brutus. De même le peuple rendait ses jugements dans la même forme que ses décrets législatifs ou administratifs. Il était également saisi par une *rogatio* des consuls, préteurs ou questeurs dans les comices, par une *rogatio* des tribuns ou des édiles dans les tribus. Enfin, comme tout autre acte politique des consuls, leurs jugements criminels étaient soumis à l'*intercessio* des tribuns.

La juridiction des *quæstores* n'avait pas encore un caractère beaucoup mieux déterminé. C'étaient des citoyens que le peuple ou le Sénat avaient chargés de juger une affaire et qui s'acquittaient de cette mission avec l'assistance d'un conseil. Un tribunal régulier se trouvait ainsi constitué. Mais il était obligé de statuer sur l'affaire dont il avait été saisi, en sorte que l'autorité d'un jugement antérieur ne pouvait empêcher un procès nouveau, s'il n'avait pas plu au peuple de respecter la décision déjà rendue. Souvent, d'ailleurs, ces *quæstores* étaient tenus de suivre certaines instructions, et quelquefois ils n'étaient chargés que de préparer la décision réservée au peuple. C'étaient encore des jugements émanés de l'autorité souveraine et, par conséquent, affranchis de toutes règles.

DEUXIÈME PÉRIODE.

C'est seulement à partir de l'an de Rome 605 que commença à s'établir une juridiction véritable, indépendante des autres pouvoirs.

Au lieu de désigner, comme autrefois, un questeur spécial pour chaque affaire, on créa des questeurs permanents, *quæstores perpetui*, nommés pour la durée ordinaire des magistratures et chargés de juger toutes les accusations relatives à un même crime. Ainsi le *crimen repetundarum* fut d'abord attribué à un *quæstor perpetuus* par la loi Calpurnia (an 605). Des lois postérieures multiplièrent ensuite les *quæstiones*, créant toujours une *quæstio* spéciale pour chaque genre de crimes. D'ordinaire la même loi punissait le crime et créait la *quæstio*.

Le peuple n'exerça plus qu'exceptionnellement son ancienne juridiction criminelle, soit directement, soit par des questeurs spéciaux.

La *quæstio* était un tribunal régulier, présidé par le *quæstor* ou par le *judex quæstionis*, composé de citoyens pris dans l'*ordo judicum*, véritables jurés. Nous voyons dès lors que les poursuites d'office cessent presque entièrement. Les accusations ne sont reçues que suivant certaines formalités. Il faut d'abord être autorisé par le magistrat à intenter l'accusation, *postulatio*. Si plusieurs citoyens se portent en même temps accusateurs, on choisit l'un d'eux après une procédure et des débats appelés *divinatio*. L'accusateur doit ensuite faire la *nominis* ou *criminis delatio*, c'est-à-dire indiquer le crime qu'il impute à l'accusé. Le questeur dresse enfin procès-verbal du tout (*inscriptio*) et admet l'accusation (*nominis* ou *criminis receptio*).

La justice criminelle ayant ainsi reçu une organisation régulière et indépendante, l'irrévocabilité de ses décisions devait paraître bientôt un principe essentiel. Et grâce aux formalités qui précédaient le jugement, il était devenu facile d'écarter, par une sorte de fin de non-recevoir, toute accusation réitérée.

Nous allons voir, en effet, que dès cette époque le principe est reconnu et même appliqué suivant des règles certaines.

On pourrait croire que l'autorité de la chose jugée n'a été admise qu'à la fin de cette période. Le texte le plus ancien qui l'ait consacrée semble être la loi Julia *publicorum*, rappelée par Macer dans la l. 3 § 1 ff. *De præv.* :

« Si reus accusatori publico judicio ideo præscribat quod « dicat se eodem crimine ab alio accusatum et absolutum, « cavetur lege Julia publicorum, ut non prius accusetur, « quam de prioris accusatoris prævaricatione constiterit et « pronuntiatum fuerit. »

M. E. Laboulaye paraît croire, en effet, que cette disposition fut une innovation de la loi Julia et qu'avant cette réforme générale de la procédure criminelle un second accusateur n'était jamais repoussé. «Également, dit-il, il fut défendu

« d'accuser de nouveau un individu déjà acquitté pour le
« même crime, à moins qu'on ne prouvât que lors du pre-
« mier procès il y avait connivence entre l'accusateur et l'ac-
« cusé. » Mais il est, au contraire, certain que cette règle était
depuis longtemps observée. La disposition même de la loi
Julia citée par Macer est, comme nous le verrons, le sujet
d'une dissertation dans les *Partitiones oratoriæ* de Cicéron.

Il est probable que l'autorité de la chose jugée était opposée
par l'accusé sous la forme d'une *præscriptio*. Cette expression
est sans doute empruntée par Macer à la loi Julia elle-
même. Elle est aussi employée par Quintilien (Decl. 226).
On peut supposer qu'après la *nominis delatio* et avant la *nominis receptio* l'accusé proposait ce moyen comme une fin
de non-recevoir. En cas de contestation il y avait jugement
sur ce point par le questeur peut-être assisté de juges. C'est
ainsi que dans l'hypothèse de la loi 3 *De præv.* il y a *pronun-
ciatio* incidente sur la prévarication de l'accusateur précédent
et que cette décision est assimilée à un *publicum judicium*.

C'était un devoir rigoureux pour les magistrats d'écarter
ainsi toute accusation contraire à l'autorité d'un premier jugement. Et il semble que, même dans les provinces, ce principe était généralement respecté. Sopater, absous par le préteur précédent, était accusé des mêmes faits devant Verrès :
« Res Sopatro facilis videbatur, dit Cicéron, et quod erat inno-
« cens et quod Sacerdotis judicium improbare istum ausurum
« non arbitrabatur. » Il fut pourtant condamné par Verrès.
Mais Cicéron reproche violemment à Verrès cette violation du
principe, « de re judicata judicasse » (Cic. *in Ver.*, III, c. 32).

On invoquait devant les juges le moyen tiré de l'autorité
de la chose jugée, soit que l'accusation eût été admise malgré
la *præscriptio* ou à défaut de *præscriptio*, soit que le jugement antérieur fût contraire à l'accusé. Les juges pouvaient,
il est vrai, plus librement écarter ce moyen, car ils résol-
vaient par un seul vote affirmatif ou négatif toutes les questions du procès. Toutefois, ils devaient aussi en général respecter les décisions antérieures. Nous voyons, en effet, Cicéron
combattre avec un soin tout particulier les préjugés qu'on
voulait tirer contre son client Cluentius de divers jugements
antérieurs : « Solent in judicando ne ab aliorum judiciis dis-
« crepent providere » (*pro Cluentio*, 22).

Le principe de l'autorité de la chose jugée était donc reconnu et généralement observé par les magistrats et par les juges. Nous pouvons même indiquer les règles selon lesquelles il était alors appliqué, en suivant les principales divisions que nous avons adoptées.

I. — *Des actes considérés comme des jugements criminels.* — On distinguait avec soin les véritables jugements criminels des autres actes de l'autorité publique. Quand Cicéron combat les préjugés divers qu'on oppose à Cluentius, il s'attache à enlever aux actes qu'on invoque le caractère de jugements. Ainsi il écarte d'abord une décision des censeurs, comme n'ayant pas l'autorité de la chose jugée. « Nunquam majores neque judicium nominarunt, neque perinde ut rem judicatam observaverunt » (*pro Cl.*, 42). Plus loin, c'est à un sénatus-consulte qu'il refuse la même autorité (C. 49).

Nous avons déjà énuméré les juridictions criminelles de cette période. Il faudrait joindre à leurs décisions quelques jugements rendus en matière de *delicta privata* et d'*actiones populares*. Mais nous retrouverons cette question dans la période suivante et nous l'examinerons alors.

II. — *Diverses décisions des jugements criminels.* — Toute décision des *quæstiones* était toujours pour la condamnation ou l'absolution de l'accusé. Tous les jugements étaient ainsi définitifs et emportaient affirmation ou négation des crimes poursuivis. Il est vrai que le juge dont l'opinion n'était pas arrêtée inscrivait sur sa tablette N. L., *non liquet*. Mais dans le cas où la majorité des suffrages avait été ainsi exprimée, il n'y avait pas acquittement provisoire. On procédait immédiatement à de nouveaux débats, *ampliatio*, jusqu'à ce qu'il y eût une majorité pour la condamnation ou pour l'absolution.

Quelques procès criminels se terminaient par une décision qui complétait la condamnation, mais qu'il en faut distinguer. Dans les accusations *repetundarum*, *peculatus* et autres qui donnaient lieu à des restitutions, le questeur se joignait à la majorité des juges pour estimer les sommes que le condamné devait restituer. On appelait cette décision *litis* ou *litium æstimatio*. Elle complétait d'ordinaire la condamnation, mais elle l'étendait aussi quelquefois. On ne se contentait pas en effet pour déterminer les sommes dont la restitution devait être exigée, de prendre en considération les faits pour lesquels l'accusé était condamné. On tenait compte également des sommes qu'il paraissait devoir à raison de faits non poursuivis, mais établis par les débats : « Litem æstima- « tam fieri non solum ex titulo propositi criminis sed etiam « ex aliis probationibus quæ ex ante actis rebus apud judices « constiterunt » (*Pseudo-Asconius in Act. i. in Ver.*). Mais la *litis æstimatio* n'était pas considérée comme un jugement. Elle n'équivalait pas pour les faits étrangers à l'accusation à une condamnation véritable. Les mêmes citoyens accusés pour les faits constatés dans la *litis æstimatio* pouvaient être absous. A plus forte raison, la *litis æstimatio* ne préjudiciait pas au tiers qu'on avait considéré dans la *litis æstimatio* comme ayant reçu les sommes dilapidées. C'est ce que Cicéron nous fait connaître (*pro Clu.*, 41). Il conclut ainsi : « Æsti- « mationem litium non esse judicium » (V. *pro Rab. Post.*, 4, 13).

III. — *Étendue de la décision des jugements criminels.* — L'effet des jugements criminels était soigneusement restreint aux crimes compris dans l'accusation. Il était évident qu'en absolvant l'accusé les juges n'avaient nié que les crimes qu'ils auraient pu affirmer en le condamnant. Or, la *quæstio* ne pouvait pas se saisir d'un crime autre que celui qui avait été indiqué dans la *nominis receptio*. Elle ne serait pas seulement sortie des bornes de l'accusation. Elle aurait même dépassé les limites de sa juridiction. Nous avons vu, en effet, qu'à chaque *quæstio* était attribuée la connaissance d'un seul genre de crimes. Il y avait ainsi une double raison pour que l'absolution ne fût pas étendue au-delà des faits constituant le crime poursuivi. De là ces accusations plusieurs fois reproduites sous des qualifications différentes, quelquefois même sous des qualifications identiques mais en vertu de lois différentes.

Les faits que Cicéron imputait à Verrès pouvaient être l'objet de plusieurs accusations. Cicéron l'avait accusé seulement du *crimen repetundarum*. Mais il déclare que, si Verrès est absous, il poursuivra la punition de ses méfaits sous toutes les qualifications qu'ils peuvent recevoir.

Je ne saurais mieux traduire qu'Ayrault : « Cicéron, accu- « sant Verrès, dit aux juges en plusieurs lieux, s'il eschappe

« ceste accusation de repetundis, je l'accuseray de péculat.
« Sortira-t-il encore de ce pas-là? Je l'accuseray de perduel-
« lion. Et s'il fait bien démonstration que l'accusant de rechef
« il lui réfriqueroit tous les crimes desquels néantmoins il
« auroit été renvoyé » (*Ayrault*, p. 401 et seq. Cic. *in
Ver.*; II, 5).

L'histoire de Rome offre beaucoup d'exemples d'accusations ainsi répétées.

Milon fut accusé à la fois pour les faits relatifs au meurtre
de Clodius *lege Pompeia de vi, lege Pompeia de ambitu, lege
Licinia de sodalitiis, lege Plautia de vi*. Il était ainsi traduit
devant quatre *quæstiones* différentes pour le même fait et il se
trouva même cité à comparaître le même jour devant deux
de ces tribunaux (*Asc. in Mil.*, p. 39). La loi *Pompeia de vi*
avait organisé une *quæstio* spéciale pour la poursuite des
meurtriers de Clodius. Un des complices de Milon, Saufeius,
fut aussi poursuivi d'abord *Pompeia lege* et, après son acquittement, « repetitus est post paucos dies lege Plautia de vi,
« subscriptione ea quod loca superiora occupasset et cum
« telo fuisset. » On voit comment on savait déjà considérer
un même fait sous divers aspects, l'amoindrir même, afin de
le poursuivre de nouveau sous une qualification différente
(*Asc. in Mil.*, p. 54, 55). C'est ainsi encore que Sextus avait
été accusé à la fois *de vi* et *de ambitu* (Cic. *ad Quint.*, II, 3) et
Gabinius *de ambitu* et *majestatis* (Cic. *ad Quint.*, III, 2).

On voit que, pour rendre une nouvelle accusation recevable, il n'était pas toujours nécessaire de changer la qualification des faits. Il suffisait d'invoquer une loi différente. On
considérait comme différents deux *crimina* identiques quant
aux faits qui les constituaient, mais établis par des lois différentes, jugés par des *quæstiones* différentes instituées en
vertu de ces lois. Plus tard seulement on admit l'identité des
accusations malgré la diversité des lois. Ce fut la décision
d'un sénatus-consulte rappelé dans la l. 14 ff. *De accus.*
« Senatus censuit ne quis ob idem crimen pluribus legibus
« reus fieret. » Cujas détermine ainsi l'origine et le sens de
ce sénatus-consulte : « Puto hoc S. C. factum auctore Ves-
« pasiano quem Suetonius nominatim scribit vetuisse de ca-
« dem re agi pluribus legibus. Ut ecce de læsa majestate
« sunt tres leges, L. Julia, L. Cornelia, L. Apuleia. An iis

« omnibus legibus deferri potest? minime sed tantum una. »
(Cuj. ad l. 9, C. *De acc.*).

Mais on voit qu'au temps des *quæstiones* la règle contraire
était admise. Elle était alors sinon justifiée, du moins expliquée par la diversité des *quæstiones.*

IV. — *Relativité de l'autorité de la chose jugée.* — Le caractère relatif de l'autorité de la chose jugée paraît avoir
toujours été reconnu par les Romains même en matière
criminelle. Nous savons seulement que les effets de ce
principe sont modifiés par la qualité dans laquelle agissent
les parties.

Ainsi à l'égard de l'accusateur la chose jugée au criminel
devait avoir, sauf quelques exceptions, un effet absolu. L'accusateur agissait moins en son nom personnel que comme
citoyen et dans l'intérêt public. Il représentait tous les citoyens accusant par son ministère. Il fallait seulement empêcher qu'un coupable ne pût se soustraire aisément à la
justice en apostant un accusateur qui colluderait avec lui.
Mais sauf ce cas de prévarication, l'absolution devait mettre
l'accusé à l'abri de toute nouvelle poursuite.

Nous avons vu que le principe et l'exception étaient écrits
dans la loi *Julia publicorum* (3 § 1, ff. *De præv.*). Nous avons
toutefois indiqué que cette disposition ne pouvait être considérée comme une innovation de la loi Julia. Cicéron, traitant
de la définition dans ses *Partitiones oratoriæ*, choisit l'exemple suivant. Un accusé a été absous *pecunia*. Il est repris.
L'accusateur soutient que son action est recevable parce
qu'il y a eu prévarication et il définit la prévarication
omnem judicii corruptelam ab reo. Mais l'accusé répond
que ce mot a un sens plus restreint, *non omnem sed tantum-
modo accusatoris corruptelam ab reo.* Cicéron indique comment cette question doit être discutée. L'un invoquera l'usage
et le sens ordinaire du mot, l'autre l'équité et la raison. Il est
probable que la question était en effet encore indécise.

A l'égard d'un autre accusé, les jugements criminels étaient
certainement sans effet juridique.

Quant aux jugements d'absolution, le vote non motivé et
la rédaction si laconique de la sentence ne permettaient pas
de reconnaître si les juges avaient nié le fait même ou seulement la culpabilité de l'accusé. On voit d'ailleurs dans les

plaidoiries de Cicéron combien de motifs étrangers à la cause déterminaient les acquittements.

Il semble aussi qu'on n'a jamais pu se demander si la condamnation d'un accusé devait nuire à ses complices. Il est en effet certain que jamais une accusation n'était portée devant une *quæstio* à demi jugée. Les juges avaient toujours à décider cette question : « l'accusé est-il coupable du crime indiqué dans la *nominis receptio?* » Ils avaient ainsi tout pouvoir d'appréciation.

La condamnation d'un complice ne pouvait donc être invoquée contre l'accusé comme un moyen de droit. Nous voyons que du moins elle fournissait à l'accusation un argument très-redouté. Cicéron écarte avec le plus grand soin les préjugés qu'on tire contre son client Cluentius des condamnations prononcées contre les juges qu'il était accusé d'avoir corrompus. Il explique au contraire la condamnation d'Oppianicus par la force des préjugés qui s'élevaient contre lui. Comment aurait-il été absous après la condamnation de ses deux complices? « Si ipsum Oppianicum bis suis judiciis « condemnatum absolvissent, quis tantam turpitudinem « judiciorum, quis tantam inconstantiam rerum judicata- « rum, quis tantam libidinem judicum ferre potuisset » (*Pro Cl.* 22).

V. — *Effets de l'autorité de la chose jugée.* — Nous avons vu comment se produisait le principal effet de l'autorité de la chose jugée par le moyen d'une *præscriptio*.

Peut-être avait-on douté que l'autorité de la chose jugée pût être opposée à l'accusé lui-même demandant à être jugé de nouveau. Cette question est, en effet, le sujet d'une déclamation de Quintilien (décl. 226). Un citoyen condamné pour trahison et ayant depuis bien mérité de la patrie, « petit ut « iterum causam suam agat. » Mais l'accusateur s'y oppose. « Præscribit quod bis de eadem re agere non licet. » Nous voyons toutefois le même Quintilien donner pour sujet de discussion des questions qui certainement n'étaient pas douteuses de son temps, et, par exemple, le principe même de l'autorité de la chose jugée (décl. 372).

Quand les jugements criminels appartenaient aux consuls, leurs effets étaient suspendus par l'*intercessio* des tribuns ou la *provocatio ad populum*.

Les jugements des *quæstiones extra ordinem* et des *quæstiones perpetuæ* ne pouvaient être l'objet, ni de l'*intercessio*, ni de la *provocatio*. C'étaient, en effet, des jugements émanés indirectement du peuple.

Mais il appartenait au peuple, en vertu de son omnipotence souveraine, de faire cesser les effets des jugements criminels. Nous voyons qu'il usa très-souvent de ce pouvoir, soit pour annuler des condamnations et réhabiliter des condamnés, soit pour juger ou renvoyer devant une *quæstio extra ordinem* des accusés déjà absous.

L'histoire romaine offre en très-grand nombre des exemples de réhabilitation. Le peuple réparait ainsi, bien tardivement quelquefois, son injustice et son ingratitude envers les plus grands citoyens. Furent ainsi condamnés et réhabilités ensuite : Camille (T.-L., v, 46), Popilius (Cic. Brut., 128), Métellus (Diod., p. 36), Marius (Appien, 1, 70), Cicéron (Plut. in Cic., 33). Ces lois étaient une véritable atteinte à l'autorité de la chose jugée. Et Cicéron les qualifiait sévèrement quand il ne les approuvait pas : « *Judiciorum perturbationes, rerum judicatarum infirmationes, restitutio damnatorum* » (in leg. agr., ll, 4).

Mais le peuple méconnaissait surtout l'irrévocabilité des jugements criminels quand il mettait de nouveau en accusation un citoyen précédemment absous. Le plus ancien exemple est celui de ces vestales acquittées par les pontifes et condamnées sur une nouvelle poursuite, « non par appel, sui-« vant l'expression d'Ayrault, mais par loy et ordonnance du « peuple. » Les pontifes avaient absous ces vestales. Mais des prodiges vinrent effrayer le peuple. On crut que les dieux demandaient la punition de ces femmes. Un tribun proposa au peuple de refaire leur procès. « Pontificem maxi-« mum totumque collegium male judicasse criminatus, ro-« gationem tulit, ut extra ordinem populus prætorem faceret « qui de incesto quæstionem exerceret. » On nomma L. Cassius, et Tite-Live rapporte que sa fermeté ne trompa pas l'attente publique (an 638 de Rome, T.-L., xvııı, 5 et sq.).

C'est ainsi que Cicéron se proposait de s'adresser au peuple, en sa qualité d'édile, si Verrès était acquitté par toutes les *quæstiones* auxquelles il voulait successivement le déférer. Comme les juges choisis parmi les sénateurs paraissaient fa-

vorables à Verrès, Cicéron répétait souvent qu'il épuiserait
contre Verrès toutes les qualifications criminelles et qu'enfin
il recourrait au peuple lui-même. « Hanc ego causam cum
« agam beneficio populi romani de loco superiore, non ve-
« reor ne aut istum vis ulla ex populi romani suffragiis eri-
« pere aut a me ullum munus ædilitatis amplius aut gratius
« populo romano esse possit » (in. Ver., ii, 5).

Cicéron nous donne un autre exemple de ce droit de révision que s'arrogeait le peuple sur les jugements criminels
« Hominem (*Clodius*) populus revocat et retrahatur necesse
est » (ad. Quint. frat. II, 6).

TROISIÈME PÉRIODE.

La destruction de la république devait amener une révolution semblable dans l'organisation judiciaire. Le véritable
juge en matière criminelle avait été le peuple jugeant soit
directement, soit par les commissions qu'il créait sous le
nom de *quæstiones*.

Toute la constitution impériale consiste dans l'attribution
au prince de tous les pouvoirs que le peuple avait exercés lui-
même ou par ses magistrats. La juridiction criminelle devait
appartenir à l'empereur ou à ses délégués. Mais on sait que
les institutions de la république conservèrent quelque temps
une existence apparente sous le règne du principe qui devait
les étouffer. Ce ne fut ainsi qu'à partir du deuxième siècle
après J.-C. que les *quæstiones perpetuæ* disparurent complétement.

La compétence criminelle du Sénat fut d'abord étendue,
comme ses pouvoirs politiques avaient pu paraître agrandis.
Mais bientôt les empereurs retirèrent au Sénat la juridiction
qu'il avait un moment exercée. Dès lors, l'exercice du droit
de punir fut tout entier entre les mains de l'empereur et de
ses délégués. Ceux-ci étaient à Rome le *préfet du prétoire*, le
préfet de la ville, le *præfectus annonæ*, le *præfectus vigilum*,
en Italie et dans les provinces, des gouverneurs dont les noms
variaient suivant les temps et les pays, *juridici*, *correctores*,
præsides. Les *magistrats municipaux* connaissaient enfin des
moindres délits. Depuis ces derniers jusqu'au prince, il y
avait ainsi une hiérarchie de juges, les plus élevés connais-

sant des crimes les plus graves et jugeant les appels des délits moindres.

On sait que la procédure ne subit pas des modifications moins graves, ni moins malheureuses. La publicité fut toujours restreinte et quelquefois tout à fait supprimée. La torture fut appliquée aux hommes libres et la poursuite d'office de plus en plus pratiquée. On aurait pu croire que l'autorité de la chose jugée serait du moins mieux respectée par cette sorte de magistrature. Il semble cependant impossible de le conjecturer. Nous verrons les jugements criminels aussi facilement rescindés par la volonté du prince qu'ils avaient pu l'être autrefois par les votes du peuple. On augmenta de plus le nombre des cas où une seconde poursuite pour un même fait était exceptionnellement reçue. On conserva, au contraire, la règle qui restreignait les effets de l'absolution aux crimes indiqués dans la *nominis exceptio,* bien que les pouvoirs du juge fussent alors plus étendus.

I. — Nous avons déjà sommairement indiqué les fonctionnaires qui rendaient des jugements criminels. Remarquons seulement qu'il devait être assez souvent difficile de distinguer les jugements criminels des actes purement administratifs émanés des mêmes fonctionnaires.

A côté des *judicia publica et extraordinaria* se placent complétement développés à cette époque le système des *actiones populares* et celui des *delicta privata.*

Les *actiones populares* avaient pour but de réprimer certains faits semblables en général à nos contraventions de police. Elles pouvaient être exercées par tous les citoyens. Mais le jugement rendu sur la poursuite d'un citoyen était opposable à tout autre, sauf encore le cas de prévarication (l. 3, § 1 ff. *De pop. act.*).

Les actions des *delicta privata* donnent lieu à une difficulté sérieuse.

Savigny définit ainsi le double caractère de ces actions. « Elles appartiennent, dit-il, au droit criminel par leur principe et leur but, au droit privé par leur forme et leurs effets» (*Oblig.*, t. 2, p. 450). Devait-on, au point de vue de l'autorité de la chose jugée, considérer les jugements rendus en cette matière comme des jugements civils ou comme des jugements criminels. Dans le premier cas ils n'auraient pas empêché une poursuite criminelle postérieure et auraient même été, comme nous le verrons, sans aucune influence sur sa décision (l. 1, C. *Quando civ. act.*). Dans le second, la poursuite criminelle devenait irrecevable, deux jugements criminels ne pouvant être rendus sur le même délit.

Les jurisconsultes romains ont eu sur cette question une théorie qu'il n'est pas facile de justifier.

Au point de vue du concours des actions pénales privées avec les *judicia publica,* ils ont considéré certaines actions pénales comme de simples actions civiles, celles qui sont *de re familiari,* et quelques autres comme de véritables actions criminelles, celles *quæ magis ad ultionem pertinent.*

Paul range dans la première catégorie à côté des interdits *Unde vi* et *de tabulis testamenti exhibendis,* actions certainement civiles, les actions *legis Aquiliæ, furti et vi bonorum raptorum* (l. 4, ff. *De publ. jud.*). L'action *vi bonorum raptorum* pouvait être ainsi cumulée avec le *crimen* des lois *de vi* (l. 25, ff. *De vi bon. rapt.*). La l. 23, § 9, ff. *ad. l. Aq.* nous montre l'action *legis Aquiliæ* se rencontrant avec le *crimen legis Corneliæ.* « Si lege Aquilia actum erit, præjudicium fieri « legi Corneliæ non debet. » Cujas remarque très-bien que les lois précédentes disent au contraire : *præjudicium fieri* et ont cependant le même sens. C'est qu'en effet dans la l. 23, § 9, *ad. l. Aq., præjudicium* signifie fin de non-recevoir, tandis que, dans les lois précédentes, il signifie simple préjugé moral. Quant à l'action *furti* il est probable qu'elle ne pouvait être ainsi opposée qu'au *crimen legis Fabiæ.*

Comment pouvait-on dire que ces trois actions, l'une entièrement pénale, les deux autres mixtes, n'étaient que des actions civiles, *de re familiari.* Il est vrai seulement de l'action *legis Aquiliæ* que, dans cette action, la réparation d'un dommage est le but principal. « De damno principaliter agi-« tur » (l. 7, § 1 *De inj.*).

Peut-être considérait-on qu'il s'agissait après tout de la réparation bien qu'excessivement large d'un préjudice matériel ? Cette conjecture semble confirmée par un texte de Paul expliquant une différence qu'il fait entre *l'actio injuriarum* et l'action *furti.* « Magis enim vindictæ quam pecuniæ habet « persecutionem » (l. 2, § 4, ff. *De collat.*).

Les actions pénales de la seconde catégorie ont à l'égard

13

des jugements criminels le même effet qu'un véritable jugement criminel.

Ces actions sont celles qui ont pour objet direct et unique
la répression, « vindicationem solam non rem familiarem. »
Cujas fait remarquer que Paul indiquait sans doute ces actions
après la phrase rapportée dans la l. 4 *De publ. jud.* On peut,
du moins, citer quelques-unes de ses actions. Telle était l'*actio
injuriarum.* On n'aurait pas pu agir d'abord par cette action,
puis *lege Cornelia* (l. 6, l. 7, § 1, *De inj.*), ni exercer l'*actio injuriarum* après avoir intenté le *crimen legis Corneliæ.* « Quia,
« dit Cujas, in utroque judicio idem omnino principaliter ve-
« nit, nempe vindicta sola. » L'*actio de moribus* avait le même
effet à l'égard du *crimen legis Juliæ de adulteriis* (l. 11, § 3, ff.
ad. l. J. De ad.). On peut aussi ranger dans la même classe
l'action *sepulchri violati.* Julien dit en effet : « Non ad rem fami-
« liarem sed magis ad ultionem pertinet » (l. 6, ff. *De sep. viol.*).

Sous l'empire, une nouvelle forme de poursuites se trouva
en concours avec les actions pénales privées. Les magistrats
purent connaître de tous les *delicta privata extra ordinem.*
Ils ordonnaient la réparation du dommage et ils infligeaient
une peine arbitraire (l. 9, ff. *De priv. del.*; l. 56, § 1, ff. *De furt.*;
l. 45, ff. *De inj.*). Mais l'offensé ne pouvait exercer à la fois
ces deux recours. Il devait choisir. L'accusation *extra ordinem* n'était pas recevable après le jugement sur l'action privée (l. 56, § 1, l. 92, ff. *De furt.*). Savigny nous paraît conjecturer avec raison que, dans ce cas, la poursuite extraordinaire
n'aurait pas mieux pu être exercée par un nouvel accusateur.
Nous pensons qu'il en faut dire autant du cas où l'exercice
de l'*actio injuriarum* s'oppose, suivant les textes que nous
avons cités, au *crimen legis Corneliæ.*

II. — La décision ne pouvait être que la condamnation ou
l'absolution de l'accusé.

Toutefois, dans divers cas, il fallait distinguer d'une absolution véritable certaines décisions rendues en faveur de
l'accusé. Dans ces hypothèses il n'y avait pas eu jugement sur
le fond, négation du délit, mais seulement rejet de l'accusation qui pouvait d'ailleurs être reprise.

Ainsi il y avait lieu à *exceptio ex reis :* 1° *Si libelli inscri-
ptionum legitime concepti non sint ;* 2° dans les cas d'*abolitio
privata ;* 3° dans les cas d'*abolitio publica.*

Quand l'accusateur décédait ou se désistait de la poursuite, le magistrat, à la demande de l'accusé, le mettait hors de cour : *Nomen rei aboletur*. Il n'y avait pas alors jugement sur le fond. Toutefois le précédent accusateur ne pouvait reprendre la poursuite qu'avec l'autorisation du prince (l. 1, C. *De abol.*) et aucune autre personne n'était admise à renouveler la même accusation après un délai de trente jours (l. 3, § 4, l. 11. § 2, ff. *De acc.*).

L'abolitio dite *publica* avait lieu « ob diem insignem aut « publicam gratulationem vel ob rem prospere gestam» (l. 8, 9, ff. *ad S. C. Turp.*). C'était un reste de l'ancien *justitium*. L'accusation devait encore être reprise dans les trente jours suivants.

III. — Nous avons vu avec quelle rigueur, dans la période précédente, l'effet de l'absolution était restreint au *crimen* indiqué dans la *nominis receptio*.

La seule modification que cette règle ait subie dans la troisième période, paraît être celle que nous avons déjà indiquée. Depuis le sénatus-consulte rapporté par la l. 14, ff. *De acc.*, il ne fut plus permis de poursuivre le même *crimen* autant de fois qu'il y avait de lois différentes qui l'eussent puni.

Il semble cependant que l'ancienne règle aurait dû être modifiée. Autrefois la *quæstio* ne pouvait connaître que du *crimen* pour lequel elle avait été instituée et que l'accusateur lui avait déféré. Elle n'avait donc pu juger toute autre incrimination se rapportant au même fait. Au contraire, les fonctionnaires de l'empire connaissaient de tous les crimes et pouvaient les poursuivre d'office. Quand la poursuite avait eu lieu d'office, on aurait dû évidemment admettre que l'absolution entraînait négation de toutes les incriminations dont les faits étaient susceptibles. Même au cas où la poursuite avait été intentée par un accusateur, n'aurait-il pas fallu appliquer la même règle? Le juge avait pu, en effet, substituer la poursuite d'office à l'accusation et affirmer une incrimination autre que celle indiquée par l'accusateur.

Mais, d'une part, nous n'avons aucun texte relatif au cas de poursuite d'office et, d'autre part, les textes qui se rapportent à l'hypothèse d'une accusation sont conformes à l'ancienne règle. La l. 11, C. *De acc.*, suppose qu'un individu accusé d'homicide a été absous. Un second accusateur se présente. On décide que, s'il ne peut faire tomber le premier jugement en prouvant la prévarication du premier accusateur, il devra « ad sequens crimen, id est pastorum latronumve « descendere. » La poursuite sera recevable, bien que le fait incriminé soit le même, parce que la qualification a été changée. Qu'était-ce que ce *crimen pastorum?* Accurse le faisait descendre « a Caino et Abele. » Cujas indique une origine très-probable et qui explique très-bien la décision de la l. 11. « Il ne s'agira plus, dit-il, d'une accusation homicidii cujus « absolutus sit, sed latrocinii aut seditionis et tumultus con-« citati in rempublicam. » Quant au nom du crime, il serait dû aux brigandages commis sous les empereurs Dioclétien et Maximien, auteurs de la l. 11. Cujas rappelle, en outre, qu'à d'autres époques de l'histoire romaine on avait eu de tels excès à réprimer (*Florus Ep. Cic. in Frum.*).

Aucun texte ne se réfère à l'hypothèse où un jugement criminel serait opposé à un autre accusé.

Le principe qui écartait un second accusateur est souvent rappelé (l. 7, § 2, ff. *De acc.*, Paul, l. 1, t. VI, § 1. C. *De acc.*). La l. 3 C. *Quibus res jud.* semble, il est vrai, donner une décision contraire : « Et in accusationibus his qui congressi in « judicio non sunt officere non posse, ne quid forte præjudicii « videatur esse oblatum. » Mais il n'est pas possible que les empereurs Dioclétien et Maximien se soient mis en contradiction avec leur propre constitution rappelée dans la loi 9 C. *De acc.* On peut admettre, soit que la loi 1 C. *Quibus* prévoit l'hypothèse où un jugement criminel serait invoqué au civil contre un tiers, soit plutôt qu'elle doit être restreinte au cas où on opposerait un jugement criminel à un autre accusé.

Mais, dans cette dernière période, la règle souffre un bien plus grand nombre d'exceptions.

L'ancienne disposition de la loi *Julia de publicis judiciis* est toujours en vigueur (l. 3, ff. *De prœv.*, l. 3, § 13, ff. *De h. lib. exh.*, l. 11 C. *De acc.*). Un second accusateur est donc admis, s'il prouve la prévarication du premier.

Nous avons vu que Cicéron se demandait s'il fallait admettre la nouvelle accusation dans le cas où l'accusé aurait été absous grâce à la corruption des juges et non à la prévarication de l'accusateur. Cette question n'était peut-être pas encore résolue. Cujas admet l'affirmative.

Mais une nouvelle exception porte maintenant une plus grave atteinte au principe.

Dans les l. 7, § 2, ff. *De acc.*, et l. 4, § ult., ff. *Ad. leg. Jul. de ad.*, Ulpien admet la nouvelle poursuite : « Si is qui nunc « accusator exstitit suum dolorem persequatur doceatque « ignorasse se accusationem ab alio institutam : magna ex « causa admitti eum ad accusationem debere... » La raison qu'il donne n'est évidemment pas fondée : « quoniam res « inter alios judicatæ aliis non præjudicant. » Si ce principe était applicable à l'accusateur, il faudrait toujours admettre la poursuite d'un accusateur nouveau. Cette nouvelle exception était donc loin d'être justifiée.

Il faudrait bien moins encore approuver la troisième exception que M. Faustin Hélie croit trouver dans la l. 11, C. *De acc.* « La première accusation, dit-il, demeurait comme non « avenue, si l'absolution de l'accusé n'avait été due qu'au « défaut de preuves. » La loi 14 suppose, il est vrai, que l'accusé a été absous parce que l'accusateur n'a pas fait la preuve du crime (*neque probaverit ideoque reus absolutus est*). Mais la l. 11 n'ouvre au nouvel accusateur que ces deux recours, *prævaricationis arguere* ou *ad sequens crimen descendere*. Jamais il ne suffit que l'absolution ait eu pour cause le défaut de preuve pour qu'une nouvelle accusation soit recevable.

Toutes ces décisions n'étaient évidemment pas applicables au cas où la poursuite avait eu lieu d'office. Il est probable que, lorsqu'il doutait, le juge qui avait poursuivi d'office ne rendait pas un jugement d'absolution. Il abandonnait seulement la poursuite.

V. — Les effets de l'autorité de la chose jugée étaient contrariés par les effets de l'appel.

De même que les jugements criminels avaient été annulés par un vote du peuple, ils purent être anéantis par un décret de l'empereur.

Il est probable que les empereurs firent souvent usage de ce droit pour réviser des jugements de condamnation injustes ou illégaux. Divers textes nous présentent ce droit comme incontestable, mais comme exclusivement propre à l'empereur (l. 27, l. 3 § 1 *De pœnis*).

Comme le peuple, les empereurs n'ont pas toujours respecté les jugements d'absolution.

Ayrault cite le cas de la vestale Maximilla rapporté par
Suétone. Mais le texte ne nous paraît pas indiquer suffisamment qu'il n'eût pas été commis des faits nouveaux depuis le
premier jugement.

Un exemple incontestable et qui ne peut être considéré
comme un excès de pouvoir d'un tyran tel que Domitien est
celui qu'Ayrault emprunte à Pline le Jeune (Ep., l. vii, 6) :
« Et le jeune Pline rapporte qu'une mère qui avait accusé
« de vénéfice les affranchiz de son defunct fils : jaçoit qu'a-
« près la question ils eussent été renvoyés par sentence de
« J. Servianus : impétra néantmoins de Trajan que le mesme
« juge en cogneust derechef, sous prétexte de nouvelles
« preuves. Mais parce qu'elle n'apporta rien plus que ce
« qu'elle avait faict au commencement, Pline se glorifie, es-
« crivant à Macrin d'avoir en se taisant fort bien défendu les
« accusez. »

ANCIEN DROIT.

En matière criminelle comme en matière civile, notre ancien droit a emprunté au droit romain le principe de l'autorité de la chose jugée et les règles qu'il a suivies dans l'application de ce principe.

Ces règles ne semblent avoir été comprises et reproduites
qu'à partir du xvie siècle. Mais le principe lui-même apparaît
dès une époque bien antérieure.

Nous avons cru reconnaître dans les formules de l'époque
franque quelques traces d'une sorte d'autorité de chose jugée
appliquée même en matière civile.

Il est du moins incontestable que les *securitates* rapportées par les recueils de formules avaient pour but d'assurer
l'irrévocabilité et le respect de ces compositions qui tenaient
lieu alors de condamnations pénales. (V. not. Lindenbrog,
form. 124, et Sirmond, form. 39.)

Le principe de l'autorité des jugements criminels est bientôt
reproduit avec sa forme romaine par deux capitulaires de la
collection de Benedictus Levita :

L. VII, cap. 163. « De his criminibus de quibus abso-
« lutus est accusatus refricari accusatio non potest. »

Ibid. cap. 291. « De his criminibus de quibus quis ab-

« solutus est ab eo qui accusavit refricari accusatio non
« potest. »

Il est permis de supposer que les termes de ces capitulaires
ont été empruntés à un texte du droit canonique. On lit en
effet dans les Décrétales de Grégoire, lib. v, t. 1, c. 6, cette
décision d'un concile dont la date est certainement contem-
poraine du premier capitulaire que nous avons cité.

« Ex concilio Maguntino.

« De his criminibus de quibus absolutus est accusatus non
« potest accusatio replicari *ou* refricari. »

Ce serait ainsi au droit canonique que nous devrions l'introduction du principe romain.

L'époque féodale a connu la maxime *non bis in idem*. Peut-
être même les moyens de preuve usités alors entraînaient-ils
plus qu'aucun autre l'irrévocabilité du jugement ? Les épreu-
ves et le duel judiciaire étaient deux formes du jugement de
Dieu. Comment n'aurait-on pas respecté cette décision ?

Beaumanoir connaît déjà les dispositions du droit romain
sur l'autorité de la chose jugée en matière civile. Il parle
aussi de l'autorité de la chose jugée en matière criminelle.
Traitant des défenses sur gages, il s'exprime ainsi : «La quarte
« reson se est se cil qui est appeles a esté autrefois appele
« pour cel propre cas et s'en parti de cort par jugement. Car
« autrement ne prenroient james li appel fin, se cil de lignage
« pooient appeler l'un après l'aultre d'un meisme fet, puis-
« que li apelès seroit delivrés, par jugement, du premier ap-
« pel » (p. 417, éd. Beugnot).

Dans le même temps Pierre de Fontaines traduit et am-
plifie, sans les bien comprendre, plusieurs textes romains relatifs au cumul des accusations (chap. 24).

On trouve à peine quelques mots qui soient relatifs à la
chose jugée au criminel ou au civil dans la Somme rurale (p. 707) et dans le Grand Coutumier (l. 2, ch. 44 et
3, c. 9).

C'est à partir du xvie siècle que les anciennes règles du
droit romain sont recherchées et acceptées par notre pratique.

Ces règles auraient dû subir deux modifications importantes, en passant dans notre droit.

Nous avons vu le droit romain restreindre l'effet des jugements aux crimes mêmes qui avaient été poursuivis, en sorte que les mêmes faits pouvaient être repris sous une qualification différente. On avait eu raison d'admettre cette décision dans la 2ᵉ période de la procédure criminelle à Rome. Sous la 3ᵉ période, le pouvoir qu'avait le juge de changer le titre de l'accusation aurait déjà dû faire modifier l'ancienne règle. Il y avait au XVIᵉ siècle une raison de plus pour interpréter largement les jugements d'absolution. Non-seulement le juge pouvait agir d'office et se saisir ainsi lui-même de tous les crimes dont il rencontrait quelque indice. Mais l'accusation elle-même n'était plus abandonnée aux seuls particuliers. Le ministère public, comme partie principale ou partie jointe, était ou pouvait être toujours le véritable accusateur.

On aurait dû surtout répudier, dès le commencement, toutes les règles romaines se rapportant aux poursuites intentées par un second accusateur. L'existence du ministère public supprimait en effet ces questions.

Mais on fut bien loin de rejeter la règle restrictive de l'autorité de la chose jugée qui aujourd'hui même est encore appliquée par notre jurisprudence. Et l'on continua à rappeler les décisions romaines relativement aux seconds accusateurs, jusqu'au temps de Jousse où l'action de la partie civile n'était plus réellement qu'une action privée et ne ressemblait plus que par la forme à une accusation véritable.

Un tort plus grave fut de méconnaître le principe même en admettant des exceptions si nombreuses et si peu fondées qu'elles ne laissaient, à vrai dire, aucune autorité aux jugements d'absolution.

Enfin nous verrons que la méthode même de nos auteurs était extrêmement vicieuse.

Nos criminalistes auraient certainement créé une doctrine bien plus juste et bien plus scientifique, s'ils avaient conservé les idées et suivi la méthode de Pierre Ayrault. Combien ce lieutenant criminel du seizième siècle est supérieur aux auteurs qui ont écrit sur le droit criminel deux siècles après lui ! On sait avec quelle vigueur il a défendu les garanties qu'on venait d'enlever aux accusés et que nos lois nouvelles leur ont seules rendues.

Ayrault a consacré quelques pages de son livre à l'autorité de la chose jugée (*L'ordre, formalité et instruction judi-*

ciaire, etc., p. 401 et suiv.). Il y explique avec beaucoup d'exactitude et de clarté les règles suivies à Rome et ne les applique pas sans discernement ni critique aux faits et aux institutions de son temps. Il n'avait pas manqué d'apercevoir que l'institution du ministère public devait changer les conditions de la chose jugée : « Veu qu'en notre France le fisc « du roi est joint à toutes accusations, il semble que le cas « cesse auquel anciennement la répétition estoit receue, « sçavoir est, s'il y avait évidente preuve que l'accusateur eust « prévariqué. Car le procureur du roy est ou doit être le vray « observateur et garde que l'accusateur ne collude, *et est tou-* « *jours la vraye partie pour la vindicte et animadversion pu-* « *bliques.* » Il faut toutefois ajouter qu'Ayrault n'en reproduit pas moins toutes les décisions relatives au cas où un second accusateur se présente.

Mais on aurait dû surtout conserver l'esprit de douceur et de véritable justice qui lui avait dicté des décisions telles que celle-ci :

« Il arriva devant nous qu'un homme fut accusé d'estre « ligueur. On amena force témoins contre luy ; finalement « sentence et arrêt confirmatif par laquelle il fut condamné « en moindre peine que son co-accusé. Lorsqu'il voulut sor- « tir pour obéir à son bannissement, la partie qui avait envie « de le faire pendre comme son compaignon, produict sous « le nom du procureur du roi nouvelles preuves et luy veult « encore faire faire son procès pour aultres faicts et actes de « ligue commis auparavant. Je trouves cela estrange et ne « voulus admettre cette seconde animosité. »

Malheureusement d'autres tendances l'emportèrent et d'autres auteurs furent les guides habituels de la pratique française.

Le mouvement qui transformait notre procédure criminelle ne fut pas arrêté par les protestations d'Ayrault et de quelques autres jurisconsultes du xvie siècle. L'œuvre commencée même avant l'ordonnance de 1539 par la jurisprudence fut complétée et consacrée par l'ordonnance de 1670. Les mêmes causes qui avaient amené la suppression de la publicité, de l'instruction orale et de la défense firent admettre de telles exceptions au principe de l'autorité des jugements criminels qu'aucune personne acquittée ne put se croire à l'abri de nouvelles poursuites. On sentait alors vivement le besoin d'une sécurité plus grande, et on croyait pouvoir atteindre ce but par la promptitude et la facilité des condamnations.

Les auteurs qui furent suivis ne pouvaient que confirmer nos magistrats dans ces funestes tendances. Ce furent deux étrangers, Julius Clarus, conseiller du roi Philippe II (*Practica criminalis*) et Farinacius, procureur général fiscal en la chambre apostolique (*Praxis et theoria criminalis*).

Mais l'esprit qui avait inspiré leurs décisions n'eut pas une influence plus fâcheuse que leur méthode. Ces auteurs traitent tous les sujets de la même manière. Ils posent d'abord un principe, puis, sans aucun ordre, énumèrent sous le nom de *limitations* toutes les exceptions qu'on y a faites ou qu'il leur plaît d'admettre. Nos criminalistes ont suivi la même division et c'est encore ainsi que Jousse et Muyart de Vouglans traitent de l'autorité de la chose jugée (Jousse, *Justice criminelle*, t. 3, p. 3, l. 3, t. 1, art. 3 ; Muyart de Vouglans, *Instit. au droit crim.*, t. 3, ch. 4, § 1).

Nous ne voulons ici ni reproduire ni refaire leur œuvre. Nous croyons seulement utile d'énumérer les modifications malheureuses que les règles du droit romain avaient subies. Il nous suffira de classer dans le cadre de notre division les nombreuses exceptions ou limitations que ces auteurs rapportent.

Jugements criminels. — On distinguait nettement la juridiction criminelle de quelques autres qui infligeaient aussi des peines véritables. Tels étaient les *jugements de police* ou mesures répressives que les officiers de la police étaient quelquefois autorisés à ordonner à l'égard de certaines personnes, la *juridiction des maréchaux* qui pouvaient prononcer certaines sortes de peine en forme de réparation d'honneur, surtout la *juridiction ecclésiastique*. Les papes avaient d'abord réclamé l'égalité pour les deux juridictions et le respect réciproque de leurs décisions (Sex. Dec., l. 2, t. 12, *De except.*, 202, Bonif. VIII). Mais dès le XVIᵉ siècle, les canonistes eux-mêmes reconnaissaient l'indépendance des deux juridictions. Au XVIIIᵉ siècle la distinction n'est plus contestée et la prédominance est même acquise aux décisions de la juridiction civile (Jousse, n° 73). On ne reconnaissait pas en général l'autorité des *jugements étrangers, sub diverso prin-*

cipe. Jousse le prouve très-bien au n° 30. Mais plus loin il veut concilier cette opinion avec la décision contraire donnée par Farinacius. Il suppose donc que celui-ci a voulu parler seulement du cas où l'accusé aurait été suffisamment puni par le jugement étranger, et il pense aussi que dans cette hypothèse une nouvelle poursuite ne doit pas être reçue (n° 64).

On s'accordait à déclarer sans effets les jugements nuls pour défaut de formes, incompétence ou autre vice entachant la légalité de l'acte. Toutefois, comme voies de nullité n'avaient lieu, la partie devait se pourvoir par requête civile, les tiers par tierce-opposition. La vérité est donc que les jugements nuls avaient proprement l'autorité de la chose jugée jusqu'à ce qu'ils fussent annulés.

Décisions des jugements criminels. — On n'acquittait définitivement les accusés qu'au cas où leur innocence était manifeste. Si les preuves de la culpabilité étaient seulement insuffisantes, on rendait un jugement de *plus ample informé* ou *amplius* qui ne mettait pas l'accusé à l'abri de poursuites nouvelles. Nous voyons qu'on interprétait facilement les décisions dans le sens du plus ample informé. Farinacius voulait même qu'on entendît ainsi le mot *absolvimus*, quelque formel qu'il paraisse, dans le cas où les preuves semblaient en effet avoir été insuffisantes (l. v).

Des faits auxquels s'appliquent les décisions criminelles. — Les questions d'identité sont bien traitées et nous aurons sur ce point à citer quelquefois les décisions de nos anciens auteurs. Mais on admettait des poursuites successives lorsqu'elles étaient intentées sous des qualifications diverses. Farinacius avait d'ailleurs très-bien distingué les circonstances qui aggravent seulement une accusation sans atteindre son identité et celles qui donnent naissance à une accusation différente.

Ainsi il repoussait le second accusateur « *qui qualitatem delictum aggravantem proponit* » ; il admettait au contraire l'action de celui qui aurait invoqué « *qualitatem alterantem et diversificantem delictum.* » Jousse est plus facile quand il admet une seconde poursuite, en supposant que, depuis le premier jugement, la blessure a été suivie de la mort de l'offensé.

Relativité de l'autorité de la chose jugée. — L'autorité de

la chose jugée n'est pas admise à l'égard d'accusés différents.
Toutefois on admettait que le jugement rendu au profit du
principal accusé pouvait profiter aux complices.

A l'égard de l'accusateur, les règles du droit romain
avaient été peu à peu abandonnées à mesure que l'action de
la partie lésée perdit le caractère d'une action en répression
pour prendre celui d'une action privée en dommages-intérêts. Au temps de Jousse cette transformation est à peu près
complète. L'action de la partie lésée n'a plus que la forme
d'une action criminelle. Elle donne lieu cependant à une condamnation pénale, s'il plaît au juge de la prononcer. Toutefois elle n'exclut une autre partie et le ministère public lui-
même qu'au cas où le ministère public s'est joint à la
poursuite et même a donné des conclusions. Cette dernière
condition fut ainsi exigée par l'arrêt du Parlement qui admit
une seconde poursuite contre Jean-Baptiste Rousseau déjà
condamné.

Effets de l'autorité de la chose jugée. — L'autorité de la
chose jugée souffrait de nombreuses exceptions, outre celles résultant des cas de nullité. Une nouvelle accusation
était d'abord admise, s'il y avait eu lors de la première une
fraude quelconque, telle que prévarication, falsification, suppression dans les charges ou informations, corruption ou su-
bornation de témoins. Et nous voyons qu'on supposait facilement la collusion du ministère public lui-même, quand la
peine prononcée était légère (Jousse, n. 68).

Mais une seconde exception était bien moins fondée et bien
plus vaste. On admettait les poursuites successives, quand il
s'agissait de crimes atroces et que de nouvelles preuves étaient
produites. Il était dans l'esprit du temps de diminuer ainsi
les garanties des accusés d'autant plus que l'accusation était
plus grave.

Enfin la seconde poursuite était très-aisément admise
quand le juge saisi était différent. L'action était nécessairement recevable si le second juge était le supérieur du premier et si la poursuite était intentée par le procureur général. C'était une sorte d'appel sans délai ni règles. Mais
lors même que le second juge n'était pas le supérieur du
premier, on admettait encore trop souvent l'accusation réitérée.

Farinacius avait proposé de permettre une nouvelle poursuite si l'accusé venait à avouer sa culpabilité. Il ne voulait
pas qu'on pût provoquer cet aveu par un interrogatoire et
surtout l'arracher par la torture. Mais si l'aveu avait été
spontané, l'accusation lui paraissait recevable malgré l'autorité du précédent jugement. Il en donnait une raison bien
haute, mais trop facile. « Credo ex Dei particulari voluntate et
« permissione ista evenire quia non vult delicta remanere
« impunita » (*Lim.*, IX).

Enfin l'autorité de la chose jugée était à la discrétion de
l'autorité souveraine. Jousse et Ayrault nous apprennent
que les parlements s'attribuaient quelquefois cette autorité
pour casser des jugements. Mais les rois ont surtout méconnu bien souvent l'autorité de la chose jugée au nom de
leur pouvoir souverain. C'est ainsi que Louis XIV changea la
peine du bannissement prononcée contre Fouquet en celle
de la prison perpétuelle.

DROIT MODERNE.

INTRODUCTION.

Notre droit moderne a reçu de l'ancien droit la maxime
non bis in idem. Mais grâce à la supériorité des institutions
nouvelles et au progrès de la science, il a pu faire de ce vieux
principe une application bien plus exacte et bien plus complète.

Il est vrai que les deux textes qui consacrent seuls l'autorité de la chose jugée en matière criminelle n'en font pas une
application générale et qu'aucun texte n'indique les règles à
suivre pour cette application.

L'art. 246 I. c. est le seul article relatif à l'autorité des décisions rendues par les juridictions d'instruction.

L'art. 360 I. c. est le seul qui se rapporte à l'autorité des
décisions rendues par les juridictions de jugement.

Or l'art. 246 dispose seulement qu'on ne pourra reprendre
à raison du même fait l'individu au profit duquel un arrêt
de non-lieu a été rendu par la chambre des mises en accusation, à moins qu'il ne survienne de nouvelles charges. Et
l'art. 360 n'a en vue que l'acquittement par un jury, quand

il déclare que « toute personne acquittée légalement ne
« pourra plus être reprise ni accusée à raison du même fait. »

Mais nous verrons qu'on n'a jamais hésité à reconnaître
d'une manière générale l'autorité de la chose jugée, soit aux
décisions rendues par les juridictions d'instruction, soit aux
décisions rendues par les juridictions de jugement. Il n'est
pas en effet nécessaire qu'un principe tel que celui-là soit
écrit dans une législation. Il est essentiel à toute organisation
judiciaire. N'est-il pas d'ailleurs chez nous consacré plus
qu'aucun autre par la tradition? Aussi la Cour de cassation
a-t-elle toujours annulé les décisions criminelles rendues
contrairement à l'autorité d'une décision antérieure, soit pour
violation ou fausse application des art. 360 et 246 I. c., soit
même pour violation ou fausse application de l'art. 1351 C. N.,
soit enfin simplement pour violation du principe de l'autorité
de la chose jugée.

Le défaut d'un texte qui, comme l'art. 1351 C. N. en matière civile, donne une règle d'application, a été également sans conséquence funeste. Il en est seulement résulté
que la doctrine a eu une heureuse liberté pour consacrer
entièrement. le principe et tâcher de l'appliquer dans tous les
cas avec exactitude.

Quant aux institutions judiciaires et aux dispositions de la
loi qui pouvaient avoir quelque action sur le développement
du droit en cette matière, elles ne pouvaient pas lui être plus
propices.

Dans notre ancien droit nous avons vu que les jugements
de *plus ample informé* ou *absolutions imparfaites* ne laissaient presque aucune place aux acquittements véritables. Il
faut aujourd'hui que toute poursuite se termine par une condamnation ou par une absolution également définitive et irrévocable.

Quant aux décisions elles-mêmes, il est plus facile qu'il ne
l'a jamais été d'en bien reconnaître le sens et d'en bien dé-
erminer l'étendue. D'une part, en effet, toutes les sentences
émanées des juges sont motivées et, d'autre part, les réponses
du jury se rapportent à des questions rédigées avec précision
d'après l'acte d'accusation et l'arrêt de renvoi.

Il n'a jamais pu être question dans notre droit moderne
d'autoriser la poursuite d'un accusateur nouveau. Nous ne

connaissons plus qu'un accusateur, le ministère public, agissant toujours et agissant seul pour la poursuite des délits, même quand le juge s'est saisi d'office ou quand il a été saisi par la citation de la personne lésée.

Nous ne retrouverons surtout dans notre législation actuelle aucune de ces exceptions déjà trop fréquentes dans le droit romain et que notre ancienne jurisprudence avait tellement multipliées et si souvent laissées à l'arbitraire des juges.

Notre loi a cependant institué des voies de recours suffisantes pour prévenir, autant qu'il est possible, les conséquences des erreurs que la justice commet.

Les jugements rendus contre des prévenus absents et qui n'ont pas été défendus perdent leurs effets, en matière criminelle, dès que le condamné par contumace se présente ou est arrêté, en matière correctionnelle, dès qu'une opposition est formée. Et, depuis une loi récente (27 juin 1866), cette opposition est recevable jusqu'à ce qu'il soit certain que le jugement a été connu du condamné.

Dans tous les cas le recours à un juge supérieur est ouvert au prévenu, comme au ministère public et à la partie civile, excepté quand l'acquittement émane du jury, l'appel étant inconciliable avec la nature de cette institution.

Enfin, sauf, en général, par une exception regrettable, les jugements des juridictions militaires, et, par une exception qu'il faut au contraire approuver, les verdicts d'acquittement, toutes les décisions illégales peuvent être annulées par la Cour de cassation statuant sur le pourvoi des parties.

Mais ce recours lui-même, ainsi que l'appel et l'opposition, n'est autorisé que dans des délais restreints, en sorte que l'autorité de la chose jugée ne se trouve jamais longtemps suspendue ou du moins révocable.

Une seule voie de recours aurait pu avoir des effets funestes. L'art. 441 I. c. permet au ministre de la justice de dénoncer à la Cour de cassation, par l'organe du procureur général, tous les actes judiciaires contraires à la loi, et autorise la Cour de cassation à annuler ces actes. Mais tout en étendant cette voie de recours au-delà des limites que nous essaierons de tracer, la jurisprudence décide que la cassation prononcée sur le pourvoi du ministre ne saurait jamais préjudicier à une personne définitivement acquittée.

Il ne reste plus qu'un moyen de recours contre les décisions criminelles. C'est la voie de révision dans les cas où l'injustice d'une condamnation est devenue manifeste. Une loi nouvelle va heureusement multiplier les hypothèses où ce recours est ouvert.

Nous avons vu à Rome et dans notre ancienne monarchie l'autorité de la chose jugée souvent méconnue par le pouvoir souverain.

Aujourd'hui la division du pouvoir législatif entre plusieurs autorités rendrait plus difficile cette violation du principe. Mais on peut dire que dans l'état de nos mœurs de semblables actes sont presque impossibles. On sait quelle réprobation a soulevée le fameux sénatus-consulte du 28 août 1813 qui annula un verdict d'acquittement dont l'injustice était cependant flagrante. Le Sénat lui-même rappela son propre excès de pouvoir dans son acte de déchéance. Et Louis XVIII crut devoir annuler le sénatus-consulte par une ordonnance rendue en conseil d'Etat (4 juillet 1814). Le respect de la chose jugée n'a fait que grandir dans l'opinion publique. Il y a deux ans, le Corps législatif en a donné une preuve remarquable. Sous l'influence d'une parole éloquente, il avait, par le renvoi à la commission d'un article du budget, demandé au gouvernement, en faveur de la malheureuse famille Lesurques, une restitution contraire à un arrêt dont la révision n'a pas encore pu être obtenue. Mais quand l'article fut rapporté par la commission, l'assemblée avait compris qu'il ne fallait pas même en faveur de l'innocence et du malheur porter atteinte à l'autorité des jugements criminels. Par un nouveau vote, elle rétracta la décision qu'elle avait presque prise la veille.

Il semble que chez aucune nation le principe de l'autorité de la chose jugée n'ait été aussi complétement consacré, ni aussi heureusement appliqué.

La coutume anglaise a son exception de chose jugée sous les noms de *plea of autrefois acquit* ou *of autrefois convict* et de *plea of autrefois attaint*. Mais, du moins jusqu'à ces derniers temps, la maxime *non bis in idem* ne recevait pas en Angleterre une application générale. On admettait seulement que nul ne peut être, par une seconde poursuite, exposé de nouveau à une condamnation à mort.... *Universal maxim of the common law of England that no man is to be brought into*

jeopardy of his life more than once for the same offence (Blackstone, t. 4, p. 335). Le dernier éditeur de Blackstone, Stephen,
nous-fait cependant connaître que la jurisprudence actuelle
a étendu la vieille maxime. Il a supprimé du texte « *of his
life,* » et il dit en note : *The maxim however is not confined
to capital felonies, but extends even to misdemeanors.*

Le même changement a dû être très-récemment introduit
par la jurisprudence dans la pratique américaine. La constitution des États-Unis disait seulement : « Nul ne peut être
« soumis pour la même offense à courir deux fois risque de
« la perte de la vie ou de la perte d'un membre » (*Amende-
ments*, art. 5). Depuis cette époque seulement on a, comme
en Angleterre, étendu la maxime à tous les cas (Greanleaf,
Treatise on the law of evidence).

Le Code criminel autrichien de 1853 n'accorde aucune
autorité aux jugements d'absolution. Il autorise une nouvelle accusation après un acquittement et même après une
condamnation à une peine moindre que la peine légale
(§§ 362-368).

C'est un fait exceptionnel dans la législation actuelle de
l'Europe.

Mais beaucoup d'Etats européens admettent des acquittements imparfaits en même temps que des absolutions com-
plètes et irrévocables.

Tels sont les verdicts *of non proved* rendus par le jury
écossais.

Ces sortes de jugements, simples congés de la poursuite,
sont surtout usités dans le droit commun allemand. Ils ont
cependant été abolis en Prusse par une ordonnance du 3 janvier 1849 (V. Bonnier, *Tr. des preuves*, dern. éd.).

CHAPITRE I.

DES JUGEMENTS CRIMINELS.

Sont des jugements criminels toutes les décisions rendues
pour l'application des lois pénales par les diverses juridictions
que la loi a instituées. Nous ne devons ici que les énumérer
sommairement.

On peut diviser nos juridictions criminelles en juridictions ordinaires, juridictions exceptionnelles et juridictions spéciales.

14

La juridiction ordinaire comprend une juridiction d'instruction et une juridiction de jugement.

La juridiction d'instruction a pour mission de statuer sur le résultat de l'instruction qui, dans la plupart des poursuites, peut et doit précéder les débats et le jugement. Ainsi quand il a terminé l'information, le *juge d'instruction* prononce lui-même sur le résultat de sa procédure. Si aucun fait délictueux n'est révélé par des indices suffisants, il rend une ordonnance de non-lieu qui met fin à la poursuite. Il renvoie le prévenu devant le tribunal correctionnel ou devant le tribunal de simple police, s'il lui paraît résulter de l'instruction des indices suffisants d'un délit ou d'une contravention (articles 129-130). Si le fait commis paraît avoir le caractère d'un crime, le juge d'instruction renvoie le prévenu devant la juridiction d'instruction du second degré, la *chambre des mises en accusation.* Celle-ci peut seule saisir la cour d'assises. Elle examine de nouveau l'instruction et rend soit un *arrêt de non-lieu,* soit un *arrêt de renvoi* devant la cour d'assises, le tribunal correctionnel ou le tribunal de simple police. La chambre des mises en accusation statue avec la même liberté sur le résultat de la procédure lorsqu'elle est saisie par l'opposition du ministère public ou de la partie civile à l'ordonnance de non-lieu. Elle peut même être saisie d'office (art. 235) ou par la réquisition du procureur général (art. 250). La même juridiction statue comme juge d'appel sur les oppositions formées par le prévenu aux ordonnances du juge d'instruction dans les cas où l'art. 135 I. c. autorise cette voie de recours.

Les ordonnances des juges d'instruction et les arrêts des chambres des mises en accusation sont de véritables jugements criminels ayant l'autorité de la chose jugée. Nous aurons à rechercher avec soin le sens, l'étendue et les effets de leurs décisions. Nous constatons à présent que, par leur nature, ces actes sont susceptibles d'avoir l'autorité de véritables jugements.

L'insuffisance ou l'inexactitude des textes avait donné lieu à une controverse sérieuse. L'art. 246 I. c. ne reconnaît en effet formellement l'autorité de la chose jugée qu'aux arrêts de non-lieu rendus par la chambre des mises en accusation. Que devait-on décider soit à l'égard des ordonnances et des arrêts de renvoi, soit à l'égard des ordonnances de non-lieu ?

Quant aux premiers, la nécessité de leur exécution emportait évidemment l'irrévocabilité de leur décision. Mais on a contesté l'autorité de la chose jugée aux ordonnances de non-lieu rendues autrefois par la chambre du conseil, aujourd'hui par le juge d'instruction. M. Legraverend a surtout très-énergiquement soutenu cette opinion (t. 1, p. 390 et suiv.). Il lui semblait dangereux de mettre obstacle à des poursuites ultérieures, quand la première information n'avait été appréciée que par la chambre du conseil. On opposait à M. Legraverend la disposition de l'art. 135 l. c., qui ouvrait l'opposition au ministère public et à la partie civile contre les ordonnances de non-lieu. Il est vrai que M. Legraverend, argumentant des premiers mots de l'article : « Lorsque la mise en liberté du prévenu sera ordonnée... » soutenait que l'opposition permise au ministère public et à la partie civile n'avait d'autre but que de mettre obstacle à l'élargissement du prévenu. Mais la jurisprudence admettait déjà que l'opposition à l'ordonnance de non-lieu était recevable même au cas où, le prévenu n'étant pas détenu, la mise en liberté n'avait pas dû être ordonnée. Il fallait donc bien reconnaître que, si l'opposition était ouverte contre l'ordonnance de non-lieu, c'était afin d'en faire cesser les effets. Aussi la plupart des auteurs et un grand nombre d'arrêts avaient rejeté la doctrine de M. Legraverend (Merl., v° *Opp.*, n° 3 rep.; Faustin-Hélie, t. 3, p. 620; Cass. 5 mai 1856; D. 56, 1, 271).

Aujourd'hui cette controverse a dû cesser. Le sens de l'art. 135 n'est plus équivoque. La loi des 17-31 juillet 1856, qui a substitué les juges d'instruction aux chambres du conseil, a ainsi modifié l'ancien art. 135 : « Le procureur impérial pourra faire opposition dans tous les cas aux ordonnances du juge d'instruction. » En outre, on peut se convaincre, en lisant les débats du Corps législatif, qu'on a bien entendu que l'ordonnance de non-lieu devait être annulée par la voie d'une opposition régulière.

Ainsi l'autorité de la chose jugée appartient également aux ordonnances et arrêts de renvoi et de non-lieu.

Les juridictions de jugement sont, suivant la gravité des poursuites :

1° Le tribunal de simple police et, en appel, le tribunal de police correctionnelle ;

2° Le tribunal de police correctionnelle, et, en appel, la Cour impériale ;

3° La cour d'assises.

Faut-il distinguer le *jury* de la cour d'assises? Je ne crois pas qu'on puisse considérer le jury comme une juridiction spéciale. Il n'est qu'un élément de la cour d'assises. Les verdicts ne sont aussi qu'un élément de l'ordonnance d'acquittement que rend le président de la cour d'assises après le verdict de non-culpabilité ou de l'arrêt de condamnation qui est rendu par la cour contre l'accusé reconnu coupable. Il est vrai seulement, comme le fait remarquer M. Mangin, que, dans certains cas, le verdict du jury subsiste après l'annulation de l'arrêt de condamnation et de l'arrêt d'absolution. Mais il ne s'ensuit pas que ce verdict doive être nécessairement considéré comme une décision distincte. Le législateur a bien pu annuler la partie d'un arrêt qui est reconnue vicieuse et respecter la partie du même arrêt que le vice constaté ne doit pas atteindre. Il suffit qu'on puisse séparer les deux décisions qui ne forment qu'un même acte, qu'un même jugement.

Il y a même en matière criminelle une juridiction administrative.

Les *conseils de préfecture* et le *conseil d'État* connaissent de certaines contraventions relatives à la grande voirie, aux servitudes militaires et à la police du roulage.

A ces juridictions qu'on peut nommer *ordinaires* il faut joindre les juridictions suivantes que nous appelons exceptionnelles ou extraordinaires;

La haute Cour de justice et sa chambre d'accusation (art. 54 et 55 const. 1852);

Le Corps législatif jugeant en vertu de l'art. 15 de la loi du 25 mars 1822 les cas d'offense par la voie de la presse ou par tout autre moyen de publicité;

Les cours, tribunaux ou juges criminels ou même civils prononçant les peines édictées par la loi contre les auteurs de troubles, voies de fait ou même d'autres délits commis à l'audience, suivant les dispositions et les distinctions des art. 505 et s. l. c.;

Les mêmes cours et tribunaux appliquant l'art. 16 de la loi du 25 mars 1822 aux auteurs de comptes-rendus infidèles et de mauvaise foi des débats et audiences.

Enfin nous devons citer les juridictions spéciales telles que :

Les juridictions militaires pour l'armée de terre, conseils de guerre, conseils de révision, prévôtés;

Les tribunaux maritimes;

Les conseils de discipline de la garde nationale;

La juridiction des autorités sanitaires (l. 3 mars 1822);

La juridiction de simple police des conseils de prud'hommes (l. 18 mars 1806).

Les tribunaux civils statuant en vertu des art. 50, 192, 308 C. N., 409 C. p., art. 53 l. 25 ventôse an XI sur le notariat.

Sont aussi de véritables jugements criminels les décisions émanées de certains consuls français dans les limites de leur juridiction.

Au-dessus de toutes ces juridictions la Cour de cassation exerce sa censure sur le plus grand nombre des jugements criminels, et est ainsi elle-même la plus haute juridiction criminelle.

Nous avons déjà dit que le seul texte relatif à l'autorité des décisions des juridictions de jugement, l'art. 360 I. c., ne fait mention que des acquittements par le jury, mais que la nécessité du principe a fait reconnaître la même autorité à tous les jugements de toutes les juridictions criminelles.

La Cour de cassation avait dû, à l'occasion d'un procès célèbre, rappeler les conseils de guerre à l'observation de la règle *non bis in idem* et au respect de leurs propres jugements. (Aff. Fabus, 26 nov. 1842. D. 44, 1, 139.) Le nouveau Code de justice militaire contient une disposition moins inexacte et moins incomplète que celle de l'art. 360 I. c. : « Tout individu acquitté ou absous ne peut être repris ni accusé à raison du même fait » (art. 137).

Les juridictions que nous venons d'énumérer sont les seules autorités qui puissent rendre des jugements criminels. Toute autre autorité voudrait vainement prononcer une sentence pour l'application des lois pénales. Sa décision serait sans effet. Tels seraient le cas où une commission illégalement créée aurait rendu un jugement et celui où une autorité administrative aurait également usurpé le pouvoir judiciaire

La loi elle-même ne peut avoir l'autorité d'une décision criminelle. Un décret de la Convention du 13 vendémiaire an IV déclara qu'une conspiration contre la République avait été formée. Quand les individus accusés d'avoir pris part à cet attentat comparurent devant le jury, on posa la question relative à l'existence du fait poursuivi, bien qu'elle pût paraître souverainement résolue par le décret de la convention. En appelant le jury à se prononcer sur ce point et en lui permettant même de rapporter, comme il le fit quelquefois, des réponses négatives, on reconnut que la loi elle-même ne saurait avoir l'autorité d'un jugement. (V. req. de Merlin, Cass., 16 pluv. an XIII.)

Nous devons distinguer avec plus de soin des jugements criminels certains actes qu'on peut appeler purement administratifs, mais qui, par leur nature et surtout par leurs effets, diffèrent des sentences rendues pour l'application des lois pénales.

Telles sont les *décisions rendues en matière disciplinaire et certaines mesures répressives autorisées par les lois.*

Les décisions rendues en *matière disciplinaire* contre les magistrats, avocats, avoués, greffiers, huissiers, notaires et autres officiers ministériels prononcent de véritables peines, telles que la réprimande, la suspension, la destitution. Mais les poursuites disciplinaires ne sont pas des poursuites criminelles. Celles-ci ont pour but la punition du délit, la sanction des lois pénales et la protection de l'ordre social. Les poursuites disciplinaires tendent seulement au maintien des règles et de l'honneur de certains corps. Les deux juridictions sont ainsi entièrement distinctes et indépendantes. La répression disciplinaire et la répression pénale peuvent donc être cumulées quand les faits commis ont fait encourir l'une et l'autre. Les jugements disciplinaires, n'ayant pas le caractère de jugements criminels, n'ont pas à l'égard de ceux-ci l'autorité de la chose jugée. Mais les jugements criminels ont paru devoir exercer une influence décisive sur le résultat des poursuites disciplinaires comme sur la décision des procès civils. Nous traiterons ce sujet dans un appendice, à la suite de notre quatrième partie.

Le même caractère et les mêmes effets appartiennent aux décisions disciplinaires autres que celles que nous avons citées. Ainsi les décisions *des conseils académiques* ne sont pas des jugements, lors même qu'ils statuent sur de véritables délits.

Nos lois autorisent quelquefois l'usage de mesures répressives souvent très-graves, sans qu'une condamnation ait été prononcée par la juridiction criminelle et même souvent sans qu'un délit spécialement prévu et puni ait été commis. Ce sont des moyens de coercition arbitrairement appliqués par l'autorité. Mais les décisions rendues dans ces circonstances ne peuvent pas être considérées comme de véritables jugements criminels. Elles ne s'opposeraient pas à une poursuite devant la juridiction pénale et ne devraient exercer aucune influence sur le résultat de l'action publique.

L'art. 504 I. c. autorise le président ou le juge-commissaire à faire arrêter et détenir pendant vingt-quatre heures les assistants qui auront troublé l'audience. Et l'art. 509 I. c. accorde le même pouvoir aux préfets, sous-préfets, maires, adjoints, officiers de police administrative ou judiciaire, lorsqu'ils remplissent publiquement quelques actes de leur ministère. Une peine véritable est ainsi infligée. Mais il n'y a ni poursuite, ni jugement. Le fait à raison duquel l'arrestation et la détention ont été ordonnées peut donc être l'objet d'une poursuite et d'une condamnation criminelles (Cass., 4 novembre 1824, D. ch. j. 402).

Une décision semblable a été rendue par la Cour de cassation dans un cas où la détention subie avait été illégale (Cas., 8 octobre 1842. *Ibid.*).

On ne doit pas davantage considérer comme des jugements criminels les ordres par lesquels le préfet de police inflige un emprisonnement correctionnel aux filles publiques, moins en vertu de textes formels que suivant une ancienne tradition.

Enfin des mesures plus graves encore n'ont jamais été assimilées à des jugements de condamnation. Dans nos temps de troubles, des citoyens ont été internés, bannis, transportés sans jugement et par ordre de l'administration ou de commissions instituées par elle. Aujourd'hui même, la loi du 27 février-2 mars 1858, dite de sûreté générale, accorde au gouvernement la faculté d'interner en France ou en Algérie, d'expulser du territoire ou même de déporter dans une colonie pénitentiaire plusieurs classes d'individus, dans le cas « où des faits graves les signaleraient de nouveau comme « dangereux pour la paix publique. » Toutes ces mesures ne mettraient pas les individus qu'elles auraient atteints à l'abri de poursuites criminelles, et l'ordre en vertu duquel elles auraient été exécutées ne saurait jamais avoir l'autorité de la chose jugée (V. crim. rej., 21 germ. an VII).

S'il fallait prendre à la lettre les expressions employées dans un récent acte de l'administration, elle considérerait comme des décisions ayant l'autorité de la chose jugée des actes tout à fait semblables à ceux que nous venons de rappeler.

L'art. 32 du décret organique sur la presse du 17-23 février 1852 donne au gouvernement : 1° le droit de suspendre ou de supprimer les journaux condamnés pour contravention ou délit de presse, dans les deux mois de la condamnation ; 2° le droit de suspendre pendant deux mois les journaux même non condamnés, après deux avertissements motivés ; 3° le droit de supprimer le journal précédemment suspendu, ou même non suspendu par un décret inséré au Bulletin des lois. Ces suppressions, suspensions et avertissements sont des pénalités véritables. Mais les actes qui les infligent, émanés de l'administration, motivés par des faits dont la loi a laissé l'appréciation à l'arbitraire du gouvernement, doivent évidemment être rangés dans la catégorie des mesures répressives dont nous venons de parler. Ce ne sont pas des jugements. On ne saurait donc leur attribuer l'autorité de la chose jugée ni pour écarter des poursuites relatives aux faits ayant entraîné l'avertissement, la suspension ou la suppression, ni pour invoquer leur influence soit au criminel, soit au civil.

On a pu croire que cette doctrine n'était pas celle de M. le ministre de l'intérieur. A la date du 8 octobre 1865, il a infligé au journal la *Gazette de France* un deuxième avertissement, attendu qu'en critiquant un premier avertissement qu'il venait de recevoir, ce journal aurait violé l'autorité de la chose jugée. Mais il est probable que ces expressions n'ont pas été employées avec leur sens juridique, d'autant plus que juridiquement l'autorité de la chose jugée n'exclut pas la critique.

Nous avons ainsi fait connaître les juridictions dont les actes peuvent être considérés comme ayant l'autorité des jugements criminels. Suffit-il qu'un acte soit émané de ces juridictions pour qu'il ait cette autorité? Ne faut-il pas qu'il remplisse encore quelques autres conditions?

Il suffit qu'un jugement existe pour qu'il ait l'autorité de la chose jugée.

Il est d'abord évident que cette autorité appartient aux jugements qui ont été rendus contrairement au véritable sens de la loi ou aux principes du droit, aussi bien qu'à ceux qui ont méconnu la vérité des faits. L'autorité de la chose jugée consiste en effet précisément à maintenir la décision erronée en droit ou en fait à l'égal d'une décision juste en droit et en fait.

On ne pourrait donc douter qu'en ce qui touche les jugements dans lesquels les formes de procéder n'ont pas été observées et ceux qui ont été rendus par un juge incompétent. S'il n'importe pas que la décision soit juste ou non, ne faut-il pas du moins que le jugement lui-même soit valable ? Mais il est facile de voir que, dans ces hypothèses comme dans la précédente, on est en réalité en présence d'une décision erronée en droit. En effet le juge qui n'a pas observé quelques formes de procéder a décidé implicitement au moins qu'il n'y avait pas lieu d'observer les formes qu'il a omises. Le juge incompétent a bien mieux encore, en statuant, affirmé sa compétence. Ici encore on peut dire que le jugement couvre sa propre irrégularité.

Mais, pour qu'un jugement se défende ainsi lui-même par sa propre autorité, il faut que le jugement existe. L'irrégularité ne peut donc aller jusqu'à faire disparaître le jugement lui-même.

Le jugement disparaît quand la juridiction qui a voulu le rendre n'a pas en réalité existé.

Ainsi la composition d'un tribunal peut être irrégulière au point qu'il n'y ait pas de tribunal. Tel serait le cas où le président voudrait rendre un jugement seul ou avec l'assistance d'un seul juge. Il en serait de même si des conseillers prétendaient, sans avoir été désignés, composer une cour d'assises ou si on formait un jury d'individus qui n'auraient pas été pris sur la liste des jurés et tirés au sort. Il n'y aurait également pas de jury si on n'appelait pas à siéger douze jurés.

On peut de même imaginer des hypothèses où l'incompétence est telle qu'il n'y a pas eu de juridiction réelle. Ainsi nous avons vu que le conseil de préfecture doit être rangé parmi les autorités qui composent la justice criminelle, parce qu'il connaît de quelques contraventions. Si un conseil de préfecture jugeait un crime, dirait-on qu'il a seulement dépassé les limites de sa compétence et que sa décision aura l'autorité de la chose jugée jusqu'à ce qu'elle ait été annulée? Evidemment on ne pourrait pas admettre que ce conseil de préfecture se soit cru compétent et ait pu, en affirmant sa compétence, s'attribuer un pareil pouvoir. Il n'y a pas ici jugement erroné sur la compétence elle-même, mais usurpation aussi manifeste que si de simples citoyens s'étaient arrogé le droit de rendre une sentence criminelle. La décision que nous avons supposée est également sans valeur.

Mais on voit que nous sommes réduits à faire des hypothèses impossibles. Dans toutes les espèces qui se sont présentées et dans toutes celles qu'on peut raisonnablement prévoir, quelle que soit l'irrégularité commise ou le vice dont le jugement est atteint, il y a un jugement dont il faut poursuivre l'annulation, parce que, tant qu'il existe, ce jugement affirme sa propre légalité avec l'autorité de la chose jugée.

Nous avons vu que ces principes n'avaient pas été réellement méconnus par notre ancien droit. Les auteurs écrivaient bien que les jugements nuls n'ont pas l'autorité de la chose jugée. Mais ces jugements devaient être d'abord attaqués, soit par requête civile, soit par tierce-opposition. S'ils perdaient ainsi l'autorité de la chose jugée, grâce à leur seule existence, ils l'avaient eue un moment.

La doctrine et la jurisprudence modernes ne pouvaient méconnaître ces principes. Aussi la Cour de cassation a souvent reconnu l'autorité de la chose jugée à des décisions dont la nullité n'avait pas été poursuivie par les voies de recours. On peut citer, dans l'hypothèse d'un tribunal irrégulièrement composé, un arrêt du 1er avril 1813, dans l'hypothèse d'un jugement rendu par un tribunal incompétent, plusieurs arrêts des 17 brum, an xi, 20 juillet 1832, 22 février 1814, et, dans l'hypothèse d'une décision nulle pour violation des formes légales, un arrêt du 26 therm. au iv (S. 1, 54) et un arrêt du 9 fév. 1809 (V. D. ch. j. 445-446).

Il faut remarquer toutefois que les termes de l'art. 360 l. c. auraient pu sur ce point faire naître quelques doutes. L'article 360 semble en effet exiger que la décision soit légale.

« Toute personne acquittée *légalement* ne pourra plus être re-
« prise ni accusée à raison du même fait. »

Il est d'abord probable qu'il faudrait entendre cette disposition avec le sens plus restreint qu'elle avait dans les lois antérieures au Code d'instruction criminelle. L'art. 253 de la
Constitution du 5 fructidor an III dit : « la personne acquittée
par *un jury légal.* » On devrait donc exiger seulement la légalité du jury et tout au plus en outre l'observation des formes
essentielles conformément aux dispositions de l'art. 426 du
Code de brumaire an IV, qui était ainsi conçu : « les individus
ainsi acquittés... »

Mais de toutes ces expressions on n'aurait pas pu conclure
qu'il fût permis d'opposer à la personne acquittée l'illégalité
d'un acquittement dont la cassation n'aurait pas été d'abord
prononcée. En disposant que la personne qui n'aurait pas été
légalement acquittée pouvait être reprise, l'art. 360 supposait
l'emploi et le succès des moyens par lesquels la loi permet
d'obtenir l'annulation des jugements illégaux.

D'ailleurs l'art. 360, ne s'appliquant qu'aux ordonnances
d'acquittement, ne peut plus même avoir cette signification.
Il faut en effacer entièrement le mot *légalement*. En effet, aux
termes de l'art. 409 l. c., le ministère public ne peut poursuivre l'annulation de l'ordonnance d'acquittement que dans
l'intérêt de la loi; en sorte que, contrairement à la disposition
de l'art. 360, toute personne même illégalement acquittée ne
peut plus être reprise à raison du même fait. Cette contradiction des art. 360 et 409 est facile à expliquer. Quand le
conseil d'État vota l'art. 360 dans sa séance du 16 juillet 1808,
on voulait reproduire dans l'art. 409 les dispositions de
l'art. 456 du Code de brumaire an IV, qui soumettaient également au recours en cassation les ordonnances d'acquittement et les arrêts de condamnation. Mais quand l'art. 409
ainsi rédigé fut discuté, Cambacérès proposa au contraire
d'épargner à l'accusé une fois acquitté les chances d'un nouveau jugement. Son opinion prévalut et son amendement fut
substitué dans l'art. 409 à la première rédaction. On oublia
seulement de corriger la rédaction de l'art. 360.

Nous avons ainsi justifié la règle que nous avions d'abord
formulée. Pour avoir l'autorité de la chose jugée, il suffit
qu'un jugement criminel existe, quelle que soit l'illégalité

dont il est entaché. Il faut alors se pourvoir par les diverses voies de recours que la loi a ouvertes. Nous étudierons dans notre dernier chapitre les difficiles questions que soulève le conflit de l'effet des voies de recours et de l'autorité de la chose jugée.

Les auteurs citent ensuite quelques hypothèses où le jugement criminel est sans effet, parce que sa décision n'en peut avoir aucun, à cause de la contradiction qu'elle contient ou d'une impossibilité d'exécution physique ou légale. Mais ces vices n'étant relatifs qu'à la décision et non à l'acte lui-même, c'est en étudiant le sens et l'effet des décisions résultant des jugements criminels qu'il convient d'examiner ces questions.

Nous devons au contraire nous demander maintenant si l'autorité de la chose jugée appartient véritablement aux jugements criminels auxquels a manqué un élément essentiel de toute justice, la défense de l'accusé.

La condamnation prononcée contre un prévenu qui n'est pas présent est dite *condamnation par défaut*, quand elle a été prononcée par un tribunal de simple police ou par le juge correctionnel du premier ou du second degré, *condamnation par contumace*, quand elle a été prononcée par une cour d'assises.

L'une et l'autre condamnation ont l'autorité de la chose jugée, comme les condamnations prononcées contre des accusés présents. Seulement cette autorité cesse, quant à la *condamnation par défaut*, dès que le prévenu forme opposition dans les délais fixés par les art. 151 et 187 I. c., et, quant à la *condamnation par contumace*, dès que le condamné se constitue prisonnier ou est arrêté avant que la peine soit éteinte par la prescription (art. 476 I. c.).

Nous aurons à étudier dans notre dernier chapitre les questions relatives à l'effet de l'opposition aux jugements de défaut et à l'effet de la représentation du condamné par contumace en conflit avec les effets de l'autorité de la chose jugée.

Nous avons enfin à rechercher quels effets on doit reconnaître aux jugements rendus en matière criminelle par les tribunaux étrangers.

Comme en matière civile, cette question a soulevé une vive

controverse. Il nous semble cependant qu'elle était facile à résoudre.

Voyons d'abord comment il arrive qu'un même fait soit puni par les lois de deux Etats et puisse être poursuivi devant les tribunaux de ces deux Etats.

C'est une maxime générale, que la répression des délits appartient aux lois du pays où ils ont été commis, quelle que soit la nationalité du délinquant. L'art. 3 du Code Napoléon consacre cette règle : « Les lois de police et de sûreté obligent tous ceux qui habitent le territoire. » On doit même dire que la punition d'un délit appartient principalement à la nation dont la sécurité a été compromise par le délit. C'est pourquoi on dit que la compétence en matière criminelle est territoriale.

Mais tous les législateurs de l'Europe se sont justement attribué le droit de punir aussi certains délits commis à l'étranger.

Il était d'abord évidemment nécessaire que les crimes commis à l'étranger contre la sûreté d'un Etat pussent être punis par les lois de l'Etat attaqué. Aussi les anciens articles 5 et 6 et les nouveaux articles 5 et 7 du Code d'instruction criminelle disposent-ils que les Français et même les étrangers peuvent être poursuivis en France pour avoir commis à l'étranger quelqu'un des crimes considérés par nos lois comme attentatoires à la sûreté de l'Etat.

On a même bientôt reconnu que les délits commis à l'étranger contre des particuliers ne laissent pas d'intéresser la nation du délinquant et peuvent l'autoriser à punir chez elle ceux qui s'en sont rendus coupables. La loi du 27 juin 1866, modifiant les art. 5 et 6 du Code d'instruction criminelle, a fait de ce principe une large application, conforme d'ailleurs aux lois de la plupart des Etats voisins. Aux termes de ces articles tout crime et même tout délit commis à l'étranger par un Français peut, à certaines conditions, être poursuivi en France. L'art. 2 de la même loi autorise même la poursuite devant nos tribunaux des délits ou contraventions en matière forestière, rurale, de pêche, de douanes ou de contributions indirectes commis sur le territoire de l'un des Etats limitrophes, sous la seule condition de la réciprocité.

Il résulte de ces dispositions et des dispositions semblables de la plupart des législations modernes :

1° Que le délit commis à l'étranger par un Français est puni à la fois par la loi étrangère et par la loi française, et qu'il peut être poursuivi à l'étranger et en France ;

2° Que le délit commis en France par un étranger est puni par la loi française et par la loi étrangère, et qu'il peut être poursuivi en France et à l'étranger.

Dans l'une et l'autre hypothèse faut-il reconnaître quelque influence aux jugements rendus à l'étranger sur les poursuites qui seraient postérieurement exercées en France ?

Dans la première hypothèse, il est certain que le délit commis à l'étranger ne peut pas être poursuivi en France, s'il a été jugé à l'étranger. L'art. 5 dispose expressément « qu'aucune poursuite n'a lieu si l'inculpé prouve qu'il a été définitivement jugé à l'étranger. La loi reconnaît dans ce cas aux jugements étrangers le principal effet de l'autorité de la chose jugée. Mais nous aurons à rechercher si c'est par application du principe de l'autorité de la chose jugée.

Aucun texte n'interdit également la poursuite du délit commis en France par un étranger et déjà jugé en pays étranger. Le délinquant poursuivi ne peut donc qu'invoquer la maxime *non bis in idem* et les textes de nos lois qui l'ont consacrée d'une manière plus ou moins générale. La question se pose alors de savoir si ce principe et ces textes sont applicables aux jugements rendus en pays étrangers.

La plupart des auteurs enseignent que l'individu jugé à l'étranger ne saurait jamais être repris en France. La maxime *non bis in idem* est, disent-ils, du droit commun des nations. C'est un moyen de défense que la raison universelle donne aux accusés. Il est aussi bien fondé sur un jugement anglais que sur un jugement français. Ne résulte-t-il pas des dispositions de l'ancien art. 7 du Code d'instruction criminelle et de celles des nouveaux articles 5 et 6 que le législateur a reconnu l'autorité des jugements étrangers en matière criminelle ? Ces articles disposent également que le Français qui a commis un crime à l'étranger ne peut être poursuivi que dans le cas où il n'aurait pas été jugé définitivement à l'étranger. Le délinquant étranger doit-il être moins protégé par la décision des tribunaux de son pays ?

On ajoute que M. Berlier a nettement déclaré au conseil d'Etat, en défendant les dispositions de l'art. 5, que tout crime jugé à l'étranger ne peut pas être poursuivi en France. « L'un des préopinants, disait-il, a attaqué l'art. 5 sur le fon- « dement que l'on pourrait, pour le même délit, condamner « en France le Français acquitté en pays étranger ; mais c'est « une erreur, car le jugement en pays étranger, compétem- « ment rendu, devrait être respecté en France, et la maxime « *non bis in idem* appartient au droit universel des nations. » (Locré, t. 24, p. 119.)

De même, si la loi du 27 juin 1866 n'a pas formellement décidé la question, on pourrait extraire soit du rapport, soit des débats plus d'une phrase semblable à celle que nous venons de citer. (Carnot, art. 7 ; Mangin, t. 1, p. 70 ; Faustin Hélie, t. 3, p. 641.)

Conformément à cette opinion, la cour de Douai, par arrêt du 31 décembre 1861, avait admis l'exception de chose jugée au profit d'un Belge poursuivi pour un délit d'escroquerie commis en France, à raison duquel il avait été déjà condamné en Belgique. Mais cette décision a été cassée par un arrêt du 21 mars 1862. (D. 62, 1, 146.)

Nous pensons aussi que l'exception de chose jugée ne devait pas être admise. Nous ne saurions toutefois approuver les motifs de l'arrêt de cassation. Il est en effet fondé sur une théorie que nous avons déjà combattue. La cour affirme d'une manière générale « que les jugements rendus en pays étran- « ger ne peuvent ni être exécutés en France, ni y exercer « aucune autorité, si ce n'est dans le cas et suivant les condi- « tions prescrites par l'art. 546 Pr. civ. et les art. 2123 et « 2128 C. N. »

On sait que nous avons admis une autre doctrine sur l'effet des jugements civils rendus en pays étranger. Nous avons reconnu qu'ils ne sauraient être exécutés en France sans un ordre émané de l'autorité française. Mais nous avons essayé de montrer, avec la plupart des auteurs modernes, que les jugements civils rendus à l'étranger conformément aux véritables règles de compétence doivent avoir en France l'autorité de la chose jugée, non pas en vertu de la loi française, mais en vertu de la loi étrangère qui est devenue la loi des parties. Nous avons ensuite soutenu, avec plusieurs jurisconsultes des plus autorisés, que cette doctrine peut être suivie chez nous, sauf l'exception édictée en faveur des Français par l'art. 121 de l'ordonnance de 1829.

Appliquant la même théorie en matière criminelle, nous devons arriver à un résultat différent.

Les jugements étrangers rendus en matière civile nous ont paru conserver en France l'autorité de la chose jugée, parce que les lois civiles étrangères suivent en France les parties qui s'y étaient soumises soit formellement, soit tacitement.

Au contraire, les lois pénales sont toujours sans empire au-delà du territoire de l'Etat qui les a édictées. Elles sont faites dans l'intérêt de cet Etat et pour sa défense. Cet Etat peut seul les appliquer. Les nations voisines n'ont aucun intérêt à ce que des lois qui ne les protégent pas soient observées. Elles sont donc sans droit pour faire exécuter ou même respecter les jugements qui appliquent ces lois. De là cette impossibilité absolue d'exécuter en France une sentence de condamnation rendue par un tribunal étranger. Les jugements civils étrangers n'avaient pas d'exécution en France, parce qu'aucun acte de coercition ne peut être exercé sans le commandement du souverain, sans la formule exécutoire délivrée par l'autorité compétente. Ce n'est pas seulement l'absence d'une formule exécutoire qui rend les jugements criminels étrangers inefficaces chez nous. Il ne suffirait pas d'y faire apposer cette formule. Ces jugements n'ont pas d'exécution parce qu'ils n'ont aucun effet. La jurisprudence décide ainsi avec raison que les condamnations prononcées par des tribunaux étrangers ne peuvent motiver l'aggravation des peines résultant de la récidive. (Cass., 27 novembre 1828.)

Comme ces jugements sont en France sans efficacité, ils doivent être sans autorité.

A un autre point de vue, les jugements criminels des tribunaux étrangers ne sont pas susceptibles de conserver en France l'autorité de la chose jugée. Nous avons dit, et nous verrons bientôt mieux encore, que l'autorité de la chose jugée consiste à maintenir comme nécessairement exacte la déclaration rendue sur l'existence d'un délit. Il s'ensuit qu'elle ne reçoit son application qu'au cas où le même délit est poursuivi une seconde fois. Or, quand l'étranger jugé en vertu de la loi étrangère est recherché en France pour le même fait en vertu de la loi française, est-il poursuivi pour le même délit? Le même fait ne constitue-t-il pas alors deux délits différents, prévus par des lois différentes, composés le plus souvent d'éléments différents, punis de peines différentes? Il est possible, sans doute, que les deux lois exigent, pour la constitution du délit, les mêmes circonstances et édictent des peines équivalentes. Mais, même alors, il nous semble plus exact de nier qu'il y ait identité entre un délit résultant de la violation d'une loi française et un délit résultant de la violation d'une loi étrangère.

Nous avons vu qu'on tire argument de l'art. 5 I. c., aux termes duquel le délit commis à l'étranger ne peut pas être poursuivi en France s'il a été définivement jugé à l'étranger. Mais il n'est pas nécessaire, pour expliquer cette disposition, d'y voir une application de l'autorité de la chose jugée faite par le législateur lui-même à certains jugements criminels étrangers.

Si un Etat est intéressé à ce que les délits commis à l'étranger par ses nationaux ne restent pas impunis, la nation sur le territoire de laquelle le délit a été commis est bien plus intéressée à sa répression. C'est donc à elle que la poursuite appartient d'abord, et c'est seulement à défaut de répression exercée par elle que la poursuite dans un pays où le délit n'a pas été commis devient nécessaire et juste. On comprend donc très-bien que le législateur français n'ait autorisé la poursuite des délits commis hors du territoire que dans le cas où ils n'auraient pas été jugés à l'étranger. C'est dans cet esprit que dans ces cas l'action publique a été soumise à d'autres conditions dont elle est aussi ordinairement affranchie. Ainsi, on exige que « la poursuite soit précédée d'une « plainte de la partie offensée ou d'une dénonciation officielle « à l'autorité française par l'autorité du pays où le délit a été « commis. »

L'art. 5 ne contient donc pas une application de l'autorité de la chose jugée qui serait contraire aux principes que nous venons d'exposer.

Ces principes paraissent admis à l'étranger comme en France. Ils ont été du moins consacrés par la Cour de cassation de Belgique (ar. 31 déc. 1859, D. 61, 2, 8).

15

Il faut toutefois reconnaître que les conséquences de cette doctrine seront souvent bien rigoureuses. On verra reprendre en France un individu poursuivi en vertu d'une loi étrangère semblable à la nôtre, jugé par des tribunaux n'offrant pas moins de garanties que la justice française. L'iniquité paraîtra plus grande encore si un individu condamné à l'étranger et ayant subi sa peine est de nouveau condamné en France. Mais, d'un autre côté, que pourrait-on répondre à M. l'avocat général Savary demandant quelle autorité on accordera aux jugements rendus à Pékin ? La vérité est qu'il est également injuste de condamner à Paris l'homme condamné à Bruxelles et d'absoudre sans examen l'homme qu'auraient acquitté les tribunaux d'un peuple moins civilisé. Nous ne pouvons pas encore ne faire qu'une société avec tous les hommes. Mais ne pourrions-nous pas nous unir plus étroitement par des traités et par des lois à ceux qui ont les mêmes mœurs et les mêmes idées que nous?

CHAPITRE II.

EFFETS DES JUGEMENTS CRIMINELS.

Déclaration et exécution. — Autorité de la déclaration résultant des diverses décisions criminelles.

Les jugements criminels ont, comme les jugements civils, un double effet : la force exécutoire et l'autorité de la chose jugée.

Pour faire l'application des lois pénales, il faut d'abord une déclaration judiciaire sur le rapport du fait particulier avec la loi pénale, puis un ordre qui assure l'exécution de la loi conformément à la déclaration rendue. L'ordre exécutoire n'est ainsi que la conséquence de la déclaration. Il participe seulement de l'autorité qui n'appartient proprement qu'à la déclaration. Celle-ci est en effet seule la chose jugée.

Les déclarations résultant des jugements criminels diffèrent surtout, suivant que le jugement émane d'une juridiction d'instruction ou d'une juridiction de jugement. Nous devrons donc distinguer les décisions de ces deux juridictions.

Mais nous pouvons remarquer dès à présent que les jugements définitifs de l'une et l'autre juridiction peuvent être
précédés de jugements *préparatoires*, ordonnant des mesures
d'instruction propres à éclairer la justice. Evidemment il ne
résulte de ces jugements aucune décision qui puisse avoir
proprement l'autorité de la chose jugée. Il faut seulement se
garder de confondre avec les jugements purement préparatoires des décisions véritables, bien qu'elles ne soient pas la
sentence définitive. Les juges criminels, avant d'examiner le
fond, c'est-à-dire les questions de fait et de droit qu'il faut
résoudre pour décider si un délit a été commis, doivent statuer sur leur compétence, si elle est contestée, et sur l'admissibilité de la poursuite, si quelque fin de non-recevoir est opposée. Quand ils se déclarent compétents et quand ils rejettent les fins de non-recevoir invoquées, ils rendent une décision qui n'est pas le jugement définitif, mais qui est irrévocable et qui les oblige eux-mêmes.

Nous pouvons maintenant rechercher le sens et l'autorité de
la déclaration qui résulte des diverses décisions criminelles,
en suivant la division que nous avons déjà indiquée.

Section 1. — *Autorité des décisions de la juridiction d'instruction.*

Les juridictions d'instruction sont chargées de rechercher
s'il résulte de l'information qu'elles ont dirigée des indices
suffisants de faits punis par la loi. Elles décident ainsi s'il
convient de mettre en jugement les personnes poursuivies,
s'il y a lieu ou s'il n'y a pas lieu de les renvoyer devant l'une
des juridictions criminelles.

C'est à cette décision, au *renvoi* ou au *non-lieu*, que s'attache l'autorité de la chose jugée qui appartient aux ordonnances du juge d'instruction et aux arrêts de la chambre
d'accusation.

Nous devons donc rechercher quelle est la portée de l'une
et l'autre décision.

§ 1er. — Ordonnances et arrêts de non-lieu.

Il est facile de déterminer la portée de l'ordonnance ou de l'arrêt qui prononce le *non-lieu*. Il résulte évidemment de cette décision que la poursuite entreprise ne peut pas être portée devant la juridiction de jugement. Il est jugé que cette juridiction ne doit pas être saisie. Il y aurait violation de la chose jugée, si un juge d'instruction ou une chambre d'accusation renvoyait le même prévenu pour le même délit devant une juridiction criminelle. On méconnaîtrait également l'autorité de la décision de *non-lieu*, si on permettait qu'une juridiction de jugement fût saisie de la même poursuite par la citation directe du ministère public, de la partie civile ou de l'administration forestière (art. 145 et 182 I. c.). On a pourtant soutenu l'opinion contraire dans l'hypothèse d'une citation directe émanée du ministère public. On argumentait des derniers mots de l'art. 182 I. c. : « dans tous les cas par le procureur impérial. » Mais il a été facilement répondu que ces mots n'avaient pas d'autre sens que celui-ci : « Le procureur impérial peut citer dans les cas où la partie civile peut citer, dans les cas où l'administration forestière peut citer, et dans tous les autres cas. » (Cass., 18 juin 1812 ; 7 juin 1821 ; D. Inst. crim., 788.)

La décision de *non-lieu* équivaut ainsi à un acquittement au profit du prévenu qui l'a obtenue. Mais elle n'a pas toujours un effet définitif. L'art. 246, dont la disposition a été étendue aux ordonnances de non-lieu, contient cette réserve : « à moins qu'il ne survienne de nouvelles charges. » — Nous devrons rechercher, en traitant des effets de l'autorité de la chose jugée, dans quels cas l'autorité des décisions de *non-lieu* tombe devant la survenance de charges nouvelles.

§ 2. — Ordonnances et arrêts de renvoi.

Ces décisions jugent qu'il y a lieu de porter une poursuite devant la juridiction de jugement. Elles saisissent même un tribunal qu'elles désignent comme compétent pour statuer sur la poursuite. L'autorité de ces décisions exige que le renvoi qu'elles ordonnent soit exécuté. Tout acte qui s'opposerait à ce que le tribunal désigné soit saisi serait contraire à la chose jugée. On ne pourrait ainsi ni révoquer la décision de renvoi par une décision de non-lieu postérieure, ni saisir un juge autre que le tribunal désigné, soit par voie de citation directe, soit par une nouvelle décision de renvoi. Il n'importe pas que, depuis le renvoi, des charges nouvelles aient aggravé le fait et l'aient transformé en crime, tandis qu'il a été réglé correctionnellement. Il appartiendra au juge désigné de décliner sa compétence, mais il faut qu'il soit saisi.

M. Legraverend a signalé une conséquence remarquable de l'irrévocabilité des décisions de renvoi. Un fait a été renvoyé au tribunal de police correctionnelle. Trois ans s'étant écoulés sans que le renvoi ait été exécuté, le délit est prescrit. Des charges nouvelles permettraient de considérer le fait comme un crime. Peut-il être poursuivi sous cette qualification? Non, parce que le tribunal correctionnel a été saisi par la décision de renvoi. Ce tribunal seul pourrait statuer. Mais il en est empêché par la prescription du délit. Il en résulte que le fait supposé ne peut être ni jugé comme un délit, ni poursuivi comme un crime. (Leg., t. 1, p. 93.)

Il est plus difficile de déterminer la portée des décisions rendues par les juridictions d'instruction à l'égard des juridictions de jugement qu'elles saisissent. Les deux juridictions sont-elles indépendantes, en sorte que sur aucune des questions du procès la juridiction de jugement ne soit liée par la décision de la juridiction d'instruction? Faut-il au contraire reconnaître que certaines questions, telles que la compétence, les fins de non-recevoir, la régularité de la procédure, sont quelquefois souverainement jugées par la juridiction d'instruction et ne doivent pas être examinées de nouveau par la juridiction de jugement?

Ce second système est celui de la jurisprudence et de la plupart des auteurs.

Il nous semble, au contraire, que l'indépendance des deux juridictions résulte de la nature de leurs attributions respectives.

Nous essaierons de démontrer ce principe et d'en déduire les conséquences très-simples qui en dérivent avant d'exposer le système de la jurisprudence.

Ce n'est pas pour restreindre les attributions de la juridiction de jugement que la juridiction d'instruction a été créée. Celle-ci n'est pas un démembrement de la juridiction de jugement. Elle joue dans notre organisation judiciaire un rôle différent et secondaire. Elle est chargée de veiller à ce qu'aucune poursuite ne soit inconsidérement portée à l'audience. Dans ce but elle examine si la poursuite est recevable en droit et si, en fait, elle paraît fondée sur des preuves suffisantes et, quand elle renvoie le prévenu devant la juridiction de jugement, elle résout affirmativement ces questions. Mais ces décisions ne sont rendues qu'au point de vue du renvoi qu'elles motivent. Leur autorité ne va pas plus loin : elle cesse dès que, la juridiction de jugement s'étant saisie, le renvoi est exécuté.

Alors commence un nouveau procès, ou plutôt le procès véritable. Le juge qui en est saisi doit le juger tout entier, avec une liberté complète.

C'est en effet une règle que tout juge résout librement toutes les questions dont la décision est nécessaire à la sentence qu'il doit rendre. On a dit en ce sens : « *Nemo judex qui condemnare potest absolvere non potest.* »

Quelquefois sans doute le juge se trouve lié par une décision précédente qu'il n'a pas rendue. Ce résultat est la conséquence nécessaire de l'exercice incomplet des voies de recours ou des cassations partielles.

Mais la décision qui ne laisse au juge postérieurement saisi qu'une partie du procès à apprécier est émanée d'une juridiction de jugement ayant statué au moins avec une autorité égale. Ici la juridiction subordonnée serait celle qui offre le plus de garanties. La plupart des garanties qui ont paru nécessaires pour le jugement ont été en effet jugées inutiles pour l'instruction et la décision qui la termine. La publicité et le débat oral n'existent pas devant les juridictions d'instruction. La défense, même par écrit, y est presque impossible. L'infériorité n'est pas moins grande, si on compare les juges eux-mêmes, la chambre d'accusation et la cour d'assises avec son jury, le juge d'instruction et le tribunal correctionnel ou la Cour impériale.

Si les juridictions d'instruction ne dépassent jamais le rôle que nous leur avons assigné, si leurs décisions n'ont jamais d'autres conséquences que le renvoi devant une juridiction de jugement, on comprend ces différences entre la juridiction qui juge, qui condamne ou acquitte et celle qui décide seulement qu'il y a lieu ou non de juger, sans rien juger elle-même. Mais si la juridiction d'instruction statue définitivement sur quelques questions du procès, elle devient une juridiction de jugement et elle devrait offrir les mêmes garanties.

Les deux juridictions diffèrent à ce point, parce qu'elles sont toujours distinctes et toujours indépendantes.

De cette indépendance résulte une règle dont l'application ne présente aucune difficulté. Nous la formulons ainsi : « La juridiction d'instruction statue souverainement sur toutes les questions du procès relativement au renvoi qu'elle ordonne. La juridiction de la jugement statue à son tour librement sur les mêmes questions relativement au jugement. » La décision de renvoi ne préjuge aucune des questions du procès. Elles seront toutes nécessairement soumises à la juridiction de jugement. Mais la décision de renvoi échappe elle-même à l'examen de juridiction de jugement. Celle-ci peut, dans sa propre décision, contredire la décision de renvoi, admettre, par exemple, une fin de non-recevoir rejetée par le juge de l'instruction et acquitter par ce motif le prévenu renvoyé devant elle. Mais elle violerait l'autorité de la chose jugée si elle prétendait annuler ainsi le renvoi lui-même et se dessaisir. Aussi la juridiction d'instruction se trouvera-t-elle avoir souverainement jugé toutes les questions qui ne tendraient qu'à l'annulation du renvoi? Telles sont celles relatives à la régularité de l'instruction et aussi à la régularité de la décision de renvoi elle-même. En effet la juridiction d'instruction a précisément la mission de juger l'instruction. Et quant à la régularité même de la décision qui prononce le renvoi, elle est implicitement affirmée par cette décision, et ne peut être examinée que par la juridiction d'instruction supérieure ou la Cour de cassation. Remarquons seulement que, si l'irrégularité d'un acte d'instruction devait avoir quelque influence sur le jugement lui-même, le tribunal saisi pourrait en connaître. Ainsi une saisie illégalement opérée met au procès des documents qui doivent être la base du jugement, comme ils ont été celle de l'instruction. La juridiction de jugement, obligée d'examiner la recevabilité des preuves produites devant elle, vérifiera la légalité de l'acte qui les a fournies. La légalité de la saisie sera donc jugée avec une égale liberté, au point de vue de l'instruction, par la juridiction d'instruction, au point de vue du jugement, par la juridiction de jugement.

Il nous semble même qu'il n'importe pas que le pourvoi formé contre un arrêt de renvoi ait été rejeté par la Cour de cassation. La décision maintenue par le rejet du pourvoi conserve son caractère de décision d'instruction et ses effets restreints au renvoi. Quant à l'arrêt de rejet lui-même, il n'a statué aussi qu'au point de vue de la légalité du renvoi. M. Faustin Hélie est cependant d'un avis contraire : « La ques-« tion de compétence ainsi déférée à la Cour de cassation a « été examinée. Elle a été décidée par le rejet, il y a sur ce « point chose jugée (t. 6, p. 590). » Il y a sans doute chose jugée, mais relativement au renvoi, comme il y avait chose jugée relativement au renvoi par l'arrêt attaqué.

On voit quelle est la simplicité de ce système. Il peut se résumer en un mot : « Indépendance des deux juridictions dans leurs attributions respectives. »

La jurisprudence et la plupart des auteurs ont suivi d'autres règles. Sans nier d'une manière absolue la distinction et l'indépendance des deux juridictions, on admet que, dans certains cas, certaines décisions de la juridiction d'instruction lient le juge saisi par le renvoi. Aucune de ces exceptions ne nous a paru fondée. Nous les passerons successivement en revue.

Une décision de renvoi peut s'analyser en six décisions expresses ou implicites qui sont les motifs nécessaires du renvoi. Nous verrons bientôt qu'il est contraire à la règle ordinaire en matière de chose jugée de détacher ainsi les éléments d'une décision de cette décision elle-même. Mais il n'y aurait pas lieu de condamner en vertu de ce principe le système de la jurisprudence, parce qu'il ne s'agit pas d'invoquer la solution d'une question de fait ou de droit dans un autre procès.

La juridiction d'instruction qui ordonne le renvoi affirme d'abord que l'instruction sur laquelle elle statue est régulière.

Elle constate ensuite les faits qui résultent de cette instruction et elle les qualifie.

Mais il ne suffit pas qu'un fait délictueux paraisse avoir été commis. Il faut, pour que le renvoi soit justifié, que la poursuite soit recevable. La juridiction d'instruction a donc à statuer sur les fins de non-recevoir qui peuvent s'opposer à la poursuite. Telles sont les exceptions qui, comme la prescription, l'amnistie, la chose jugée, mettent un obstacle perpétuel à l'exercice de l'action publique, et celles qui, comme le défaut de plainte de la partie lésée ou le défaut d'autorisation du conseil d'Etat, n'apportent à l'exercice de l'action publique qu'un obstacle temporaire.

Le renvoi nécessitant la désignation d'un juge, une cinquième décision est relative à la compétence.

Enfin on peut considérer comme une décision résultant du renvoi l'affirmation tacite de la régularité de la décision elle-même.

La jurisprudence reconnaît que la juridiction de jugement n'est liée ni par la constatation des faits contenue dans la décision de renvoi, ni par la qualification qu'ils y ont reçue. Nous pourrons donc passer d'abord rapidement sur ces deux points. Nous devrons insister au contraire sur les quatre autres décisions, puisque la jurisprudence leur attribue quelquefois l'autorité de la chose jugée à l'égard de la juridiction de jugement. Nous réduirons seulement ces questions au nombre de trois, en joignant à la décision sur la régularité de l'instruction la décision implicite sur la régularité de la décision de renvoi elle-même.

Constatation des faits dans les décisions de renvoi. — Sur ce point personne ne conteste que les décisions de renvoi ne soient sans autorité à l'égard de la juridiction de jugement. La juridiction d'instruction, ne recherchant que la probabilité des faits, ne saurait affirmer que la probabilité des faits et non pas leur réalité. Une hypothèse a cependant pu paraître douteuse. La décision de renvoi ne constate-t-elle pas la certitude d'un fait dont l'existence est nécessaire à la légalité de la poursuite, comme la qualité de commerçant chez le prévenu en matière de banqueroute frauduleuse? Même alors la Cour de cassation a décidé qu'une cour d'assises jugeant par contumace avait pu acquitter l'accusé, attendu qu'il n'était pas établi qu'il fût négociant (ar. 21 novembre 1812; D., *chose jug.*, 426). La liberté de la juridiction de jugement à ce point de vue résulte d'ailleurs suffisamment des articles 160, 191, 192, 193, 214, 365 I. c.

Il faut même remarquer que la juridiction de jugement affirme quelquefois des faits écartés par la juridiction d'instruction comme ne paraissant pas probables. Le juge ne peut pas sans doute constater et punir un fait délictueux nié ou même seulement omis par la décision de renvoi, parce qu'il n'est pas saisi de ce fait. Mais il a le droit de relever, d'après les débats, toutes les circonstances aggravantes du fait délictueux dont il est saisi, quelle qu'ait été sur ces circonstances la décision de la juridiction d'instruction. Un arrêt de cassation du 11 juin 1840 reconnaît ainsi « que la prétérition ou l'ap- « préciation erronée en fait d'une circonstance aggravante « par la chambre d'accusation n'empêche pas le président de « la cour d'assises, si les débats viennent à l'établir, d'en faire « la matière d'une question à soumettre au jury. » (Bul. 174.)

Qualification des faits dans les décisions de renvoi. — La juridiction de jugement n'est pas mieux tenue de respecter la qualification donnée aux faits par la juridiction d'instruction. Alors même que les faits constatés par la décision de renvoi n'ont pas été modifiés par les débats, le juge les apprécie librement, les absout ou les condamne et, dans ce dernier cas, les punit suivant les différences établies par la loi entre les contraventions, les délits et les crimes. Sont formels sur ce point les art. 160, 191, 192, 193, 214, 365 I. c.

Mais nous avons ici une remarque importante à faire. La décision rendue sur la qualification des faits par la juridiction d'instruction, qui ne lie pas le juge saisi et qui ainsi n'est pas irrévocable, est cependant sujette au recours en cassation. Aux termes de l'art. 299 l. c. le prévenu peut se pourvoir contre l'arrêt qui le renvoie devant la cour d'assises « si le fait n'est pas qualifié crime par la loi. » Le président Barris, dans sa note 3 rapportée et approuvée par Mangin (*Inst. crim.*, t. 2, p. 220), dit que « pareillement le prévenu pourrait, indépen- « damment du cas de violation des règles de compétence « prévues par les art. 296-299, attaquer en cassation l'arrêt « de la chambre d'accusation, lorsque, renvoyé par cet arrêt « à la police correctionnelle ou à la simple police, il soutien- « drait que le fait de la prévention n'est qualifiée par la loi « ni délit, ni contravention. » (*Sic* Leg., t. 2, p. 235 ; Bourg,

t. 2, p. 12; Rauter, t. 2, p. 477.) M. Faustin Hélie (t. 6, p. 522) conteste, il est vrai, cette extension de l'art. 299 et il cite un arrêt de cassation du 14 juin 1851 qui la repousse. Mais cette opinion fût-elle exacte, comme nous le croyons en effet, le pourvoi en cassation est du moins ouvert dans le cas de l'art. 299, quand un prévenu renvoyé en cour d'assises prétend que le fait n'est pas qualifié crime par la loi.

Nous pouvons donc signaler au moins une hypothèse où, de ce que la décision de renvoi est soumise à une voie de recours, on n'a pas dû conclure qu'elle était absolument définitive.

Nous verrons cependant que dans les hypothèses suivantes on a cru pouvoir raisonner autrement.

Régularité de l'instruction et de la décision de renvoi. — Nous avons essayé de montrer que ces deux points sont souverainement jugés par la juridiction d'instruction à l'exclusion de la juridiction de jugement. Nous reconnaissons donc également aux ordonnances et aux arrêts de renvoi l'effet de saisir la juridiction de jugement, sans que celle-ci ait le droit d'examiner la régularité de l'instruction ou la régularité de la décision de renvoi elle-même.

La doctrine et la jurisprudence distinguent au contraire entre les arrêts et les ordonnances de renvoi.

Les arrêts de renvoi ne semblent pas pouvoir être annulés par la juridiction de jugement, parce qu'ils peuvent être déférés à la Cour de cassation. Il est vrai qu'aucun article n'ouvre le recours en cassation pour violation des formes de procéder contre les arrêts qui renvoient devant les tribunaux correctionnels, et que l'art. 299 I. c. n'autorise le pourvoi contre les arrêts de renvoi aux cours d'assises que dans deux cas déterminés. Mais la doctrine et la jurisprudence admettent le pourvoi contre tous les arrêts de renvoi pour violation de toutes formes essentielles ou prescrites à peine de nullité, soit dans l'instruction, soit lors de la décision elle-même. On en conclut que ces décisions doivent être respectées par la juridiction de jugement, en tant qu'elles affirment la régularité de l'instruction et leur propre régularité (Mang., t. 2, p. 200-280; F. H., t. 6, p. 610).

Le même raisonnement conduit à admettre que les ordonnances de renvoi peuvent au contraire être annulées par la juridiction de jugement. L'opposition à ces ordonnances n'est en effet ouverte aux prévenus que dans le cas d'incompétence prévu par l'art. 539. L'art. 135 I. c. ne l'autorise dans aucune autre hypothèse. L'ordonnance irrégulière n'étant soumise à aucune voie de recours, on en conclut qu'elle peut être annulée par la juridiction de jugement.

Mais dans les deux cas l'argumentation de la doctrine est vicieuse.

De ce que l'arrêt de renvoi peut être déféré à la Cour de cassation il ne s'ensuit pas qu'il lie la juridiction de jugement, En effet, le législateur a bien pu permettre le pourvoi dans le seul but d'épargner aux prévenus le renvoi devant la juridiction de jugement. C'est ainsi que nous avons vu le recours en cassation ouvert contre les arrêts de renvoi qui ont mal à propos qualifié le fait poursuivi, alors que cependant cette décision ne doit pas lier la juridiction de jugement.

D'autre part, il n'est pas plus logique d'accorder à la juridiction de jugement le droit d'annuler les ordonnances de renvoi irrégulières, parce que l'opposition n'est pas ouverte contre elles. N'en faudrait-il pas plutôt conclure que le législateur n'a pas cru qu'il fût nécessaire que ces ordonnances fussent jamais annulées ? Si l'ordonnance renvoie le prévenu devant la chambre d'accusation, celle-ci statue à son tour et rend une décision sujette au pourvoi. Si l'ordonnance renvoie en police correctionnelle, le prévenu a-t-il à se plaindre ? Il pouvait y être cité directement.

La distinction que fait la jurisprudence n'est donc pas justifiée. Une seule règle est exacte dans cette hypothèse comme dans toutes les autres : l'indépendance des deux juridictions qui oblige toujours la juridiction de jugement à respecter la décision de renvoi même irrégulière, mais qui lui laisse, après qu'elle s'est saisie, une entière liberté d'appréciation sur toutes les questions du procès.

Fins de non-recevoir. — Nous avons dit que tout arrêt de renvoi juge expressément ou implicitement qu'aucune fin de non-recevoir ne s'oppose à la poursuite.

Dans aucun cas, selon nous, cette décision n'empêche la juridiction de jugement d'admettre les fins de non-recevoir rejetées par la juridiction d'instruction.

La doctrine et la jurisprudence distinguent d'abord entre les fins de non-recevoir qui ont été formellement rejetées par la décision de renvoi et les fins de non-recevoir sur lesquelles cette décision n'a pas statué.

Quant aux fins de non-recevoir expressément rejetées, la doctrine et la jurisprudence font une seconde distinction. Elles reconnaissent l'autorité de la chose jugée sur ce point aux arrêts de renvoi et la refusent aux ordonnances de renvoi.

Cette distinction est fondée d'abord sur un raisonnement que nous avons déjà critiqué. Les ordonnances du juge d'instruction qui rejettent une fin de non-recevoir ne peuvent pas être frappées d'opposition par le prévenu (art. 135 I. c), On en conclut que le juge saisi peut à son tour examiner les fins de non-recevoir proposées. Au contraire la jurisprudence admet le pourvoi contre les arrêts des chambres d'accusation qui rejettent les fins de non-recevoir. Ne s'ensuit-il pas que cette décision est définitive et lie la juridiction de jugement elle-même ? (Mang., t. 2, p. 275.)

Il est très-contestable que la loi ait ouvert le recours en cassation contre les arrêts de renvoi qui rejettent une fin de non-recevoir. On peut voir avec quelle peine les auteurs cherchent à établir la doctrine qui a prévalu. (Mang., t. 2, p. 201 ; F. H., t. 6, p. 508.) Nous sommes, en effet, bien convaincu qu'on devait s'en tenir aux termes mêmes des art. 299 et 539 et ne permettre le pourvoi contre les arrêts de renvoi que dans les cas énoncés par ces textes. Or, le rejet des fins de non-recevoir n'y est pas cité.

Mais le pourvoi fût-il admissible, nous avons déjà nié qu'on puisse légitimement conclure de la possibilité d'un recours à l'effet qu'on attribue aux arrêts de renvoi à l'égard de la juridiction de jugement. Et cette opinion nous a paru confirmée d'une manière irréfutable par les dispositions des art. 299 et 364 l. c.

M. Faustin Hélie invoque à l'appui de la doctrine qu'il approuve un autre argument. « Il est clair, dit-il, que si la « chambre d'accusation peut décider définitivement que telle « exception est fondée, elle peut déclarer aussi avec la même « autorité qu'elle n'est pas fondée » (t. 6, p. 609).

Ce raisonnement ne nous paraît pas juste. D'abord il nous

conduirait à reconnaître la même autorité aux ordonnances de renvoi, puisque les ordonnances de non-lieu décident d'une manière définitive que les fins de non-recevoir sont fondées. Or, M. Faustin Hélie refuse aux ordonnances de renvoi l'effet qu'il attribue aux arrêts de renvoi. Mais pourquoi les arrêts qui admettent les fins de non-recevoir ont-ils sur ce point une autorité absolue? Il est facile de voir que c'est par une raison qui ne saurait s'appliquer aux arrêts de renvoi. L'effet du non-lieu est d'empêcher qu'aucune juridiction de jugement ne soit saisie. Il devient ainsi impossible que la juridiction de jugement ait à statuer à son tour sur la fin de non-recevoir admise par la juridiction d'instruction. Au contraire, comme l'effet du renvoi est de saisir la juridiction de jugement, c'est une difficulté de savoir si cette juridiction est saisie de toutes les questions du procès. L'argument de M. Faustin Hélie ne justifie donc pas mieux l'opinion que nous combattons.

Tout le monde reconnaît du moins que, lorsqu'elle modifie les faits qui donnent lieu à la fin de non-recevoir, la juridiction de jugement a le droit d'admettre la fin de non-recevoir écartée par la juridiction d'instruction. La question de droit résolue par la chambre d'accusation ne se pose plus alors dans les mêmes termes. Ainsi la Cour de cassation a rejeté le pourvoi formé contre un arrêt de cour d'assises qui avait admis l'exception tirée de la prescription, parce que le rejet de l'exception par la chambre d'accusation avait été motivé sur ce qu'il n'existait aucun procès-verbal qui servît de point de départ à la prescription, et que la cour d'assises constatait au contraire l'existence du procès-verbal (9 oct. 1812; 15 juil. 1813). De même, si le fait qualifié crime par la chambre d'accusation paraît à la cour d'assises ne constituer qu'un délit, ce fait peut être écarté par la prescription de trois ans, alors que la chambre d'accusation avait dû exiger une prescription de dix ans. L'exception de chose jugée se trouve ainsi le plus souvent soumise à la libre appréciation de la juridiction de jugement. C'est en effet des débats que doit résulter l'identité du délit précédemment jugé et du délit actuellement poursuivi. La décision de la chambre d'accusation sur cette exception ne lie donc jamais le juge saisi, si ce n'est lorsque, admettant l'identité, l'arrêt de renvoi a repoussé le moyen tiré de la chose jugée par une raison de droit (Mang., t. 2, p. 277; F. H., t. 6, p. 609).

Après avoir ainsi refusé à la juridiction de jugement le droit d'examiner les fins de non-recevoir formellement écartées par les arrêts de renvoi, sauf dans le cas où les constatations de faits sont modifiées, les auteurs traitent la question de savoir si les fins de non-recevoir qui n'ont pas été proposées devant la juridiction d'instruction peuvent être invoquées devant la juridiction de jugement

Dans notre système il est inutile de poser cette question, puisque les fins de non-recevoir expressément écartées par la juridiction d'instruction peuvent elles-mêmes être admises par la juridiction de jugement.

Mais dans le système contraire ne fallait-il pas admettre une autre solution?

Quand la chambre d'accusation rend un arrêt de renvoi, sans statuer expressément sur les fins de non-recevoir, elle juge implicitement qu'aucune exception ne s'oppose à l'exercice de l'action publique. Si cette décision a l'autorité de la chose jugée, même à l'égard de la juridiction de jugement, celle-ci viole la chose jugée lorsqu'elle admet une fin de non-recevoir.

MM. Mangin et Faustin Hélie pensent au contraire que les fins de non-recevoir sur lesquelles la chambre d'accusation n'a pas statué peuvent être proposées devant la juridiction de jugement. C'est, disent-ils, parce que ces exceptions sont d'ordre public. Mais cet argument nous paraît sans valeur. De ce qu'en matière criminelle les exceptions sont d'ordre public, il s'ensuit seulement que les juges peuvent et doivent les admettre, sans qu'elles aient été invoquées par les parties. Il ne s'ensuivrait pas que la juridiction de jugement pût examiner les fins de non-recevoir, s'il appartenait à la chambre d'accusation de statuer souverainement sur ce point.

Mais cette extrême conséquence du système généralement suivi était trop clairement inadmissible. La jurisprudence a donc toujours permis d'invoquer devant la juridiction de jugement les exceptions que la chambre d'accusation n'avait pas formellement rejetées. (C. 25 juil. 1811; 22 juin 1820, etc.)

Un arrêt plus récent résout indirectement la question dans le même sens. Il rejette le pourvoi formé contre un arrêt de renvoi sur le moyen tiré d'une fin de non-recevoir non proposée devant la chambre d'accusation, par ce motif « que l'exception pourra être invoquée devant la cour d'assises. » (4 sept. 1840.)

Compétence. — Nous avons dit qu'en ordonnant le renvoi à un tribunal désigné, la juridiction d'instruction statue sur les éléments de la compétence. Elle affirme, 1° que le prévenu est justiciable du tribunal désigné; 2° que le fait, à raison du lieu où il a été commis ou d'après les autres règles établies par la loi, peut être jugé par le tribunal désigné; 3° que par sa nature le fait renvoyé rentre dans les attributions du tribunal désigné. En général, la décision de la juridiction d'instruction sur les deux premiers éléments de la compétence, *ratione personæ et ratione loci,* se confond avec la décision qu'elle rend expressément ou implicitement sur sa propre compétence.

En tant qu'elles statuent sur la compétence, les ordonnances de renvoi peuvent être frappées d'opposition, dans tous les cas, par le ministère public (art. 135) et par le prévenu, dans le cas prévu par l'art. 539. Divers arrêts (Cass., 30 oct. 1813; 7 nov. 1816) ont jugé que ce dernier article ne vise que l'incompétence *ratione loci.* Cette jurisprudence, également critiquée par M. Mangin et par M. Faustin Hélie, ne paraît que bien faiblement établie. On décide du moins avec plus d'apparence de raison que l'opposition n'est pas recevable pour incompétence *ratione materiæ* (Cass., 14 mai 1819; Mang., 3 mars 1849; S. 49, 2, 319; Nîmes, 14 février 1853; D. 53, 2, 21). Mais les doutes de M. Mangin et les critiques de M. Faustin Hélie auraient certainement amené un changement dans la jurisprudence, si la décision unanime des auteurs et des arrêts, sur l'autorité des ordonnances de renvoi, ne rendait pas beaucoup moins utile une voie de recours contre elles.

Le pourvoi pour incompétence est toujours recevable contre les arrêts de renvoi aux assises en vertu de l'art. 299. La jurisprudence l'admet même toujours contre les arrêts de renvoi en police correctionnelle, bien que les termes de l'art. 539 semblent n'ouvrir ce recours que dans les cas où l'opposition à l'ordonnance du juge d'instruction est recevable (Cass., 8 mars 1851).

Quel est le système de la jurisprudence sur l'autorité de ces décisions à l'égard de la juridiction de jugement ?

On a distingué non-seulement les ordonnances de renvoi des arrêts de renvoi, mais, en outre, les arrêts de renvoi en police correctionnelle des arrêts de renvoi à la cour d'assises.

On reconnaît que les ordonnances et les arrêts de renvoi en police correctionnelle laissent au tribunal saisi le droit d'examiner sa compétence. Ce point a été jugé par un arrêt des chambres réunies de la Cour de cassation en date du 26 août 1817 (Bul. 80) et n'a plus été contesté. Nous remarquerons seulement que les motifs de cet arrêt ne justifient pas entièrement la règle qu'il a établie : « Attendu, dit la Cour, que « l'art. 130, en ordonnant aux chambres du conseil de ren- « voyer au tribunal de police correctionnelle les faits qu'elles « reconnaissent de nature à être punis des peines correc- « tionnelles, ne confère point à ces chambres le droit de fixer « irrévocablement la compétence de la juridiction correc- « tionnelle sur ces faits ; qu'il ne modifie point les obligations « imposées au tribunal correctionnel relativement à leur « compétence par les art. 193 et 214 ; qu'il ne déroge point « aux limites fixées pour cette compétence par l'art. 179 ; que « lorsque les chambres d'accusation, procédant en vertu de « l'art. 230, renvoient devant un tribunal correctionnel, elles « ne font que ce qu'elles estiment qu'aurait dû faire la cham- « bre d'accusation ; que, relativement à la compétence cor- « rectionnelle, la loi n'attribue pas plus d'effet à leurs arrêts « qu'aux ordonnances de la chambre du conseil ; qu'elles ne « font, comme celles-ci, qu'indiquer et préjuger la compé- « tence, mais ne la jugent pas. » Il ne suffit pas d'invoquer les art. 193 et 214 pour justifier le pouvoir qu'on reconnaît aux tribunaux correctionnels de juger leur compétence. Ces articles ne sauraient s'appliquer qu'à la compétence *ratione materiœ,* puisqu'ils décident seulement que le tribunal cor- rectionnel peut reconnaître que le fait qualifié délit par la juridiction d'instruction est un crime et en conséquence se dessaisir. De plus, ces articles supposent que les débats ont eu lieu. Or il faut établir que le tribunal correctionnel peut admettre l'exception d'incompétence avant qu'il soit procédé

16

aux débats. Ici encore il était nécessaire de se rattacher à la
règle générale que nous avons tirée de la distinction de l'instruction et du jugement et de l'indépendance des deux juridictions.

Mais, tandis qu'il est reconnu que les ordonnances et les
arrêts de renvoi en police correctionnelle sont seulement *indicatifs* de la compétence, la jurisprudence juge et la plupart
des auteurs soutiennent que les arrêts de renvoi à la cour
d'assises saisissent irrévocablement cette cour, sont *attributifs* de compétence. Cette distinction, établie par l'arrêt de
doctrine du 19 juillet 1816 et fortement défendue par M. Mangin, paraît être définitivement admise. Elle avait été cependant combattue par Merlin, rétractant l'opinion qu'il avait
émise lors d'un arrêt du 23 janvier 1813 (*Quest. de dr.*, t. 4,
p. 559). Aujourd'hui même cette doctrine est vivement critiquée par M. Faustin Hélie. Nous tâcherons aussi de prouver
qu'il n'y a pas lieu de faire cette exception au principe qui
attribue à la juridiction de jugement le libre examen de
toutes les questions du procès.

M. Mangin a vainement cherché dans les textes la preuve
directe que la cour d'assises est irrévocablement saisie par la
chambre d'accusation. L'art. 251 est ainsi conçu : « Il sera
« tenu des assises dans chaque département pour juger les
« individus que la Cour impériale y aura renvoyés. » Mais
s'ensuit-il que la cour d'assises ne puisse pas examiner sa
compétence ? Même en se déclarant incompétente, la cour
d'assises juge. M. Mangin pense du moins que l'art. 271 est
plus concluant : « Le procureur général près la Cour impé-
« riale poursuivra soit par lui-même, soit par son substitut,
« toute personne mise en accusation…. » Mais cet article n'a
évidemment pas d'autre sens que celui ci : le procureur
général est tenu de traduire devant la cour d'assises les individus qui y ont été renvoyés.

Les dispositions auxquelles il fallait demander plutôt la solution de notre question sont celles qui déterminent les fonctions des chambres d'accusation. Or elles donnent dans les
mêmes termes à la chambre d'accusation le droit de renvoyer
en police correctionnelle et celui de renvoyer aux assises.
(Art. 130-131 I. c.) La même procédure, la même délibération, les mêmes formalités ont eu lieu. Pourquoi les consé-

quences de la décision seraient-elles si différentes, suivant que le fait est renvoyé à un tribunal correctionnel ou à une cour d'assises? Dans l'un et l'autre cas il s'agit d'examiner si une poursuite doit être portée devant une juridiction de jugement et de désigner la juridiction qui paraît compétente.

Les arguments qui ont assuré le succès de la doctrine que nous combattons sont ceux qu'a très-bien formulés l'arrêt du 19 juillet 1816. Nous n'aurons qu'à réfuter les considérants de cet arrêt.

L'arrêt du 19 juillet 1816 décide « que la loi n'a pas auto-« risé les cours d'assises à examiner si les affaires dont elles « ont été saisies par les chambres d'accusation auraient « dû, soit à raison de la qualité des personnes, soit à rai-« son de la nature des faits, être renvoyées à une juridic-« tion d'exception. » Et pourquoi? « Parce qu'aucune dis-« position de loi sur la procédure devant les cours d'assises « et sur les fonctions de ces cours n'a réglé la forme et le « résultat d'un débat sur la compétence, que la loi n'a donc « pas voulu que ce débat pût avoir lieu devant elles. » Nous répondons que de même le droit de déclarer son incompé-tence avant l'ouverture des débats et d'après les constatations mêmes de l'arrêt de renvoi n'est accordé aux tribunaux cor-rectionnels par aucune disposition formelle. On reconnaît cependant que ce droit résulte suffisamment du principe gé-néral que tout juge est d'abord juge de sa compétence et des textes qui autorisent la cassation des jugements et des arrêts rendus en violation des lois sur la compétence. Ne faut-il pas en effet que le juge dont la décision est cassée pour cause d'incompétence ait eu le pouvoir de mieux juger en déclarant son incompétence? Or l'art. 408 ouvre le recours en cassation contre les arrêts des cours d'assises pour cause d'incompétence. Il en résulte que l'arrêt qui a jugé conformé-ment a un arrêt de renvoi rendu contrairement aux règles de compétence se trouve entaché du même vice. Il est vrai que le pourvoi était aussi ouvert contre l'arrêt de renvoi aux termes de l'art. 299 et que le défaut de pourvoi dans le délai indiqué couvrait la nullité du renvoi, à moins que l'ac-cusé n'eût pas reçu les avertissements prescrits. M. Faustin Hélie répond que cette règle née des nécessités de la pratique et contraire aux termes précis de l'art. 408 ne doit pas s'appliquer au vice résultant de l'incompétence (t. 6, p. 592). Il nous semble au contraire qu'on ne saurait distinguer entre les quatre cas de nullité de l'arrêt de renvoi énumérés par l'art. 299. Mais du défaut de pourvoi en temps utile contre l'arrêt de renvoi il doit résulter seulement que l'arrêt de renvoi ne peut plus être attaqué. L'accusé n'en saurait plus empêcher l'exécution. Il comparaîtra devant la cour d'assises. Mais si la cour d'assises viole à son tour la loi en ne déclarant pas son incompétence, son arrêt devra être annulé pour cause d'incompétence, sans qu'il importe que la nullité de l'arrêt de renvoi pour la même cause ait été précédemment couverte.

L'arrêt de 1816 n'a pas manqué de reproduire ici l'argument tiré de la recevabilité du pourvoi contre les arrêts de renvoi pour vice d'incompétence : « Lorsque ces arrêts n'ont « pas été attaqués par un pourvoi ou lorsqu'ils l'ont été par « un pourvoi que la Cour de cassation a rejeté, ils ont acquis « l'autorité de la chose jugée souverainement et la compé- « tence de la cour d'assises est invariablement fixée. » Mais cet argument, que nous avons déjà réfuté, rencontre en cette matière une réponse péremptoire. Si la possibilité du pourvoi contre l'arrêt de renvoi aux assises, pour cause d'incompé- tence, devait faire reconnaître à cet arrêt l'autorité de la chose jugée à l'égard de la cour d'assises, on ne pourrait pas refuser la même autorité aux arrêts de renvoi en police correction- nelle. La jurisprudence admet en effet que le recours en cas- sation est également ouvert contre ces arrêts. M. Mangin ré- pond : « Si les ordonnances et les arrêts de renvoi en matière « correctionnelle ou de simple police ne saisissent pas défini- « tivement les tribunaux auxquels ils ont renvoyé l'affaire, « quoique aucun recours n'ait été exercé contre eux, c'est « par la raison unique que ces ordonnances et ces arrêts ne « statuent que provisoirement sur la compétence, qu'ils ne « la jugent point d'une manière définitive et que le défaut « d'opposition ou de pourvoi en cassation ne peut rien ajouter « à leur disposition, ni faire qu'ils aient prononcé irrévoca- « blement, quand ils n'ont prononcé que provisoirement et « sauf l'examen ultérieur des tribunaux qu'ils ont saisis » (t. 2, p. 261). Il est impossible de mieux prouver l'impuissance de l'argument qu'on invoque. La possibilité du pourvoi ne rend pas définitifs les arrêts qui ne sont que provisoires. On ne saurait donc démontrer qu'un arrêt est définitif en montrant qu'il peut être l'objet d'un pourvoi.

Mais le principal appui du système que nous combattons paraît être l'argument que l'arrêt de 1816 a ainsi formulé : « Attendu que si les tribunaux correctionnels et de simple « police ne sont pas liés par les arrêts des chambres d'accusa- « tion qui ont prononcé sur le règlement de la compétence, « si ces arrêts ne sont à leur égard qu'indicatifs de la juridic- « tion, si ces tribunaux doivent refuser d'instruire et de juger « les affaires qu'ils reconnaissent ne pas appartenir à leurs « attributions, quoique le renvoi leur en ait été fait par les « chambres d'accusation, c'est parce qu'ils n'ont qu'une juri- « diction particulière qui est expressément déterminée par « la loi d'après les peines qu'elle les a autorisés à prononcer ; « qu'ils seraient conséquemment sans caractère pour con- « naître des faits qui devraient être punis d'une peine plus « forte ou d'une peine d'un genre différent ; mais qu'il n'en « est pas de même des cours d'assises ; que ces cours sont « investies d'une juridiction générale ; que d'après l'art. 226 « elles peuvent connaître des délits dont elles sont légale- « ment saisies ; qu'aux termes de l'art. 365 elles doivent pro- « noncer sur les faits déclarés par le jury les peines établies « par la loi, soit que ces peines soient afflictives et infamantes « ou infamantes seulement, soit qu'elles se réduisent à un « emprisonnement ou à de simples amendes ; qu'en instituant « des tribunaux d'exception à l'égard de certains faits et de « certaines personnes, les lois leur ont imposé l'obligation « de se dessaisir des affaires dont la connaissance ne leur a « pas été expressément attribuée et ont fixé les règles qu'ils « doivent suivre pour vérifier leur compétence et renvoyer « devant qui de droit. »

L'argument est en deux mots celui-ci : la cour d'assises est la juridiction commune et générale. Les tribunaux correc- tionnels et les tribunaux spéciaux sont des tribunaux d'ex- ception pour certains faits et certaines personnes. Ceux-ci peuvent seuls se déclarer incompétents.

.Nous ne répondrons pas, comme le fait un peu subtilement M. Faustin Hélie (p. 598), que ce ne serait plus une question de chose jugée, que la cour d'assises ne devrait pas juger parce que la chambre d'accusation l'aurait irrévocablement saisie, mais parce qu'elle serait toujours compétente d'après les règles de son institution. Le résultat serait le même, l'expression seule pourrait être vicieuse.

Mais il est facile de montrer que l'argumentation de l'arrêt n'est pas applicable à l'incompétence *ratione personœ*, ni à l'incompétence *ratione loci*, et que les dispositions de la loi relatives à l'incompétence *ratione materiœ* n'ont pas le sens qu'on leur attribue.

Ce n'est certainement pas parce qu'il ne peut condamner à une peine autre que l'emprisonnement ou l'amende que le tribunal correctionnel doit se déclarer incompétent, lorsqu'on a renvoyé devant lui un militaire prévenu d'un délit puni de ces peines. Comment, dans cette hypothèse, pourrait-on justifier la distinction que fait la jurisprudence entre le tribunal correctionnel et la cour d'assises ? La cause de l'incompétence est la même dans les deux cas : c'est la qualité de la personne. Qu'importe l'étendue de la juridiction relativement aux faits et aux peines?

Il est évident que le même raisonnement s'applique à l'incompétence *ratione loci*.

Quant à l'incompétence *ratione materiœ*, le législateur a suivi une règle qui ne saurait recevoir l'extension qu'on a voulu lui donner.

Si le fait renvoyé en simple police paraît au juge constituer un crime ou un délit, il doit toujours se dessaisir, car il ne peut appliquer les peines que la loi a établies contre les crimes et les délits (art. 160).

De même le tribunal correctionnel doit nécessairement renvoyer le fait qui lui paraît un crime (art. 193). Mais que fera-t-il si le fait n'est qu'une contravention et se trouve ainsi en deçà de sa juridiction ? Si le fait renvoyé comme un délit à la police correctionnelle paraît au juge, avant l'ouverture des débats, ne constituer qu'une contravention, d'après les constatations mêmes de l'arrêt de renvoi, le juge doit se dessaisir. Mais lorsque le fait qualifié délit par l'arrêt de renvoi n'a dégénéré en contravention que d'après les débats, pourquoi le tribunal correctionnel n'appliquerait-il pas à la contravention constatée la peine édictée par la loi? Les débats ont eu lieu, le prévenu a eu plus de garanties que devant le tribunal de simple police et la peine ne dépasse pas les attri-

butions du tribunal. Le législateur a donc pu permettre dans
ce cas aux juges correctionnels de statuer sur un fait dont ils
ne devraient pas connaître d'après les règles de leur compétence (art. 192-213).

En cour d'assises la même distinction peut être appliquée
et, d'après nous, doit être admise. Si, avant les débats, d'après
les constatations mêmes de l'arrêt de renvoi, le fait paraît à
la cour ne constituer qu'un délit ou une contravention, pourquoi ne devrait-elle pas se déclarer incompétente et se dessaisir? Il ne doit pas plus appartenir à la chambre d'accusation de faire juger par la cour d'assises un délit ou une contravention qu'il ne lui est permis de faire juger une contravention par le tribunal correctionnel. Le prévenu a même
ici un bien plus grand intérêt à n'être pas jugé par la juridiction supérieure. Elle offre, il est vrai, plus de garanties.
Mais les débats de la cour d'assises ont plus d'éclat et de reten-
tissement. Il en résulte une flétrissure plus durable. L'ordre
public est aussi plus intéressé à ce que la compétence de cette
juridiction soit mieux respectée.

Après les débats, si le fait mieux connu ou dépouillé par le
jury de ses circonstances aggravantes n'est plus qu'un délit
ou une contravention, la cour d'assises devra-t-elle se dessaisir? Faudra-t-il renvoyer à un autre juge une affaire toute
jugée? Comme on avait permis au tribunal correctionnel de
punir les contraventions qu'il constate au lieu des délits renvoyés devant lui, on a autorisé la cour d'assises à appliquer
les peines édictées par la loi aux délits ou contraventions résultant des débats. Tel est le sens de l'art. 365 aux termes
duquel : « la cour prononce la peine établie par la loi, même
« dans le cas où, *d'après les débats*, le fait se trouverait n'être
« plus de la compétence de la cour d'assises. » Pouvait-on
s'y tromper et interdire à la cour d'assises de se dessaisir
avant les débats, en vertu d'un article qui l'oblige à juger les
faits qui sont devenus des délits *d'après les débats?* Le texte
ne pouvait pas mieux indiquer la distinction que nous venons
d'expliquer.

M. Mangin a imaginé une interprétation singulière et évidemment inadmissible des mots « *d'après les débats* : » « Je
« dis que les mots *d'après les débats* sont des termes impro-
« pres, parce que ce ne sont pas les débats qui règlent la na-

« ture du fait, mais la déclaration du jury, parce que le mot
« *débats* n'a été mis à la place de ceux-ci : *déclaration du*
« *jury*, que parce que le jury ne doit donner sa déclaration
« que d'après l'impression que les débats ont produite sur sa
« conscience. »

Mais on ne trouverait aucune explication de ces mots : « se
trouverait n'être *plus* de la compétence. » La loi ne dit pas :
même dans le cas où le fait ne serait *pas* de la compétence....
En employant les mots *ne se trouverait* et *plus*, elle suppose
que le fait était avant les débats de la compétence de la cour
d'assises, mais qu'il a cessé d'en être d'après les débats.

Le système de la jurisprudence n'est donc justifié ni par les
textes, ni par les raisons invoquées en sa faveur. Il nous
semble même évidemment condamné par la contradiction
résultant de deux exceptions admises autrefois, du moins par
les auteurs qui l'ont le plus énergiquement défendu. M. Mangin enseignait que dans deux hypothèses les arrêts de renvoi
aux assises n'étaient pas attributifs de compétence.

« Le premier cas, dit M. Mangin (p. 263), est celui où l'in-
« compétence de la cour résulte de ce que l'affaire est attribuée
« à la Cour des pairs. » La haute cour de justice a aujour-
d'hui hérité en partie de la compétence exceptionnelle de la
Cour des pairs. « Toutes les fois, ajoute M. Mangin, que la
« Constitution a érigé un tribunal exceptionnel qu'elle a placé
« au nombre des institutions politiques qu'elle établit, il est
« clair qu'elle a entendu que ses pouvoirs prévalussent sur
« ceux de la juridiction ordinaire et *que l'incompétence de*
« *celle-ci ne pût jamais être couverte.* » Mais l'incompétence
en matière criminelle n'est-elle pas toujours d'ordre public
et à ce titre n'est-elle pas toujours également opposable?
D'ailleurs toutes les raisons invoquées par M. Mangin à l'appui du système général qu'il défend ne se retrouvent-elles
pas dans l'hypothèse qu'il excepte? Faculté de se pourvoir
contre l'arrêt de renvoi, juridiction ordinaire de la cour d'assises, absence d'articles qui prévoient le cas où une cour d'assises déclare son incompétence et se dessaisit, tous ces arguments n'ont-ils donc plus la même valeur?

La seconde exception que faisait M. Mangin n'aurait plus
d'application aujourd'hui. Elle était relative à l'hypothèse où,
d'après les lois de ce temps, la cour d'assises était saisie d'un

délit de presse. « La raison en est que non-seulement les
« art. 254, 271 et 365 font partie d'un code qui n'attribue aux
« cours d'assises que la connaissance des crimes, qu'ainsi
« l'exception qu'ils établissent doit être limitée à la matière
« sur laquelle ils ont disposé, mais encore parce que le juge-
« ment des prévenus de délits correctionnels par la cour d'as-
« sises n'est ni précédé, ni accompagné de toutes les forma-
« lités exigées par la loi pour le jugement des faits qualifiés
« crimes. » M. Mangin ne cite aucune de ces formes, et nous
n'en voyons aucune dont l'absence puisse être de quelque
portée relativement à la faculté de se dessaisir pour cause
d'incompétence. Il est vrai que les articles cités par M. Mangin
sont au Code d'inst. crim. et que ce code n'avait pas mis dans
les attributions des cours d'assises la connaissance des délits
de presse. Mais c'est le Code d'inst. crim. qui a organisé la
cour d'assises. Or la faculté de se dessaisir ne dépend pas de
la nature des faits que juge un tribunal, mais des pouvoirs
que ce tribunal tient de son organisation.

Section II. — *Autorité des décisions de la juridiction de jugement.*

Il est moins difficile de reconnaître le sens et l'autorité des
décisions de la juridiction de jugement.

Lorsque le juge, écartant expressément ou implicitement
toute exception ou fin de non-recevoir, statue sur le fond, il
déclare que l'accusé est coupable ou qu'il n'est pas coupable
du délit poursuivi, et en conséquence le condamne ou l'acquitte. Cette déclaration est la chose jugée résultant des jugements criminels. Elle pourrait elle-même s'analyser en plusieurs déclarations différentes. Trois conditions sont en effet
nécessaires pour qu'une condamnation doive être prononcée.
Il faut d'abord que l'acte incriminé ait été commis par l'accusé. Il faut que l'accusé, en commettant cet acte, ait été
dans les conditions d'intelligence et de liberté ou même d'intention criminelle qui sont nécessaires, suivant les cas, pour
constituer la culpabilité. Enfin on ne peut condamner si le
fait commis n'est pas puni par la loi. Ces trois affirmations
résultent donc forcément de tout jugement de condamnation. L'absence de l'une des mêmes conditions motive au

contraire l'acquittement. Quand le fait n'est pas puni par la loi, on dit que le juge prononce l'absolution.

Mais cette analyse des jugements de condamnation ou d'acquittement serait tout à fait inutile, si on appliquait toujours la règle d'après laquelle l'autorité de la chose jugée n'appartient qu'à la déclaration même du juge et non aux éléments ou motifs de sa déclaration.

Section III. — *L'autorité de la chose jugée n'appartient pas aux motifs de la déclaration qui résulte d'un jugement.*

Après avoir déterminé les déclarations qui résultent des diverses décisions criminelles, il nous faut mieux montrer que ces déclarations ont seules l'autorité de la chose jugée. Nous avons indiqué les questions de fait et de droit qui sont les éléments nécessaires des décisions de la juridiction d'instruction et de la juridiction de jugement. La solution de chacune de ces questions ne constitue pas une décision véritable et distincte de la déclaration sur l'opportunité du renvoi en jugement ou sur la culpabilité elle-même. On ne peut donc, au criminel comme au civil, invoquer la solution qu'une question de droit ou de fait a reçue dans un précédent procès.

La jurisprudence a dû faire d'assez nombreuses applications de cette règle, soit à l'occasion de questions de droit, soit à l'occasion de questions de fait.

Il arrive souvent qu'un individu est poursuivi plusieurs fois pour la même contravention plusieurs fois commise. Dans cette hypothèse, les prévenus ont voulu quelquefois se prévaloir de la décision rendue à leur profit à l'occasion d'une contravention antérieure sur la légalité de l'acte poursuivi. Mais la Cour de cassation a toujours rejeté cette exception de chosé jugée (Dal. ch. j., 459 et s.).

La jurisprudence a eu moins d'occasions d'appliquer la même règle à la solution des questions de fait (Cas. 10 mars 1826 ; D. ch. j., 459).

Mais dans une hypothèse où se présentaient à la fois une question de droit et une question de fait, la Cour de cassation a rendu une décision évidemment contraire à sa jurisprudence antérieure.

Gavarini, poursuivi pour exercice illégal de la médecine, avait été acquitté par arrêt de la cour de Grenoble du 21 déc. 1836, comme étant suffisamment autorisé par les termes d'une lettre du ministre de l'intérieur, où on lisait que Gavarini devait recevoir les secours accordés aux réfugiés «jus- « qu'à ce qu'il pût se créer des ressources au moyen de sa « profession de chirurgien. » Une nouvelle poursuite ayant été dirigée contre le même individu à raison de faits nouveaux, un second arrêt de la cour de Grenoble, en date du 8 mars 1839, déclara qu'il n'était plus permis de donner à la lettre ministérielle un autre caractère que celui que lui avait re- connu la précédente décision. Le pourvoi du ministère public contre cet arrêt a été rejeté par arrêt du 18 avril 1839 (D. ch. j., 463). La Cour de cassation se contente d'affirmer « qu'en cet état la nouvelle poursuite a pu être écartée par « l'autorité de la chose jugée. » Il nous semble au contraire évident que la Cour de Grenoble avait fait une fausse appli- cation de l'autorité de la chose jugée. Elle avait attribué cette autorité à un simple motif de la décision antérieure.

Celle-ci avait déclaré Gavarini non coupable, attendu qu'il était autorisé à exercer la médecine. Sa décision n'avait pu porter et n'avait porté que sur l'existence du délit poursuivi. Comme toute autre question de fait ou de droit, le caractère de la lettre ministérielle n'avait été apprécié qu'au point de vue de la prévention dont le juge était saisi. Il n'y avait donc pas lieu, sur la nouvelle poursuite, d'admettre l'exception de chose jugée.

C'est à l'application de la règle qui refuse aux motifs des ju- gements criminels l'autorité de la chose jugée que se rattache une question qui a été diversement résolue par la chambre criminelle et par la chambre civile de la Cour de cassation.

Aux termes de l'art. 46 de la loi du 5 juillet 1844, « le tri- « bunal correctionnel saisi d'une action pour délit de contre- « façon statue sur les exceptions qui seraient tirées par le pré- « venu, soit de la nullité ou de la déchéance du brevet, soit « de questions relatives à la propriété dudit brevet. »

La décision par laquelle un tribunal correctionnel a ainsi déclaré nul ou valable un brevet d'invention peut-elle être invoquée sur une nouvelle poursuite pour une nouvelle con- trefaçon du même produit? Non, d'après notre règle. Le rejet ou l'admission de l'exception ou plutôt du moyen de défense proposé n'est qu'un motif de la véritable décision qui est la déclaration rendue sur l'existence du délit. La question relative à la nullité du brevet n'a pu être examinée qu'en vue de la décision à rendre sur la poursuite et relativement à la poursuite. La solution de cette question n'est donc pas chose absolument jugée.

Mais ne faudrait-il pas reconnaître un caractère exceptionnel à la décision rendue par le tribunal correctionnel sur l'exception tirée de la nullité du brevet?

La chambre criminelle a en effet jugé : « qu'il ne s'agit « pas dans l'espèce d'un élément du délit, mais d'une excep- « tion préjudicielle autorisée par l'art. 46 de la loi du 5 juil- « let 1844, sur laquelle il attribue compétence à la juridiction « correctionnelle et que cette exception constitue un moyen « de droit sur lequel le juge, ayant aux termes du même ar- « ticle statué une première fois, ne pouvait être appelé à pro- « noncer une seconde dans les mêmes conditions » (17 avril 1857 ; D. 57, 1, 137).

Quelques jours après, par arrêt du 29 avril 1857 (D. *ibid.*), la chambre civile jugeait au contraire « que le juge correc- « tionnel ne fait qu'apprécier au point de vue de la préven- « tion un moyen de défense qui est opposé à l'action correc- « tionnelle ; que la décision qu'il rend sur ce moyen de dé- « fense ne s'étend pas au-delà du fait incriminé ; qu'en cette « matière, comme en toute autre, le tribunal correctionnel « n'est juge de l'exception que dans la mesure et les limites « de l'action. »

Nous n'hésitons pas à adopter l'opinion de la chambre civile. Il est vrai que certains moyens de défense connus sous le nom de questions préjudicielles ont été détachés du procès criminel par des dispositions spéciales de la loi. Mais le jugement de ces questions est alors attribué à une juridiction autre que le juge criminel, soit au tribunal civil, soit à un juge administratif. La juridiction saisie de la question préjudicielle lie par sa décision le juge criminel. Ici peut on dire qu'une question préjudicielle a été créée et qu'il appartient au tribunal correctionnel de la décider? On avait en effet proposé d'abord de considérer l'exception tirée de la nullité ou de la déchéance du brevet comme une question préjudicielle. Elle aurait donc été enlevée au tribunal correctionnel et soumise au tribunal civil. Après examen on a cru plus sage de laisser le juge correctionnel statuer sur la validité du brevet ainsi que sur tous les autres éléments du délit. L'art. 46 a été écrit pour éviter toute équivoque. Mais c'est en vertu du droit commun que le juge correctionnel est resté juge de cette question. Comprendrait-on que le législateur eût créé une question préjudicielle pour en remettre la décision au juge criminel lui-même? L'art. 46 nie en réalité que cette exception soit une question préjudicielle. La chambre civile a donc eu raison de déclarer qu'en cette matière comme en toute autre le juge de l'action n'est juge des exceptions ou moyens de défense que relativement à l'action.

C'est d'ailleurs en ce sens que se prononçait la doctrine (Dal., *Brev. d'inv.*; E. Blanc, *Tr. de la contrefaçon,* 592 et s.; Renouard, *Tr. des brev. d'inv.*, p. 12. V. surtout la consultation de MM. Vatisménil, Dupin aîné, Paillet et Valette, citée par M. Blanc).

La chambre civile a rendu un nouvel arrêt dans le même sens à la date du 21 février 1859 (D. 59, 1, 97). Elle a seulement maintenu l'autorité de la chose jugée par le tribunal correctionnel en cassant la disposition de l'arrêt attaqué qui avait condamné le breveté en des dommages-intérêts égaux aux condamnations prononcées à son profit par le jugement correctionnel qui avait admis la validité du brevet.

Il faut remarquer que la même question pourrait se présenter sur l'art. 16 de la loi du 23 juin 1857 relative aux marques de fabrique.

CHAPITRE III.

A QUELS FAITS S'ÉTEND LA DÉCLARATION RÉSULTANT DES DIVERSES DÉCISIONS CRIMINELLES.

L'autorité de la chose jugée couvre tous les faits compris dans les délits qui ont été jugés. Nous aurons donc à rechercher, 1° quels faits sont compris dans un délit, et 2° quels délits sont compris dans un jugement. Ce sont les deux questions qu'on traite en réalité quand on recherche l'identité des délits. Nous croyons mettre mieux en lumière ce qui est dans tous les cas la véritable raison de décider.

§ 1. — Quels faits sont compris dans un délit.

Au point de vue de leur composition on distingue deux classes de délits : les délits *instantanés* et les délits *continus* et les délits d'*habitude*. L'analyse de ces délits nous montrera comment on peut reconnaître les faits qu'ils comprennent.

Nous verrons ensuite comment plusieurs faits peuvent être compris dans un seul délit, parce chacun d'eux pouvait être une manière de commettre ce délit.

Des délits instantanés. — Le plus grand nombre des délits se composent d'un seul fait une fois commis. On les appelle *instantanés*. Tels sont le vol, le meurtre, etc. Certaines circonstances peuvent seulement aggraver ces délits. Mais le fait délictueux lui-même est toujours unique. Il y a autant de délits que de faits commis. Cependant, dans certaines hypothèses, on a de la peine à reconnaître s'il avait été commis un ou plusieurs délits et par conséquent s'il était possible d'exercer plusieurs poursuites.

Ainsi faut-il toujours distinguer autant de vols qu'il y a eu d'objets volés? Personne ne l'a prétendu. Mais M. Mangin (*Act. publ.*, t. 2, p. 349) soutient encore après Jousse (t. 3, p. 19) qu'un individu peut subir autant de jugements qu'il a commis de vols au préjudice de personnes différentes dans le même lieu et dans le même temps. Il nous semble au contraire que le nombre des propriétaires volés est indifférent. Il faudrait autrement voir plusieurs vols dans la soustraction d'un même objet appartenant à plusieurs personnes. Les textes romains qu'on invoque sont sans portée. Ils sont tous relatifs à l'*actio furti*, action privée appartenant nécessairement à toutes les personnes volées.

La véritable règle est qu'il faut s'attacher à l'unité d'intention coupable. Il ne saurait y avoir plusieurs délits si on ne constate plusieurs volontés criminelles. La loi pénale n'est violée que chaque fois que l'agent a voulu la violer. Il n'importe donc pas que plusieurs objets aient été volés, même par des soustractions distinctes, moins encore que ces objets aient appartenu à des personnes différentes. Il suffit que la même intention ait présidé à tous ces actes. M. Ortolan (n° 1784) applique cette règle « aux différents objets volés dans la même expédition, aux différents coups portés dans la même rixe, aux différentes pièces frappées dans les mêmes opérations de faux monnayage. » Farinacius recherchait déjà l'unité d'intention quand il voyait un seul délit dans plusieurs vols commis « tempore continuato et successivo (Qu. 16, n° 14). » Mais il nous semble avoir admis trop aisément l'unité de l'intention et du délit dans l'hypothèse suivante : « Quando quis « in unica nocte continuo tamen tempore facit plura furta « etiam *in diversis locis* diversarum rerum. » La question est d'ailleurs une pure question de fait, puisqu'elle dépend d'une appréciation d'intention.

Des délits continus et des délits d'habitude. — Le délit continu peut se composer de plusieurs faits délictueux répétés. Chacun de ces faits isolé serait un délit, mais tous ensemble ne forment encore qu'un délit unique. Ces délits sont très-nombreux. Tels sont, par exemple, le fait de porter un costume ou un uniforme auquel on n'a pas droit, de tenir une maison de jeu de hasard ou de prêt sur gages sans autorisation, d'entretenir une concubine dans la maison conjugale, le délit de réunion ou d'association illicites, de vagabondage, etc.

Le délit d'habitude se compose aussi de plusieurs faits répétés; mais un seul fait ne constituerait pas le délit. Tels sont les délits commis par ceux qui se livrent habituellement à l'usure, qui favorisent habituellement la débauche des mineurs, qui sont mendiants d'habitude, quoique valides, etc.

Ainsi dans les délits continus et dans les délits d'habitude, c'est toute une série de faits qui peut ou qui doit constituer le délit. Il s'ensuit que tous les faits antérieurs à la poursuite sont nécessairement compris dans le délit, poursuivis et jugés par la sentence qui a statué sur ce délit.

C'était la décision de notre vieux Ayrault quand il rendait au profit de ce ligueur repris devant lui le jugement que nous avons cité (p. 203). La Cour de cassation s'était d'abord moins bien conformée à la véritable doctrine. Un arrêt du 5 août 1826 a admis une seconde poursuite pour des faits d'usure antérieurs à une première condamnation. Mais un arrêt du 25 août 1836 est devenu le point de départ d'une jurispru-

dence plus exacte. Il a jugé « qu'une condamnation pour délit
« d'habitude d'usure réprime nécessairement tous les faits
« antérieurs qui pouvaient constituer cette habitude. »

Des différentes manières de commettre certains délits. —
Quelques délits peuvent être commis de différentes manières.
Ainsi diverses manœuvres frauduleuses sont indiquées par la
loi comme susceptibles de constituer le délit d'escroquerie.
De même plusieurs faits de fraude ou de négligence donnent
lieu à une poursuite en banqueroute frauduleuse ou en banqueroute simple. Bien que tous ces faits n'aient pas été relevés
dans l'acte de poursuite, ils ont toujours été jugés, parce
qu'ils sont nécessairement compris dans le délit que chacun
d'eux pouvait constituer. C'est en effet le délit lui-même qui
est l'objet du jugement et non une manière de le commettre
(Aix, 9 août 1837, etc.; D. ch. j., 485).

La *tentative* et la *complicité* ne sont que des manières de
commettre un très-grand nombre de délits. La même décision
leur est donc applicable. Ainsi l'individu acquitté sur une
prévention de délit consommé ou de délit principal ne peut
être poursuivi pour tentative ou complicité du même délit
(C. 19 fl. an vi; D. 479),

La complicité elle-même pouvant résulter de divers actes
indiqués par la loi, tous ces actes sont compris dans la poursuite pour complicité d'un délit et ne peuvent donner lieu à
des actions successives.

Mais la chose jugée sur le délit ne pouvant s'étendre qu'aux
faits commis avant la poursuite, l'individu acquitté d'abord
pourrait être repris, si, par un fait postérieur, il se rendait
complice du même délit. Telle était l'hypothèse sur laquelle
la Cour de cassation a statué par un arrêt du 29 déc. 1814
(D. 488). Un individu acquitté sur une accusation de complicité de vol par recel était de nouveau poursuivi pour avoir
recélé les mêmes objets après son acquittement. Ce nouveau
recel ne pouvait évidemment être considéré comme compris
dans la première poursuite. La Cour de cassation a jugé avec
raison qu'il constituait un second délit.

Il est intéressant de remarquer que cette doctrine si rationnelle n'est pas admise par la pratique anglaise. L'individu
acquitté comme complice peut être poursuivi comme auteur
principal et réciproquement. Stephen nous apprend seule-

ment que ce point est aujourd'hui controversé (Black. Stephen, t. 4, p. 468 et s.).

§ 2. — Quels délits sont compris dans un jugement.

Dans le plus grand nombre des cas où l'exception de chose jugée est invoquée, on convient que le fait poursuivi n'est pas compris dans le délit jugé et constitue un délit distinct ; mais on prétend que la décision antérieure s'applique aussi à ce délit.

Pour reconnaître les délits qu'un jugement a jugés, il ne suffit pas de consulter les termes de la décision.

Il est en effet incontestable que si un tribunal, en condamnant où en acquittant, omettait de statuer sur un chef de prévention, il y aurait même sur ce chef chose jugée au profit du prévenu. Le juge qui, saisi de plusieurs délits, ne prononce pas sur l'un d'eux et statue sur les autres, doit être réputé n'avoir pas jugé punissable le fait qu'il devait réprimer et qu'il ne relève pas (Ar. Stein, Merlin, *Non bis. Rép.*, t. 9, p. 542).

Il y a donc chose jugée non-seulement sur tous les délits formellement jugés, mais encore sur tous les délits dont le juge était saisi par les termes de la prévention.

Si les juges criminels ne pouvaient statuer que sur les délits qui leur sont expressément et nominativement déférés par la poursuite, aucun autre délit ne saurait être considéré comme compris dans leur décision et implicitement jugé.

Mais notre législation n'a pas rigoureusement enfermé les juges dans les termes de la poursuite. Sans avoir la faculté de punir tous les faits criminels dont ils découvrent la preuve, nos tribunaux ont le droit et par conséquent l'obligation de juger des délits et quelquefois même des faits qui ne sont pas mentionnés dans l'acte de poursuite. Un procès criminel n'est pas chez nous, comme autrefois à Rome, un débat entre l'accusateur et l'accusé, où, de même que dans une contestation civile, il n'est possible de juger que sur ce qui est prétendu par une partie et contesté par l'autre. Aujourd'hui le débat n'est pas proprement entre le ministère public et l'accusé. C'est entre l'accusé et la justice elle-même que le débat est engagé. La justice n'est, il est vrai, saisie que sui-

17

vaut certaines formalités et d'après certaines règles. Mais une fois saisie, elle a mission d'exercer librement le droit de répression que la société lui a confié.

Sur tous les points dont le juge est ainsi autorisé à se saisir dirons-nous qu'il y a chose jugée aussi bien que sur ceux dont le juge était saisi par les termes mêmes de la prévention ?

Nous l'affirmons. Toutes les fois qu'un juge *peut* juger, il *doit* juger. S'il *doit* juger il faut supposer, lorsqu'il s'est tu, qu'il n'y avait pas lieu à juger. Pourquoi le chef de prévention, sur lequel il n'a pas été formellement statué, ne peut-il pas être reproduit ? Parce que le juge était obligé de statuer sur ce point et que, s'il avait omis de le faire, sa décision pouvait être cassée. Or, le juge n'est pas moins tenu d'user de tous les droits que lui donne la prévention, et de même, s'il ne le fait pas, il y a lieu de casser sa décision toutes les fois que les constatations de faits le permettent.

En conséquence, nous pensons qu'il y a chose jugée non-seulement sur les délits formellement jugés, mais encore sur tous les délits relevés dans la prévention, et non-seulement sur ces délits, mais encore sur tous les délits qui, bien que non énoncés dans la prévention, pouvaient cependant être également jugés.

Plus brièvement, il y a chose jugée, suivant l'heureuse expression de M. Ortolan, à l'égard de tout ce qui aurait dû faire l'objet du jugement (t. 2, p. 292).

Pour faire l'application de cette règle nous n'aurons qu'à rechercher les délits que chaque juridiction est autorisée à juger d'après la prévention qui l'a saisie.

Délits compris dans les décisions des juges d'instruction et des chambres d'accusation. — Quelles que soient les réquisitions du ministère public, le juge d'instruction peut et doit relever tous les crimes, délits ou contraventions dont l'information lui paraît présenter des indices suffisants (art. 127 et suiv.).

La chambre d'accusation n'a pas un pouvoir moins étendu et, dès qu'elle est saisie d'une procédure, elle peut relever tous les faits délictueux indiqués par l'instruction. Le nouvel art. 131 (l. 17-31 juillet 1856) est formel sur ce point : « Dans tous les cas et quelle que soit l'ordonnance du juge d'instruction, la cour sera tenue, sur les réquisitions du procureur général, de statuer à l'égard de chacun des prévenus renvoyés devant elle sur tous les chefs de crimes et délits ou de contravention résultant de la procédure. Enfin l'art. 226 dispose que « la cour statue par un seul et même arrêt sur tous les « délits connexes dont les pièces se trouvent en même temps « produites devant elle. »

L'examen des deux juridictions d'instruction s'étend donc également à tous les faits délictueux résultant de la procédure.

Voyons maintenant les conséquences de ce pouvoir illimité dans les deux hypothèses du *non-lieu* et du *renvoi*.

Une décision de non-lieu a statué expressément sur un ou plusieurs délits et déclaré qu'il n'y a pas lieu à poursuivre. Ne pourrions-nous pas dire : Le juge avait mission d'examiner toute la procédure? En ordonnant le non-lieu, il a nécessairement jugé que la procédure ne révélait aucun fait délictueux. Donc aucun des faits résultant de l'instruction ne peut être poursuivi, s'il n'y a des charges nouvelles.

Cette conclusion a été facilement admise sous l'empire du Code de brumaire an IV. Le jury d'accusation pouvait faire deux réponses différentes : *Non, il n'y a pas lieu* (art. 243, 244), ou bien, *il n'y a pas lieu à la présente accusation* (245). Cette dernière réponse permettait au directeur du jury et à la partie civile de rédiger un nouvel acte d'accusation (246). On dut donc décider qu'après la première réponse toute nouvelle poursuite était au contraire impossible (C. 21 th. an VII, et 5 février 1808. Merl. *Rép. n. b. in id.*)

Merlin, après avoir rapporté ces arrêts, se demande s'il faut admettre la même décision sous l'empire du Code d'instruction criminelle. « Oui, dit-il, mais dans un seul cas, dans celui « où l'arrêt de la chambre d'accusation qui aurait déclaré n'y « avoir lieu à accusation contre le prévenu ne serait point « motivé. Dans tout autre cas la question ne pourrait plus « se présenter. » M. Mangin pense de même que les ordonnances et arrêts de non-lieu étant motivés, présenteront rarement de l'incertitude sur ce qu'ils ont réellement voulu décider. Il reconnaît d'ailleurs qu'en cas d'incertitude la décision couvrirait tous les faits résultant de l'instruction puisque les juridictions d'instruction sont investies du droit de tout examiner.

Il nous semble que les motifs donnés par une décision de non-lieu sur le délit qu'elle écarte ne sauraient jamais restreindre le non-lieu à ce délit. La déclaration même de non-lieu fait supposer qu'aucun délit ne résulte de la procédure. Comment en effet expliquerait-on autrement la décision rendue? Dirait-on que le juge, estimant que certains faits n'étaient pas suffisamment instruits, a voulu réserver sa décision sans différer la déclaration de non-lieu qu'il a cru devoir rendre sur d'autres faits? Mais le juge devait alors restreindre formellement le non-lieu aux délits écartés et continuer l'instruction sur les autres.

Il ne se serait pas ainsi dessaisi, comme il a fait, en rendant une décision de non-lieu indéterminée.

Notre théorie a paru d'abord adoptée par la jurisprudence (V. Cas. 16 mai 1840. D. 40, 1, 425. 11 mars 1848. D. 48 tab. Bourges, 8 novembre 1856. J. crim., art. 6276). Ces arrêts jugent en effet que les chambres d'accusation ont dû, avant de prononcer le non-lieu et la mise en liberté, examiner toutes les circonstances des faits poursuivis et qu'il y a par conséquent chose jugée jusqu'à charges nouvelles sur toutes les qualifications dont les faits poursuivis étaient susceptibles. Mais cette doctrine a été abandonnée par la Cour de cassation. Par arrêt du 10 janvier 1857 (D. 57, 1, 129) elle a cassé l'arrêt de la cour de Bourges. « Attendu que la chose jugée ne peut, surtout « en l'absence de toute demande ou réquisition, résulter que « d'une décision formelle ; attendu que les art. 226 et 230 I. C. « ne sont qu'indicatifs des pouvoirs confiés aux chambres « d'accusation dans l'intérêt de l'administration de la justice « et non exclusifs des règles ordinaires de compétence, qu'il « ne résulte d'ailleurs de la loi dans le cas d'inobservation des- « dits articles aucune fin de non-recevoir contre l'exercice « ultérieur de l'action du ministère public.»

Les mêmes motifs avaient déjà porté la jurisprudence à rendre une décision analogue en matière d'ordonnances ou d'arrêts de renvoi (V. cas. 11 oct. 1853, D. 55. 1, 446. — 10 juin 1857. D. 57, 1, 129). Un plus récent arrêt formule ainsi la doctrine de la Cour de cassation : « Dans le cas où la cham- « bre d'accusation a omis de relever l'un des faits délictueux

« résultant d'une procédure soumise à son examen, aucune
« fin de non-recevoir ne peut être opposée à l'exercice ulté-
« rieur de l'action publique relativement au chef omis » (23
avril 1859. D. 59, 1, 233).

Il faut reconnaître que le renvoi sur un seul fait délictueux
ne saurait aussi bien qu'un non-lieu sans restriction faire
présumer qu'aucun autre délit n'a paru résulter de la procédure.

Cependant même à l'égard des décisions de renvoi nous
n'abandonnerons pas notre règle. Le juge qui, renvoyant un
délit, ne relève pas un autre délit résultant de l'instruction,
rend implicitement sur ce chef une décision de non-lieu. En
effet, à moins qu'il ne se réserve le droit de continuer l'information, il se dessaisit, il met fin à l'instruction et au jugement de l'instruction. C'est le vœu de la loi qu'une instruction soit une seule fois examinée, jugée et que, dans ce seul
jugement, tous les faits indiqués par la procédure soient en
même temps relevés et renvoyés à la juridiction de jugement.
On peut comprendre encore qu'un juge d'instruction, après
avoir prononcé un premier renvoi, même sans réserve, re-
tienne l'information et sur les autres faits qui en résultent
prononce de nouveaux renvois.

Mais lorsque la chambre d'accusation s'est dessaisie par un
renvoi sans réserve, peut-on admettre qu'un juge d'instruction reprenne l'instruction jugée par la cour et relève des
délits que la cour avait eu déjà le droit et le devoir de constater ?

C'est à peu près dans ce sens que la cour de Montpellier a
hautement invoqué sa prérogative dans un arrêt du 8 avril
1859 :

« Attendu que tant que la Cour n'a pas statué sur l'un des
« chefs de prévention que la procédure peut avoir mis en re-
« lief, nul n'a le droit d'entraver l'exercice de sa juridiction
« souveraine ; que ce serait l'entraver que de saisir sans son
« aveu un tribunal répressif d'une prévention spéciale que
« l'on prétendrait résulter de la procédure ; que l'on allégue-
« rait vainement que la chambre d'accusation aurait omis de
« statuer, les tribunaux correctionnels ne pouvant à aucun
« titre apprécier les décisions d'une cour sous l'autorité de la-
« quelle ils sont placés. » (D. 59, 2, 139.)

Ces raisons nous déterminent à maintenir l'application de la règle que nous avons d'abord posée, même à l'égard des décisions de renvoi. Il y a chose jugée sur tout ce qui devait être jugé. Tous les délits résultant d'une instruction devaient être relevés et renvoyés par la juridiction d'instruction. Donc tous les délits que la juridiction d'instruction ne renvoie pas ou ne réserve pas sont par elle écartés.

Délits compris dans les décisions des juridictions de jugement. — Les juridictions de jugement n'ont pas, à l'égard des faits qui résultent des débats, cette saisine illimitée qui appartient aux juridictions d'instruction sur tous les faits révélés par les procédures qui leur sont soumises. Les tribunaux de répression ne statuent que sur les faits poursuivis devant eux. Ces faits sont indiqués, avec des qualifications légales, dans la citation ou la décision de renvoi qui saisit le tribunal de simple police et le tribunal correctionnel, dans l'arrêt de renvoi et l'acte d'accusation qui saisissent la cour d'assises. Mais les tribunaux de répression peuvent aussi se saisir de quelques faits autres que les faits expressément mentionnés dans l'acte de poursuite et ils peuvent toujours modifier les qualifications que les faits relevés dans l'acte de poursuite y ont reçues. La doctrine et la jurisprudence suivent sur ce point deux règles qu'on peut ainsi formuler :

1° Le pouvoir du juge s'étend à tous les faits accessoires du fait incriminé, alors même que ces faits n'auraient pas été formellement et spécialement poursuivis. Ainsi, tous les modes d'exécution et toutes les circonstances du délit poursuivi peuvent être isolés du fait principal et appréciés séparément.

2° Le juge peut modifier la qualification légale que l'instruction a donnée au fait incriminé, soit qu'il n'approuve pas en droit l'appréciation de l'instruction ou de la poursuite, soit que, d'après les débats, l'intention du prévenu paraisse différente, les circonstances et les résultats du fait plus ou moins graves qu'ils n'avaient d'abord paru.

Dans les matières de simple police et de police correctionnelle, l'application de ces deux règles n'a jamais été contestée. Elle est fréquente devant les tribunaux correctionnels. (*V.* F.-H., t. VII, p. 273 et p. 655.) Remarquons surtout que l'exercice du pouvoir qui en résulte n'est pas considéré comme facultatif. Quand un jugement d'acquittement ne mentionne aucune circonstance, aucun fait accessoire qui ait pu être relevé comme étant puni par la loi, la Cour de cassation ne saurait exercer sa censure. Mais, dans le cas contraire, la décision est cassée. Le juge devait, en effet, examiner le fait poursuivi dans tous ses rapports avec la loi pénale. La Cour de cassation a souvent appliqué ce principe et notamment dans de nombreuses espèces où la négation de la circonstance de publicité nécessaire pour constituer le délit de diffamation avait laissé subsister une contravention d'injure.

On aurait pu douter que les mêmes règles fussent applicables en cour d'assises. En effet, la cour d'assises ne statue que sur les réponses du jury. Or, pouvait-on poser au jury d'autres questions que celles résultant de l'acte d'accusation ? Sur ce point, la loi n'avait pas de disposition. Mais la jurisprudence n'a pas hésité à permettre au président des assises de poser au jury toutes les questions résultant des débats et ne sortant pas, d'ailleurs, du cercle que nous avons tracé.

Les cas d'application sont très-nombreux.

Conformément à la première de nos règles, tous les faits accessoires, tous les moyens d'exécution, toutes les circonstances du fait incriminé peuvent en être détachés et devenir le sujet de questions subsidiaires. Ainsi, dans une accusation de vol avec violence, on peut poser une question subsidiaire de coups et blessures (C.. 12 fév. 1813) ou d'actes de barbarie (C., 9 fév. 1816). De même, une accusation d'extorsion de signature peut donner lieu à une question subsidiaire de coups et blessures ou de menaces avec ordre ou sous condition (C., 19 juin 1845). D'autres espèces nous montreraient qu'il n'est pas nécessaire que le délit dont la cour se saisit ait été un élément légal du crime renvoyé devant elle. On a pu, par exemple, dans une accusation de complot, poser une question de distribution d'écrits séditieux, « parce que les questions peuvent être étendues à tous les faits particuliers qui se rattachent au fait principal » (C., 31 janv. 1817).

Mais ces questions subsidiaires ont le plus souvent pour effet de modifier la qualification du fait, d'après l'intention de l'accusé mieux connue, ou d'après les résultats du fait mieux constatés. Ainsi, dans une accusation de meurtre, on posera la question de coups et blessures sans intention de donner la mort et l'ayant occasionnée (C., 16 mai 1840); et, dans une accusation de tentative de meurtre, celle de coups et blessures (C., 2 août 1816). Rien n'empêcherait même de descendre jusqu'au délit d'homicide par imprudence ou de coups et blessures involontaires. C'est ainsi que nous verrons tant d'exemples d'un crime d'infanticide transformé en délit d'homicide par imprudence. Une accusation de viol ou de tentative de viol peut également se décomposer en divers crimes ou délits faisant l'objet de questions subsidiaires : attentat à la pudeur avec violence, coups et blessures, attentat à la pudeur sans violence, outrage public à la pudeur (C., 19 janv. 1818, 11 déc. 1851, 14 oct. 1826. V. F.-H., t. 9, p. 556 et s.).

Toutes ces questions pouvant être posées au jury par le président ou par la cour, il est vrai de dire que la cour d'assises peut, elle aussi, juger tous les délits se rattachant aux deux règles que nous avons posées.

Seulement, comme la cour d'assises ne statue que sur les réponses du jury, elle ne constate jamais des faits qu'elle aurait dû soumettre au jury. Là Cour de cassation ne peut donc jamais exercer sur ce point sa censure. D'ailleurs, la cassation serait encore impossible, si ce n'est dans l'intérêt de la loi (art. 409). V. Merl., *n. b. in id. Rép.*, p. 543.

D'après la théorie que nous avons exposée, tous les délits résultant des faits que nous venons de passer en revue sont implicitement jugés par la décision qui statue expressément sur le fait expressément poursuivi. En effet, tous ces délits pouvaient et par conséquent devaient être relevés, s'il y avait eu lieu. Ainsi, la condamnation porte sur tous les éléments et sur toutes les circonstances du fait poursuivi. Le juge avait le droit d'aggraver, d'atténuer, de modifier le délit d'après toutes les circonstances du fait. Dès qu'il qualifie le fait, quelque omission, quelque erreur qu'il ait commise, le fait est jugé. Il ne doit pas être permis de rouvrir les débats pour modifier la qualification qu'un fait jugé a reçue.

De même, en cas d'acquittement, n'est-il pas nécessairement jugé que le fait avec tous ses éléments, avec toutes ses circonstances, ne présente ni crime, ni délit, ni contravention, puisque c'est à cette condition seulement que l'acquittement devait être prononcé?

N'est-ce pas d'ailleurs la disposition littérale de l'art. 360 I. c.?

« Toute personne acquittée légalement ne pourra plus être reprise ni accusée à raison du même *fait.* »

La jurisprudence ne s'est pas conformée à cette doctrine.

Après une condamnation, on n'a jamais essayé ni de reprendre un élément ou une circonstance du fait condamné, ni de poursuivre le même fait sous une autre qualification plus ou moins grave.

Même en cas d'acquittement, la jurisprudence n'est pas contraire à l'application de notre système aux décisions des tribunaux de simple police et à celles des tribunaux correctionnels.

Ainsi le célèbre arrêt Nau (Nancy, 14 fév. 1844, D. 44, 2, 105) distingue ces décisions des ordonnances d'acquittement et à leur égard pose cette règle : « Par cela seul que les juges « peuvent et doivent explorer le fait dans toute sa portée res- « pective, la décision par laquelle ils en déchargent le prévenu « étant légalement présumée avoir épuisé la recherche de « toutes les incriminations, l'affranchit pour l'avenir de toute « nouvelle poursuite à quelque titre que ce soit. »

On pourrait, il est vrai, citer en sens contraire un arrêt postérieur de la Cour de cassation (Crim., 1er août 1861, D. 61, 1, 500). Il en résulte qu'un individu acquitté sur une prévention d'escroquerie a pu être repris à raison des mêmes faits considérés comme constituant la tenue d'un jeu de hasard non autorisé. Mais cet arrêt constate seulement que les deux délits sont distincts et ne recherche même pas si l'on peut prétendre qu'ils aient été jugés par le même jugement. Il nous paraît impossible que la Cour de cassation repousse la doctrine de la cour de Nancy, alors qu'elle casse les décisions correctionnelles qui n'ont pas examiné les faits constatés sous tous leurs rapports avec les lois pénales et qu'elle appuie sur les motifs que nous verrons tout à l'heure sa jurisprudence à l'égard des verdicts du jury et des ordonnances d'acquittement. La Cour de cassation ne nie pas en effet que la chose jugée ne s'étende à tout ce que la cour d'assises était obligée de juger. Elle conteste qu'en l'état de la législation la cour d'assises soit obligée de juger d'autres crimes ou délits que ceux qui résultent de l'arrêt de renvoi et de l'acte d'accusation.

C'est la grave question que nous devons examiner maintenant. Elle se présente très-souvent devant nos tribunaux correctionnels dans une hypothèse qui devient tous les jours plus fréquente. Une femme a été accusée du crime d'infanticide, c'est-à-dire d'avoir volontairement donné la mort à son enfant nouveau-né. Elle a été acquittée. Nous avons vu que la question subsidiaire d'homicide par imprudence aurait pu être posée au jury soit par le président, d'office, soit par la Cour, sur les réquisitions du ministère public. Cette question n'a pas été posée. Le ministère public change alors la qualification des faits déjà soumis au jury et traduit l'accusé devant le tribunal correctionnel, sous la prévention d'avoir involontairement et par imprudence ou négligence occasionné la mort de son enfant.

D'après notre théorie, cette seconde poursuite est contraire à la chose jugée résultant de la décision du jury et de l'ordonnance d'acquittement. Mais une jurisprudence constante admet ces poursuites réitérées et elles sont devenues depuis longtemps si fréquentes que M. Ortolan a pu dire que désormais « ce qu'il y a de moins assuré chez nous, quant à l'épuisement du droit d'action publique, c'est un acquittement « par voie de jurés. » Cet usage est d'autant plus regrettable qu'il a pu sembler avoir sa cause dans un sentiment de défiance pour le jury. Si la qualification qu'on poursuit en second lieu résulte en effet de l'instruction et des débats, pourquoi n'a-t-elle pas été soumise au jury? Le président aurait-il craint que le jury ne saisît avec empressement un moyen d'atténuer les faits contrairement à sa conviction? Aurait-il voulu contraindre le jury à affirmer la qualification la plus grave ou à prononcer un acquittement absolu? Il n'est pas permis de croire que nos magistrats fassent jamais de pareils calculs. Aussi serait-il désirable qu'on ne donnât aucune occasion de le supposer?

Mais le plus souvent il est évident que le ministère public demande aux tribunaux correctionnels de ne pas laisser complétement impuni un crime constant, incontestable, que le jury a cru devoir absoudre. On oublie alors des faits constants, on ne tient pas compte de l'intention criminelle la plus flagrante, de la volonté de tuer résultant des débats, avouée par l'accusé. La peine appliquée montre seule que sous la qualification correctionnelle d'imprudence, le juge veut punir un crime. Cette pratique est un effet du zèle que la magistrature apporte à la répression des délits. Mais c'est un zèle mal éclairé et regrettable que celui qui porte atteinte au caractère souverain du jury, de cette juridiction qui « seule peut soutenir aujourd'hui la responsabilité des jugements criminels. » (Rap. de M. Faustin Hélie, arrêt Armand)

Comment donc a pu s'établir cette jurisprudence et par quelle raison s'est-elle défendue?

Sous l'empire de la loi du 3 brumaire an IV, la Cour de cassation admettait la doctrine qu'elle repousse aujourd'hui. Elle jugeait alors que « l'acquittement prononcé en faveur « d'un accusé devait l'affranchir de toutes les poursuites tant « sur le fait de l'accusation que sur toutes les modifications « et d'après tous les caractères de criminalité dont il pouvait « être susceptible.» (Cas. 21 th. an VII, S. 1, 234; 14 pluv. an VI, S. 1, 928; 5 février 1808, S. 2, 484; 11 brum. an VII, 26 vent. an XI, 10 vent. an XII, 23 frim. an XIII, etc., Merlin, *Rép. N. b. in id.* 6).

Mais, après la promulgation du Code d'instruction criminelle, la Cour de cassation a modifié sa jurisprudence, conformément aux conclusions de Merlin (29 oct. 1812, aff. Diflis, *Rép., N. b. in id.,* 6). Dans cet arrêt, la Cour de cassation reconnaissait l'exactitude des décisions qu'elle avait rendues sous l'empire des lois antérieures, mais elle jugeait que la législation nouvelle devait entraîner un changement de jurisprudence.

Les motifs de cet arrêt ont dicté tous les arrêts qui l'ont suivi. Ils ont été encore reproduits avec plus de précision, quand la question a été solennellement jugée par les chambres réunies de la Cour de cassation. M. Dupin donna des conclusions contraires à la jurisprudence antérieure; mais la Cour a statué en ces termes : « Attendu que, si l'acquitte-« ment prononcé en faveur d'un accusé sur le fait de l'accu-« sation était sous l'empire de la loi du 3 brumaire an IV un « obstacle à toutes poursuites ultérieures à l'occasion du « même fait considéré sous d'autres rapports, c'est que ce « code imposait au président du tribunal criminel l'obligation « de soumettre au jury toutes les questions qui pouvaient « résulter des circonstances du fait de l'accusation ; qu'il en « est autrement sous la législation actuelle qui n'impose plus « la même obligation au président de la cour d'assises; qu'au-

« jourd'hui, lorsque les jurés ne sont interrogés que sur le
« résumé de l'acte d'accusation et sur la qualification du fait
« auquel il se rapporte, l'acquittement prononcé en faveur de
« l'accusé ne peut être étendu au-delà du fait énoncé dans
« l'acte d'accusation et de la qualification qui lui a été
« donnée. » (25 nov. 1841, D. *ch. j.* 476.)

Toutes les décisions postérieures se sont référées à la doctrine de cet arrêt.

De leur côté, les auteurs qui ont suivi la jurisprudence ont
reproduit le même raisonnement. Il est à peu près ainsi repris et résumé par Mangin (*Act. pub.*, t. 2, p. 364) : « L'ac-
« quittement s'étendait au-delà du fait de l'acte d'accusation,
« parce que la loi obligeait le président à poser les questions
« qui pourraient résulter des circonstances du fait de l'accu-
« sation. Aujourd'hui le président peut encore, il est vrai,
« poser ces questions, mais c'est pour lui une simple faculté.
« Il n'est pas obligé de le faire comme sous le Code de bru-
« maire à peine de nullité. »

Il y a dans ce raisonnement une double erreur. D'une part,
le Code de brumaire lui-même n'avait pu imposer au président qu'une obligation morale. Et, d'autre part, il n'est pas
juste de voir une simple faculté dans le droit qu'on a reconnu
au président sous la législation nouvelle.

Le Code de brumaire accordait au président le droit de poser
des questions autres que celles résultant de l'acte d'accusation
dans ses art. 374 et 379.

L'art. 374 supposait que le président avait le droit de poser
une question résultant du débat :

Art. 374. « La première question tend essentiellement à
« savoir si le fait qui forme l'objet de l'accusation est constant
« ou non ; la seconde, si l'accusé est ou non convaincu de
« l'avoir commis ou d'y avoir coopéré. Viennent ensuite les
« questions qui, sur la moralité du fait et le plus ou moins
« de gravité du délit, résultent de l'acte d'accusation, *de la*
« *défense de l'accusé ou du débat....* »

Mais les art. 378 et 379 précisaient surtout les pouvoirs du
président : Art. 378. « Il ne peut être posé aucune question
« sur des faits qui ne seraient pas portés dans l'acte d'accu-
« sation, quelles que soient les dépositions des témoins. » —
Art. 379. « Mais les jurés peuvent être interrogés sur une ou

« plusieurs circonstances non mentionnées dans l'acte d'ac-
« cusation, quand même elles changeraient le caractère du
« délit résultant du fait qui y est porté. Ainsi, sur l'accusa-
« tion d'un acte de violence exercé envers une personne, le
« président peut, d'après les débats, poser la question de sa-
« voir si cet acte de violence a été commis à dessein de tuer. »

On prétend que l'observation de ces dispositions était prescrite à peine de nullité et on en conclut qu'il fallait toujours
supposer qu'elle avait eu lieu.

Mais l'art. 380 ne nous paraît pas appliquer aux prescrip-
tions de ces articles la peine de nullité : Art. 380. « Toute
« contravention aux règles prescrites par les art. 352, 358,
« 365, 368, 373, 374, 377 et 378 emportent nullité. » On voit
que l'art. 379 est omis dans cette énumération. Il est vrai que
l'art. 374 y est cité. Mais cet article rappelle seulement le
pouvoir qui est accordé au président par l'art. 379, et il contient d'autres dispositions qui pouvaient et qui devaient être
prescrites à peine de nullité. C'est lui qui ordonnait de poser
d'abord toutes les questions résultant de l'acte d'accusation.

Il était en effet impossible d'obliger, à peine de nullité, le
président à poser une question résultant des débats. La Cour
de cassation ne saurait dans aucun cas juger qu'une question
était résultée des débats et aurait dû être posée. Elle ne peut
jamais connaître que de la forme des débats. Donc, alors
même que l'art. 380 aurait prescrit à peine de nullité l'observation des art. 374 et 379, l'exercice du pouvoir conféré au
président par ces articles ne pouvait jamais entraîner la nullité du jugement.

Ainsi le Code de brumaire ne prescrivait pas la position
des questions autres que celles résultant de l'acte d'accusation avec une rigueur qu'on ne retrouverait plus dans le Code
d'instruction criminelle.

Il est vrai que celui-ci n'a aucune disposition semblable à
l'art. 379 du Code de brumaire. Mais puisque la jurisprudence
a suppléé à cet oubli du législateur par une légitime interprétation des textes, on doit reconnaître que le Code d'instruction criminelle confère au président le même droit que
le Code de brumaire relativement aux circonstances et aux
modifications du fait poursuivi. Ayant aujourd'hui le même
pouvoir, le président n'aurait-il pas la même obligation ? La

position des questions dont il s'agit n'est pas prescrite à peine de nullité ; nous avons vu qu'elle ne l'était pas ou qu'elle l'était inutilement sous la législation antérieure.

Sous l'une et l'autre loi, le président n'est que moralement obligé de poser les questions subsidiaires.

Mais, sous l'une et l'autre loi, il faut supposer que les magistrats font leur devoir et croire, par conséquent, qu'il n'y avait pas lieu de poser une question quand, pouvant la poser, ils l'omettent, qu'il n'y avait pas lieu de juger un fait, quand, pouvant s'en saisir, ils ne le relèvent pas.

Grâce à ce pouvoir du président, la cour d'assises est saisie aujourd'hui, comme autrefois, de tous les délits qui peuvent résulter du fait qui lui est déféré et de toutes ses circonstances. Il s'ensuit qu'aujourd'hui, comme autrefois, le jugement porte nécessairement sur tous les délits résultant du fait incriminé et de ses circonstances.

C'est pourquoi le Code d'instruction criminelle a reproduit, dans son article 360, les termes de l'article 426 du Code de brumaire : « Toute personne acquittée légalement ne pourra « plus être reprise ni accusée à raison du *même fait.* »

On répond que, dans le nouveau Code, cette expression ne signifie pas le fait qui a été soumis à la justice pour qu'elle recherchât et punît tous les délits qui en résultaient, mais le fait, tel qu'il est qualifié par la loi, le délit déféré à la cour d'assises. (Merlin, *Rép. Non bis in idem*, p. 539.)

Cette interprétation s'écarte évidemment du sens littéral du mot. Elle est, en outre, contraire à la signification que les mêmes termes avaient, de l'aveu de ceux qui la présentent, dans le Code de brumaire. Enfin, dans l'article qui suit l'article 360, le mot *fait* a certainement son sens ordinaire :

Art. 361. — « Lorsque, dans le cours des débats, l'accusé « aura été inculpé sur un autre fait... le président, après « avoir prononcé qu'il est acquitté de l'accusation, ordonnera « qu'il sera poursuivi à raison du nouveau fait...» Ce nouveau fait est un fait proprement dit, car s'il était seulement un autre délit résultant du même fait, la cour d'assises aurait dû s'en saisir et poser la question subsidiaire. C'est donc un fait autre que les faits qui ont été renvoyés à la cour d'assises et un fait qu'on ne peut considérer comme une circonstance de ces faits. Le Code oppose précisément *l'autre fait* de l'article 361 au *même fait* de l'article 360. Comment ces deux mots rapprochés, opposés l'un à l'autre, s'expliquant l'un par l'autre, auraient-ils une signification différente?

Il nous paraît donc certain que l'article 360 doit être entendu à la lettre. Si on a eu tort de considérer quelquefois l'article 360 comme décisif, il prête du moins un très-puissant appui à la thèse que nous défendons.

Enfin on a très-justement argumenté, en faveur de la même opinion, de la nécessité de respecter l'incertitude même du sens des verdicts.

Sous le Code de brumaire, le jury était interrogé d'abord sur le fait matériel, puis sur les autres éléments de la criminalité. Un autre tribunal appréciant le même fait aurait pu souvent condamner pour un autre délit résultant du même fait, sans contredire la déclaration précédente du jury.

Aujourd'hui, les questions posées au jury sont toujours complexes. On lui demande : N. est-elle coupable d'avoir volontairement donné la mort à son enfant nouveau-né? Il répond : Non. Pourquoi? Peut-être parce que N. ne paraît pas avoir eu l'intention de donner la mort à son enfant. Mais peut-être aussi parce qu'il ne semble pas prouvé qu'elle soit accouchée ou que l'enfant soit né vivant ou que la mort de l'enfant n'ait une autre cause. Si un tribunal correctionnel condamne ensuite N. pour homicide par imprudence, il jugera, au contraire, qu'elle est accouchée, que son enfant est né vivant et que la mort de l'enfant n'a pas une autre cause. Il est donc possible que le tribunal affirme ce que le jury avait nié.

Il est vrai que, lorsque la signification d'une décision n'est pas certaine, on n'en saurait tirer une exception de chose jugée véritable ni dans un sens ni dans l'autre. Mais n'était-il pas sage d'éviter la possibilité même d'une pareille contradiction? Si les jurisconsultes ne peuvent trouver dans le jugement correctionnel la violation de la chose jugée par le jury, le public y voit une infirmation du verdict, surtout lorsque le sens de ce verdict, toujours douteux en droit, est certain, en fait, d'après les débats.

Cette considération a dicté le décret que la Convention, consultée par le tribunal de Chaumont, rendit le 21 prairial

an II : « Considérant que le tribunal de district ne peut pas se
« rendre juge de la déclaration du jury, ni, par conséquent,
« décider qu'elle n'a pas été motivée, soit sur ce que le fait
« n'était pas constant, soit sur ce que le prévenu a paru abso-
« lument irréprochable. » (Merlin, *Rép.*, *Non bis in idem*,
p. 539.)

Les mêmes motifs ont déterminé la Cour de cassation elle-
même à faire une fois exception à la doctrine qu'elle inaugu-
rait alors. Un individu avait été déclaré *non coupable d'un*
meurtre commis sur la personne d'un gendarme. Il était repris sous la prévention d'homicide par imprudence.

Merlin s'exprima ainsi : «Le jury n'a eu à délibérer que sur
« une seule question, celle de savoir si Jean Diflis était cou-
« pable du meurtre du gendarme, et il a répondu qu'il n'en
« était pas coupable. Dès lors, qui nous assure que le jury
« n'a pas entendu décider que ce n'était pas Diflis qui avait
« tué le gendarme? Et, si l'on répugne à présumer une pa-
« reille décision dans la circonstance où l'accusé avouait le
« fait de l'homicide, qui nous assurera, du moins, que le jury
« n'a pas entendu décider que Diflis avait commis l'homicide
« avec l'intention bien fondée qu'il le commettait dans une
« légitime défense? Et que ferait-on aujourd'hui en le pour-
« suivant comme prévenu d'homicide par imprudence? Evi-
« demment on s'exposerait à le faire condamner correction-
« nellement, soit pour un fait qu'il aurait été jugé n'avoir
« pas commis, soit pour un fait qu'il aurait été jugé avoir
« commis légitimement...» Conformément à ces conclusions,
la Cour a ainsi statué : «Attendu que, sur la question à lui
« proposée, le jury a déclaré que Diflis n'est point coupable
« du meurtre commis sur le gendarme M...; attendu que
« cette déclaration, d'après la généralité de ses expressions et
« l'interprétation qu'exige la faveur de tout accusé, doit être
« censée porter tant sur le fait d'homicide en lui-même ou
« sur sa légitimité que sur l'absence de volonté. » (Cass.,
29 oct. 1812.)

La plupart des poursuites réitérées que la Cour de cassation a admises n'auraient elles pas dû être écartées par les
mêmes motifs? Dans cette espèce, le jury avait déclaré Diflis
non coupable du meurtre commis sur une personne. Etait-ce
donc dire que Diflis n'était pas même coupable d'homicide

involontaire plus clairement que lorsque le jury répond qu'une accusée n'est pas coupable d'homicide volontaire sur la personne de son enfant? Non coupable de meurtre, c'était encore non coupable d'homicide volontaire, puisque le meurtre est défini l'homicide volontaire. Il y avait donc lieu, en cas d'infanticide, d'admettre les mêmes considérations tirées de l'incertitude du sens des verdicts.

Nous devons enfin remarquer qu'un argument, souvent invoqué par les partisans de la jurisprudence, leur fait aujourd'hui défaut. On avait invoqué l'exemple de la pratique anglaise. Elle autorisait, en effet, la poursuite réitérée d'un fait criminel (*felony*) sous la qualification inférieure (*misdemeanor*). On répondait avec raison que cette décision était une conséquence de l'imperfection de la coutume anglaise qui défendait seulement de mettre deux fois en danger de mort la même personne pour le même fait. L'exception de chose jugée, ne s'appliquant pas aux délits, ne pouvait empêcher la poursuite d'un fait déjà jugé, dès qu'on le considérait comme un simple délit. Aujourd'hui cette explication ne serait plus possible, mais elle n'est pas nécessaire. Nous avons déjà dit qu'on ne restreint plus l'antique *plea of autrefois acquit* aux accusations capitales. En même temps qu'il nous apprend que cette exception a été étendue aux délits, Stephen nous fait connaître que la jurisprudence ne permet plus une double poursuite du même fait considéré d'abord comme un crime, puis comme un délit. Ainsi, après un acquittement sur une accusation d'homicide volontaire (*murder*), on ne reçoit pas une accusation d'homicide involontaire (*manslaughter*). « Thus if a man be « acquitted upon an indictment of murder, be may not only « plead autrefois acquit to a subsequent indictment for the « murder, but to an indictment for the manslaughter of the « same person ; or, e converso, if he be indicted for man-« slaughter and be acquitted, he shall not be indicted for the « same death as murder : for the two cases differ only in de-« gree, *and the fact is the same* (2 Hale, P. C. 246). » (*New commentaries on the laws of England*, by Stephen, t. 4, p. 468).

Le fait est le même : tel est donc aussi le dernier mot de la doctrine anglaise. Ce doit être aussi la règle de la jurisprudence française.

Malgré toutes ces raisons, malgré les critiques quelquefois

18

très-vives d'éminents criminalistes (Carnot, t. 2, art. 360; Ach. Morin, t. 10, p. 142; Faustin-Hélie, t. 3, p. 594; Ortolan, t. 2, p. 288 et s., 548 et s.), la jurisprudence soutenue par d'autres auteurs (Merlin, *Rep. n. b. in id.*, VI; Legraverend, p. 446; Bourguignon, t. 2, p. 161; Mangin, t. 2, p. 364) a persisté dans son système et n'a pas hésité à le pousser jusqu'à ses dernières conséquences.

La jurisprudence ne s'est pas contentée d'écarter toujours cette présomption, à notre avis, si légitime, que le juge saisi a jugé tout ce qu'il a pu juger. Elle a même permis de poursuivre des faits dont la cour d'assises avait formellement refusé de se saisir, parce qu'ils ne paraissaient pas devoir résulter des débats.

Ainsi la cour d'assises de Seine-et-Oise avait refusé, dans un procès d'infanticide, de poser la question subsidiaire d'homicide par imprudence. La Cour de cassation a cependant autorisé la poursuite correctionnelle pour homicide par imprudence. « Attendu, dit l'arrêt, que la cour d'assises, pour re- « fuser la position d'une question relative à l'homicide par « imprudence, se fonde sur ce que ce délit ne résulte d'aucun « des éléments de l'instruction et des débats ; que ces termes « ne peuvent se rapporter qu'au débat oral duquel seul le jury « peut connaître; attendu que le tribunal de Versailles saisi « de ce délit par une poursuite postérieure a statué d'après « les éléments d'une procédure nouvelle qui n'a porté que sur « l'homicide involontaire (Cass., 3 août 1855; D. 55, 1, 380). »

Mais importe-t-il, en matière de chose jugée, qu'il y ait des charges nouvelles, une instruction nouvelle, de nouveaux débats? Il faut seulement que le délit ait été jugé. Dans l'espèce il y avait une décision de la cour d'assises qui refusait de poser la question d'homicide involontaire, en déclarant que ce fait ne résultait pas des débats. Cela suffisait. L'effet de la maxime *non bis in idem* est précisément d'empêcher qu'un même fait soit deux fois recherché et examiné.

On a pu croire un moment que la Cour de cassation apporterait à sa doctrine une restriction importante.

Après un acquittement sur une accusation d'empoisonnement, on poursuivait le même fait en vertu de l'art. 317, §§ 4 et 5 C. p., qui punit ceux qui auront occasionné à autrui une maladie ou incapacité de travail en leur administrant volontairement des substances nuisibles à la santé. La Cour de cassation a rendu, dans cette espèce, la décision suivante (23 février 1853 ; D. 54, 1, 136) : « Attendu que, s'il a été re-« connu que l'art. 360 est sans application, quand le fait in-« criminé se trouve qualifié dans la seconde poursuite autre-« ment qu'il ne l'avait été dans la première, ce n'est toute-« fois que dans des cas où les éléments de la qualification « nouvelle diffèrent des circonstances constitutives de la pre-« mière qualification ; mais que si les éléments des deux qua-« lifications restent les mêmes, si, par exemple, comme dans « l'espèce, il s'agit d'un seul et même fait d'avoir administré « volontairement à une famille une certaine substance léthi-« fère, l'art. 360 conserve toute sa force, et le principe de « l'autorité de la chose jugée s'oppose à ce qu'après un acquit-« tement aux assises pour un fait considéré comme attentat « à la vie, l'inculpé soit de nouveau traduit à raison du même « fait devant la police correctionnelle, selon qu'il a ou qu'il « n'a pas occasionné une maladie de plus de vingt jours. »

Cet arrêt unique (celui du 24 janvier 1846 ; D. *ch. j.* 466, auquel la note de M. Dalloz renvoie, n'a pas d'analogie avec cette espèce) apportait une restriction importante à la règle jusque-là admise sans exception. On ne pourrait pas reprendre la seconde qualification, si les éléments délictueux sont restés les mêmes et si on attribue seulement au même fait des effets moins graves. Ainsi il ne faudrait pas admettre, après une accusation de meurtre, une poursuite pour coups et blessures ayant occasionné une incapacité de travail plus ou moins longue. De même, après une accusation de viol, la poursuite pour attentat à la pudeur ne serait pas recevable. On devrait encore écarter la seconde poursuite dans les cas où on attribue au même fait non pas un effet moins grave, mais un effet différent, par exemple, lorsqu'à une accusation d'avortement on fait succéder une poursuite pour homicide par imprudence et réciproquement.

Mais la Cour de cassation a dû abandonner cette décision. Elle est en effet inconciliable avec les motifs sur lesquels le système général est fondé. D'après les termes mêmes de l'arrêt, le mot *fait* de l'art. 360 n'aurait pas alors seulement le sens de *fait qualifié délit*. Mais comment dans d'autres cas la signification du même mot serait-elle plus restreinte? Ici, d'ailleurs, comme dans toutes les hypothèses, la question subsidiaire n'a pas été posée, elle pouvait seulement être posée. Pourquoi donc ne dit-on plus encore : le jury a déclaré N. non coupable d'empoisonnement, il ne l'a pas déclaré non coupable d'avoir administré une substance nuisible à la santé ? Enfin a-t-on mieux changé les faits quand on ne considère plus un fait de lubricité comme un attentat à la pudeur, mais comme un outrage public à la pudeur, même quand on veut faire déclarer involontaires et imprudents des faits qu'on avait d'abord considérés comme volontaires et criminels ?

Aussi les arrêts postérieurs ne présentent plus aucune distinction semblable. Elle n'apparaît plus notamment dans un arrêt du 17 juin 1856 (D., 56, 1, 368). La Cour de cassation était saisie d'un règlement de juges dans les circonstances suivantes. Un individu, poursuivi d'abord pour avortement et acquitté, avait été repris sous l'inculpation d'homicide involontaire. Mais la cour de Nancy, considérant que les blessures résultant des manœuvres abortives exercées par le prévenu sur la femme qui s'y était prêtée et en avait péri, avaient été volontairement commises, s'était déclarée incompétente. Saisie de l'affaire pour trancher le conflit entre cet arrêt et le précédent arrêt de renvoi, la Cour de cassation a jugé qu'il y avait lieu à poursuivre pour blessures volontaires ayant occasionné la mort sans intention de la donner.

Cette décision est d'abord contraire au précédent arrêt. En effet, les éléments de fait étaient restés les mêmes. On leur attribuait seulement un résultat différent.

Il faut, en outre, remarquer que la Cour de cassation a, par cet arrêt, admis la conséquence la plus rigoureuse du système qu'elle suit. Plusieurs auteurs ne pensaient pas qu'on pût en pousser l'application jusqu'à porter la seconde poursuite devant la cour d'assises. Il leur semblait que le législateur n'avait pu vouloir qu'un fait fût deux fois soumis au jury sous des incriminations différentes. Mais Mangin avait été logique jusqu'au bout (t. II, p. 370). L'arrêt que nous avons cité l'a suivi, et il a renvoyé devant le jury un individu acquitté par un jury pour le même fait.

« Où prendrez-vous, dit M. Ortolan, pour le nouveau pro-« cès en cour d'assises, l'arrêt de mise en accusation? Ce ne « sera pas le premier. Sans doute, et la chambre d'accusation

« n'en pourra pas rendre un second, puisqu'elle se trouve
« complétement dessaisie de l'affaire, tout le monde conve-
« nant qu'à son égard, dans l'article 246, l'expression, *à rai-*
« *son du même fait,* conserve sa véritable et propre significa-
« tion. » Nous avons vu que tout le monde n'en convient pas.
Mais, nous-même, nous avons pensé que l'arrêt de renvoi,
une fois exécuté, n'existait plus, n'avait plus d'effet, en sorte
que, si la seconde poursuite en cour d'assises n'est pas empêchée par l'existence de la première, elle ne trouve pas d'autre
obstacle.

Voici enfin des applications du système dominant qui nous
paraissent encore plus extrêmes et plus regrettables.

Un arrêt de la cour d'Angers du 23 avril 1855 (D., 55, I,
441) était ainsi conçu : « Attendu que, s'il est facile de trou-
« ver des actes de lubricité imputables à F. dans la déposition
« de M., il est moralement et légalement impossible de les
« prendre isolément et de les dégager du caractère criminel
« que la Cour vient de leur reconnaître dans l'analyse de la
« déposition ; que si l'on objecte que, par la décision négative
« du jury, le caractère criminel a disparu, il en résulterait
« que le juge correctionnel se trouverait placé sous le joug
« d'une décision qui lui est étrangère, blessé dans son indé-
« pendance, atteint dans la plénitude de sa juridiction, et dé-
« pouillé de la partie morale et élevée de ses fonctions...; que
« tous les actes de l'auteur de cette tentative sont empreints
« de la marque indélébile de cette criminalité, et que la Cour
« ne pourrait, sans se donner un démenti et sans tomber dans
« la plus étrange des contradictions, métamorphoser subite-
« ment le plus criminel des actes reprochés à F. en un simple
« élément de délit. »

Ces considérations ne manquaient pas de valeur. Cependant la Cour de cassation a dû casser cet arrêt (3 nov. 1855,
ibid.). « Attendu que l'arrêt, après avoir déclaré que le délit
« d'outrage public à la pudeur se compose de deux éléments,
« actes de lubricité et publicité de ces mêmes actes, et avoir
« reconnu en fait l'existence des actes de lubricité, se refuse à
« examiner le dernier élément, la publicité, sur le fondement
« que les faits imputés à F. constituaient un viol, et que, sur
« ce fait, par suite de l'acquittement prononcé sur la déclara-
« tion du jury, aucune poursuite ne pouvait être reçue ;

« qu'en statuant ainsi l'arrêt attaqué a faussement appliqué
« l'article 360 et violé l'article 330 I. C. »

S'il n'y avait pas eu un jugement antérieur sur le viol, il
eût été certainement du devoir des juges de renvoyer le
fait, de ne pas juger comme délit ce qui leur paraissait crime.
Après l'acquittement en cour d'assises, ils n'ont plus la même
liberté.

Du moins, dans cette espèce, l'existence du viol n'empêchait pas matériellement celle de l'outrage public à la pudeur.
Si un viol commis en public doit être jugé comme viol, il
constitue aussi un outrage public à la pudeur. Mais que fera
le juge correctionnel, s'il est convaincu que le crime a été
commis et si l'existence de ce crime fait nécessairement disparaître le délit? Ne doit-il pas déclarer que le crime même
résulte des débats et qu'en conséquence il ne peut pas
statuer?

La cour de Metz a rendu, en ce sens, la décision suivante :
« Attendu que de l'instruction et des débats il résulte la
« preuve que l'enfant dont S. est accouchée est mort par suite
« de violences volontairement exercées sur sa personne ; que,
« dès lors, cet événement ne peut être attribué à l'imprudence
« ou à la négligence qui excluent l'intervention de la volonté ;
« attendu qu'il n'y a pas lieu à se conformer à l'art. 193 l. c.,
« S. ayant été acquittée par le jury de l'accusation d'infanti-
« cide. » (30 juin 1864. D. 64, 2, 164.)

La cour d'Amiens a plus récemment rendu une décision
semblable. Un individu, acquitté d'une accusation d'empoisonnement, était prévenu du délit d'avoir administré volontairement une substance nuisible à la santé. La cour d'Amiens
a jugé que, la quantité d'huile de croton tiglium administrée
étant suffisante pour donner la mort, « le fait qui sert de base
« à la poursuite ne présente aucun élément nouveau distinct
« de l'élément du crime de tentative d'empoisonnement dé-
« féré au jury et souverainement apprécié par lui. » (28 avril
1866. D., 66, 2, 113.)

Mais la cour de Paris suit une jurisprudence contraire.
Elle croit pouvoir, dans des cas semblables, retourner contre
l'accusé acquitté son acquittement même et lier le juge correctionnel par la décision négative du jury.

Le tribunal d'Arcis-sur-Aube avait statué en ces termes :

« Attendu qu'il résulte de l'instruction et des débats que c'est
« avec la préméditation la plus manifeste que la femme G.
« commis l'infanticide par elle avoué, dont la cour d'assises
« de l'Aube l'a déclarée non coupable; que la préméditation
« exclut toute idée d'imprudence et de négligence... »

La cour de Paris a réformé ce jugement : « Attendu qu'il
« n'y a pas à rechercher si une volonté homicide a présidé aux
« actes imputés à la prévenue, régulièrement acquittée d'une
« accusation d'infanticide : que la décision du jury y met un
« obstacle absolu et que la seule investigation de la justice
« doit se concentrer sur les faits d'imprudence, de négligence
« et d'inattention qui auraient procédé de la femme G. lors de
« son accouchement et auraient été cause de la mort de son
« enfant en dehors de toute volonté homicide; qu'il ré-
« sulte..., etc.» (11 mai 1864. *Bull. de la C. imp. de Paris*, n° 6,
p. 255 et s.).

Pour prononcer une condamnation pour homicide par imprudence, il fallait que l'homicide n'eût pas été volontaire.
La Cour ne refuse pas seulement de le déclarer ainsi que l'é-
tablissaient toutes les preuves du procès et l'aveu même de la
prévenue. La Cour refuse de le déclarer, à cause du verdict
même d'acquittement. Où est donc cette incertitude du sens
du verdict d'acquittement qui, dans l'espèce même, empêche
l'accusée de s'en prévaloir? On ne veut pas interpréter le verdict en faveur de l'accusé, en ce sens qu'il nie le fait matériel,
à l'effet d'écarter toute poursuite relative au même fait. On
interprète le même verdict contre l'accusé, en ce sens qu'il
nie que le fait ait été volontairement commis. N'est-ce pas
méconnaître à la fois la règle qui ne permet pas d'invoquer,
avec l'autorité de la chose jugée, une décision qui est douteuse, et le principe que, dans le doute, il faut décider en faveur de l'accusé? L'indépendance du magistrat n'est pas
moins atteinte. Un tribunal est convaincu que le prévenu a
eu l'intention de tuer et, par conséquent, que la mort qu'il
a donnée n'a eu pour cause ni une imprudence, ni une négligence. Il devra cependant déclarer qu'un homicide par
imprudence a été commis, s'il existe des faits de négligence
qui auraient entraîné la mort, en supposant qu'elle n'eût pas
été volontairement donnée. On jugera ainsi qu'un fait volontaire est involontaire, qu'un fait criminel est imprudent.

Dans une affaire précédemment jugée les 11 et 12 mars 1864, la même cour avait déjà appliqué la même doctrine, sans l'affirmer aussi nettement. Elle avait cependant entendu, en sens contraire, un remarquable réquisitoire de M. Armet de Lisle : « Hier, disait ce magistrat, le ministère public sou- « tenait, dans la loyauté de sa conviction, avec la certitude « et avec l'autorité des charges de l'instruction, que l'enfant « était mort à la suite de violences exercées volontairement « sur sa personne, et vous ne seriez pas étonnés de l'entendre « aujourd'hui soutenir, contrairement à la vérité des faits, « contrairement à ses premières convictions, que la mort de « l'enfant n'est due qu'à l'imprudence de sa mère. »

Cette considération seule devrait toujours s'opposer à de pareilles poursuites, si elles étaient légales.

D'après le système que nous venons de combattre, un fait jugé peut être poursuivi de nouveau sous une qualification différente, soit qu'on ne considère que certains éléments du fait jugé, soit qu'on modifie l'intention ou le résultat. On ex- cepte cependant le cas où le délit jugé et le délit poursuivi paraissent indivisibles. On dit alors que la négation du délit jugé emporte négation du délit qui est poursuivi plus tard.

Mangin et M. Faustin Hélie ont emprunté cette opinion à Merlin (*Qu. de droit, Délit,* § 4). M. Ortolan la rapporte et dit seulement : « Ce sont des décisions d'espèces dont on ne peut qu'approuver l'esprit » (t. 2, p. 286). C'est presque une cri- tique.

Nous croyons en effet que cette doctrine n'est pas conforme aux véritables règles de l'autorité de la chose jugée.

Remarquons d'abord que les deux arrêts cités par les au- teurs ne se fondaient nullement sur l'indivisibilité des faits qu'ils ont jugés. Ils appliquaient seulement la jurisprudence suivie sous le Code de brumaire et qu'on n'aurait pas dû, à notre avis, abandonner sous le Code d'instruction crimi- nelle.

Un individu avait été poursuivi sous la prévention d'une escroquerie commise à l'aide d'un faux. Il avait été acquitté. Pouvait-on le traduire en cour d'assises sous l'accusation de faux ? La Cour de cassation a déclaré cette seconde pour- suite non recevable : « Attendu qu'il est de maxime certaine

« que l'action publique ne peut être poursuivie devant deux
« tribunaux pour le même fait, contre le même individu,
« d'après la règle *non bis in idem*. » Merlin lui-même n'avait
vu dans cette espèce qu'une occasion d'appliquer la doctrine
qu'il suivait alors : « Il faut bien se pénétrer d'une vérité que
« consacre en termes exprès l'art. 426 du Code du 3 brumaire
« an IV : c'est que, une fois acquitté légalement d'un fait qui lui
« était imputé, un accusé ne peut plus être repris ni accusé à rai-
« son du même fait et non pas à raison du même délit. Et pour-
« quoi la loi s'exprime-t-elle de cette manière? Parce qu'elle
« veut que le ministère public, en présentant une plainte,
« y expose le fait avec toutes ses circonstances, parce qu'elle
« ne veut pas que chaque circonstance du fait puisse faire la
« matière d'un procès séparé, parce qu'une fois le fait jugé,
« toutes ses circonstances le sont également. » (19 juillet 1806;
Merlin, *Rep. non bis in idem*, 6.)

Dans la seconde espèce on poursuivait une concussion
commise à l'aide d'un faux, après un acquittement sur le
faux. En repoussant cette poursuite réitérée, la Cour de cassation a pris en considération la liaison des deux faits et les
motifs de l'acquittement, mais la raison de droit sur laquelle
elle se fonde est encore l'impossibilité de poursuivre le même
fait sous une qualification différente : « *Attendu que l'acquit-*
« *tement sur le faux portait nécessairement sur la concussion*
« *dont il aurait pu être le moyen;* que cette application était
« d'autant plus évidente et nécessaire dans l'espèce que la
« cour spéciale avait déclaré que V. dans le faux dont elle le
« déclarait convaincu avait agi sans dessein de crime et plutôt
« par erreur ou par ignorance que par malice; que V. ainsi
« acquitté ne pouvait plus être poursuivi; *qu'une qualifica-*
« *tion différente donnée à ces faits ne pouvait justifier de*
« *nouvelles poursuites.* » (23 frim. an XIII, *ibid.*)

On voit qu'il n'était pas question dans ces arrêts de l'indivisibilité des délits successivement poursuivis. C'est pour concilier ces arrêts avec le système qu'on a postérieurement admis qu'il a fallu imaginer une exception fondée sur l'indivisibilité de certains délits.

Il est facile de montrer qu'on ne saurait adopter cette doctrine sans violer les règles de l'autorité de la chose jugée.

Deux faits criminels ne sont jamais liés au point que l'ac-

quittement sur l'un d'eux emporte nécessairement la négation de l'autre. Ainsi, dans le cas où une escroquerie a été
commise par le moyen d'un faux, l'acquittement sur la prévention d'escroquerie a pu être prononcé sans que le juge
ait voulu affirmer la sincérité de la pièce arguée de faux ou
nié l'existence même de cette pièce. De même, dans la seconde hypothèse, l'acquittement du crime de faux n'empor-
terait pas par lui-même la négation de la concussion aussi
bien que du faux. Il faudrait donc toujours rechercher le sens
véritable des acquittements.

Aujourd'hui il est impossible de connaître la signification
des verdicts d'acquittement. Mais si on essayait de tirer des motifs des jugements correctionnels de semblables conséquences,
ne violerait-on pas la règle qui refuse aux motifs des décisions judiciaires l'autorité de la chose jugée? Nous n'en dou-
tons pas. La condamnation ou l'acquittement, l'affirmation
ou la négation du délit, voilà la chose jugée. L'affirmation
ou la négation d'un fait matériel ou d'un fait moral qui est
un élément du délit, n'est qu'un motif de l'affirmation ou de
la négation de ce délit. Le juge ne peut examiner ces faits et
les affirmer ou les nier que comme éléments du délit qu'il
juge. Il ne peut pas les affirmer ou les nier d'une manière
absolue. Autrement il faudrait reconnaître la même autorité
à toutes les constatations résultant d'un jugement à l'égard
de toutes les poursuites dirigées contre le même individu,
même pour des faits qui n'auraient aucune relation avec les
faits précédemment jugés. Ainsi un tribunal correctionnel
ayant jugé qu'un prévenu n'a pas pu commettre un délit parce
qu'il était absent du lieu du délit, l'admission de cet alibi
pourrait être invoquée avec l'autorité de la chose jugée sur
une poursuite relative à un autre délit commis dans le même
lieu. La violation du principe est dans ces cas plus évidente.
Mais elle ne serait pas moins certaine dans les espèces que
nous venons d'examiner.

Nous pensons donc qu'il ne faut faire aucune exception à
l'application de la règle admise par la jurisprudence relativement aux poursuites réitérées, pas même dans les cas où le
second délit semblerait nié comme le premier par les motifs
du jugement précédent.

Quelques personnes avaient cru d'abord que dans toutes

les hypothèses où les faits pouvaient donner lieu à une seconde poursuite, il était du moins nécessaire que des réserves eussent été faites à cet effet, soit sur la réquisition du ministère public, soit, d'office, par le juge. Beaucoup d'arrêts, même assez récents, contiennent de semblables réserves et semblent ainsi en reconnaître l'utilité. Mais Merlin a combattu cette opinion (*Quest. de dr.*, *Délit*, 4, 5 et 6) et l'arrêt du 22 nov. 1816 a rejeté le moyen de cassation tiré du défaut de réserves. Il est en effet évident que ces réserves sont inutiles ou superflues : inutiles, si le ministère public n'a pas le droit d'exercer une seconde poursuite ; superflues, s'il a ce droit, car il n'est jamais permis de renoncer à l'action publique.

CHAPITRE IV.

RELATIVITÉ DES EFFETS DE LA CHOSE JUGÉE EN MATIÈRE CRIMINELLE.

A l'égard de quelles personnes elle a lieu.

Au criminel, comme au civil, la chose jugée n'a d'effet qu'entre les mêmes parties, c'est-à-dire entre le même accusateur et le même accusé. Cette règle est certaine ; nous verrons seulement qu'on essaie d'y faire une dérogation importante en faveur des accusés.

De l'identité de l'accusateur. — Il n'y a en France qu'un accusateur, le ministère public. Même dans les cas très-rares où les juges peuvent se saisir d'office de la connaissance de certains délits et dans les cas plus fréquents où une autre partie, l'administration forestière ou la personne lésée, peut citer directement le délinquant devant la justice correctionnelle, c'est encore le ministère public qui, même malgré lui et contrairement à ses conclusions, exerce l'action publique, est l'accusateur public. Il s'ensuit que la partie accusatrice est toujours la même, de quelque manière que la poursuite soit engagée.

Il faut remarquer seulement une singularité qui résulte des dispositions de certaines lois fiscales. Ces lois ont chargé l'administration des contributions indirectes de poursuivre les condamnations aux amendes et confiscations qu'elles prononcent. Quelquefois le fait par lequel il a été contrevenu à la loi fiscale donne aussi lieu à des réquisitions du ministère public. Dans ce cas, si la régie et le ministère public n'ont pas agi ensemble, la chose jugée contre l'un ne saurait être opposée à l'autre. En effet, leurs actions et leurs rôles diffèrent. Ce sont deux parties différentes : l'une exerçant l'action publique, l'autre poursuivant, sous une forme pénale, la réparation du préjudice causé au trésor. (Cass., 1er octobre 1842. D. 42, 1, 417.)

Identité de l'accusé. — L'identité de l'accusé est nécessaire à un double point de vue. Dès que l'accusé n'est pas le même, non-seulement l'une des parties est changée, mais le délit lui-même est changé. L'intention du délinquant étant un élément essentiel du délit, il y a autant de délits qu'il peut y avoir d'intentions différentes, et, par conséquent, qu'il y a d'accusés différents.

Aussi ne croyons-nous pas qu'un jugement criminel puisse avoir jamais quelque effet à l'égard d'un accusé différent? Nous aurons donc à combattre la dérogation que la plupart des auteurs font à cette règle en faveur de l'accusé qui invoque le jugement rendu au profit de son prétendu coauteur ou complice.

Il faut reconnaître que telle était la décision de nos anciens criminalistes. « Il faut donc observer, dit Jousse, que si le pre-« mier et principal accusé avait, sur la poursuite, obtenu un « jugement d'absolution, cette absolution profiterait au com-« plice. » Et, plus loin, il en donne cette raison : « Car quoi-« qu'une chose passée entre certaines personnes ne puisse, « en général, profiter à d'autres, cela n'a lieu nécessairement « que dans le cas où les droits de ces personnes différentes « sont distincts et séparés, mais non quand ces droits tirent « leur origine d'un seul et même fait, et que les défenses que « les accusés peuvent y opposer sont les mêmes. »

C'est encore cette décision que la doctrine moderne paraît suivre. Mangin faisait quelques restrictions. Mais M. Faustin Hélie, avec plus de logique, reproduit en son entier l'exception de Jousse, et la jurisprudence, sinon par les décisions mêmes de ses arrêts, du moins par l'esprit et les tendances qui s'y manifestent, semble consacrer la même opinion. Il y a, dit-on, chose jugée en faveur du coauteur ou du complice qui peut se prévaloir du moyen de défense admis au profit du coauteur ou de l'auteur principal. Ainsi le coauteur ou le complice ne pourra être condamné qu'au cas où l'acquittement du coauteur ou de l'auteur principal est fondé sur un motif qui n'exclut pas également la culpabilité d'une autre personne. En un mot, les deux décisions ne doivent pas être inconciliables. Il faut, au contraire, que la seconde ne soit, en quelque sorte, que le complément de la première. Elle doit être en harmonie avec les dispositions de celle-ci, comme s'il n'y avait eu qu'un seul et même jugement statuant d'abord à l'égard de l'auteur principal ou d'un coauteur, puis à l'égard du complice ou d'un autre coauteur. On est ainsi amené à appliquer les mêmes règles au cas où tous les accusés sont jugés ensemble et au cas où ils sont jugés séparément.

Nous essaierons de montrer qu'il aurait fallu distinguer, au contraire, ces hypothèses et les régir par des règles différentes. Mais nous devons d'abord examiner les questions que soulève l'application du système contraire. Elles nous paraissent elles-mêmes avoir été souvent mal résolues.

On ne prétend pas que l'acquittement d'un accusé doive toujours entraîner l'acquittement d'un autre accusé, coauteur ou complice. Le fait peut avoir été commis par l'un et non par l'autre, ou même tous les deux ayant participé à l'acte, l'un peut être criminel et l'autre non coupable. Pour profiter aux autres accusés, il faut que l'acquittement de l'un d'eux ait pour cause une décision applicable à tous les autres, une décision qui statue, suivant l'expression de Jousse, sur une défense commune.

Tels sont les jugements qui déclarent le fait non punissable, ceux qui admettent le moyen tiré de la prescription, à moins qu'il n'y ait eu interruption à l'égard d'un prévenu, ceux qui jugent que le délit est compris dans une amnistie dont aucun des prévenus n'est excepté. Dans tous ces cas, il n'est pas possible que le juge oublie ou méconnaisse à l'égard d'un accusé la décision qu'il a rendue au profit d'une autre personne poursuivie pour le même fait.

La décision la plus ordinairement rendue sur une défense commune, c'est la négation du fait incriminé ou de l'une de ses circonstances. Seulement ici se présentent de graves difficultés. Dans les hypothèses précédentes, la déclaration de fait ou de droit dont tous les prévenus pouvaient se prévaloir était toujours expresse et certaine. Les tribunaux correctionnels et de simple police affirment également d'une manière formelle, dans leurs motifs, que le fait n'a pas été commis ou qu'il n'a pas été prouvé. Sous le Code de brumaire, le jury lui-même rendait une déclaration expresse sur l'existence du fait incriminé. Mais aujourd'hui il ne se prononce plus que sur l'existence des circonstances aggravantes. Quant au fait incriminé lui-même, le jury déclare seulement d'une manière complexe que l'accusé en est ou n'en est pas coupable. L'ambiguïté du verdict qui acquitte ainsi un accusé ne permet pas qu'on déclare inconciliable avec sa déclaration le verdict qui affirme la culpabilité d'un autre accusé. Il n'est pas, en effet, certain que le jury ait nié l'existence même du fait qui aurait été commis par tous les accusés. Il n'a peut-être nié que la culpabilité morale de l'un d'eux.

Cette décision est en général suivie. Mais on se demande si, dans certains cas du moins, la déclaration de non-culpabilité rendue au profit d'un accusé ne profite pas nécessairement aux autres.

La jurisprudence le décide lorsque la qualité de l'accusé déclaré non coupable constitue une circonstance aggravante du crime pour lequel les autres sont condamnés. Ainsi, en matière de vol domestique, de faux commis par un officier public, si le domestique ou l'officier public est déclaré non coupable, les autres accusés ne peuvent plus être reconnus coupables par complicité de vol domestique ou de faux commis par un officier public, mais seulement de vol simple ou de faux en écriture authentique (Crim., 20 sept. 1828, 24 déc. 1825, 8 vend. an VIII. Dal., *Complicité*). Cette dernière décision, rendue sous le Code de brumaire et le régime des questions non complexes, pouvait être justifiée. Mais nous ne saurions approuver les autres. Il ne résultait pas des déclarations de non-culpabilité rendues dans les espèces citées que le vol ou le faux n'avait pas été commis par un domestique ou par un officier public, ni même par le domestique ou l'officier public acquittés. Ces verdicts signifiaient seulement d'une manière certaine que le domestique ou l'officier public n'avait pas agi criminellement. Mais le co-auteur ou le complice ne pouvait-il pas être coupable d'un crime qu'aggravait la qualité des personnes dont il avait employé le concours même non intelligent et irresponsable?

La même question se présente dans une autre hypothèse.

Si le crime est de telle nature qu'il n'ait pas pu être commis par une personne autre que l'accusé acquitté, n'est-il pas impossible d'affirmer ensuite à l'égard d'un autre accusé que le même crime a été commis? On cite les cas de bigamie, d'adultère, de banqueroute, de désertion. Il est vrai qu'alors on nierait absolument l'existence du crime si on niait qu'il eût été commis par l'accusé qui pouvait seul le commettre. Mais comme le juge déclare seulement les accusés non coupables, il y a lieu de douter si le fait lui-même est ainsi nié de manière à ne pouvoir pas être affirmé à l'égard d'un autre individu.

Mangin et M. Faustin Hélie admettent l'affirmative.

Nous croyons au contraire avec M. Ortolan (t. 2, p. 297) que cette doctrine n'est pas conforme à la règle généralement admise sur l'interprétation des verdicts négatifs. Pourquoi dans ces espèces la déclaration de non-culpabilité emporterait-elle la négation du fait lui-même? On semble prétendre que la matérialité et la criminalité de ces faits sont inséparables. Mais cela n'est jamais vrai. Au cas de bigamie, par exemple, est-il impossible qu'une femme dont le mari a disparu contracte un nouveau mariage en cédant à des obsessions, à des promesses, à des manœuvres, en un mot dans des circonstances telles que, bien qu'elle ait réellement contracté un second mariage avant la dissolution du premier, elle ne doive pas paraître au jury coupable du crime de bigamie? Son complice au contraire sera peut-être d'autant plus coupable. Il y a toujours, outre la participation au fait matériel, un degré de criminalité nécessaire pour constituer la culpabilité d'un accusé. Cette criminalité peut être seule niée par le juge correctionnel. La réponse du jury est toujours telle qu'il ne peut pas être réputé avoir nié autre chose.

M. Ortolan croit devoir faire une exception pour le délit d'adultère. Il ne prétend pas qu'on ne puisse pas concevoir qu'une femme ait commis un adultère et ne soit pas criminelle. « L'adultère, dit M. Ortolan, est un délit d'une nature plus « intime où la loi fait passer l'intérêt du mari avant celui de « la société, où l'on observe en conséquence diverses singu-

« larités, où l'acquittement de la femme est une satisfaction
« pour le mariage qui ne doit pas être contredite ou troublée
« par la condamnation d'un prétendu complice, etc. » Cette
raison ne nous paraît pas suffisante. Elle est d'ailleurs étrangère aux règles de l'autorité de la chose jugée.

La doctrine que nous avons combattue n'a été appliquée
par la jurisprudence qu'au cas de banqueroute frauduleuse,
le seul qui semble s'être présenté (Crim. 22 janvier 1830 ;
D. 30, 1, 88 ; 17 mars 1831 ; D. 31, 1, 122). Encore verra-t-on
que la Cour de cassation ne prétendait pas poser une règle
générale, mais qu'elle rendait plutôt une décision particulière
au crime de banqueroute frauduleuse ? L'arrêt du 17 mars
1853 s'exprime ainsi : « Attendu que les caractères de la com-
« plicité dans cette matière sont déterminés non par les ar-
« ticles 59 et 60 C. p., mais par l'art. 597 du Code de commerce
« en suite de l'art. 413 C. p. ; que cet art. 597 exigeant pour
« être déclaré complice d'une banqueroute frauduleuse et
« puni comme tel, non point le simple fait de recélé ou dé-
« tournement sciemment fait, mais le concert formé à cet
« effet entre le complice et le banqueroutier, il suit de là
« qu'il y a une contradiction manifeste à déclarer, d'une
« part, que le commerçant failli accusé de banqueroute frau-
« duleuse n'a point détourné des marchandises et effets mo-
« biliers faisant partie de son actif et qu'il n'y a par consé-
« quent sous ce rapport ni banqueroute frauduleuse, ni au-
« teurs de cette banqueroute, et de l'autre, que cependant il
« y a un coupable de complicité pour s'être entendu avec ce
« dernier et avoir soustrait une partie de ses marchandises ;
« que dans ce cas la complicité ne se rattache à aucun fait
« ni à aucun auteur de ce fait.... » L'art. 593, qui a remplacé
l'art. 597 du Code de commerce, ne semble plus créer une
espèce particulière de complicité. Il punit des peines de la
banqueroute frauduleuse « les individus convaincus d'avoir,
« dans l'intérêt du failli, soustrait, recélé ou dissimulé tout
« ou partie de ses biens. » Il n'est plus nécessaire d'établir
l'existence d'un concert entre le failli et les personnes que
punit l'art. 593. La Cour de cassation ne pourrait donc pas
aujourd'hui se déterminer par le même motif. Son arrêt
n'échappe pas d'ailleurs aux critiques que nous avons présentées sur l'interprétation des déclarations de non-culpabilité.

Telles sont les règles que devait suivre la doctrine qui assimile le cas où les accusés co-auteurs ou complices sont jugés par un même jugement et le cas où ils sont poursuivis séparément.

Mais ne fallait-il pas au contraire distinguer ces deux hypothèses et les régir par des principes différents?

Lorsque deux accusés sont jugés ensemble il n'y a qu'un seul jugement, une seule sentence. Comment admettrait-on que le même juge, après les mêmes débats et dans la même décision, niât un fait à l'égard d'un accusé et l'affirmât à l'égard d'un autre? Il ne le peut pas plus qu'il ne peut rendre à l'égard du même accusé deux décisions contradictoires. Dès que le juge a constaté une vérité résultant des débats, il est impossible qu'il l'oublie ou la méconnaisse dans la suite de son jugement. La logique est une loi que toute sentence doit respecter. Or, c'est manifestement violer la logique que d'insérer dans un même jugement des dispositions contradictoires.

Faut-il également que deux décisions différentes ne soient pas inconciliables? Au contraire, il est nécessaire qu'elles puissent être contradictoires pour que le fait mal connu aujourd'hui puisse être plus tard mieux apprécié, ou que la loi mal comprise puisse être plus tard mieux entendue. Il faut seulement que le jugement rendu demeure irrévocable. Ce ne sont plus les règles de la logique qu'il y a lieu d'appliquer, ce sont celles de l'autorité de la chose jugée. Or, une des règles essentielles de l'autorité de la chose jugée, c'est qu'elle est sans effet à l'égard d'une autre partie. Le co-auteur ou le complice postérieurement poursuivi est bien une autre partie. Il ne peut donc pas invoquer le jugement précédemment rendu. Il est vrai que le jugement a été rendu contre une partie toujours identique, le ministère public. Mais n'est-ce pas contre lui que sont rendues toutes les décisions en matière criminelle?

Il faudrait du moins qu'on pût considérer la question déjà résolue à l'égard d'un premier accusé comme étant préjudicielle à l'accusation portée ensuite contre un autre individu. Mangin l'avait bien compris. Après avoir rapporté la décision de l'ancien droit, il refuse d'en faire une application entière et il oppose à Jousse cette citation de Merlin : « Dans le cas

19

« où deux procès criminels sont intentés successivement sur
« le même fait, le jugement qui intervient sur le premier des
« deux procès n'a et ne peut avoir aucune influence sur le
« jugement du second, parce que celui-ci n'a pas dû néces-
« sairement être précédé par celui-là ou, en d'autres termes,
« parce que celui-là n'est pas préjudiciel à celui-ci. » Merlin
ne s'est pas plus clairement expliqué sur cette question qu'il
ne traite qu'incidemment à d'autres sujets (*Q. de dr.*, *Faux*, § 6).
Mangin s'est demandé si quelquefois un jugement n'est pas
en effet préjudiciel aux jugements à rendre contre les co-auteurs ou complices. Il ne reconnaît ce caractère qu'aux décisions rendues sur ces délits qui ne peuvent avoir eu pour auteur qu'une seule personne, tels que la bigamie, l'adultère,
la banqueroute frauduleuse, la désertion. Nous avons déjà
vu quelle est la seule conséquence de cette particularité. Sans
doute, dès qu'on nie que la personne qui a pu seule les commettre n'est pas l'auteur de ce délit, on nie que ces délits
aient été commis. Mais pourquoi cette décision aurait-elle
quelque effet à l'égard d'un autre accusé? Pourquoi serait-
elle considérée comme préjudicielle? Voilà ce qu'on ne peut
pas prouver.

L'opinion de Mangin n'est donc pas mieux fondée que le
système bien plus général de M. Faustin Hélie. A l'un et à
l'autre on peut enfin opposer une objection qui nous paraît
invincible. Si les jugements antérieurs peuvent être invoqués
par le co-auteur ou complice postérieurement poursuivi, pour
quelle raison ne lui seraient-ils pas opposables? Il serait donc
interdit aux prévenus postérieurement poursuivis de nier le
fait pour lequel leurs complices ont déjà été condamnés?
Personne ne l'a soutenu. Mais puisqu'il y aurait chose jugée
en faveur des premiers en cas d'acquittement, comment
n'y a-t-il pas chose jugée contre eux au cas de condamnation?

CHAPITRE V.

EFFETS DE L'AUTORITÉ DE LA CHOSE JUGÉE RÉSULTANT DES JUGEMENTS CRIMINELS.

Au criminel, comme au civil, l'irrévocabilité de la chose
jugée met obstacle à ce qu'un jugement soit contredit

par un jugement postérieur rendu entre les mêmes parties.

L'irrévocabilité des jugements criminels n'est pas moins absolue que celle des jugements civils. Elle ne cesse en général que par l'effet des voies de recours légales qui font disparaître les jugements eux-mêmes.

Cependant les décisions de non-lieu rendues par les juridictions d'instruction ne continuent pas toujours de protéger le prévenu, quand il se produit des charges nouvelles.

Nous devons donc traiter d'abord de l'influence des charges nouvelles sur l'autorité de la chose jugée résultant des décisions de non-lieu. Nous examinerons ensuite les questions que fait naître le conflit de l'effet des voies de recours et de l'effet de la chose jugée. Ces voies de recours sont l'appel, l'opposition, les pourvois en cassation, la révision. On peut assimiler aux effets des voies de recours les effets de la représentation du condamné par contumace et les conséquences de la condamnation des juges prononcée en vertu des art. 483 et suivants I. c.

Nous n'aurons qu'à traiter ensuite des formes suivant lesquelles on oppose le moyen tiré de l'autorité de la chose jugée.

§ 1er. — De l'influence des charges nouvelles sur l'autorité de la chose jugée résultant des décisions de non-lieu.

L'art. 246 I. c. est ainsi conçu : « Le prévenu à l'égard du-
« quel la Cour impériale aura décidé qu'il n'y a pas lieu au
« renvoi à la cour d'assises ne pourra plus y être traduit à
« raison du même fait, à moins qu'il ne survienne des char-
« ges nouvelles. »

On voit que cette disposition est incomplète. Elle ne mentionne en effet ni les ordonnances de non-lieu, ni les arrêts de non-lieu à renvoi devant la police correctionnelle. Personne n'a cependant contesté que l'art. 246 ne soit applicable à toutes les décisions de non-lieu.

La même disposition n'est pas suffisamment précise. Il ne suffit pas qu'il y ait des charges nouvelles pour que la décision de non-lieu s'oppose à un renvoi postérieur. Il faut en outre que les charges nouvelles puissent avoir quelque influence sur les motifs de la décision qui a prononcé le non-lieu.

Le non-lieu peut être ordonné : 1° attendu qu'il n'y a pas d'indices suffisants ; 2° attendu que les faits révélés ne constituent ni crime, ni délit, ni contravention ; 3° attendu que quelque fin de non-recevoir s'oppose à la poursuite.

Dans le premier cas, le non-lieu n'ayant été prononcé qu'à défaut d'indices suffisants, les charges nouvelles font nécessairement tomber cette décision. Il n'y avait chose jugée que sur la première information et les indices qui en résultaient. Il faut maintenant apprécier le degré de probabilité qu'ajoutent à ces indices les révélations de la seconde instruction. Il n'en serait pas autrement si la juridiction d'instruction avait affirmé que le fait n'a pas existé. Les magistrats ne peuvent pas en effet étendre leurs pouvoirs en poussant plus loin leurs affirmations. Et la juridiction d'instruction ne statue que sur la probabilité des faits poursuivis (Nîmes, 25 mars 1847; D. 1848, 2, 131).

Dans le deuxième cas le non-lieu est motivé sur ce que les faits révélés par l'instruction ne sont pas punissables. Cette décision est irrévocable, tant que les faits eux-mêmes ne sont pas modifiés par les charges nouvelles. Si la seconde information ne change pas le caractère des faits, la décision de non-lieu conserve sa force, car elle a jugé que les faits tels qu'ils résultent des deux instructions ne sont pas punis par la loi. Mais si le caractère des faits a été modifié par les charges nouvelles, si l'élément délictueux qui manquait est venu s'ajouter aux faits et circonstances déjà constatés, on ne porte aucune atteinte à la chose jugée par le non-lieu en décidant que les faits mieux connus et rectifiés tombent sous l'application d'une loi pénale.

Une distinction analogue régit le troisième cas. Supposons un non-lieu motivé sur la fin de non-recevoir tirée de la prescription de trois ans. Cette décision a une autorité irrévocable en tant qu'elle juge qu'un délit se prescrit par trois ans et que, dans l'espèce, la prescription de trois ans est acquise. C'est là une décision indépendante de toute charge nouvelle. Il appartient en effet aux juridictions d'instruction d'admettre d'une manière définitive les fins de non-recevoir. Leur mission est de prévenir toute poursuite mal fondée ou illégale. Quand elles déclarent une poursuite mal fondée, elles statuent sous réserve des charges nouvelles. Quand elles déclarent une poursuite illégale, elles rendent au contraire une décision absolument définitive (V. cass., 2 février 1854 ; D. 54, 1, 131).

Mais si des indices nouveaux permettent de considérer comme un crime le fait dans lequel on n'avait d'abord vu qu'un délit, la décision qui a admis la prescription du délit n'a plus d'effet à l'égard du crime. Ici encore, ce qui est changé par les charges nouvelles, ce n'est pas la décision sur la légalité de la poursuite, c'est le fait lui-même qui en était l'objet.

Après avoir ainsi étudié l'effet des charges nouvelles, nous n'avons plus qu'à les définir.

Aux termes de l'art. 247 l. c. : « Sont considérés comme « charges nouvelles les déclarations des témoins, pièces et « procès-verbaux qui, n'ayant pu être soumis à l'examen de « la cour impériale, sont cependant de nature à fortifier les « preuves que la cour aurait trouvées trop faibles, soit à don- « ner aux faits de nouveaux développements utiles à la ma- « nifestation de la vérité. »

« Ces preuves, dit M. Faustin Hélie résumant la doctrine « de Carnot et de Mangin, peuvent résulter soit de procès- « verbaux ou d'autres pièces inconnues lors de la première « poursuite, soit de déclarations de témoins entendus dans « d'autres affaires, soit d'informations faites par un officier « de police judiciaire dans un autre arrondissement, soit de « recherches et de poursuites faites contre les complices du « prévenu mis en liberté. »

Carnot a soutenu que les charges nouvelles ne devaient pas être provoquées par le ministère public. Mais cette opinion ne pouvait pas être suivie. L'interdiction de rechercher les charges nouvelles ne résulte d'aucun texte et n'est commandée par aucun principe.

§ 2. — Effets de l'appel en conflit avec les effets de l'autorité de la chose jugée.

En matière de simple police pour les cas les plus graves, en matière de police correctionnelle pour tous les cas, la loi a institué deux degrés de juridiction. Le prévenu, la partie civile et le ministère public peuvent dans certains délais déférer à la juridiction supérieure le jugement rendu en dernier ressort. L'opposition aux ordonnances des juges d'instruction est un véritable appel et doit être soumis aux mêmes règles.

Le juge d'appel n'est lié par aucune disposition du jugement attaqué, l'effet de l'appel étant précisément d'enlever à celle-ci l'autorité de la chose jugée. Mais cette autorité ne cesse qu'autant qu'il y a appel. Il s'ensuit que toutes les dispositions d'un jugement qui n'ont pas été frappées par l'appel ne peuvent pas être réformées et demeurent définitives (Avis du conseil d'Etat du 12 novembre 1806).

L'appel d'un jugement peut être restreint à certains chefs de disposition, soit formellement par l'acte d'appel, soit implicitement par la qualité et l'intérêt de l'appelant.

Les restrictions qui résultent des termes de l'acte d'appel ne présentent aucune difficulté. Mais celles qui ont pour cause la qualité ou l'intérêt de l'appelant doivent être examinées avec soin. Nous le ferons en distinguant les cas où l'appel a été relevé par le prévenu, par le ministère public et par la partie responsable ou par la partie civile.

Appel du prévenu. — Un prévenu est sans droit et sans intérêt pour attaquer au nom de ses co-prévenus la décision qui les a condamnés avec lui. Son appel est donc nécessairement restreint à sa personne et laisse subsister le jugement avec tous ses effets à l'égard des autres condamnés.

L'appel du prévenu, quand il n'est pas formellement limité, s'étend à toutes les dispositions du jugement. Mais il est implicitement restreint par l'intérêt du prévenu en ce qu'il n'autorise pas le juge à prononcer une réformation qui préjudicierait au prévenu. C'est en effet à son profit que celui-ci demande la réformation du jugement. Si donc le prévenu seul a fait appel, le juge ne peut que confirmer le jugement ou y apporter des modifications qui profitent à l'appelant.

La jurisprudence a toujours consacré cette doctrine. M. Faustin Hélie l'avait d'abord contestée (*Revue de législation*, 1843, t. 2, p. 204). Mais il n'a pas reproduit ses critiques dans son *Traité d'instruction criminelle* (V. t. 8, p. 77).

On peut donc considérer comme certaine la règle suivante :

Le juge d'appel ne peut pas réformer la décision attaquée contrairement à l'intérêt du prévenu seul appelant.

Il en résulte d'abord que le juge d'appel ne peut pas statuer sur des chefs écartés par les premiers juges, soit qu'ils aient admis une fin de non-recevoir, soit qu'ils aient déclaré ces chefs non prouvés.

Par la même raison, le juge d'appel statuant sur les faits pour lesquels il y a eu condamnation, ne peut ni aggraver la peine, ni prononcer une peine nouvelle même accessoire, ni condamner le prévenu en des dommages-intérêts ou en de plus forts dommages-intérêts.

Mais voici des questions plus difficiles. Le juge d'appel peut-il modifier la qualification que les faits ont reçue en première instance ? Un arrêt du 19 novembre 1855 (Bull. n° 399) contient le motif suivant : « Attendu que si la qualification donnée en « appel au délit a modifié celle qui résultait du jugement « correctionnel, cette modification a eu lieu en vertu du droit « général donné par la loi au juge supérieur, qui ne peut être « astreint, lorsque la qualification du juge du premier degré « est inexacte, soit à donner sa sanction à cette qualification, « soit à laisser impuni un délit constant à ses yeux. » Cette décision était trop générale. Mais elle est exacte, si on la complète en ajoutant, avec un arrêt de la chambre criminelle du 10 août suivant (Bull. n° 286), « que la situation du prévenu ne peut être aggravée. » Ainsi il faut dire que si le juge d'appel a le pouvoir de modifier la qualification des faits, il ne peut en aucun cas aggraver la peine, bien que la qualification nouvelle ait un caractère plus grave. Il en résulte que certaines qualifications doivent être nécessairement écartées parce qu'elles entraîneraient une peine d'un ordre supérieur. Ainsi lorsque la cour impériale reconnaît les caractères d'un crime dans le fait que le tribunal correctionnel avait jugé et puni comme un délit, elle ne peut pas se dessaisir et renvoyer le prévenu devant le juge d'instruction compétent, conformément aux art. 193 et 214 l. c. De nombreux arrêts ont été rendus en ce sens (V. F. H., t. 8, p. 70-79).

Dans ce cas la cour doit tantôt confirmer le jugement, tantôt au contraire l'infirmer et acquitter le prévenu, attendu qu'il ne résulte des débats aucun délit et que le crime qui en résulterait ne peut pas être poursuivi. Il arrive en effet que le fait jugé délit, un vol, par exemple, paraît à la cour constituer un crime à raison de circonstances aggravantes que le tribunal correctionnel n'a pas relevées. Le jugement doit alors être confirmé, car il y a toujours un délit dans les faits jugés. Au contraire, dans d'autres espèces, le même fait paraît un crime parce qu'il est mieux connu ou mieux apprécié, sans qu'aucune circonstance nouvelle ait dû être admise. Ainsi une mère a été condamnée pour avoir occasionné par imprudence la mort de son enfant. Sur son appel, la cour, au lieu de l'imprudence, constate la volonté criminelle, l'intention de tuer. Elle devra acquitter la prévenue, car elle ne peut aggraver la position de l'appelante en la renvoyant à la cour d'assises, et elle ne peut pas, d'un autre côté, confirmer le jugement, puisqu'elle constate que la mort de l'enfant n'a pas été occasionnée par une imprudence.

Il faut seulement remarquer que la cour devrait se déclarer incompétente si le prévenu appelant demandait lui-même son renvoi devant la juridiction criminelle. En effet, le prévenu peut se croire intéressé à être jugé par le jury, et il est le seul juge de son intérêt. La jurisprudence a toujours été conforme à cette opinion.

Appel du ministère public. — L'appel du ministère public est-il jamais limité comme celui du prévenu par l'intérêt du ministère public? On pourrait croire que le ministère public, étant chez nous l'accusateur général, n'est intéressé qu'à faire condamner en appel les individus acquittés ou à faire aggraver les peines dont ils ont été déjà frappés, et que, par conséquent, le juge saisi par son appel ne peut réformer la décision au profit du prévenu. Mais on a reconnu au ministère public un rôle plus grand et plus beau. Il est devant les tribunaux le représentant de la société. Or la société est également intéressée à la condamnation ou à l'acquittement des prévenus, suivant qu'ils sont coupables ou innocents. Donc, l'appel formé au nom de la société par le ministère public a nécessairement pour but aussi bien l'acquittement que la condamnation du prévenu. Le ministère public voudrait vainement restreindre son appel. Ici, comme dans tous les cas, il ne peut pas changer son rôle. Quelles que soient ses conclusions, son appel a toute sa portée. Il n'importe pas même qu'il ait déclaré faire appel *a minima*.

Mais l'intérêt de la partie civile n'est pas l'intérêt de la société et n'est pas représenté par le ministère public : il s'ensuit que l'appel de la partie publique ne profite et ne nuit jamais à la partie civile.

Au contraire, l'appel du ministère public supplée l'appel des administrations autorisées à poursuivre la répression de certains délits ou contraventions dans les cas où la condamnation a réellement un caractère pénal (Crim. 20 mars 1830; bul. 178; 27 janvier 1837, bul. 34).

Appel de la partie responsable et de la partie civile. — L'appel de ces parties n'est relatif qu'à leurs intérêts privés.

Il ne peut donc jamais donner lieu à l'acquittement du prévenu condamné, ou à la condamnation du prévenu acquitté, ou à une aggravation de la peine déjà prononcée. Mais nous verrons bientôt qu'au point de vue des intérêts privés de ces parties, le jugement attaqué par elles ne s'oppose pas à ce que la cour examine toutes les questions irrévocablement jugées à l'égard du ministère public non appelant.

§ 3. — Effets de l'opposition en conflit avec les effets de l'autorité de la chose jugée.

Cette voie de recours est commune aux jugements en premier et en dernier ressort. La partie qui n'a pas comparu a le droit de former opposition au jugement rendu dans certains délais. L'opposition, comme l'appel, fait tomber l'autorité des jugements qu'elle frappe. Cet effet n'est-il pas sujet aux mêmes restrictions? Les auteurs ne s'en expliquent pas. Mais il nous semble évident qu'il faut appliquer ici les mêmes règles.

§ 4. — Effets du pourvoi en cassation formé par les parties en conflit avec les effets de l'autorité de la chose jugée.

Tous les jugements criminels définitifs, sauf quelques exceptions, peuvent être déférés par les parties à la Cour de cassation.

On peut assimiler à ce recours le pourvoi en révision formé contre les jugements des conseils de guerre.

Le pourvoi en cassation des parties est aussi restreint par

les termes du pourvoi ou par la qualité et l'intérêt du demandeur en cassation.

Ainsi le prévenu, la partie civile et la partie responsable ne poursuivent jamais la cassation qu'à leur profit. Le pourvoi du ministère public au contraire peut donner lieu à la cassation au profit du prévenu comme à son préjudice.

Mais de graves difficultés se présentent relativement à l'étendue des cassations. Le juge d'appel exerce son droit de réformation sur toutes les dispositions attaquées. Il juge à nouveau tous les chefs frappés d'appel. La Cour de cassation ne peut au contraire annuler que les dispositions qui sont infectées de l'un des vices qui motivent la cassation.

Certaines causes de nullité atteignent évidemment toutes les dispositions du jugement. Telles sont l'irrégularité de la composition du tribunal, l'omission des formalités essentielles, le défaut de publicité, etc.

D'autres, au contraire, ne vicient évidemment pas tout le jugement, comme la prononciation illégale de la confiscation ou de la solidarité, la condamnation aux frais, à la contrainte par corps, etc.

Mais il est quelquefois difficile de reconnaître si l'influence de la nullité peut être restreinte à une partie du jugement ou doit s'étendre à toutes ses dispositions. Par exemple, le jugement est régulier, la déclaration de culpabilité est valable, mais la loi pénale a été mal appliquée. Il arrive encore que, deux délits ayant été déclarés constants, la constatation de l'un d'eux est irrégulière. Devra-t-on dans ces cas annuler tout le jugement ou bien n'annuler que l'application de la peine, la déclaration du délit qui est illégal?

Deux systèmes ont été également appliqués par la loi. Quand la décision émane d'un juge correctionnel ou de simple police, on n'a pas cru pouvoir scinder le jugement d'un même juge, maintenir la déclaration de culpabilité et annuler la condamnation. Il n'y a pas dans ces décisions deux jugements, ni même deux dispositions distinctes. Il n'y a qu'un seul jugement, un seul dispositif : la condamnation ou l'acquittement. Il en est ainsi même au cas où il y a plusieurs chefs de prévention, puisque tous ont un même résultat, une condamnation unique (V. art. 427 C. I. c.). Par exception toutefois certains délits donnent lieu à des peines distinctes.

Il y a alors deux condamnations différentes, deux dispositifs qui peuvent être distingués. C'est ce qu'on a jugé dans une espèce où une double condamnation avait été prononcée pour usure et pour escroquerie. (27 nov. 1812) et à l'occasion d'une poursuite pour contravention aux lois sur la presse. Il y avait eu dans ce dernier cas autant d'amendes prononcées que de contraventions constatées (9 sept. 1849). Les lois fiscales pourraient donner lieu à beaucoup d'espèces semblables.

Mais en matière criminelle on a dû appliquer un autre système. Ici la déclaration de culpabilité et l'application de la loi pénale sont deux décisions distinctes. L'une émane du jury, l'autre de la cour d'assises. Si la seconde est seule irrégulière, elle peut être seule annulée. Le verdict subsistera et la cour de renvoi appliquera la peine aux faits qui en résultent. C'est la disposition formelle de l'art. 434 I. c.

Les réponses du jury sur les divers chefs d'accusation sont également indépendantes et peuvent être séparées. On peut dire qu'il y a autant de verdicts que de déclarations sur un chef différent. La nullité de l'un de ces verdicts entraîne la cassation de l'arrêt, mais ne rend pas nécessaire l'annulation des autres verdicts. Ceux-ci sont toujours respectés et doivent être la base de la décision de la cour saisie du renvoi.

Enfin on doit faire une division semblable lorsque, le jury ayant rendu une déclaration négative sur un chef et une déclaration affirmative sur un autre chef, l'arrêt est cassé même pour une nullité qui vicie le jugement tout entier (V. cass., 22 août 1829 ; 20 juillet 1832). L'art. 409 I. c. dispose en effet « qu'au cas d'acquittement, l'annulation de l'ordonnance qui « l'aura prononcé et de ce qui l'aura précédé, ne pourra être « poursuivie par le ministère public que dans l'intérêt de la « loi et sans préjudicier à la partie acquittée. » Or la réponse négative sur un chef a entraîné un acquittement sur ce chef.

Mais l'art. 409 ne protége que les verdicts d'acquittement. Il ne faut donc pas l'appliquer indistinctement à toutes les réponses favorables à l'accusé. Celles-là seules constituent un acquittement qui contiennent une déclaration négative sur un fait délictueux distinct. Ainsi il n'y a point d'acquittement dans la réponse qui nie quelque circonstance aggravante ou quelque élément d'un crime qui a pu se commettre par d'autres moyens déclarés constants par le jury. Dans ce cas il est évident qu'un seul chef d'accusation était soumis au jury et que sur ce chef il y a eu condamnation. La Cour de cassation avait d'abord adopté une décision contraire, mais depuis un arrêt du 8 janvier 1836 elle a fixé sa jurisprudence en ce sens.

De même les faits d'excuse et les circonstances atténuantes n'étant pas des faits délictueux distincts, la déclaration par laquelle le jury les admet ne doit pas être maintenue au cas où l'arrêt serait cassé.

Certains verdicts présentent plus de difficulté. Le jury a répondu négativement sur l'accusation de meurtre, affirmativement sur la question subsidiaire de coups et blessures ayant occasionné la mort. La réponse négative sur la première question est-elle un acquittement? Nous ne le pensons pas. Il n'y a eu en effet qu'un fait délictueux jugé. Le jury lui a seulement reconnu plus ou moins de gravité. Mais on devrait suivre une décision contraire, si, après une réponse négative sur l'accusation de meurtre ou de coups et blessures volontaires, le jury rapportait une déclaration affirmative sur la question subsidiaire d'homicide ou de coups et blessures involontaires. Il y a ici deux faits délictueux bien distincts. Le jury a rendu sur le premier un verdict d'acquittement et un verdict de condamnation sur le second. Il y a encore deux verdicts lorsque, après avoir nié le fait principal, le jury répond affirmativement sur une question subsidiaire où une circonstance aggravante du fait incriminé est considérée isolément et comme un fait délictueux distinct. Tel est le cas où l'accusé acquitté du crime de vol avec effraction est condamné pour bris de clôture.

Ces distinctions semblent avoir été quelquefois acceptées par la jurisprudence. Mais souvent aussi elles ont été méconnues par les arrêts (V. le remarquable travail de M. Calmettes, *l. c.*). M. Faustin Hélie lui-même nous paraît les indiquer d'une manière trop vague. Il en fait d'ailleurs quelques applications qui nous semblent inexactes. Ainsi nous ne pouvons approuver la décision que donne cet éminent auteur dans l'hypothèse où le jury, après avoir déclaré l'accusé non coupable comme auteur principal, répond affirmativement sur la question subsidiaire de complicité. « Le renvoi, dit M. Faustin Hélie, ne doit pas être prononcé pour le tout; car il s'agit de deux modes de crimes distincts. » N'est-il pas plus exact de dire qu'il n'y a eu dans ce cas qu'un seul chef d'accusation, un seul crime, bien que le jury ait été appelé à statuer sur plusieurs moyens de le commettre ? Il faudrait autrement distinguer autant de chefs d'accusation qu'il y a de divers modes de complicité.

Mais toutes les fois que nous rencontrons deux chefs d'accusation distincts, il nous semble que la réponse négative rendue sur l'un d'eux est irrévocable et ne saurait être annulée à la suite de la cassation du verdict affirmatif rendu sur l'autre chef d'accusation.

Les auteurs et la jurisprudence annulent au contraire le verdict d'acquittement en même temps que le verdict de condamnation, lorsque les faits paraissent unis par une certaine connexité ou indivisibilité. M Faustin Hélie s'exprime ainsi : « La Cour de cassation, en annulant sur un chef, apprécie si ce « chef est lié ou par la connexité ou par une indivisibilité « réelle au chef de la même accusation écarté par le jury, et « ce n'est que lorsqu'il lui paraît impossible que le procès « puisse être jugé, s'il est scindé en deux parties et si l'on sé- « pare des faits qui tiennent étroitement l'un à l'autre, qu'elle « annule pour le tout. On comprend que dans cette apprécia- « tion, qui est toute en fait, elle peut quelquefois être amenée « à des solutions qui ne soient pas toujours des déductions « rigoureuses de la règle. » M. Calmettes dit avec plus de précision : « Il y a connexité suffisante pour légitimer l'an- « nulation de toutes les réponses du jury, si les deux crimes « imputés à l'accusé sont liés par des rapports de temps et de « lieu, s'ils ont été commis dans un même but ou à l'aide « d'un mode identique de perpétration, si le second crime a « été la conséquence immédiate et nécessaire du premier ou « s'il n'a eu d'autre objet que de protéger la fuite ou d'assurer « l'impunité du coupable. » Il nous semble que la connexité de deux faits délictueux, si étroite qu'elle soit, ne doit pas empêcher l'application de l'art. 409 l. c. Dès qu'il y a acquittement sur l'un des chefs, cet article le protège. Pourquoi importerait-il que le fait qui est remis en jugement par l'effet de la cassation soit plus ou moins intimement lié au fait sur lequel il y a eu acquittement ? On avait bien pu nier ce dernier fait en affirmant le premier. A plus forte raison il n'est pas impossible de remettre en cause un seul de ces délits.

Ne sépare-t-on pas également des délits même connexes dans le cas où l'un d'eux n'est pas poursuivi ou ne peut plus l'être, ou même est renvoyé à une autre juridiction? On vient de voir d'ailleurs combien il a été impossible aux auteurs de déterminer avec quelque précision jusqu'à quel point deux délits sont inséparables. C'est qu'en réalité deux délits distincts peuvent toujours être jugés séparément. Rien ne s'oppose donc à ce qu'on respecte l'irrévocabilité du verdict négatif rendu sur le fait qui paraîtrait le plus étroitement uni au fait remis en jugement à la suite d'une cassation.

§ 5. — Effets de la représentation du condamné par contumace en conflit avec les effets de l'autorité de la chose jugée.

Lorsqu'un accusé ne se présente pas, il est jugé conformément aux art. 465 et suivants.

S'il est acquitté, l'arrêt est définitif. S'il est condamné, l'arrêt rendu contre lui cesse d'avoir ses effets dans le cas prévu par l'art. 476 : « Si l'accusé se constitue prisonnier ou s'il est « arrêté avant que la peine soit éteinte par prescription, le « jugement rendu par contumace et les procédures faites « contre lui depuis l'ordonnance de prise de corps ou de se « représenter seront anéantis de plein droit et il sera procédé « à son égard dans la forme ordinaire. »

Lorsque l'accusé a été acquitté sur un chef d'accusation et condamné sur un autre chef, il est évident que la condamnation est seule anéantie par la représentation du contumax et que l'acquittement lui reste acquis.

Mais ici encore que doit-on décider à l'égard des décisions favorables à l'accusé rendues sur un seul chef d'accusation? Il faut suivre la règle que nous avons précédemment posée. Ces décisions ne sont irrévocables que lorsqu'elles constituent un acquittement, c'est-à-dire la négation d'un délit distinct.

Il n'y a négation d'aucun délit distinct, lorsque le juge écarte soit un moyen de commettre le délit, soit une circonstance aggravante. Ces déclarations sont donc anéanties par la représentation du condamné par contumace.

Au contraire, il y a acquittement partiel lorsque le juge nie le délit principal résultant des faits incriminés et affirme seulement un autre délit résultant des mêmes faits. Ainsi lorsqu'un accusé de meurtre est condamné par contumace pour homicide involontaire, l'arrêt contient un acquittement sur le chef du meurtre. De même il y a acquittement sur le fait principal dans l'arrêt qui condamne pour bris de clôture un contumace accusé de vol avec effraction. Le vol avec effraction et le bris de clôture sont deux délits distincts. La négation du premier constitue un acquittement définitif. La Cour de cassation a cependant rendu un arrêt en sens contraire (1er juillet 1820).

Enfin, comme la cassation, la représentation du contumax anéantirait toutes les décisions rendues sur des délits indivisibles, s'il fallait admettre sur ce point l'opinion de la plupart des auteurs.

La représentation du condamné par contumace anéantissant même les décisions favorables à l'accusé, quand elles ne constituent pas des acquittements, il s'ensuit que le condamné serait quelquefois intéressé à s'assurer par un acquiescement le bénéfice de l'arrêt rendu par contumace contre lui. Le peut-il jamais? On reconnaît que l'arrêt qui a prononcé une peine afflictive et infamante ou une peine infamante est toujours anéanti de plein droit par la représentation du condamné. Mais lorsque l'accusé n'a été condamné qu'à une peine correctionnelle, ne lui faut-il pas accorder la faculté d'acquiescer à cette sentence, comme il aurait pu acquiescer à un jugement correctionnel? Il nous semble d'abord qu'on aurait dû faire une distinction. Lorsque l'application d'une peine correctionnelle a pour cause l'admission d'une excuse ou des circonstances atténuantes, l'accusé n'en est pas moins condamné pour un crime. Il n'est donc pas dans le cas du prévenu condamné pour un délit par le tribunal correctionnel. On peut seulement assimiler à un jugement correctionnel la condamnation à une peine correctionnelle prononcée par la cour d'assises pour un fait qui a été dépouillé de ses circonstances aggravantes et est ainsi devenu un simple délit. Même dans cette hypothèse nous croyons qu'il faut reconnaître que la condamnation par contumace est nécessairement anéantie par la représentation du condamné. La Cour de cassation l'a jugé par un arrêt du 29 juillet 1813 dans une espèce où la question n'aurait pas dû être posée, parce qu'il s'agissait d'une condamnation pour crime atténuée par l'admission d'une excuse. La question fut cependant discutée et résolue. Merlin, rétractant l'opinion qu'il avait précédemment émise, s'attacha surtout à réfuter les arguments qu'on empruntait à l'ancien droit. Conformément à ses conclusions, la Cour a jugé « que les dispositions de l'art. 476 doivent s'ap- « pliquer indistinctement à tout arrêt de condamnation rendu « par contumace sur une accusation légalement admise, soit « que l'arrêt prononce des peines afflictives et infamantes, « soit que, d'après les débats, il ne prononce que des peines « correctionnelles ou de simple police ; que ledit article ayant « d'ailleurs pour objet l'intérêt de la société comme celui des « accusés, les parties ne peuvent par leur acquiescement don- « ner à l'arrêt de contumace une existence que la loi ne lui « accorde que dans le seul cas où la peine qu'il prononce est « prescrite » (Merlin, *Rép.*, *Contumace*, § 3). La question paraît avoir été ainsi définitivement résolue.

Telles sont les difficultés que présente l'effet de la représentation du contumace en conflit avec l'autorité de la chose jugée.

Il est en outre évident que la représentation d'un accusé ne peut jamais profiter ou nuire à ses co-accusés jugés contradictoirement ou par contumace.

§ 6. — Effets de la cassation en vertu des art. 441 et 442 du Code d'instruction criminelle en conflit avec les effets de l'autorité de la chose jugée.

L'art. 442 I. C. donne au procureur général près la Cour de cassation le droit de déférer d'office à cette cour les arrêts ou jugements en dernier ressort contre lesquels les parties ne se sont pas pourvues. Il ajoute: « L'arrêt ou jugement sera « cassé sans que les parties puissent s'en prévaloir pour s'op- « poser à son exécution. » La cassation prononcée sur le pourvoi du procureur général est donc sans effet à l'égard des parties. Ce n'est qu'une censure de la sentence illégale, une décision purement doctrinale et destinée à éclairer la jurisprudence. Aussi dit-on que le procureur général à la Cour de cassation se pourvoit dans l'intérêt de la loi.

L'art. 441 a donné lieu, au contraire, à une grave controverse. Il est ainsi conçu :

Art. 441. « Lorsque, sur l'exhibition d'un ordre formel à « lui donné par le ministre de la justice, le procureur général « près la Cour de cassation dénoncera à la section criminelle « des actes judiciaires, arrêts ou jugements contraires à la « loi, ces actes, arrêts ou jugements pourront être annulés « et les officiers de police ou les juges poursuivis, s'il y a lieu, « de la manière prescrite au chapitre 3 du titre IV du présent « livre. »

Cet article ne déclare pas, comme l'art. 442, que la cassation prononcée dans le cas qu'il prévoit ne peut profiter ni nuire aux parties.

Faut-il donc reconnaître à la cassation prononcée en vertu de l'art. 441 tous les effets d'une annulation absolue? La Cour de cassation a jugé quelque temps et plusieurs auteurs soutiennent encore que l'art. 441 n'autorise lui-même qu'un pourvoi dans l'intérêt de la loi. Aujourd'hui la Cour de cassation, suivant un troisième système, juge que la cassation prononcée sur le pourvoi du ministre de la justice profite aux accusés, sans pouvoir jamais leur enlever le bénéfice résultant de la chose jugée en leur faveur.

Un examen approfondi de cette question nous a convaincu qu'on a méconnu le véritable caractère de l'annulation autorisée par l'art. 441, d'une part, en lui refusant un effet absolu, et, d'autre part, en l'étendant à des cas auxquels elle n'aurait pas dû être appliquée. On a cru que l'art. 441 permettait au ministre de déférer à la Cour de cassation tout acte judiciaire contenant une violation de la loi. Il fallait n'admettre ce recours extraordinaire que contre les actes par lesquels une autorité judiciaire aurait excédé ses pouvoirs. Dès lors il était non-seulement possible, mais il était nécessaire de reconnaître à la cassation de ces actes l'effet d'une annulation absolue.

Cette interprétation de l'art. 441 nous paraît résulter de l'origine de cette disposition.

L'art. 441 et l'art. 442 ne tirent pas leur origine de la même loi.

L'art. 442 a la sienne dans la loi des 27 novembre-1er décembre 1790. Aux termes de l'art. 25 de cette loi, « le commissaire du roi près le tribunal de cassation » avait le droit de dénoncer à ce tribunal « les jugements en dernier ressort directement contraires aux lois et formes de procéder. » Ces jugements devaient être annulés, « sans que les parties puissent s'en prévaloir pour en éluder les dispositions. »

C'est dans la constitution du 3 septembre 1791 qu'apparaît pour la première fois la disposition écrite aujourd'hui dans l'art. 441. Après avoir proclamé les droits de l'homme et du citoyen, cette constitution organisait les pouvoirs législatif, exécutif et judiciaire. Le dernier article du titre réservé au pouvoir judiciaire était ainsi conçu : « Le ministre de la justice dénonce au tribunal de cassation, par la voie du commissaire du roi et sans préjudice du droit des parties intéressées, les actes par lesquels les juges *auraient excédé les bornes de leur pouvoir*. Le tribunal les annulera, et s'ils donnent lieu à la forfaiture, le fait sera dénoncé au Corps législatif, qui rendra le décret d'accusation, s'il y a lieu. »

La même disposition est reproduite, à peu près dans les mêmes termes, par les art. 262 et 263 de la Constitution du 5 fructidor an III.

Enfin, la loi du 27 ventôse an VIII, relative à l'organisation judiciaire, réunit les deux dispositions avec quelques changements de rédaction sans importance.

Art. 88. « Si le commissaire du gouvernement apprend qu'il a été rendu en dernier ressort un jugement *contraire aux lois ou aux formes de procéder* ou dans lequel un juge ait excédé ses pouvoirs et contre lequel cependant aucune des parties n'ait réclamé dans le délai fixé, il en donnera connaissance au tribunal de cassation, et, si les formes ou la loi ont été violées, le jugement sera cassé, sans que les parties puissent se prévaloir de la cassation pour éluder les dispositions de ce jugement, lequel vaudra transaction entre elles. »

Art. 80. « Le gouvernement, par la voie de son commissaire et sans préjudice du droit des parties intéressées, dénoncera au tribunal de cassation, section des requêtes, les actes par lesquels des juges *auraient excédé leurs pouvoirs* ou les dé-

« lits par eux commis relativement à leurs fonctions. La sec-
« tion des requêtes annulera ces actes, s'il y a lieu, et dénon-
« cera les juges à la section civile pour faire, à leur égard, les
« fonctions de jury d'accusation... »

Il était facile sous l'empire de ces lois ou constitutions de
remarquer les différences qui existaient entre le pourvoi du
commissaire près la Cour de cassation et le pourvoi par ordre
du ministre ou du gouvernement.

Le premier n'avait en vue que la censure doctrinale des décisions erronées en droit. La disposition qui instituait ce recours appartenait à l'organisation judiciaire et ne figurait
que dans les lois qui la réglaient.

Le pourvoi, par ordre du gouvernement, était un droit
constitutionnel, écrit d'abord dans deux constitutions pour
la défense des principes qu'elles consacraient. Après avoir
déterminé les attributions du pouvoir judiciaire, les auteurs
de la constitution de 1791 et de la constitution de l'an III
avaient prévu le cas où les juges usurperaient des fonctions ré-
servées soit au pouvoir exécutif, soit au pouvoir législatif, ou
même s'arrogeraient des pouvoirs qu'aucune autorité n'avait
reçus, et porteraient atteinte aux droits individuels garantis
par la constitution. C'est pour réprimer ces excès qu'on donnait
soit au ministre de la justice, soit au directoire exécutif, soit
au gouvernement le droit dénoncer au tribunal de cassation
et de faire annuler les actes par lesquels les juges auraient
dépassé les bornes de leurs pouvoirs. Le pourvoi du gouvernement n'ayant d'autre objet que de défendre la constitution
contre les usurpations de l'autorité judiciaire, il n'était pas
nécessaire d'autoriser cette voie de recours contre les décisions qui auraient seulement violé une loi ou omis une forme
de procéder.

Il était impossible, sous l'empire des lois antérieures au
Code d'instruction criminelle, de contester cette distinction.
Il fallait bien convenir qu'aux termes de l'art. 25 de la loi des
27 nov. - 1 déc. 1790 et de l'art. 88 de la loi du 27 ventôse
an VIII, le pourvoi, dans l'intérêt de la loi, était ouvert contre
toute décision illégale, et, qu'au contraire, d'après l'art. 80
de cette dernière loi et les textes antérieurs, le pourvoi en
annulation par ordre du gouvernement était restreint au cas
d'excès de pouvoir. On pouvait seulement entendre d'une

manière plus ou moins large l'excès de pouvoir. Nous croyons que, dans cette hypothèse, il fallait donner à cette expression son sens le plus restrictif. Il n'y a proprement excès de pouvoirs que lorsqu'une autorité usurpe une fonction qui a été conférée à un autre magistrat ou rend un ordre qu'aucune autorité n'aurait droit de rendre.

Le pourvoi par ordre du gouvernement, n'ayant pas pour objet les mêmes actes que le pourvoi du commissaire du gouvernement, pouvait bien avoir d'autres conséquences. Aussi nous paraît-il certain que le pourvoi par ordre du gouvernement donnait lieu à une annulation absolue. La constitution de 1791, la constitution de l'an III, la loi de ventôse an VIII, disaient également : « Ces actes seront annulés... » sans ajouter, comme l'art. 25 de la loi du 27 novembre 1790 et l'article 88 de la loi de ventôse an VIII, « sans que les parties puissent s'en prévaloir, etc... »

Cependant on lit dans plusieurs auteurs et dans quelques arrêts que l'art. 80 de la loi de l'an VIII n'autorisait le pourvoi que dans l'intérêt de la loi. Mais il est facile de voir que cette opinion est erronée. L'article 80 s'exprime ainsi : « Le gouvernement, par la voie de « son commissaire et sans préjudice du droit des parties inté- « ressées, dénoncera au tribunal de cassation, etc. » Comment a-t-on pu entendre ces expressions en ce sens que la cassation ne devrait préjudicier, ni profiter aux parties? Elles ne pourraient pas même recevoir cette interprétation si elles étaient placées ailleurs. Mais écrites avant ces mots : « dé- « noncera au tribunal de cassation, » elles signifient évidemment : « sauf le droit qu'ont également les parties intéressées de se pourvoir, sans que les parties intéressées perdent, au cas d'excès de pouvoir, le droit qu'elles ont en général de se pourvoir en cassation contre toutes les décisions illégales. »

C'était bien dans ce sens que l'art. 80 était compris par la jurisprudence (24 messidor au XI, Dalloz, *Jur. gén.*, t. III, p. 541 ; 19 prairial an x, *ibid.*, t. IV, p. 506), et par Merlin lui-même qui, sous l'empire du Code d'inst. crim., a cependant donné le premier du même article l'explication que nous venons de combattre. Dans cette dernière espèce, Merlin, posant la question de savoir si l'annulation du jugement attaqué pouvait avoir son effet à l'égard de l'accusé acquitté, répon-

dait en ces termes : « L'affirmative ne peut souffrir aucune
« difficulté. » Il ajoutait ensuite : « La section des requêtes a
« jugé, par un jugement du 12 pluviôse dernier, que, lorsque
« sur la provocation du gouvernement elle annule un juge-
« ment rendu en matière criminelle pour excès de pouvoir,
« elle peut et doit renvoyer la procédure devant un autre
« tribunal pour y être refaite, comme s'il n'y avait pas eu
« jugement. »

Aujourd'hui encore, en matière civile où l'art. 80 de la loi
de l'an VIII est encore en vigueur, la Cour de cassation annule
les actes judiciaires qui lui sont déférés par le gouvernement
autrement que dans le pur intérêt de la loi (V. 12 août 1835,
20 avril 1836, 22 avril 1846. D. 46, 1, 172). M. Dupin faisait,
il est vrai, une distinction. « Lorsque l'excès de pouvoir se lie
« à l'intérêt public, la Cour a toujours utilement cassé la dé-
« cision et tout ce qui en est suivi. » Peut-être l'excès de pouvoir touche-t-il toujours à l'ordre public, mais il ne lui est
certainement jamais étranger en matière criminelle.

Nous pouvons donc tenir pour certain que, sous l'empire
des lois antérieures au Code d'instruction criminelle, l'annulation sur le pourvoi du gouvernement, restreinte aux actes
constituant un véritable excès de pouvoir, avait tous les effets
d'une annulation absolue, même à l'égard des accusés acquittés.

En empruntant cette disposition aux lois qui l'ont précédé,
le Code d'instruction criminelle en a-t-il changé le caractère
et les effets?

On ne peut remarquer que deux changements dans la rédaction des textes.

Le premier nous paraît tout à fait sans importance. L'article 441 ne reproduit pas ces mots de l'ancien art. 80 : « sans
préjudice du droit des parties intéressées. » Mais nous avons
vu que ces expressions signifiaient seulement : « sans que les
« parties intéressées cessent, au cas d'excès de pouvoir, d'avoir
« la faculté de se pourvoir en cassation. » La suppression de
cette réserve inutile est donc sans intérêt.

Au contraire, la seconde modification qu'a subie le texte de
l'ancien art. 80 nous semble avoir donné lieu à la difficulté
que nous étudions. D'après l'art. 441, le ministre ne dénonce
plus à la Cour de cassation « les actes dans lesquels les juges

auraient excédé les bornes de leurs pouvoirs, » mais « les « actes judiciaires, arrêts ou jugements contraires à la loi. » S'ensuit-il que désormais le gouvernement peut déférer à la Cour de cassation tous les actes judiciaires qui ne sont pas conformes aux lois? C'est ce que presque tous les auteurs et la jurisprudence ont admis sans hésitation. Deux auteurs seulement, Bourguignon (t. 2, p. 346) et surtout Oudart (*Essai sur l'organisation du jury de jugement et sur l'instruction criminelle*, p. 210 et sq.), ont indiqué plutôt que soutenu que, malgré ce changement de rédaction, l'art. 441 s'appliquait seulement, comme l'ancien art. 80, dans les cas d'excès de pouvoir. Nous pensons qu'on aurait dû suivre cette opinion. On aurait alors facilement compris que, comme sous la législation antérieure, le pourvoi du gouvernement pouvait dans ces cas exceptionnels donner lieu à une annulation absolue.

Il est d'abord certain que les rédacteurs du Code d'instruction criminelle ont voulu seulement conserver l'ancienne disposition.

Dans le projet de Code criminel, le futur art. 441, sous le n° 306, reproduisait les termes de l'ancien art. 80 (séance du 14 vend. an XIII, Locré, t. 24).

Lors de la discussion du Code d'instruction criminelle lui-même, aucune observation ne fut faite sur l'art. 441 ni au conseil d'Etat (séance du 26 juillet 1808, Locré, t. 27), ni dans l'exposé des motifs et le rapport de la commission de législation au Corps législatif. On n'insistait que sur les dispositions nouvelles. L'art. 441 ne contenait donc aucune innovation.

Pourquoi avait-on substitué ces mots « les actes judiciaires « contraires à la loi » aux anciennes expressions « les actes dans lesquels les juges auraient excédé leurs pouvoirs? » Berlier l'explique dans l'exposé des motifs : « On a toujours, dit-il, supprimé les mots excès de pouvoir, mots vagues « et mal définis. » Ainsi c'est sans réflexion suffisante que les mots excès de pouvoir ont disparu de l'art. 441 comme de tous les autres.

Ces mots étaient en effet trop vagues. Mais l'expression qui les a remplacés dans l'art. 441 l'est bien plus encore. Comment l'entendrons-nous?

Faudra-t-il admettre le pourvoi du gouvernement contre « tous les actes contraires à la loi? » Il n'est pas possible de prendre à la lettre ces expressions. Il s'ensuivrait en effet que le pourvoi serait permis au gouvernement dans des cas où il n'est pas permis aux parties, lorsque la disposition de la loi qui a été violée n'est pas prescrite à peine de nullité. Puisqu'il faut interpréter les termes de l'art. 441, ne pourrait-on pas dire qu'il s'applique seulement *aux actes contraires à la loi en vertu de laquelle on a prétendu les rendre*, c'est-à-dire aux actes contraires à la loi qui a institué les autorités judiciaires et déterminé leurs attributions, c'est-à-dire aux actes dans lesquels les juges auraient excédé leurs pouvoirs? Cette interprétation paraîtra peut-être hardie. Mais, si les mêmes vices, les mêmes violations des lois donnent ouverture aux deux pourvois autorisés par les art. 441 et 442, nous déclarons qu'il est impossible d'expliquer pourquoi ces deux pourvois n'ont pas lieu dans les mêmes conditions et même pourquoi ils coexistent. Pourquoi le ministre défère-t-il à la Cour de cassation tous les actes judiciaires, tandis que le procureur général ne lui peut dénoncer que les arrêts ou jugements en dernier ressort? Pourquoi le ministre n'est-il pas obligé d'attendre comme le procureur général l'expiration du délai accordé aux parties pour se pourvoir? Pourquoi enfin distinguerait-on ces deux pourvois? Tout au plus était-il nécessaire de dire que le procureur général était tenu de se pourvoir, lorsqu'il en avait reçu l'ordre du ministre? Au contraire si le pourvoi du gouvernement est resté un moyen de défendre l'ordre constitutionnel contre les usurpations des autorités judiciaires, on comprend que le gouvernement ait un droit spécial, indépendant du recours des parties, s'appliquant à tous les actes judiciaires et non pas seulement à ceux qui contiennent une décision. On comprend aussi que le pourvoi du ministre donne lieu à une annulation absolue et non à une simple censure. L'acte attaqué par le ministre est annulé même à l'égard des parties, parce qu'il est entaché d'excès de pouvoir et parce qu'il est attaqué par une partie intéressée à ce que les excès de pouvoir des juges soient réprimés et les conséquences de ces excès réparées. Le jugement déféré à la Cour de cassation par le procureur général n'est cassé que dans l'intérêt de la loi, parce qu'il ne contient qu'une erreur de droit ou, s'il y a excès de pouvoir, parce qu'aucune partie intéressée n'en a poursuivi l'annulation.

Mais cette interprétation n'ayant pas prévalu, il a été bien difficile de déterminer l'effet des annulations prononcées en vertu de l'art. 441.

M. Faustin Hélie a divisé la jurisprudence en quatre phases. Nous croyons la division suivante plus exacte.

Depuis la promulgation du Code d'instruction criminelle jusqu'à l'année 1831, la Cour de cassation a affirmé en général avec plus ou moins de netteté que l'annulation prononcée en vertu de l'art. 441 n'a pas lieu dans le seul intérêt de la loi, qu'au contraire elle profite ou nuit aux parties. Elle a cependant hésité d'abord. Aussi Merlin a-t-il pu citer quelques arrêts par lesquels l'annulation n'a été prononcée que dans l'intérêt de la loi (30 avril 1812, 22 nov. 1812, 23 mai 1813, 19 juin 1813, *Rép.* V. *Monnaie* § 2, art. 2, n° 2)? Mais en même temps des arrêts du 21 mai 1813, du 12 février 1813 et du 28 octobre 1815 cassaient diverses décisions judiciaires au préjudice des accusés. Des arrêts semblables se multiplient bientôt (8 août 1815, *D. J. G.*, t. 3, p. 538, 5 fév. 1818. *ibid.* t. 2, p. 324, etc.). Enfin l'arrêt Fabry, à la date du 15 juillet 1819, résout formellement la question (Merlin, *Qu. de droit. Min. public*, § 10) : « Attendu que par les ordres du « garde des sceaux et par la requête du procureur général la « demande en cassation n'est pas restreinte au seul intérêt « de la loi. » Dès lors la Cour de cassation n'hésite plus et rend une série d'arrêts conformes à cette doctrine. Le dernier est à la date du 11 juin 1830.

Mais Merlin avait attaqué avec beaucoup de vivacité la décision de l'arrêt Fabry. Après la révolution de juillet, la Cour de cassation, rétractant sa première jurisprudence, embrassa l'opinion de son ancien procureur général. Un arrêt du 2 avril 1831 juge « que, si l'art. 441 confère au ministre de la justice « le pouvoir de donner au procureur général de la Cour de « cassation l'ordre de former la demande en cassation des « actes judiciaires, arrêts ou jugements contraires à la loi, cet « article ne porte pas que les cassations qui seraient pronon- « cées changeraient l'état des parties fixé par lesdits arrêts et « jugements passés en force de chose jugée ; que dès lors « elles ne peuvent leur porter aucun préjudice ; que, si le lé-

« gislateur avait eu une autre intention, il aurait nécessaire-
« ment, par analogie de l'art. 205 du même Code, fixé un délai
« quelconque pour requérir cette cassation après lequel le
« pourvoi ne serait plus recevable, parce qu'il est impossible
« de supposer qu'il eût voulu laisser les parties pendant un
« temps indéterminé, même de plusieurs années, dans l'in-
« certitude d'une situation toute précaire ; qu'indépendam-
« ment de ce délai il aurait ordonné encore, par analogie de
« l'art. 418, la notification de ce pourvoi aux individus contre
« lesquels il serait dirigé, pour qu'ils pussent y défendre ; que
« la doctrine contraire serait subversive des principes si lumi-
« neusement établis et consacrés par l'avis du conseil d'Etat
« du 12 novembre 1806. »

Cet arrêt fait seulement une réserve pour le cas où la compétence n'est pas encore fixée et où il s'agit de régler des juges,
« parce que, en cas de conflit, il n'y a aucun errement en der-
« nier ressort contracté dont les parties puissent s'approprier
« le bénéfice et qu'il importe à l'ordre public comme à l'ad-
« ministration régulière de la justice, dont la haute surveil-
« lance est confiée au ministre de ce département, que les
« parties poursuivies pour crimes ou délits soient jugées et le
« soient par des juges compétents. » Cette exception s'accordait mal avec le principe d'abord posé. Elle a cependant été
appliquée par deux arrêts du 20 décembre 1832 et du 9 mai
1835.

Mais cette nouvelle jurisprudence a été à son tour vivement
critiquée. Mangin surtout l'attaqua avec vigueur (t. II, p. 259).
Sans revenir à son premier système, que ce dernier auteur
avait défendu, la Cour de cassation a inauguré une troisième
jurisprudence.

Un arrêt du 25 mars 1836, rendu sur les conclusions de
M. le procureur général Dupin, déclare « que la demande en
« renvoi formée en exécution de l'art. 441 n'est pas restreinte
« à l'intérêt de la loi et que la cassation peut, sur une pareille
« demande, être prononcée dans l'intérêt des prévenus eux-
« mêmes. » Cette doctrine a été reproduite dans les arrêts des
29 juin et 7 décembre 1837, 5 février 1839 ; mais elle est surtout motivée avec soin dans un arrêt du 7 avril 1839. On y lit :
« Attendu que l'art. 441 a eu pour objet de la part du législa-
« teur d'ouvrir au ministre de la justice une voie pour faire

« annuler par la Cour de cassation les actes judiciaires, arrêts
« ou jugements contraires à la loi et qui, ayant acquis la
« force de la chose jugée, ne seraient plus susceptibles d'au-
« cun recours soit de la part des condamnés, soit de la part
« du ministère public ; que cet article a remplacé pour les
« matières criminelles l'art. 80 de la loi du 27 ventôse an VIII,
« qui n'avait autorisé ce pourvoi que dans l'intérêt de la loi ;
« qu'il n'a pas maintenu cette restriction, qu'il l'a donc ex-
« clue ; que cet article a introduit dans le Code une disposi-
« tion d'ordre public qui doit être appliquée dans la généra-
« lité de sa disposition ; qu'il résulte des principes ci-dessus
« posés que les cassations prononcées en vertu de l'art. 441
« ne peuvent jamais préjudicier aux condamnés, ni aggraver
« leur situation, puisqu'il n'y a dans ce cas aucun pourvoi
« formé par le procureur-général de la Cour dans le ressort
« de laquelle l'arrêt attaqué a été rendu ; mais que néanmoins
« il est conforme à l'esprit qui a dicté l'art. 441, ainsi qu'aux
« principes généraux du droit criminel en vertu desquels les
« dispositions favorables sont susceptibles d'extension, que
« les cassations prononcées sur leur pourvoi formé en vertu
« de cet article profitent aux condamnés, afin qu'ils ne de-
« meurent pas sous le coup d'une condamnation qui aurait
« été reconnue et déclarée par la Cour de cassation n'être que
« le résultat d'une application fausse et erronée de la loi pé-
« nale. »

La Cour de cassation n'a pas cessé d'appliquer cette doctrine (voy. les arrêts des 11 déc. 1841, 18 mars 1842, 2 mars
1846, 5 déc. 1846, 10 juin 1859).

Ainsi l'annulation prononcée en vertu de l'art. 441 n'a
d'effet qu'au profit des accusés ; elle n'en a jamais à leur préjudice. Elle peut toutefois leur être opposée dans le cas où la
décision annulée n'est relative qu'à la compétence. La Cour
de cassation ordonne alors le renvoi au juge compétent.

L'annulation a-t-elle ses effets à l'égard de la partie civile ?
La Cour de cassation ne s'est pas prononcée sur ce point. Elle
pourrait respecter les droits acquis à la partie civile, sans
contredire le raisonnement sur lequel sa doctrine est fondée.

Cette jurisprudence corrige heureusement les conséquences de l'interprétation trop large qu'on a donnée à l'article 441.

Mais la doctrine qu'elle a consacrée est-elle exacte? On peut résumer en quelques mots le raisonnement sur lequel on a voulu la fonder. L'annulation en vertu de l'art. 441 n'est pas prononcée seulement dans l'intérêt de la loi. Mais pour déterminer quels sont ses effets, il faut recourir au droit commun. Or, ce droit consacre l'inviolabilité de la chose définitivement jugée. C'est un droit acquis soit à l'Etat, soit à l'individu accusé. Si le jugement est contraire à la loi, l'Etat renonce au droit qui lui est acquis, et l'annulation profite à l'individu. Mais comment pourrait-on contraindre l'individu accusé à renoncer également au bénéfice qui résulte pour lui de la chose définitivement jugée? On fait remarquer combien, en effet, la chose jugée au profit des accusés est particulièrement respectée par le législateur. C'est ainsi que l'article 409 I. c. n'autorise le ministère public qu'à se pourvoir dans l'intérêt de la loi contre les verdicts et les ordonnances d'acquittement. Enfin M. Dupin n'avait pas manqué de citer la vieille maxime : « *Odia sunt restringenda.* » Il ne fait qu'une exception, admise aussi par M. Faustin Hélie, pour le cas où le juge aurait été corrompu ou contraint : « *Nemo ex suo delicto consequi actionem potest.* » Mais y aurait-il lieu dans cette hypothèse d'appliquer l'art. 441 ?

Tous ces motifs ne nous paraissent pas concluants. La question est précisément de savoir si le législateur n'a pas voulu subordonner toujours l'autorité de la chose jugée à l'effet de l'annulation prononcée en vertu de l'art. 441. Or, les termes de cet article ne font aucune distinction et semblent prescrire dans tous les cas une annulation absolue tant au préjudice qu'au profit des particuliers. Il est vrai que les objections les plus graves s'élèvent contre un système qui laisse au gouvernement la faculté de faire annuler, comme illégales, quand il le veut, les décisions qui ont acquitté des prévenus. Mais ces critiques n'auraient aucun fondement si on avait restreint l'application de l'art. 441 comme celle des dispositions antérieures aux cas de véritable excès de pouvoir.

C'est pour avoir autrement interprété l'art. 441 qu'on a fait de sa portée et de ses effets une véritable énigme dont personne n'a pu donner une explication satisfaisante.

§ 7. — Effets de la révision et de la condamnation des juges en vertu des art. 483 et suivants l. c., en conflit avec les effets de l'autorité de la chose jugée.

La révision des procès criminels, dans les cas et suivant les formes indiqués par les art. 443 et suivants l. c., donne lieu à l'annulation des jugements ou arrêts de condamnation révisés. Les effets de cette annulation doivent être assimilés à ceux de la cassation. Ils anéantissent de la même manière et suivant les mêmes distinctions l'effet des jugements ou arrêts annulés.

Les articles 483 et suivants l. c. indiquent dans quelles formes sont poursuivis et jugés les crimes ou délits commis par les juges dans l'exercice de leurs fonctions. Un juge ou un tribunal peut être ainsi condamné pour avoir rendu une décision qui constitue un crime ou un délit, par exemple, l'excès de pouvoir prévu par les art. 127 et suivants du Code pénal sous le nom de forfaiture, ou la corruption punie par les art. 177 à 183 du même Code. Dans ces cas, la condamnation du juge entraîne-t-elle l'annulation de la sentence? Aucun texte ne résout aujourd'hui cette question. De là les incertitudes des auteurs. Quant à la jurisprudence, elle ne paraît pas avoir eu l'occasion de se prononcer.

En matière civile on admet généralement que la partie contre laquelle le jugement a été rendu peut se pourvoir soit par la voie de l'appel, soit par la voie de la requête civile et qu'elle a à cet effet des délais nouveaux qui ne courent qu'à compter de la condamnation du juge.

En matière criminelle il faut chercher une autre solution du problème.

M. Rauter pense que le jugement subsiste malgré la condamnation du juge et qu'il ne peut être annulé qu'à la suite d'un pourvoi formé en vertu de l'art. 441.

Mais il nous semble impossible d'appliquer l'art. 441 au cas de corruption. Le jugement ne contient alors aucune disposition contraire à la loi. Nous croyons qu'on peut considérer la condamnation du juge comme emportant la nullité du jugement. C'est l'opinion de M. Poncet (*Traité des jugements*, t. II, p. 102).

Les art. 561 et 562 de la loi du 3 brumaire an IV étaient ainsi conçus : Art. 561. « Les actes qui donneraient lieu à la for-« faiture de la part des juges des tribunaux tant civils que « criminels, correctionnels et de police, sont dénoncés au tri-« bunal de cassation, soit par le directoire exécutif, soit par les « parties intéressées. » — Art. 562. « Le tribunal de cassation « *annule ces actes*, s'il y a lieu, et dans ce cas il les dénonce « au Corps législatif qui rend le décret d'accusation après « avoir entendu ou appelé les prévenus. »

Les art. 483 et suivants I. c. ont organisé la mise en ac-cusation, tantôt par la chambre des requêtes, tantôt par la chambre civile de la Cour de cassation. On a omis de répéter la disposition de l'art. 562 en vertu de laquelle les actes con-stituant le crime ou le délit étaient annulés. Faut-il en conclure aujourd'hui que, à la suite de cette procédure, les mêmes actes conservent leurs effets? Nous ne le pensons pas. Mais cette annulation résultera-t-elle, comme sous la loi de brumaire, de l'arrêt de la Cour de cassation qui ordonne la mise en accusation du juge, ou bien seulement de l'arrêt de condamnation rendu par la Cour d'assises? Toute cette ma-tière aurait dû évidemment être mieux réglée. On n'a pas eu heureusement l'occasion de le regretter.

§ 8. — Dans quelles formes doit être proposé le moyen tiré de l'autorité de la chose jugée.

Comme en matière civile, le moyen tiré de l'autorité de la chose jugée est opposé d'ordinaire sous la forme d'une excep-tion ou fin de non-recevoir.

Mais il n'est pas nécessaire que ce moyen soit formellement proposé. Le juge doit toujours l'admettre d'office. La raison en est que, s'il est permis aux parties plaidant au civil de re-noncer aux droits qui résultent pour elles de jugements anté-rieurs, il n'appartient pas aux prévenus de renoncer au béné-fice résultant pour eux de jugements précédemment rendus. L'ordre public est, en effet, aussi bien intéressé à l'acquitte-ment des personnes qui ne doivent pas être condamnées qu'à la condamnation des personnes qui doivent être con-damnées.

Le juge devant admettre l'exception de chose jugée, alors même qu'elle n'est pas proposée, il s'ensuit que, s'il statue contrairement à un jugement antérieur, il viole la loi et encourt la censure de la Cour de cassation (12 juillet 1806. D., ch. j. 396).

Le moyen tiré de l'autorité de la chose jugée a pour but de faire écarter la poursuite comme absolument non recevable. Il doit donc être examiné avant toutes autres défenses. Ne faut-il pas cependant que le juge statue auparavant sur sa compétence? J'avais admis la négative, conformément à la décision d'un arrêt de la Cour de cassation en date du 10 avril 1809 (D., ch. j. 397). La Cour de cassation s'est déterminée par ce motif : « qu'en rendant l'arrêt de compétence la Cour spé- « ciale déclare évidemment qu'il y a lieu à des poursuites, « relativement à la prévention, tandis que les poursuites ces- « seraient si l'exception de la chose jugée était accueillie. » M. Albert, rapporteur de l'Académie de législation de Toulouse, a signalé cette opinion comme une erreur. Après un nouvel examen, je reconnais que cette critique est fondée. En effet, le juge ne peut statuer sur l'exception de chose jugée sans déclarer implicitement qu'il est compétent, puisqu'il examine la recevabilité de la poursuite. Le juge doit donc d'abord statuer sur la question de compétence.

FIN DE LA DEUXIEME PARTIE.

TROISIÈME ET QUATRIÈME PARTIES.

—∞—

DE L'AUTORITÉ DES JUGEMENTS CIVILS A L'ÉGARD DES JUGEMENTS CRIMINELS.

DE L'AUTORITÉ DES JUGEMENTS CRIMINELS A L'ÉGARD DES JUGEMENTS CIVILS.

Théorie.

Il résulte souvent d'un même fait un rapport de droit civil et un rapport de droit criminel. Ainsi de la soustraction frauduleuse d'une chose naissent à la fois un rapport de droit qui rend le voleur passible d'une peine et un rapport de droit qui l'oblige à restituer la chose volée ou à indemniser le propriétaire.

Le jugement qui statue sur l'un de ces rapports a-t-il quelque influence sur la contestation qui s'élève ensuite relativement à l'autre ? Le jugement civil a-t-il quelque influence sur la poursuite criminelle postérieurement exercée ? Le jugement criminel a-t-il quelque influence sur la contestation civile postérieurement engagée ?

Les principes que nous avons déjà posés doivent nous conduire à une réponse négative.

En effet, d'une part, le rapport de droit civil et le rapport de droit criminel qui naissent d'un même fait sont tout à fait distincts et, d'autre part, le jugement criminel affirme ou nie seulement le rapport de droit criminel et le jugement civil affirme ou nie seulement le rapport de droit civil. Il s'ensuit que la chose jugée sur le rapport de droit criminel doit être sans effet sur le rapport de droit civil et que la chose jugée sur le rapport de droit civil doit être sans effet sur le rapport de droit criminel.

Pour que l'un des deux jugements eût quelque influence sur l'autre, il faudrait que la déclaration des juges s'étendît à l'existence même des faits desquels résulte le rapport de droit sur lequel ils statuent. Or, nous avons déjà démontré que la déclaration qui constitue la décision des jugements n'est jamais relative qu'au seul rapport de droit mis en cause et qu'elle ne s'étend pas aux faits desquels résulte ce rapport de droit.

En outre il n'y a jamais identité de parties dans les deux procès. La réclamation civile appartient aux personnes intéressées. La poursuite criminelle appartient à la société. Il est plus évident que celle-ci est seule en cause, quand elle est représentée par le ministère public. Mais c'est encore elle aussi qui est la véritable partie accusatrice dans les législations qui autorisent l'action des particuliers. Il est vrai qu'on a prétendu que les jugements criminels devaient avoir au civil un effet absolu, opposable à toutes personnes. Mais il suffit de répondre que cela est impossible, parce que les jugements criminels n'ont pas au criminel cet effet absolu. Il s'ensuit que deux jugements criminels peuvent être contradictoires, pourvu qu'ils soient rendus à l'égard de parties différentes. Or comment les appliquerait-on l'un et l'autre au civil avec une même autorité absolue?

Ces deux raisons nous déterminent à maintenir comme étant seule rationnelle la règle qui refuse toute influence aux jugements criminels sur les jugements civils, tout aussi bien qu'aux jugements civils sur les jugements criminels.

Cette règle cesserait seulement de s'appliquer dans deux cas : 1° lorsque le jugement criminel ou civil est considéré comme étant constitutif d'un état ou d'un rapport de droit ; 2° lorsque le législateur a voulu expressément qu'une question du procès soumis à l'une des deux juridictions fût jugée par l'autre, de manière à ce que la décision ainsi rendue devînt l'un des éléments de la décision principale.

DROIT ROMAIN.

La doctrine romaine paraît avoir consacré l'indépendance des deux juridictions. Un seul texte, la loi un. C. *Quando civilis...* (l. 9 t. 31) l'établit suffisamment.

Il en résulte d'abord que l'action civile et l'action criminelle résultant d'un même fait peuvent toujours être successivement exercées. « A plerisque prudentium generaliter de-

« finitum est quoties de re familiari et criminali competit
« actio utraque licere experiri sive prius criminalis sive civilis
« actio moveatur. » Il faut seulement nous rappeler que certaines actions nées des *delicta privata* ont été considérées
comme de véritables actions criminelles, bien qu'elles aient
la forme civile. Ce sont toutes celles « *Quæ ad ultionem pertinent.* » Dans tous les autres cas les deux actions peuvent
être cumulées (V. p. 195).

Mais le jugement rendu sur l'une des deux actions est-il
sans effet sur l'autre? Le même texte nous apprend que la
règle que nous avons posée tout à l'heure était entièrement
observée. On y lit : « Ut cum altera prius intentata sit, per
« alteram quæ supererit, judicatum liceat retractari. »

C'est donc dans le sens d'un simple préjugé moral qu'il faut
entendre les mots *præjudicium*, *præjudicare* employés dans
divers textes (l. 2 § 1, D., *De bon. vi rapt.*; l. 4, D., *De jud. pub*),
et notamment dans la loi ci-dessus citée. Nous avons déjà
fait cette remarque (p. 195). Mais ce préjugé était naturellement si grave que, lorsque les deux actions avaient été intentées ensemble, on remettait d'ordinaire la décision de la question civile après le jugement de la poursuite criminelle (l. 4,
C., *De ord. jud.*).

La loi un., C., *Quando civilis...* semble bien s'appliquer à
toute action criminelle et par conséquent aux actions des délits privés qui doivent être rangés dans la catégorie des actions criminelles.

Cependant M. de Vangerow (p. 280) donne une décision contraire. Supposant le concours d'une action purement civile et d'une action pénale privée, il estime que si la demande est rejetée sur l'une ou l'autre action par ce motif que
le fait n'aurait pas existé, *wegen nicht existenden Delicts*,
l'exception *rei judicatæ* peut être opposée à la seconde action.
Mais les textes dont il argumente, les l. 13 § 2 et 28 §§ 6 et 7
De jurejur., sont relatifs au serment. Or l'une des principales
différences de l'exception *rei judicatæ* et de l'exception *jurisjurandi* est précisément que celle-ci peut porter sur l'existence même d'un fait affirmé ou nié par serment, tandis que
celle-là ne saurait être relative qu'à l'existence d'un rapport de
droit affirmé ou nié par le jugement. L'opinion de Vangerow
est donc inexacte comme elle est contraire à la disposition de

21

la loi un C. *Quando civilis*. Aussi Vangerow nous apprend il lui-même que sa décision est combattue en Allemagne, notamment par Kierulff et Buchka.

ANCIEN DROIT FRANÇAIS.

Jusqu'à l'époque où la pratique française a emprunté les formes et les règles romaines, il est impossible de déterminer le principe qui aurait été suivi en cette matière. Plus tard, nous voyons que la règle romaine a été modifiée à la suite des transformations qu'ont subies elles-mêmes l'action criminelle et l'action civile des Romains. Farinacius nous fait déjà connaître plusieurs de ces changements. (V. *Quæst. C.* cap. 11, lim. 12, et *quæst.* iv, lim. 8.) Mais nous exposerons seulement le système qui se serait enfin peu à peu constitué et qui paraît résulter de diverses décisions de Jousse et d'autres auteurs de son temps.

Au xviiie siècle, l'ancienne accusation privée est devenue l'action de la partie lésée qui poursuit devant le juge criminel la réparation du préjudice qui lui a été causé. Ce n'est donc plus proprement une action criminelle, mais une véritable action civile jointe à l'action criminelle, jugée avec elle et suivant les formes de la procédure extraordinaire. Elle ne diffère que par la forme de l'action de la partie lésée intentée devant le juge civil et jugée à l'ordinaire. Il a dû s'ensuivre que la partie qui avait exercé l'une de ces actions n'était pas recevable à intenter l'autre.

Jousse dit, en effet : « Malgré la loi 1 C. *Quando civilis*..., « on admet que celui qui s'est pourvu d'abord par la voie ci-« vile ne peut plus, pour raison du même fait, procéder cri-« minellement. » Il ajoute ensuite : « Il en est de même de « l'action criminelle. Comme elle renferme la réparation ou « les dommages-intérêts et les autres conclusions civiles, « lorsqu'on en a été débouté, on n'est plus admis à intenter « l'action civile et ordinaire, à moins qu'elle n'ait été réservée « par le jugement » (t. 3, s. 3, art. 1).

Mais, à un autre point de vue, l'action de la partie lésée a conservé une marque du caractère criminel qu'elle avait autrefois. Qu'elle fût exercée au criminel ou au civil, à l'extraordinaire ou à l'ordinaire, elle a été considérée comme un accessoire de l'accusation publique. On en a conclu que l'action civile ne devait pas être admise dès que l'accusation publique elle-même était devenue non recevable.

C'est ce qu'expliquent très-bien, au sujet de la prescription, Pothier et Rousseaud de Lacombe. « On a jugé, dit Pothier, « que l'action civile étant un *accessoire* de l'accusation crimi- « nelle et ne pouvant être prétendue sans entrer dans la ques- « tion du crime, elle était sujette à la prescription de vingt « ans » (*Traité de la proc. crim.*, s. 7, art. 1).

Rousseaud de Lacombe dit aussi à peu près dans les mêmes termes : « En effet, le principal qui est l'action pour le crime « étant éteint par la prescription, il est de règle que l'acces- « soire, qui consiste dans les intérêts civils, soit aussi éteint » (*Tr. des mat. crim.*, part. 3, chap. 1, tit. 4).

Il faut évidemment rattacher à la même cause la décision analogue qui était suivie en matière de chose jugée. Jousse s'exprime ainsi : « Pour savoir si une partie privée peut agir, « même par voie civile, après un jugement rendu sur la pour- « suite de la partie publique, il faut distinguer si, par ce ju- « gement, l'accusé a été condamné ou absous. Si l'accusé a « été condamné, elle le peut. Mais si par le premier jugement « rendu sur la plainte de la partie publique, l'accusé avait été « absous et déclaré innocent, alors la partie privée n'est plus « en droit d'agir et de faire juger l'affaire de nouveau pour « raison de ses dommages-intérêts : ce qui est fondé sur la « faveur de la libération et sur l'inconvénient qu'il y aurait « de renouveler la preuve du crime nécessairement insépa- « rable de celle qui est requise pour constater les dommages- « intérêts » (T. 3, sect. 3, art. 2, § 2).

Ainsi au point de vue de la chose jugée, comme au point de vue de la prescription, l'action civile était liée à l'action publique. Mais cette décision n'était relative qu'à l'action ci- vile, c'est-à-dire à l'action en réparation du délit. Toute autre contestation, soit entre la partie lésée et l'auteur du délit, soit entre des tiers et la partie lésée ou l'auteur du délit, res- tait soumise aux règles ordinaires de la chose jugée. Aucun auteur ne donne, en effet, sur ce point une décision excep- tionnelle. Or, les principes généraux consacrés par le droit romain ne permettaient pas qu'on invoquât dans une contes-

tation civile l'autorité de la chose sur une poursuite criminelle. On peut donc dire que la règle de notre ancien droit
était encore celle qui assurait en droit romain l'indépendance
des deux juridictions, sauf toutefois l'exception résultant de
l'étroite liaison de l'action criminelle en punition du délit
et de l'action civile en réparation du délit.

Il nous a paru très-important de bien constater que tel était
le dernier état de notre ancien droit, parce que nous essaierons de montrer que notre législation nouvelle s'est rattachée
à cette ancienne doctrine en reproduisant quelques-uns de
ses principaux traits.

DROIT MODERNE.

TROISIÈME PARTIE.

DE L'AUTORITÉ DES JUGEMENTS CIVILS A L'ÉGARD DES JUGEMENTS CRIMINELS.

Notre droit moderne suit aussi la règle qui refuse en général toute influence aux décisions de la justice civile sur le
jugement des poursuites criminelles.

Seulement il n'en résulte pas que le jugement rendu sur
l'action intentée par la partie lésée devant le juge civil cesse
d'avoir ses effets à l'égard de cette partie, dès que l'action
publique est intentée. Cette partie ne serait plus admise à
exercer son action civile accessoirement à l'action publique
puisque cette action a déjà été jugée.

Mais il n'est pas toujours facile de reconnaître si les conclusions prises devant la juridiction criminelle par la personne
lésée se constituant partie civile diffèrent des fins de la demande sur laquelle le juge civil a statué. Il faut que l'une et
l'autre action aient pour objet un même rapport de droit dé-
rivant des mêmes faits. C'est en ce sens que Toullier a très-
exactement expliqué la fameuse règle : « Electa via non da-
tur recursus ad alteram. » Il ne faut pas oublier d'ajouter

comme faisait d'ailleurs Ulpien (l. 11 ff. *de exc. r. j.* :
« *Nisi ex alia causa* » (V. Cas. 11 juin et 20 juin 1846 — D.
46, 1, 282, 283).

La règle d'après laquelle les décisions civiles sont sans autorité au criminel n'est pas appliqué dans les deux hypothèses
que nous avons déjà indiquées comme pouvant être sous-
traites à l'empire de cette règle. Ce sont : 1° le cas où le jugement civil est considéré comme étant constitutif d'un état
ou d'un rapport de droit ; 2° le cas où le jugement civil a statué sur une question préjudicielle.

Le premier cas n'est pas signalé par les auteurs. Mais
l'exactitude de notre décision sur ce point ne saurait être contestée. Le jugement civil doit être respecté par le juge criminel, toutes les fois qu'il est invoqué comme ayant constitué
un rapport de droit nouveau entre les parties.

Ainsi, après un jugement civil qui a déclaré qu'un individu
est propriétaire d'une chose mobilière, cet individu pourrait
être condamné pour avoir soustrait cette chose antérieurement au jugement civil parce que la déclaration du juge civil
ne lie pas le juge criminel, mais il ne pourrait pas être condamné pour avoir soustrait la même chose postérieurement
au jugement civil, parce que le jugement civil qu'il a obtenu
le rend propriétaire de la chose à l'égard de la partie contre
laquelle ce jugement a été rendu.

Il arrive même que le rapport de droit constitué par le
jugement civil a pour effet de s'opposer aux poursuites qui
seraient intentées pour des faits antérieurs à ce jugement.

Ainsi, après le jugement civil qui a annulé le mariage, l'a-
dultère antérieurement commis par la femme ne pourrait
plus être poursuivi, en supposant même que ce jugement ne
doive pas être considéré comme ayant statué sur une question
préjudicielle. En effet le jugement qui a annulé le mariage a
ôté au prétendu mari son titre et le droit de dénoncer l'adultère.

C'est par la même raison, modifiée toutefois par l'application
d'un autre principe, qu'il faut expliquer l'effet qu'ont au criminel les jugements civils qui annulent un brevet d'invention.

Aux termes de l'article 34 de la loi du 5 juillet 1844, l'action en nullité et l'action en déchéance des brevets peuvent

être exercées par toutes personnes intéressées et sont portées devant les tribunaux civils de première instance.

Supposons d'abord que le brevet a été déclaré valable par le juge civil. La partie contre laquelle ce jugement a été rendu peut-elle contester de nouveau la validité du brevet, si elle est poursuivie pour contrefaçon? Si les faits de contrefaçon sont antérieurs au jugement civil, elle peut contester la validité du brévet, parce que la déclaration émanée d'un juge civil ne lie pas le juge criminel. Si les faits sont postérieurs, elle le peut encore parce qu'en cette matière qui touche à l'ordre public, le jugement civil n'a pas pu constituer un droit au profit du prétendu breveté, même à l'égard d'une seule personne.

Mais au contraire, si le brevet a été déclaré nul par le jugement civil, le prétendu breveté ne peut intenter aucune action en contrefaçon contre la partie qui a obtenu ce jugement, ni pour des faits antérieurs, ni pour des faits postérieurs. Il a été en effet, au profit de cette partie, dépouillé du titre en vertu duquel il aurait pu agir.

Aux termes de l'art. 37 de la même loi, « dans toute ins-« tance tendant à faire prononcer la nullité ou la déchéance « d'un brevet le ministère public pourra se rendre partie in-« tervenante et prendre des réquisitions pour faire prononcer « la nullité *absolue* du brevet. Il pourra même se pourvoir « directement par action principale pour faire prononcer la « nullité dans tous les cas prévus par les numéros 2, 4, 5 de « l'art. 30. »

Dans ces cas, si la nullité du brevet est prononcée, elle est absolue et peut être opposée par toutes personnes. Si au contraire le brevet est déclaré valable, on décide avec raison que le jugement n'est pas opposable aux personnes qui n'y ont pas été parties, parce que le ministère public ne paraît pas, d'après les termes de la loi, avoir reçu le pouvoir de compromettre les droits des tiers. (V. Et. Blanc, *Tr. de la contre-façon*, p. 592, Renouard n°s 191 et s.) Mais ce jugement serait encore sans effet au criminel sur les poursuites en contrefaçon postérieures par les raisons que nous avons indiquées tout à l'heure.

Il est enfin incontestable qu'on doit admettre au criminel l'autorité des jugements qui sont purement constitutifs d'un état ou d'un rapport de droit tels que les jugements d'adoption, d'interdiction, etc.

Le cas des questions préjudicielles soulève de graves difficultés. La règle est que le juge criminel a le droit de statuer relativement à la décision qu'il doit rendre sur toutes les questions de fait ou de droit dont la solution est nécessaire à cette décision. Mais quelquefois il lui est, par exception, interdit d'apprécier certaines questions de fait ou de droit dites préjudicielles. Dans ces cas, il est tenu de surseoir jusqu'à ce que la question préjudicielle ait été tranchée par le juge compétent et d'accepter ensuite la décision ainsi rendue pour base de sa propre décision. Si la question préjudicielle a été jugée avant que la poursuite criminelle ait été engagée, le jugement qui l'a tranchée doit évidemment avoir l'effet qu'il aurait eu s'il avait été rendu postérieurement à la poursuite et sur le sursis du juge criminel. Toute la difficulté est de savoir quelles sont, en matière criminelle, les questions préjudicielles. Cette étude se rattache seulement à notre sujet. Il nous suffira donc d'indiquer le principe et de signaler les controverses qu'a soulevées son application.

La Cour de cassation a essayé de suppléer à l'insuffisance de la législation et de la doctrine en cette matière par une note en date du 5 novembre 1813. Rédigée par le président Barris, votée à l'unanimité par la Cour de cassation, approuvée par Merlin, cette note jouit à juste titre d'une très-grande autorité ; elle n'est cependant pas complétement suivie.

La note pose très-bien le principe. « Tout juge compétent « pour statuer sur un procès dont il est saisi l'est par-là même « pour statuer sur les questions qui s'élèvent incidemment « dans ce procès, quoique, d'ailleurs, ces questions fussent « hors de sa compétence, si elles lui étaient proposées princi- « palement. Il faut une disposition formelle de la loi pour ne « pas faire l'application de ce principe. » La Cour de cassation reconnaît ensuite qu'en matière de contrats il n'y a jamais de question préjudicielle. Les seules questions ayant ce caractère seraient les questions de propriété relatives à un immeuble et les questions d'état.

« La propriété des immeubles, dit la note, est essentielle- « ment dans le domaine des tribunaux civils. » Nous ne voyons pas sur quel fondement pouvait être appuyée cette distinction entre la propriété mobilière et la propriété immobilière. Mais elle a été depuis lors consacrée par deux lois spéciales, le Code forestier promulgué le 31 juillet 1827 (art. 182) et la loi sur la pêche fluviale du 15 avril 1829 (art. 59). On peut donc admettre que la question de propriété relative à un immeuble doive être considérée comme préjudicielle.

Ce sont les questions d'état qui ont donné lieu aux doutes les plus sérieux. La note pose cette règle que, d'après l'art. 326 C. Nap., les tribunaux civils sont seuls compétents pour statuer sur les questions d'état, et elle l'applique au cas où l'accusé de bigamie conteste la validité de son premier mariage, en faisant toutefois entre la nullité absolue et la nullité relative une distinction qu'un arrêt récent a plus justement repoussée. (Cass., 13 avril 1867; *Gaz.*, 28 avril 1867.)

Mais cette interprétation de l'art. 326 C. Nap. nous paraît avec raison contestée. Ce ne sont pas les *questions d'état*, ce sont les *réclamations* d'état que l'art. 326 interdit de porter ailleurs que devant la justice civile. Il est très-bien expliqué en ce sens par l'art. 327 qui le complète : « L'action criminelle « contre un délit de suppression d'état ne pourra commencer « qu'après le jugement définitif sur la question d'état. » Les auteurs de cette disposition paraissent avoir cru à tort que le jugement rendu sur ce délit équivaudrait à un jugement rendu sur une réclamation d'état. Ils ont surtout craint que les parties ne prissent la voie criminelle pour échapper aux conditions de preuves que la loi civile exige. C'était cependant une erreur plus certaine encore. On a, en effet, reconnu que, lorsque la loi civile n'admet que certaines preuves d'un fait, le juge criminel est lui-même obligé de rejeter toute autre preuve.

M. Ortolan remarque, d'ailleurs, avec raison que l'hypothèse prévue par l'art. 327 lui-même n'est pas une véritable question préjudicielle. Elle est préjudicielle à l'action publique et non au jugement; en effet, la poursuite ne peut pas même être commencée avant le jugement de la question civile.

On devrait moins encore considérer comme créant une question préjudicielle l'art. 357 C. p. L'annulation préalable du mariage qui l'a suivi est une condition de la poursuite du rapt.

Mais ce qui nous détermine à repousser la règle généralement adoptée, c'est que ceux qui la proposent sont loin de l'appliquer dans tous les cas Ainsi pourquoi laisse-t-on à l'appréciation des tribunaux criminels la connaissance des questions d'état que soulèvent si souvent les circonstances aggravantes résultant de la qualité de père, de fils, etc. Il y a là une inconséquence évidente. Quoi qu'il en soit, la jurisprudence paraît irrévocablement fixée. Le dernier arrêt de la Cour de cassation donne à l'art. 326 la plus large extension (13 avril 1867; *Gaz.* 28 avril).

Une autre question douteuse est relative à la banqueroute. Le fait de la faillite est un élément essentiel des deux banqueroutes. Ne constitue-t-il pas une question préjudicielle, de sorte que les tribunaux criminels ne puissent pas être saisis d'une poursuite en banqueroute, avant que la faillite ait été déclarée par un tribunal de commerce et qu'ils ne puissent, après que la faillite a été déclarée, nier que le prévenu soit négociant failli? Bien que cette opinion ait été soutenue par M. Demangeat (*Mon. des Trib.*, 20 déc. 1863), nous pensons qu'elle a été repoussée avec raison par la Cour de cassation (24 juin 1864. D. 64, 1, 450). Il n'y a en effet sur ce point aucun texte formel. L'art. 440 C. com. dispose, il est vrai, que la faillite est déclarée par le tribunal de commerce. Mais ce n'est pas la déclaration de faillite, l'état de faillite qui est l'un des éléments de la banqueroute. C'est seulement le fait de la faillite, la cessation des paiements. Ce fait comme tout autre peut être constaté par les tribunaux criminels.

Enfin il n'est pas contesté qu'on doive considérer comme des questions préjudicielles toutes celles qui appartiennent à la compétence administrative. C'est une conséquence du principe qui consacre si impérieusement dans notre législation la séparation des pouvoirs administratif et judiciaire.

QUATRIÈME PARTIE.

DE L'AUTORITÉ DES JUGEMENTS CRIMINELS A L'ÉGARD DES JUGEMENTS CIVILS.

Nous devons distinguer le cas où la contestation civile est soumise au juge criminel et le cas où la contestation civile est portée devant un juge civil après que le jugement criminel a été rendu. Après avoir examiné si on a raison d'admettre que la même règle doive régir ces deux hypothèses, nous traiterons des difficultés que présente l'application de la règle ainsi déterminée.

SECTION I.

DU CAS OU LA CONTESTATION CIVILE EST JUGÉE PAR LE JUGE CRIMINEL.

Certaines contestations civiles peuvent être soumises au juge criminel. Celui-ci rend alors par un même jugement une décision criminelle et une décision civile.

Aux termes de l'art. 3 I. c., « l'action civile peut être poursuivie en même temps et devant les mêmes juges que l'action publique. » L'action civile est définie par l'art. 1 : « l'action en « réparation du dommage causé par un crime, par un délit « ou par une contravention. » La personne lésée qui exerce cette action se nomme partie civile.

De son côté, le prévenu peut saisir le juge criminel d'une demande en dommages-intérêts contre la partie civile (art. 159, 191, 212, 366 I. c.).

Le juge criminel ne statue sur les dommages-intérêts du prévenu que dans le cas où il l'acquitte. Au contraire, on admet que, dans ce même cas, le juge ne doit pas rester saisi de l'action civile, parce qu'il ne peut statuer que sur l'action née d'un délit et qu'il est jugé qu'il n'y a pas eu délit (art. 159, 191, 212). Mais, par exception, en matière criminelle l'art. 366 dispose que la Cour statue également sur les dommages-intérêts prétendus par la partie civile ou par l'accusé dans les cas d'absolution, d'acquittement et de condamnation.

Une troisième espèce de contestation civile est soumise au juge criminel, lorsqu'on cite devant lui les personnes civilement responsables.

Dans tous les cas la décision criminelle et la décision civile, étant rendues par un seul et même jugement, ne peuvent pas être en contradiction. Comme la décision criminelle précède nécessairement la décision civile, elle doit être toujours la base de celle-ci. L'application de cette règle présente peu de difficultés en matière de simple police et en matière correctionnelle, parce que les mêmes juges rendent les deux décisions. Mais en matière criminelle c'est la Cour d'assises qui statue sur les contestations civiles après que le jury a rendu son verdict. Si la Cour et le jury se trouvent en désaccord, il est à craindre que la Cour ne rende sur l'action civile une décision inconciliable avec celle que le jury a déjà rendue, d'autant plus que les déclarations du jury ne sont ni motivées, ni explicites. De là de graves difficultés que nous étudierons dans notre troisième section.

Nous n'avons maintenant qu'une seule question à examiner. Les parties dont les intérêts civils sont soumis au juge criminel et notamment la partie civile peuvent exercer contre le jugement du juge criminel certaines voies de recours telles que l'opposition, l'appel, le pourvoi en cassation. Ces parties n'attaquent le jugement criminel que dans leur intérêt civil. Mais au point de vue de cet intérêt et à l'égard de la partie qui s'est pourvue, la décision criminelle qui a été la base de la décision civile ne peut-elle pas être réformée? Ainsi un jugement correctionnel a acquitté le prévenu en niant l'existence du fait incriminé. En conséquence, il a rejeté la demande de la partie civile. Celle-ci ayant seule fait appel, le juge d'appel est-il tenu de respecter la décision criminelle qui a dicté la décision civile du premier juge? Cette décision n'est-elle pas passée en force de chose jugée dès que le ministère public n'a pas fait appel?

L'avis du Conseil d'Etat du 12 novembre 1806 a admis l'affirmative. Il s'exprime ainsi sur ce point : « Comme le « ferait un tribunal civil auquel on porterait la question « des dommages-intérêts, la Cour doit tenir pour constants « les faits et les motifs qui ont déterminé le chef du jugement « relatif au délit, parce que ce jugement ayant passé en force « de chose jugée, il a tous les droits d'une vérité incon- « testable. »

Nous examinerons tout à l'heure quelle peut être l'influence de la décision criminelle sur les contestations civiles qui sont portées devant les juges civils. Mais, dans l'hypothèse prévue, l'erreur du Conseil d'Etat consiste à considérer comme ayant acquis l'autorité de la chose jugée à l'égard de la partie civile la décision criminelle dont le ministère public n'a pas fait appel. Il faut dire, au contraire, que cette décision elle-même

peut être attaquée par la partie civile en vue de son seul intérêt civil, mais de manière à en faire prononcer la réformation dans cet intérêt. En effet, la partie civile est partie au
procès criminel. Elle y assiste pour faire cause commune
avec le ministère public et soutenir, avec lui ou même sans
lui et contre lui, l'existence des faits poursuivis qui sont le
fondement de son action. C'est dans le même but qu'elle a
reçu le droit de faire appel des jugements qui ont rejeté ses
conclusions. Elle a donc nécessairement en appel le même
rôle et les mêmes droits qu'en première instance. L'acquiescement du ministère public ne permet plus qu'une peine soit
appliquée au prévenu, mais l'appel de la partie civile remet
en cause dans son intérêt toutes les questions qui ont été
soumises au premier juge. Cette doctrine a été plusieurs fois
consacrée par la jurisprudence. Elle est surtout très-bien établie dans un arrêt de la Cour de cassation du 14 avril 1860
(D. 60, 1,373). Un arrêt de la cour de Paris du 24 mars 1865 a
fait l'application des mêmes principes au cas d'appel interjeté
par la partie responsable seule, le prévenu ayant acquiescé.

Dans une seule hypothèse le recours de la partie civile est
sans effet sur la décision criminelle.

L'art. 412 I. c. dispose que la partie civile « ne pourra
« poursuivre l'annulation d'une ordonnance d'acquittement
« ou d'un arrêt d'absolution. » Mais cette disposition confirme
la doctrine ci-dessus exposée.

En effet, d'une part, la partie civile n'a point d'intérêt à
faire annuler l'arrêt d'absolution qui ne change pas les conséquences civiles des faits constatés et, d'autre part, l'ordonnance d'acquittement est mise à l'abri du recours de la partie
civile comme elle a été mise à l'abri du recours du ministère
public (art. 407).

Mais la Cour de cassation nous semble avoir méconnu le
principe de sa propre jurisprudence dans deux arrêts qu'approuve cependant M. Faustin-Hélie. Un premier arrêt du
7 février 1834 a jugé « que la partie civile ne peut proposer en
« appel l'incompétence de la juridiction correctionnelle, à
« moins qu'il ne puisse en résulter aucun préjudice pour le
« prévenu. » Un second, du 20 juillet 1848, décide également
qu'un déclinatoire d'incompétence ne peut pas être proposé
en appel par la partie civile, « attendu qu'à la vérité ce décli-

« natoire aurait pour but de faire écarter la prescription trien-
« nale admise par les premiers juges en faveur du prévenu,
« mais que le tribunal d'appel ne pouvait exiger une prescrip-
« tion plus longue que celle des délits, puisqu'il eût fallu pour
« cela reconnaître au fait le caractère d'un crime et qu'il ne
« lui appartenait pas, faute d'appel du ministère public, de
« constater les circonstances d'où pouvait résulter cette qua-
« lification plus grave. » Sans doute, le ministère public
n'ayant pas fait appel, la Cour ne peut pas déclarer que le fait
est un crime et renvoyer le prévenu devant la juridiction criminelle. Mais pourquoi, à l'égard de la partie civile appelante,
la Cour ne pourrait-elle pas dire que le fait constitue un
crime, par conséquent, se déclarer incompétente, sauf à la
partie civile à se pourvoir devant les tribunaux civils? Le jugement correctionnel acquiescé par le ministère public ne
s'oppose pas à une semblable décision. Car ce jugement est
sans effet à l'égard de la partie civile qui l'a frappé d'appel.
La Cour de cassation n'a-t-elle pas reconnu tout à l'heure
que par son appel la partie civile remettait en cause toutes
les questions du procès en vue de ses intérêts civils?

SECTION II.

DU CAS OU LA CONTESTATION CIVILE EST PORTÉE DEVANT UN JUGE CIVIL

Les contestations civiles qui peuvent s'élever relativement
à un fait délictueux ne sont qu'exceptionnellement soumises
au juge criminel.

La partie lésée peut porter son action en réparation du délit
devant le juge civil (art. 3 I. c.).

Le juge civil reste seul compétent pour connaître de toutes
les autres contestations qui ont quelque rapport avec un fait
délictueux, soit qu'elles s'élèvent entre l'auteur du fait et la
partie lésée, soit qu'elles s'élèvent entre l'auteur du fait ou
la partie lésée et des tiers, soit qu'elles s'élèvent entre d'autres
personnes.

C'est à l'égard de toutes ces contestations que nous devons
rechercher quelle peut être l'influence des jugements criminels antérieurement rendus.

Aucune question n'a été l'objet de controverses plus longues et plus vives.

La lutte s'engagea d'abord entre Merlin et Toullier.

Merlin avait prétendu que le jugement criminel rendu sur l'action publique et le jugement civil rendu sur l'action civile présentaient la triple identité exigée par l'art. 1351 C. N. (Rep. *chose jugée* et *non bis in idem.* Q. de droit, *Faux.*)

Toullier combattit avec succès cette doctrine évidemment fausse (t. 8, n° 30 ; t. 10, n° 240). Aujourd'hui personne ne soutient plus ni que la réparation pénale et la réparation civile soient identiques, ni même que le ministère public doive être considéré comme le représentant légal de toutes les personnes intéressées.

Mais la plupart des auteurs enseignent et la jurisprudence consacre un système qui était déjà indiqué par Merlin à côté de celui qu'il n'a pas pu faire prévaloir. On convient que l'article 1351 serait inapplicable. Mais on prétend que la prépondérance des jugements criminels sur les décisions civiles est un principe essentiel de toute organisation judiciaire et que ce principe a été consacré par notre législation.

Cette idée, présentée par Merlin (Q. de droit, *Faux*, § 6) et par M. Mourre (arr. du 19 mars 1817, Q. de droit, *Faux*, § 6) sous la forme d'une simple considération, est devenue, sous la plume d'autres auteurs, un véritable argument juridique.

C'est le principal motif qu'invoque M. Dalloz (*Jurisp. gén.*, t. 2, p. 624).

Mais Marcadé (art. 1351) et Zachariæ (A. et R., 5, p. 793) ont surtout donné ce fondement à leur doctrine.

« Les tribunaux criminels, dit Zachariæ, ont, exclusivement « à toute autre juridiction, mission de décider s'il existe un « corps de délit, si l'accusé ou le prévenu est l'auteur des « faits qui lui sont reprochés, si ces faits lui sont imputables « quant à l'application de la loi pénale et enfin s'ils pré-« sentent les caractères requis pour motiver l'application « d'une disposition quelconque de cette loi. *Les décisions* « *qu'ils rendent sur l'une ou l'autre de ces questions jouissent* « *d'une manière absolue et à l'égard de toutes personnes in-* « *distinctement de l'autorité de la chose jugée.* »

M. Ortolan a écrit dans le même sens : « La juridiction ci-

« vile, indépendante, en règle générale, des décisions de la
« justice pénale, doit lui être subordonnée pour ce qui re-
« garde la culpabilité ou la non-culpabilité. »

Pour démontrer que cette théorie a été consacrée par notre
loi, on argumente d'un grand nombre de textes.

Il faut écarter toute une série d'articles cités par un seul
auteur, M. Lagrange (*Rev. crit.*, t. 8, p. 3).

De ce que les art. 29, 34, 42 C. p., 221, 232, 261, 727 C. N.
attribuent à certaines condamnations des effets civils, il ne
s'ensuit pas que les déclarations de fait ou de droit résultant
des décisions criminelles aient au civil l'autorité de la chose
jugée.

Mais les articles suivants ont fourni des arguments très-
sérieux.

L'art. 3 I. c. dispose que l'exercice de l'action civile devant
les tribunaux civils est suspendu tant qu'il n'a pas été prononcé définitivement sur l'action publique intentée avant ou
pendant la poursuite de l'action civile. N'est-ce pas à cause
de l'influence que doit avoir le jugement criminel sur la décision de la demande civile? La loi ne semble-t-elle pas considérer la décision criminelle comme préjudicielle à l'action
civile?

L'art. 235 C. N. est ainsi conçu : « Si quelques-uns des faits
« allégués par l'époux demandeur donnent lieu à une pour-
« suite criminelle, l'action en divorce restera suspendue jus-
« qu'après l'arrêt de la Cour d'assises ; alors elle pourra être
« reprise sans qu'il soit permis d'inférer de l'arrêt aucune fin
« de non-recevoir ou exception préjudicielle contre l'époux
« demandeur. »

Cet article semble appliquer la règle générale exprimée
dans l'art. 3 I. c. Toutefois, il y ferait, pour le cas d'acquittement, une exception que M. Mangin a expliquée, en disant
qu'il peut y avoir assez de faits pour prononcer le divorce
sans qu'il y en ait eu assez pour prononcer une peine.

Enfin, les art. 198 C. N et 463 I. c. paraissent appliquer le
principe qu'on veut établir.

L'art. 198 C. N. est ainsi conçu : « Lorsque la preuve d'une
« célébration légale du mariage se trouve acquise par le ré-
« sultat d'une procédure criminelle, l'inscription du jugement
« sur les registres de l'état civil *assure au mariage, à compter*

« *du jourde sa célébration, tous les effets civils,* tant à l'égard
« des époux qu'à l'égard des enfants issus de ce mariage. »
L'art. 463 I. c. dispose que, « lorsque des actes authen-
« tiques auront été déclarés faux en tout ou en partie, la
« cour ou le tribunal qui aura connu du faux ordonnera
« qu'ils soient rétablis, rayés ou réformés, et du tout il sera
« dressé procès-verbal. »

Cette doctrine est aujourd'hui admise par la plupart des
auteurs et paraît irrévocablement consacrée par la jurisprudence. Nous aurons occasion de citer quelques-uns des nombreux arrêts rendus en cette matière. On peut donc considérer aujourd'hui comme une maxime certaine de notre droit
cette proposition dont nous empruntons la formule à Zachariæ : « La chose jugée au criminel doit être acceptée au
« civil comme une vérité légale absolue. »

Un système plus restrictif avait été proposé par M. Lagrange dans un remarquable article de la *Revue critique* (t. 8,
p. 31). M. Lagrange admettait que les jugements de condamnation ont au civil une autorité absolue. Mais il refusait
la même autorité aux décisions par lesquelles un prévenu est
acquitté. Il invoquait un argument de texte et un argument
de raison qui ne sont pas sans valeur.

On est obligé de reconnaître que l'art. 235 C. N. dispose dans
le cas qu'il prévoit que le jugement d'acquittement sera sans
influence au civil. Y a-t-il quelque raison de croire que cette
disposition consacre une exception à la règle générale au lieu
d'appliquer simplement cette règle elle-même ?

De ce qu'un fait délictueux n'a pas été suffisamment
établi pour donner lieu à l'application d'une peine, il ne s'ensuit pas qu'il ne soit peut-être suffisamment établi pour
motiver une condamnation civile ? La certitude ne résulte
pour nous que d'une probabilité plus ou moins grande. N'est-
il pas raisonnable d'exiger une probabilité plus grande lorsque la décision doit être plus grave ?

Mais la jurisprudence a persisté dans son système. La Cour
de cassation a notamment repoussé l'opinion de M. Lagrange,
en se rattachant fortement au principe de sa jurisprudence,
par un arrêt du 7 mars 1855(D., 55, 1, 81).

La jurisprudence a plus longtemps hésité à consacrer la
conséquence la plus extrême du système qu'elle avait adopté.

Puisqu'on admettait que les jugements criminels doivent avoir une autorité prépondérante sur les jugements civils, on devait conclure que ces jugements étaient opposables à toutes personnes. Mais il semble si dangereux d'étendre l'autorité d'un jugement à des personnes qui n'y ont pas été parties, que beaucoup d'auteurs et, jusqu'à ces derniers temps, la plupart des arrêts n'ont appliqué la chose jugée résultant des jugements criminels qu'au profit ou au préjudice de la partie lésée et seulement au profit des autres personnes qu'on appelle les tiers.

Merlin avait déjà soutenu cette opinion (Add. aux quest. de droit, v° *Faux*, § 6).

Aujourd'hui encore M. Demolombe enseigne la même doctrine : « Il ne serait pas exact de dire d'une manière ab-
« solue que le ministère public représente dans la poursuite
« criminelle la société tout entière en ce sens qu'il représente
« toujours tous les individus et tous les intérêts civils quels
« qu'ils soient. Il les représente contre l'accusé, contre le
« condamné qui était partie, lui, et qui a pu et dû se défen-
« dre. Ce fait est donc prouvé contre lui au profit de la so-
« ciété tout entière, et c'est là un fait qui, dans ces limites,
« ne peut plus être remis en question. Mais le fait est-il aussi
« jugé contre les tiers qui n'ont pas été parties au procès cri-
« minel et qui n'ont pas pu se défendre ? Je ne le croirais
« pas » (t. 3, p. 605).

M. Valette paraît partager la même opinion (*Explic. somm. du liv.* 1er *du Code Nap.*, p. 114).

M. Ortolan pense aussi que l'autorité des jugements criminels ne peut exister contre des personnes qui n'ont pas été parties liées ou intervenantes dans le procès (t. 2, p. 469).

Une série d'arrêts de la Cour de cassation a confirmé cette doctrine. Le dernier est à la date du 24 janvier 1850 (D. 50, 1, 55).

Mais si l'autorité des jugements criminels au civil est fondée sur la nécessité de consacrer d'une manière absolue l'irrévocabilité de ces jugements, il est évident qu'il faut que cette autorité soit opposable à toutes personnes. Cette conclusion a été fermement maintenue par plusieurs auteurs. Merlin lui-même a rétracté sa première opinion, dans la 4e édition de ses *Questions de droit*. Marcadé, Zachariæ et ses annota-

22

teurs, MM. Aubry et Rau, ont surtout défendu avec force l'in-
tégrité du système.

La jurisprudence s'est enfin entièrement conformée à cette
doctrine. Un arrêt de la cour de Poitiers du 2 déc. 1852 (D.
55, 2, 332) l'avait déjà admise. Par un arrêt du 14 février
1860 (D. 60, 1, 161), la Cour de cassation a jugé elle-même
que la chose jugée résultant des jugements criminels est opposable au civil à toutes personnes.

C'est ainsi que s'est développé le système qui est aujour-
d'hui dominant.

Mais depuis que Toullier a contesté la doctrine de Merlin
d'où il est issu, ce système n'a pas cessé d'être attaqué. ·
Parmi les auteurs qui se sont rattachés à l'opinion de Toullier,
il faut citer Carré, approuvé par M. Chauveau (n° 947), Pigeau
(t. 1, p. 476), Boitard (*Inst. crim.*, p. 423), Armand Dalloz
(*Rép. alph., chose jugée*, n° 531) et M. Faustin Hélie (t. 3,
p. 774).

Ces auteurs nient que l'autorité qu'on attribue aux jugements criminels sur les contestations résulte des textes invoqués ou puisse être considérée comme un principe essentiel.

L'argument qu'on tire des art. 3 l. c. et 235 C. N. est très-
facile à réfuter. Il résulte seulement de ces articles que le
juge civil doit surseoir dès que le juge criminel a été saisi de
la poursuite. S'ensuit-il nécessairement que le juge civil
doive se conformer à la décision du juge criminel? Non, car
il est possible que le législateur ait voulu, comme la jurisprudence romaine, prévenir seulement le préjugé moral qui
résulterait devant le juge criminel de la décision civile
précédemment rendue. Aussi MM. Aubry et Rau décla-
rent-ils que cet argument invoqué d'ordinaire en faveur de
leur propre doctrine leur paraît forcé. Dans ses conclusions relatives à une affaire récente, M. l'avocat général Oscar
de Vallée remarquait très-bien que, si le législateur avait
voulu que l'action publique fût vraiment préjudicielle, il
aurait dessaisi le juge civil au lieu de lui ordonner de surseoir (22 janvier 1864, D. 2, 25). Nous dirons tout à l'heure
quelle nous paraît être la véritable portée de l'art. 3 l. c.

Mais il nous semble certain que l'art. 235 C. N. est bien plutôt
contraire à l'influence du criminel sur le civil. Il dispose, il est

vrai, que le juge civil doit surseoir à l'action en divorce dès
que la poursuite criminelle est intentée. Mais il ajoute : « sans
« qu'il soit permis d'inférer de l'arrêt aucune fin de non-re-
« cevoir ou exception préjudicielle contre le demandeur. »
Aussi a-t-on dû voir dans cette seconde partie de l'article
une disposition spéciale au cas de divorce et dérogatoire au
droit commun. Mais quelle raison en a-t-on donnée ? On dit
que les sévices commis peuvent être trop peu graves pour
justifier l'application d'une peine et assez graves pour motiver le divorce ou la séparation de corps. Il suffit de répondre
que cette observation est vraie dans tous les cas où une action
civile en réparation du délit succède au procès criminel.

Les art. 198 C. N. et 463 I. c. sont plus difficiles à expliquer. Néanmoins nous croyons encore qu'ils ne sont pas pé-
remptoires.

L'art. 198 C. N. n'est relatif qu'à la formalité de l'inscription du jugement criminel duquel résulte la preuve de la célébration d'un mariage. Cette inscription faite sur les registres de l'état civil devient un titre « qui assure au mariage, à
« compter du jour de sa célébration, tous les effets civils, tant à
« l'égard des époux qu'à l'égard des enfants issus de ce ma-
« riage. » Mais ce titre ne peut-il pas être attaqué par les personnes qui n'ont pas été parties au procès criminel ? Le texte
ne paraît pas résoudre cette question. C'est d'ailleurs l'opinion de M. Valette, de M. Demolombe (l. cit.) et de tous ceux
qui n'ont pas admis que l'influence des jugements criminels
fût opposable aux tiers.

Les mêmes auteurs, bien que partisans dans une certaine
mesure du système qui invoque cet article, ont dû écarter
également l'art. 463 I. c. La mesure que prescrit cet article
ne suppose pas que le jugement criminel soit opposable à
toutes personnes. Il ordonne, en effet, seulement que les actes
authentiques déclarés faux seront rayés, rétablis ou réformés, et que du tout il sera dressé procès-verbal. Mais la matérialité de l'acte n'est pas en réalité atteinte. L'acte est seulement corrigé par des mentions qui ne détruisent pas son
état primitif, en sorte que des tiers pourront très-bien s'en
prévaloir. Cela est si vrai que dans le cas où toutes les parties
intéressées ont dû être en cause, lorsque la fausseté d'un
acte résulte d'une procédure civile en inscription de faux,

les tribunaux ordonnent la suppression ou la lacération de l'acte (art. 241 Pr. civ.). Remarquons enfin que l'art. 463 n'a fait que reproduire les termes de l'art. 59 tit. 1 de l'ord. de 1727 et qu'à cette époque, comme nous l'avons montré, le criminel était sans influence sur toutes les contestations civiles autres que l'action civile née du délit.

Cette réfutation des arguments de texte nous paraît pour les deux premiers articles péremptoire, pour les deux autres satisfaisante.

Quant aux principes, nous avons déjà indiqué les deux raisons qui nous empêchent d'admettre, d'après la théorie rationnelle, que les jugements criminels aient au civil l'autorité de la chose jugée.

Nous maintenons qu'il ne saurait y avoir jamais identité entre les rapports de droit criminel soumis au juge criminel et les rapports de droit civil soumis au juge civil et qu'en conséquence la chose jugée au criminel est sans effet sur les rapports de droit civil, puisqu'elle n'est relative qu'à un rapport de droit criminel.

Mais nous voulons insister seulement sur le point qui est ordinairement contesté. Ne faut-il pas refuser aux jugements criminels, même lorsqu'ils sont invoqués au civil, une autre autorité qu'une autorité relative, opposable aux seules parties?

Nous avons déjà démontré que l'irrévocabilité essentielle des jugements exige seulement qu'ils aient une autorité relative, et nous avons vu qu'en effet les jugements criminels n'ont eux-mêmes au criminel, d'après une doctrine incontestée, qu'une autorité relative.

Comment donc n'a-t-on pas vu que les jugements criminels ne peuvent pas avoir au civil une autorité absolue qu'ils n'ont pas au criminel?

En effet, puisque l'autorité des jugements criminels est relative au criminel, il peut être rendu à l'égard de deux accusés différents deux jugements criminels qui soient contradictoires. Ces deux décisions devraient avoir au civil une autorité absolue. Mais comment l'auront-elles? Pourront-elles dicter en même temps la même décision civile? S'il ne peut les appliquer ensemble, le juge civil sera-t-il autorisé à choi-

sir l'une plutôt que l'autre. Pourquoi et comment? Le problème est donc sans solution possible.

Cette situation ne s'est jamais présentée devant les tribunaux. Elle aurait pu cependant se réaliser dans une espèce
récente. Mirès et Solar ont été prévenus ensemble d'un
même délit d'escroquerie pour avoir porté au compte de leurs
clients, comme vendus à un cours de baisse, des titres qu'ils
avaient reçus en nantissement et vendus à un cours plus
élevé. Solar a fait défaut et a été condamné par un jugement
correctionnel devenu définitif. Mirès a soutenu qu'il
avait eu le droit d'agir ainsi, n'étant débiteur que de titres
in genere, de titres évalués au cours du jour où il arrêterait
les comptes courants. Condamné par un arrêt de la cour de
Paris, il a obtenu la cassation de cet arrêt et il a été acquitté
par la cour de Douai. Postérieurement à cette décision, les
clients dont les titres avaient été vendus ont porté devant les
tribunaux civils la question qui avait été soumise aux tribunaux correctionnels. Mirès et les liquidateurs de la société
ont opposé l'exception de chose jugée résultant de l'arrêt de la
cour de Douai. La cour de Paris, interprétant l'arrêt de Douai,
a jugé qu'il ne résultait pas de ses motifs que Mirès ait eu le
droit qu'il avait prétendu lui appartenir, mais seulement
qu'il avait agi sans intention criminelle (22 janvier 1864).
Supposons que la cour de Paris eût autrement compris l'arrêt
de Douai, ce qu'elle aurait certainement pu et ce qu'elle aurait dû faire, à notre avis : l'arrêt de Douai aurait été à bon
droit invoqué par Mirès contre ses clients. Mais ceux-ci auraient pu aussi, de leur côté, opposer à Mirès le jugement correctionnel rendu contre Solar comme établissant au contraire
leurs droits. L'une et l'autre décisions étaient en effet opposables
aux parties en cause, si les jugements criminels ont au civil
une autorité absolue opposable à toutes personnes. L'une et
l'autre décision devaient donc être la règle des juges civils.
Mais ces deux décisions étant contradictoires, les juges civils
ne pouvaient ni se conformer à l'une et à l'autre, ni choisir
l'une plutôt que l'autre. On voit donc que cette espèce aurait
pu très-bien aboutir au problème insoluble que nous avons
signalé.

Il y a une autre hypothèse où le système de la jurisprudence aboutit à un résultat également inadmissible. Suppo-

sons un prévenu acquitté par un tribunal correctionnel. La
partie civile seule a fait appel. Nous avons vu que le juge
d'appel peut réformer le jugement dans l'intérêt de la partie
civile et affirmer le délit pour motiver une condamnation
civile. Le jugement qui n'a pas été opposable à la partie civile, qui a été réformé sur son appel, resterait, grâce à son
autorité absolue, la règle de tous les autres intérêts civils.

Ces observations incontestables ont fait disparaître tous
nos doutes. Nous n'hésitons pas à déclarer inadmissible une
règle dont l'application est reconnue impossible. Nous nions
donc avec Toullier que les jugements crimi els aient au civil
une autorité absolue qu'ils n'ont pas au criminel.

Mais, à notre avis, il ne s'ensuit pas que le jugement criminel soit toujours sans influence sur les contestations civiles.

Nous avons vu que, dans notre ancien droit, tout en admettant que les jugements criminels sont en général sans
influence sur les contestations civiles, on considérait l'*action
civile* née d'un délit comme un accessoire de l'action criminelle née du même délit et par conséquent comme devant
suivre le sort de l'action criminelle. Cette doctrine diffère
complétement du système que nous venons de critiquer. Elle
ne prétend pas que l'autorité des jugements criminels ait, par
exception, un caractère absolu, quand elle est invoquée au
civil. Elle établit seulement qu'une contestation civile spéciale,
l'action qui naît du délit au profit de la partie lésée, est liée à
l'action criminelle, en sorte que la condamnation prononcée
sur l'action criminelle doive être la base du jugement sur
l'action civile et que l'acquittement rende au contraire l'action
civile irrecevable. Ce système n'a-t-il pas été conservé par
la législation nouvelle? La longue étude que nous avons faite
de cette matière nous a confirmé dans la conviction qu'il ne
faut pas chercher ailleurs la solution de ce problème.

Rationnellement on ne devrait pas distinguer des contestations ordinaires l'action par laquelle une personne demande
la réparation du dommage que lui a causé un fait puni par
la loi. La responsabilité civile naît de la simple faute (art. 1382
C. N.) La partie qui demande qu'une personne soit déclarée
responsable des conséquences du fait qu'elle a commis n'a
donc aucun intérêt à considérer ce fait comme un délit et à en
faire constater les éléments, c'est-à-dire l'intention crimi-

nelle et la qualification légale. On pouvait d'ailleurs laisser aux personnes lésées le droit d'intervenir au procès criminel et traiter absolument comme une contestation civile la demande en dommages-intérêts de la partie lésée.

Mais une doctrine contraire s'était depuis longtemps établie. Nous avons dit comment, dans notre ancienne jurisprudence, l'antique accusation privée avait dégénéré en une simple action civile exercée soit au criminel et à l'extraordinaire, soit au civil et à l'ordinaire. Cette action avait cependant conservé, comme une marque de son origine, le caractère d'une poursuite du délit. On avait seulement pris l'habitude de subordonner cette poursuite civile à la poursuite criminelle. De là notamment les décisions de nos vieux auteurs que nous avons rapportées relativement à la prescription et à la chose jugée. L'*action civile* étant considérée comme un accessoire de l'action publique, on l'avait soumise à la même prescription. Par la même raison, la chose jugée sur l'action publique réagissait sur l'*action civile,* simple accessoire de l'action publique, de manière à rendre celle-ci nécessairement recevable après la condamnation et nécessairement irrecevable après l'acquittement.

Les textes ne permettent pas de douter que la législation nouvelle n'ait encore considéré l'action de la partie lésée comme une action née du fait envisagé comme délit et qu'elle n'ait également subordonné cette action dite spécialement *action civile* à la recevabilité de l'action publique et à la décision rendue sur l'exercice de celle-ci.

Cette démonstration est surtout facile, si on rapproche les dispositions du Code d'instruction criminelle de celles du Code du 3 brumaire an IV.

Les deux lois nous montrent d'abord l'action publique et l'action civile naissant ensemble du délit et l'une et l'autre action régies également par des dispositions de droit criminel.

Le Code de brumaire disait :

« Art. 4. Tout *délit* donne essentiellement lieu à une ac-« tion publique... Il peut aussi en résulter une *action privée* « *ou civile.*

« Art. 5. L'action publique...

« Art. 6. L'*action civile* a pour objet la réparation du dom-« mage que le *délit* a causé...

L'art. 1 du Code d'instruction criminelle est de même ainsi conçu : « L'action pour l'application des peines, etc... L'action « en réparation du dommage causé par un crime, par un délit « ou par une contravention peut être exercée par tous ceux « qui ont souffert de ce dommage. »

Les deux lois indiquent ensuite le lien qui enchaîne les deux actions relativement à la prescription et à la chose jugée, tandis qu'elles restent indépendantes au point de vue de la renonciation, soit du ministère public, soit de la partie civile (4 l. c.)

Les dispositions relatives à la prescription sont formelles. Celles du Code de brumaire surtout montrent bien l'étroite liaison des deux actions. C'est pourquoi nous croyons devoir les citer :

« Art. 9. Il ne peut être intenté aucune *action publique ni* « *civile* pour raison d'un délit, après trois années à compter « du jour où l'existence en a été connue et légalement con- « statée, lorsque dans cet intervalle il n'a été fait aucune pour- « suite.

« Art. 10. Si dans ces trois ans il a été commencé des pour- « suites soit *criminelles*, soit *civiles*, à raison d'un délit, l'une « et l'autre action durent six ans même contre ceux qui ne « seraient pas impliqués dans ces poursuites.

« Les six ans se comptent pareillement du jour où l'exis- « tence du délit a été connue et légalement constatée. Après « ce terme nul ne peut être *recherché* soit au *criminel*, soit au « *civil*, si dans l'intervalle il n'a pas été condamné par défaut « ou par contumace. »

On voit que l'action en dommages-intérêts est considérée comme une autre manière de *poursuivre*, de *rechercher* les délits.

Le Code d'instr. crim. a édicté d'une façon moins claire les mêmes dispositions dans les art. 2, 637 et 638.

Ainsi, en ce qui touche la prescription, l'*action civile* est, comme dans l'ancien droit subordonnée à l'action publique, assimilée, pour ainsi dire, à l'action publique.

Nous savons déjà que les articles relatifs à la chose jugée ne sont pas également décisifs. En effet, l'art. 3 du Code d'inst. crim. reproduit ainsi les expressions de l'art. 8 du Code de brumaire : « L'action civile peut être poursuivie en

« même temps et devant les mêmes juges que l'action publi-
« que. Elle peut aussi l'être séparément. Dans ce cas, l'exer-
« cice en est suspendu tant qu'il n'a pas été prononcé défini-
« tivement sur l'action publique intentée avant ou pendant
« la poursuite de l'action civile. »

Quand l'art. 3 était invoqué seul, nous n'estimions pas que
le sursis qu'il prononce prouvât suffisamment l'influence
légale du jugement criminel sur l'action civile. Mais la même
présomption nous paraît assez forte si on rapproche l'art. 3
des dispositions précédentes. Après avoir, comme l'ancien
droit, réuni et presque assimilé d'une manière générale les
deux actions, après en avoir tiré, comme l'ancien droit, cette
conséquence que la prescription qui éteint l'action publique,
éteint l'action civile, le nouveau législateur devait encore,
comme l'ancien droit, décider que la chose jugée sur l'action publique est applicable à l'*action civile*. Dès lors, il
est légitime de considérer le sursis prononcé par l'art. 3
comme une manifestation suffisante de la volonté qu'avait le
législateur de subordonner l'*action civile* suspendue au jugement rendu sur l'action publique. L'ancienne doctrine se
trouve ainsi complétement reproduite par le Code d'instruction criminelle. Aujourd'hui comme autrefois, on peut
ainsi formuler la règle qu'il faut suivre en cette matière :
« Les jugements criminels n'ont pas, en général, l'autorité de
« la chose jugée sur les contestations civiles. Exceptionnelle-
« ment, l'action née du délit au profit de la personne lésée, dite
« *action civile*, est liée à l'action publique au point de vue de
« la chose jugée comme au point de vue de la prescription. »

Tel est le système qui nous semble se rapprocher le plus
de la tradition en s'écartant le moins des principes.

L'application en serait facile, nous allons le montrer rapidement.

Une seule question se présente toujours : l'action exercée
au civil est-elle l'*action civile ?*

Si la réponse est affirmative, après un jugement criminel
de condamnation, la demande doit nécessairement être admise, sauf l'appréciation des dommages; après un jugement
d'acquittement ou même d'absolution, elle doit nécessairement être rejetée. En effet, dès que le délit n'existe plus,
même à cause de l'absence d'intention criminelle ou du défaut

de qualification légale, il ne peut y avoir une *action civile* à raison du délit.

Si l'action exercée paraît autre que l'*action civile*, le jugement criminel est absolument sans influence, parce qu'il n'a, suivant le droit commun, qu'une autorité relative et que l'art. 3 inst. cr. par lequel il a été dérogé au droit commun n'est plus applicable. Il en est ainsi même dans le cas où la cour d'assises, après l'acquittement, statue sur les conclusions de la personne lésée par une dérogation au droit commun qui oblige les tribunaux criminels à se dessaisir de la demande civile, dès qu'ils ont acquitté ou absous le prévenu.

Il faudra donc toujours distinguer l'*action civile* de toutes les autres contestations. C'est la difficulté qui se présente au sujet de la prescription. Elle doit, dans l'un et l'autre cas, recevoir la même solution.

Cette question, d'ailleurs, n'est vraiment grave que dans une hypothèse qui embarrasse plus encore les partisans du système dominant.

En effet, nous pouvons écarter d'abord sans difficulté toutes les instances civiles autres que celles engagées entre le prévenu et une personne lésée.

Il est encore évident que, parmi ces dernières, il faut distinguer de l'*action civile* les contestations suivantes :

1° Les actions dont l'objet n'est pas la réparation d'un dommage, telles que les demandes en séparation de corps pour adultère ou pour excès, sévices ou injures graves. Remarquons à ce propos que l'art. 235 C. N. confirme trésbien notre opinion, tandis qu'il nous a paru si difficile à expliquer dans tous les autres systèmes.

2° Les actions en revendication et autres nées d'un droit réel.

3° Les actions nées d'un contrat ou quasi-contrat antérieur ou postérieur au délit. Telle était l'action des clients de Mirès dans le procès dont nous avons parlé.

4° Les actions en réparation du dommage causé par un fait illicite qui n'est qu'un des éléments ou une des circonstances du délit.

Dans tous ces cas, la jurisprudence n'applique pas la prescription criminelle. Nous écartons de même l'autorité de la chose jugée au criminel.

Mais l'hypothèse difficile est celle où le fait illicite dont on demande la réparation en vertu de l'art. 1382 C. N. n'est autre que le fait matériel du délit dégagé seulement de l'intention criminelle. Cette action doit-elle être admise après le jugement d'acquittement comme n'étant pas l'*action civile* du délit jugé ?

Nous verrons quelles difficultés cette question soulève dans le système de la jurisprudence. Dans notre système, elle se pose dans des termes qui permettent de la résoudre bien plus aisément.

Après l'acquittement, l'*action civile* du délit n'est jamais recevable. L'action en réparation d'un fait autre que le délit jugé, d'une simple faute, est recevable et est absolument dégagée de toute influence résultant du jugement criminel. Voici donc le rôle de chaque partie. Le demandeur offrira la preuve non d'un délit, mais d'une faute. Le défendeur plaidera que cette offre en preuve doit être rejetée, parce que, d'après les circonstances mentionnées dans l'articulation elle-même, la preuve aboutirait à la démonstration d'un fait criminel, c'est-à-dire, non-seulement d'un fait matériel illicite, mais encore d'une intention criminelle. Après que la preuve aura été admise et faite, le défendeur plaidera encore que c'est le délit et non pas la simple faute qui résulte des débats ou de l'enquête. Celui qui était naguère prévenu devient ainsi au civil, hypothétiquement du moins, son propre accusateur. C'est une bizarrerie à laquelle donne également lieu la disposition bien certaine de la loi relativement à la prescription. Mais il faut bien remarquer que la preuve de la criminalité hypothétique avant l'admission de la preuve, certaine après la preuve faite, incombe au défendeur devenu demandeur sur l'exception de chose jugée qu'il invoque.

Telles seraient les conséquences du système nouveau que nous venons d'indiquer. Les critiques qu'on en pourrait faire ne sont pas autres que celles qu'on adresse déjà aux dispositions du Code d'inst. crim. sur la prescription. Elles atteindraient donc la loi elle-même et non pas notre interprétation de la loi en ce qui concerne l'autorité de la chose jugée.

SECTION III.

Il nous suffit de rappeler que ce système consiste à assimiler les contestations civiles portées devant les juges civils aux contestations civiles soumises aux juges criminels, et à exiger que les décisions rendues sur les unes et sur les autres ne soient pas en contradiction avec la décision précédemment rendue sur l'action publique.

La première question qui se présente est de savoir si les décisions émanées de toutes les juridictions criminelles peuvent avoir cet effet.

On voit aisément qu'il ne faut excepter aucune juridiction de jugement, pas même les conseils de préfecture jugeant en matière de contravention (Angers, 26 mai 1864. D. 64, 2, 129).

Au contraire, les juridictions d'instruction donnent lieu à une difficulté sérieuse.

Les ordonnances et les arrêts de renvoi ne sauraient avoir en général aucun effet sur les contestations civiles, parce que celles-ci se trouvent suspendues jusqu'à la décision de la juridiction criminelle de jugement. Mais les décisions de renvoi seraient également sans effet au civil, si elles n'étaient pas suivies du jugement criminel lui-même, comme au cas où le prévenu est décédé. Les décisions de renvoi jugent en effet seulement que les faits sont probables et non pas qu'ils sont prouvés.

Mais quel sera, au civil, l'effet des ordonnances et arrêts de non-lieu ?

Les auteurs divisent en général ces décisions en deux catégories.

Les unes, telles que les décisions qui ordonnent un non-lieu fondé sur la prescription ou toute autre fin de non-recevoir, auraient, au civil, toute l'influence d'un jugement criminel parce qu'elles sont irrévocables, même au cas de charges nouvelles. Ainsi la prescription admise par la juridiction d'instruction devrait être forcément admise par le juge civil saisi de l'action civile (Mangin, t. 2, n° 363 ; Le Sellyer, n° 2498).

Au contraire, toutes les autres décisions de non-lieu et surtout celles qui sont fondées sur l'insuffisance des indices n'auraient jamais aucune influence au civil, parce qu'elles n'ont au criminel qu'une autorité révocable, s'il se présente des charges nouvelles. La jurisprudence, d'abord hésitante ou même contraire, confirme aujourd'hui pleinement cette doctrine (V. D. *ch. j.* 589. C. 19 mars 1860. D. 60, 1, 135).

Nous croyons aussi que ces dernières décisions ne peuvent avoir aucun effet au civil; mais il ne suffit pas d'en donner cette raison que les décisions de non-lieu ainsi motivées sont sans autorité dès qu'il y a des charges nouvelles. En effet, il s'ensuivrait seulement qu'au civil comme au criminel ces décisions ne prévaudraient pas contre des preuves postérieurement acquises.

Une même raison doit nous faire refuser toute autorité sur le civil à toutes les décisions de non-lieu, de quelque manière qu'elles soient motivées et qu'elles puissent ou non être anéanties par des charges nouvelles. C'est que, si ces décisions émanent d'une juridiction criminelle, elles ne sont pas proprement des jugements criminels. Elles sont seulement les préliminaires des jugements criminels. Elles ne jugent rien, sinon qu'il y a lieu ou qu'il n'y a pas lieu à renvoyer devant la juridiction du jugement et à rendre le jugement criminel. Lors donc qu'une ordonnance ou qu'un arrêt de non-lieu a été rendu, il est vrai de dire qu'il n'y a sur l'affaire aucun jugement criminel.

Après avoir ainsi déterminé les jugements criminels dont l'autorité est applicable au civil, il faut rechercher suivant quelles règles cette autorité s'exerce.

S'il fallait en cette matière se conformer aux règles ordinaires de la chose jugée, nous avons dit que jamais il n'y aurait lieu de rejeter une demande civile par l'exception de chose jugée. Il est, en effet, incontestable que le rapport de droit civil prétendu au civil n'est pas identique au rapport de droit criminel et qu'en conséquence le premier n'est pas jugé par la décision qui a statué sur le second.

Mais le système de la jurisprudence s'est placé par son principe même en dehors des conditions de la chose jugée. Ce principe consiste à proscrire comme contraire à l'ordre public toute contradiction entre un jugement criminel et un jugement civil postérieur. Pour l'appliquer, on est obligé de rechercher si la décision civile est inconciliable avec la décision criminelle. Dès lors on est autorisé à faire de la décision criminelle une analyse que les règles ordinaires de la chose jugée ne permettraient pas. La chose jugée réside en effet dans la décision elle-même, l'affirmation ou la négation de la culpabilité. Elle ne s'étend pas aux motifs de cette décision, tels que l'admission d'une fin de non-recevoir, la négation de l'intention criminelle ou la négation du fait lui-même. Au contraire, s'il s'agit, non de faire respecter la chose jugée proprement dite, mais d'empêcher que les jugements criminels soient contredits, il devient nécessaire de rechercher le sens véritable des jugements criminels, leurs motifs. Ce sont précisément ces motifs qui doivent être considérés au civil comme des vérités absolues.

Mais il est facile de montrer que, pour avoir cette autorité, les motifs des décisions criminelles doivent satisfaire à deux conditions.

Ils doivent être les causes *immédiates* et *nécessaires* de la décision, telles que l'affirmation ou la négation soit du fait incriminé, soit d'un autre élément de la culpabilité, soit de la recevabilité de la poursuite. Ce sont les motifs objectifs suivant l'expression de M. de Savigny.

En troisième lieu, il faut que la cause de la décision soit *certaine*.

Appliquons ces trois règles aux différentes causes de la condamnation et de l'acquittement.

§ 1. — Effets des jugements de condamnation sur les contestations civiles.

Il est facile de connaître les affirmations de faits que le condamnation implique. Elle suppose évidemment la réalité des faits qui donnent lieu à l'application de la loi pénale. La vérité de ces faits ne peut donc pas être contestée au civil.

Mais les affirmations qu'une condamnation implique ne peuvent être invoquées au civil qu'autant qu'elles sont la

cause immédiate et nécessaire de la condamnation. Il s'ensuit que, à l'exception du fait délictueux lui-même, toutes les
autres affirmations du juge criminel ne doivent pas être appliquées au civil dans leur généralité. Ainsi pour prononcer
la condamnation, le juge est souvent obligé de rechercher si
la qualité de père, de fils, d'époux, etc., appartient à l'accusé.
Mais on n'admet pas que l'affirmation de ces qualités puisse
être détachée de la condamnation qu'elle motive et invoquée
au civil d'une manière générale. En effet, la décision rendue
sur ces points ne participe de l'autorité du jugement criminel
qu'en tant qu'elle en est une cause nécessaire et pas au-delà
(Ortolan, t. 2, p. 459).

C'est par la même raison qu'au civil comme au criminel
l'on n'étend pas à de nouveaux faits l'autorité du jugement
qui, en condamnant pour délit de contrefaçon, a rejeté l'exception tirée de la nullité ou de la déchéance du brevet (Civ.,
29 avril 1857 ; D. 57, 1, 137).

§. — Effets des jugements d'acquittement sur les contestations civiles.

Tandis que la condamnation implique toujours la négation
du fait incriminé, l'acquittement peut avoir une autre cause.
On peut donc diviser d'abord les jugements d'acquittement
en deux catégories :

1° Jugements d'acquittement ayant une autre cause que
la négation du fait incriminé ;

2° Jugements d'acquittement ayant pour cause la négation
du fait incriminé.

Ces deux catégories doivent comprendre tous les jugements
criminels qui sont motivés, c'est-à-dire tous les acquittements émanés des tribunaux de simple police et de police
correctionnelle. On serait obligé seulement d'en excepter les
jugements que ces juridictions auraient rendus sans les motiver.

Mais il faut placer dans une troisième catégorie le plus
grand nombre des acquittements émanés du jury. Les verdicts d'acquittement, déclarant seulement les accusés non
coupables, n'indiquent pas quelle est la cause de l'acquittement. De là de très-graves difficultés.

1° *Jugements d'acquittement ayant une autre cause que la négation du fait incriminé.* — Le premier cas où l'acquittement est prononcé sans négation du fait incriminé est celui où le juge admet une fin de non-recevoir. C'est alors la décision rendue sur cette fin de non-recevoir qui est susceptible d'avoir quelque effet au civil. Ainsi quand l'action publique résultant d'un fait a été déclarée prescrite, l'action civile résultant du même fait est nécessairement soumise à la même prescription (C. 28 fév. 1855; D. 55, 1, 343). Toutefois il nous semble qu'on pourrait soutenir au civil que le fait ne constitue ni crime, ni délit, ni contravention, et que l'action qui en résulte n'est prescriptible que par trente ans. En effet, la juridiction criminelle n'a dû statuer sur la question de prescription qu'en supposant le fait criminel. Elle a dû et pu juger seulement qu'il serait prescrit, s'il constituait un délit. On ne contredit pas sa décision en jugeant au civil que, s'il n'avait pas été écarté comme prescrit, le fait incriminé aurait dû l'être comme n'étant puni par aucune loi.

Quand l'action publique n'a pas été écartée par une fin de non-recevoir, l'acquittement sans négation du fait peut être fondé sur le défaut de qualification légale ou l'absence de l'un des éléments qui constituent la criminalité morale, la culpabilité.

L'absolution prononcée par le juge criminel ne peut avoir d'autre effet au civil que d'empêcher qu'on y considère le fait comme un délit, soit au point de vue de la prescription, soit au point de vue de la contrainte par corps.

La culpabilité suppose chez l'agent du délit une volonté libre et criminelle.

Quand l'acquittement a pour cause l'absence de volonté ou de liberté, cette décision a pour effet d'enlever au fait non-seulement le caractère de délit, mais même le caractère de faute. Tels sont les cas où l'acquittement est fondé sur la contrainte qu'aurait subie le prévenu, sur l'état de démence ou l'état d'ivresse où il se trouvait au moment du délit. On pourrait alors seulement rechercher si, en dehors du fait même qui a été incriminé, quelque faute est imputable à l'individu acquitté. Ainsi le plus souvent on pourra considérer comme une faute ayant causé le dommage le fait même de s'être mis en état d'ivresse. Au cas de démence, il faudrait remonter également à un fait antérieur à la démence. C'est ainsi qu'on a considéré comme une faute imputable à l'individu acquitté le fait de s'être muni de l'arme qui a causé le dommage avant qu'il fût en état de démence (Liége, 10 janvier 1835; D. *ch. j.*, 548).

Au contraire, lorsque ce n'est pas la volonté elle-même, mais la criminalité, l'intention criminelle qui a été niée, la décision du juge criminel n'empêche pas le juge civil de considérer les mêmes faits comme constituant une faute. Il en peut être ainsi même dans le cas où l'acquittement a été prononcé à la suite d'une déclaration de non-discernement rendue au profit d'un prévenu âgé de moins de seize ans. En effet, cette déclaration n'exclut d'une manière certaine que l'intention criminelle qui était nécessaire pour que la loi pénale pût être appliquée. Mais sans avoir assez de discernement pour comprendre qu'il commettait un délit et méritait une peine, l'enfant a pu avoir assez d'intelligence pour sentir qu'il commettait un acte illicite et pour encourir une responsabilité civile.

Lorsqu'il est déclaré qu'un accusé a été dans le cas de légitime défense, il est, en réalité, déclaré qu'il a agi sans intention criminelle.

Mais ne s'ensuit-il pas aussi qu'il n'a commis aucune faute? Le Code pénal de 1791 avait une disposition en ce sens. « Il « n'y a lieu, disait-il, à prononcer aucune peine, ni aucune « condamnation civile » (2ᵉ p., t. 2, s. 1, art. 5). Telle est aujourd'hui encore, en l'absence d'une disposition légale, la doctrine de plusieurs auteurs, notamment de Mangin (t. 2, p. 433). Elle a été consacrée par un arrêt de la Cour de cassation du 19 décembre 1817.

Mais l'opinion contraire nous paraît seule exacte. Les deux éléments qui constituent la légitime défense, la nécessité de se défendre et la nécessité de se défendre par les moyens qu'on a employés, doivent être diversement appréciés, suivant qu'on les considère au point de vue civil ou au point de vue criminel. L'homme qui a tué en se défendant peut n'être pas coupable, bien que l'agression ne fût pas assez violente ou ne fût pas assez dangereuse pour qu'il ait pu donner la mort sans commettre une faute qui engage sa responsabilité.

Il y a ainsi deux légitimes défenses, l'une considérée au point de vue criminel, l'autre au point de vue civil.

23

Le juge criminel ne statue que sur la première.

Il n'importerait même pas qu'il eût admis d'une manière absolue l'exception de légitime défense, qu'il eût voulu exclure même la faute civile. Le juge civil conserverait, dans tous les cas, le droit d'apprécier les faits au point de vue de la faute civile.

M. Ortolan (n° 430) et M. Faustin-Hélie (t. 9, p. 290) enseignent cette doctrine. Un arrêt de la cour d'assises de l'Aveyron l'a appliquée (13 novembre 1835, l. c., t. 8, p. 176).

Dans tous ces cas, loin de nier le fait incriminé, le juge criminel l'affirme souvent.

Cette affirmation lierait-elle le juge civil, si le fait était contesté devant lui? Non, parce que l'affirmation du fait ne saurait être considérée comme la cause de l'acquittement qui est motivé par l'admission d'une fin de non-recevoir ou la négation de la criminalité soit légale, soit morale. L'affirmation du fait, n'étant pas alors nécessaire, doit être toujours considérée comme simplement hypothétique.

2° Jugements d'acquittement ayant pour cause la négation du fait incriminé. — Pour que la négation du fait incriminé ait au civil l'autorité de la chose jugée, il faut qu'elle soit légale, qu'elle soit la cause immédiate et nécessaire de l'acquittement, enfin qu'elle soit certaine.

La négation du fait incriminé est sans effet comme n'étant pas légale, lorsqu'elle émane d'une juridiction qui ne pouvait pas statuer dans cette forme.

Ainsi, aux termes de l'art. 337 l. c., « la question résultant de l'acte d'accusation doit être posée en ces termes : « L'accusé est-il coupable d'avoir, etc. » La réponse négative à cette question n'emporte pas, au moins en général, négation du fait lui-même. Mais il peut arriver qu'on ait, par erreur, posé la question dans des termes différents, ou que le jury lui-même, faisant une réponse plus explicite, ait déclaré que l'accusé n'est pas l'auteur des faits poursuivis. Cette réponse illégale ne peut pas avoir des effets qui n'auraient pas appartenu à un verdict régulier. Elle ne vaut donc que comme déclaration de non-culpabilité. A tout autre point de vue, elle est nulle. Mangin (n° 433) a soutenu l'opinion contraire en invoquant l'autorité du président Barris. Mais la Cour de cassation ne l'a pas suivi (21 octobre 1835. F. H., t. 9, p. 290. Ortolan, *Rev. prat.*, t. 17, p. 392).

La seconde condition est que la négation du fait soit la cause nécessaire de l'acquittement. C'est, en effet, pour motiver l'acquittement que le juge criminel peut nier l'existence des faits et circonstances qui sont les éléments du délit. Il s'ensuit que le juge criminel nie vainement tous les faits qu'il n'a pas besoin de nier pour motiver l'acquittement qu'il prononce Tels sont tous les faits que le juge a niés pour motiver la négation des faits incriminés eux-mêmes. Cette déclaration n'est pas, en effet, la cause immédiate de l'acquittement. Tels sont encore tous les faits qui sont en dehors de la prévention, quelque liaison qu'ils aient avec les faits incriminés. La négation de ces faits n'est pas une cause nécessaire de l'acquittement.

La Cour de cassation nous paraît avoir faussement appliqué cette règle à l'occasion d'une affaire que nous avons déjà rappelée. Mirès prétendait que l'arrêt par lequel la cour de Douai a prononcé son acquittement (21 avril 1862) était fondé sur la négation du contrat de dépôt régulier qui était la base du délit pour lequel il était poursuivi. La cour de Douai aurait jugé, conformément aux conclusions de Mirès, que le contrat intervenu n'avait créé qu'un dépôt irrégulier, n'obligeant pas Mirès à rendre les titres mêmes qu'il avait reçus, mais des titres semblables ou leur valeur au cours du jour où les comptes-courants seraient arrêtés. La cour de Paris a interprété autrement l'arrêt de Douai. Mais, sur le pourvoi de Mirès, la Cour de cassation a supposé que l'arrêt de Douai avait bien la signification que Mirès lui attribuait. Seulement elle a écarté l'autorité de cet arrêt en jugeant d'une manière générale que, quelles que soient les décisions du juge criminel, la juridiction civile « reste maîtresse d'apprécier autrement, « sous leurs rapports purement civils, les contrats se ratta- « chant aux faits qui ont donné lieu à la poursuite criminelle « et pouvant servir de base à des actions civiles intéressant « des tiers non parties aux débats (26 juillet 1865). » Cette décision nous semble en contradiction avec le principe suivi par la jurisprudence et rappelé par l'arrêt lui-même. La règle est qu'il n'est pas permis de remettre en question le fait générateur de l'action publique dès qu'il a été nié par la juridiction criminelle. En niant que Mirès eût contracté l'obligation de restituer les mêmes titres, la cour de Douai avait nié l'un des faits générateurs, l'un des éléments du délit. On devait donc lui reconnaître sur ce point l'autorité de la chose jugée.

Au contraire, la jurisprudence applique aujourd'hui très-exactement dans une espèce fréquente la règle qui refuse toute autorité à la négation de faits qui n'étaient pas compris dans les éléments du délit.

Lorsqu'un jugement criminel a acquitté un prévenu d'homicide ou de coups et blessures involontaires, en déclarant qu'il n'a commis aucune imprudence, le juge civil peut-il constater ensuite une imprudence obligeant le prévenu acquitté à réparer le dommage causé ?

Plusieurs arrêts avaient admis la négative et notamment un arrêt de la Cour de cassation du 7 mars 1855 (55, 1, 84). Mais cette jurisprudence a été combattue par plusieurs auteurs (Marc., art. 1351 ; Zach., t. 5, p 776). En effet, le juge criminel a seulement le droit de nier le fait générateur de l'action publique, c'est-à-dire l'imprudence assez grave pour motiver l'application de la loi pénale. Il ne lui est pas permis de statuer sur l'imprudence moins grave qui peut être le fait générateur de l'action en dommages-intérêts de la partie lésée. Il y a en quelque sorte une imprudence criminelle et une imprudence civile. Ce sont deux faits différents, générateurs d'actions différentes. Le premier peut seul être apprécié par le juge criminel. Le second lui échappe toujours. Cette doctrine a été consacrée par plusieurs décisions récentes et notamment par un arrêt de la Cour de cassation du 9 juillet 1866 (D. 66, 1, 334).

Enfin nous avons exigé cette troisième condition, que la négation du fait par le juge criminel soit la cause certaine de l'acquittement.

Nous verrons tout à l'heure quelle règle on doit suivre lorsqu'il est reconnu que la cause de l'acquittement est incertaine. Mais dans quelques hypothèses on se demande si la négation du fait est bien la cause de l'acquittement ou même si elle est formellement exprimée.

En acquittant Mirès, la cour de Douai a donné deux motifs différents plus ou moins clairement exprimés : la négation du fait et la négation de l'intention criminelle. La Cour de Paris, interprétant cet arrêt, a cru voir le motif déterminant dans celui qui excluait l'intention criminelle (22 janvier 1864). Mais cette décision était en contradiction évidente avec l'arrêt de la Cour de cassation qui avait déjà annulé l'arrêt de Douai dans l'intérêt de la loi (28 juin 1862). Aussi n'a-t-elle pas été suivie par la Cour de cassation qui a rejeté le pourvoi de Mirès par d'autres moyens (26 juillet 1862). Il est, en effet, impossible d'effacer ainsi l'une des causes que le juge a formellement exprimées dans sa décision. Seulement on ne devrait jamais insérer dans un même jugement deux motifs dont l'un suffit et exclut l'autre, à moins qu'on n'affirme l'un et qu'on ne présente l'autre sous une forme hypothétique. Nous avons déjà étudié cette question dans un article publié par la *Conférence* (n° 5 sept. 1865).

On a longtemps exigé que la négation du fait fût absolument formelle. On ne considérait pas comme une négation véritable cette formule : *Attendu qu'il n'est pas suffisamment établi, qu'il n'est pas constant, qu'il n'est pas prouvé.* » Merlin, le premier, a fait cette distinction, surtout en matière de faux en écriture privée, parce que l'individu acquitté sur un verdict qui a déclaré le faux *non constant* ne peut se prévaloir en justice de l'écriture privée qu'en établissant qu'elle est véritable (*Quest. de droit. Faux*, § 6). Dalloz a suivi cette doctrine (*J. gén.*, t. 2, p. 626). Mangin l'a surtout défendue avec fermeté (n° 427). Il s'exprime ainsi : « Entre « une déclaration portant que le fait n'est pas vrai et une dé-« claration portant que le fait n'est pas constant, c'est-à-dire « qu'il n'est pas prouvé, la distance est immense, car cette « décision n'exclut nullement l'existence du fait ; elle le « laisse incertain en proclamant que les preuves produites « pour l'établir ont été trouvées insuffisantes. » Bien qu'on ait cité plusieurs arrêts à l'appui de cette doctrine, aucun ne l'avait encore réellement consacrée, lorsqu'elle a été adoptée par la cour d'Orléans (15 avril 1864. D. 64, 1, 94). Mais peu de temps après la Cour de cassation s'est prononcée en sens contraire dans une espèce où le doute était encore plus marqué (1er août 1864. D. 64, 1, 429). « Il y aurait, dit-elle, con-« tradiction manifeste, si le juge civil avait considéré comme « prouvés et pouvant servir de base à une condamnation des

« faits que la chambre des appels correctionnels a rejetés du
« débat comme étant simplement probables. « Il est, en effet,
impossible de donner une valeur différente aux déclarations
des juges suivant qu'ils ont exprimé leurs convictions dans
des termes plus ou moins affirmatifs. Il suffit qu'ils affirment
ou qu'ils nient. Un jugement n'a pas plus d'effets parce qu'il
est fondé sur une certitude plus complète.

3° *Jugements d'acquittement n'ayant pas une cause certaine.* — La cause de l'acquittement est incertaine lorsqu'on
ne peut pas reconnaître si la décision est fondée sur la néga-
tion du fait, la négation de l'intention criminelle, la négation
de la criminalité légale ou même l'admission d'une fin de
non-recevoir. Ce cas se présente toutes les fois que le juge a
déclaré le prévenu non coupable du délit pour lequel il était
poursuivi.

Les juges correctionnels ne peuvent pas régulièrement statuer dans ces termes, parce qu'ils doivent motiver leurs décisions. Toutefois, si un jugement correctionnel fondé sur
une simple déclaration de non-culpabilité avait acquis l'autorité de la chose jugée, il faudrait bien lui appliquer les règles que nous allons indiquer.

La déclaration de non-culpabilité est aujourd'hui la seule
forme dans laquelle le jury prononce l'acquittement (article 337 l. c.). Il faudrait excepter seulement les cas où
l'acquittement est la conséquence d'une réponse négative sur
la question de discernement ou d'une réponse affirmative
sur la question de légitime défense. Dans toutes les autres
hypothèses, le jury répond négativement à la question principale ainsi posée : N. est-il coupable d'avoir... L'acquittement
que le président des assises prononce en vertu de son verdict
est donc motivé sur une déclaration de non-culpabilité.

Quel sens et quelle autorité faut-il reconnaître à cette
déclaration ? Cette question s'est posée de très-bonne heure,
soit devant les cours d'assises statuant sur les conclusions de
la partie civile, soit devant les tribunaux civils saisis postérieurement de contestations relatives au fait qui avait été poursuivi.

Il est impossible de connaître légalement par quel motif le
jury a été déterminé à déclarer l'accusé non coupable. A-t-
il pensé que l'accusé n'avait pas commis le fait ? A-t-il seule-

ment jugé que l'accusé avait agi sans intention criminelle? La cause de l'acquittement est incertaine.

On aurait pu soutenir que cette incertitude même ne permettait pas plus au juge civil d'affirmer la matérialité du fait que la criminalité de l'accusé acquitté. Ne s'exposerait-il pas, en effet, à contredire la véritable décision du jury qui a peut-être pensé que le fait n'avait pas été commis. Cette seule possibilité de contradiction doit être évitée, si on veut pleinement observer le principe qui subordonne, d'une manière absolue, la juridiction civile à la juridiction criminelle. Mais ce système n'a été présenté par aucun auteur. La conclusion en a été seulement adoptée par le procureur général Mourre (aff. Regnier. D. *J. g.*, t. 2, p. 646).

Tous les auteurs reconnaissent au contraire que la déclaration de non-culpabilité s'oppose seulement à ce que le juge civil affirme la criminalité des faits dont l'accusé a été déclaré non coupable. Le juge civil est seulement tenu de ne pas contredire le jugement criminel. Il est libre tant qu'on ne prouve pas que sa décision serait inconciliable avec la décision criminelle. Or on ne peut pas établir que le jury ait décidé que l'accusé n'avait pas commis les faits incriminés. Donc rien ne s'oppose à ce que le juge civil affirme le fait matériel après un verdict de non-culpabilité. Mais, s'il affirmait en même temps la criminalité de l'accusé, il contredirait le verdict. Car il résulte certainement du verdict que l'accusé n'est pas coupable, soit parce qu'il n'a pas commis le fait, soit parce qu'il n'a pas eu d'intention criminelle. C'est la signification *minimum* du verdict, suivant une heureuse expression de M. Beudant (*Rev. crit.*, t. 24, p. 502). C'est seulement dans cette mesure que le verdict du jury peut lier le juge civil. La loi suppose en effet l'application de ce système. Les art. 358 et 366 I. c. disposent que la cour d'assises statue sur les conclusions de la partie civile après que l'acquittement a été prononcé. Si la déclaration de non-culpabilité emportait négation du fait incriminé, les art. 358 et 366 seraient toujours inapplicables, puisque, d'une part, les faits incriminés sont les seuls que la cour d'assises puisse constater pour motiver une condamnation civile, et que, d'autre part, tous ces faits se trouveraient souverainement niés. Le système contraire aurait d'ailleurs ce résultat inadmissible et dangereux de s'opposer à la réparation de tous les faits à raison desquels le jury n'aurait pas rendu un verdict de condamnation.

Tous les auteurs se sont aujourd'hui ralliés à cette doctrine (V. not. Ortolan, n°ˢ 1784-1785 et *Rev. prat.* t., 17, p. 385 ; Beudant, *l. cit.*). Merlin avait d'abord proposé quelques distinctions. Mais il les a abandonnées lui-même (*Q. de droit. Faux*, 56, § n° 6, 4ᵉ édit., t. 7, p. 134).

La jurisprudence n'a jamais appliqué un autre système. Depuis ses premiers arrêts en cette matière (11 oct. 1817 et 15 nov. 1818 ; Dal. *J. gén.*, t. 2, p. 657) jusqu'à nos jours, la Cour de cassation a toujours plus ou moins nettement affirmé la même doctrine. Elle est très-bien formulée dans un arrêt du 26 déc. 1863 (D. 64, 1, 319) : « Attendu que de la dé- « claration du jury , portant que l'accusé n'est pas coupable, « il résulte seulement qu'il n'a commis aucun crime pouvant « tomber sous l'application de la loi pénale, mais qu'en l'ab- « sence de tous motifs exprimés, on ne saurait en induire « que le fait matériel n'existe pas ou que l'accusé n'en serait « pas l'auteur ou n'y aurait pas participé... »

L'application de cette règle soulève deux difficultés. On se demande d'abord si, dans certaines espèces, la matérialité et la criminalité du fait ne sont pas indivisibles, en sorte qu'on ne puisse pas, après un verdict d'acquittement, affirmer la matérialité du fait parce qu'on affirmerait nécessairement aussi la criminalité de l'accusé acquitté.

La seconde difficulté est relative aux termes que doit employer le juge civil pour ne pas contredire la déclaration de non-culpabilité.

La première question nous paraît facile à résoudre. D'une part, le juge civil, ne pouvant affirmer que des faits non criminels, doit refuser de constater des faits qui lui paraîtraient nécessairement criminels, s'ils étaient vrais. Mais, lorsque le juge civil a cru pouvoir affirmer un fait en le dégageant de tout caractère criminel, nous ne pensons pas que jamais sa décision puisse être critiquée, parce que, vu la nature du crime ou les faits de l'espèce, la matérialité et la criminalité du fait seraient inséparables. Nous avons déjà plusieurs fois affirmé que tous les faits qualifiés crimes ou délits peuvent avoir été commis sans intention criminelle. Il n'appartient donc jamais à la Cour de cassation de censurer, d'après les constatations d'un arrêt, l'affirmation d'un fait que le juge civil a dégagé de tout caractère criminel. Elle ne pourrait pas même casser, dans ces cas, pour défaut de motifs, sous prétexte que l'arrêt n'aurait pas expliqué comment il affirme la matérialité des faits sans contredire la déclaration de non-culpabilité. C'est, en effet, à ceux qui prétendent qu'un arrêt doit être annulé pour violation de la chose jugée, à établir comment la chose jugée a été violée.

Jusqu'à ces derniers temps, cette doctrine a été suivie par la jurisprudence. Dans tous les cas où les juges civils avaient affirmé seulement la matérialité des faits, le pourvoi a été rejeté par la Cour de cassation. Aucun crime n'a paru devoir faire exception. De très-nombreux arrêts ont ainsi distingué la matérialité et la criminalité des faits, en matière d'homicide volontaire (11 octobre 1817. C. 20 juillet 1862. D. 64, 1, 47. C. 20 fév. 1863. D. 64, 1, 99), de coups et blessures (C. 22 juil. 1813. Paris, 11 fév. 1845. D. 45 tab. C. 3 mars 1824. D. ch. j. 567), d'avortement (C. 31 janv. 1859. D. 59, 1, 439). La même distinction a été faite dans des espèces où elle paraissait bien plus difficile, en matière de faux (29 mars 1840. Dal., *Faux incid.* 78), de banqueroute frauduleuse (C. 26 déc. 1863. D. 64, 1, 319), de vol (C. 26 mai 1842. D. *Compétence crim.*, 605, 606. Paris, 24 mars 1855. Sirey, 2, 331). Enfin dans quelle espèce pourrait-on déclarer que le fait est nécessairement criminel, si on a pu dépouiller de leur caractère criminel, pour les affirmer au civil, les faits constitutifs de l'arrestation arbitraire (5 nov. 1818. D. *J. g.*, t. 2, p. 657), de l'attentat à la pudeur (C. 12 nov. 1846. D. 47, table), de l'incendie volontaire d'une maison par le propriétaire qui l'a assurée (Agen, 20 janvier 1851. D. 51, 2, 49. C. 20 avril 1863. D. 63, 1, 183).

Dans toutes ces hypothèses, même dans celles où il est le plus difficile de croire que le fait ait pu être commis sans intention criminelle, la Cour de cassation s'est contentée de rappeler que le verdict du jury exclut la criminalité seule. Ainsi le dernier arrêt ci-dessus cité s'exprime ainsi : « Attendu que la réponse négative sur cette question, réponse « non motivée, n'exclut nécessairement ni le fait d'incendie, « ni la participation de J. à cet incendie, ladite réponse

« ayant pu être déterminée par des motifs qui laisseraient
« subsister les faits sur lesquels repose l'action civile. »

Tel était l'état de la jurisprudence, lorsqu'un récent arrêt
de la Cour de cassation a paru revenir sur des principes depuis si longtemps appliqués. C'est le fameux arrêt Armand
(7 mai 1864 ; D. 64, 1, 313). Maurice Roux avait été trouvé
dans la cave d'Armand, son maître, étendu sur le sol, les
mains liées derrière le dos, le cou serré par une corde, les
pieds attachés avec un mouchoir. Il prétendait avoir reçu
d'abord un coup sur la tête, après lequel il serait tombé
étourdi. Il accusait Armand. Le jury fut saisi : Il répondit
négativement sur toutes les questions qui lui furent posées.
Mais la cour d'assises adjugea les conclusions de Maurice Roux
par un arrêt ainsi motivé : « Considérant qu'appelée à statuer
« dans sa conscience sur les conclusions de la partie civile,
« la Cour, tout en respectant la décision du jury et sans se
« mettre en contradiction avec elle, peut et doit rechercher
« si Armand est l'auteur d'un fait matériel ayant occasionné
« à Roux un préjudice et lui donnant droit d'en obtenir ré-
« paration ; considérant qu'il résulte des débats la preuve
« que dans la journée du 7 juillet dernier Armand a *mala-
« droitement* porté à Roux un coup qui peut lui être imputé
« à faute et des conséquences duquel il doit être respon-
« sable ; . . . . . »

Ce procès avait vivement ému l'opinion publique. Chacune
des parties avait ses partisans. Le verdict mécontenta les uns,
l'arrêt indigna les autres. Celui-ci fut surtout vivement critiqué par la presse qui y vit une contradiction du verdict et
une usurpation commise par la magistrature sur les pouvoirs
du jury.

L'arrêt déféré à la Cour de cassation y fut attaqué avec habileté et éloquence par le regrettable Rendu. Le pourvoi était
fondé sur la violation de la chose jugée résultant du verdict
d'acquittement et sur le défaut de motifs soit pour établir la
faute reprochée à Armand, soit pour expliquer comment était
possible la conciliation de l'arrêt et du verdict. M. Faustin
Hélie, dans son rapport, pose très-bien la question : « Ici, di-
« sait-il, la contradiction serait moins dans les termes de
« l'arrêt que dans les faits eux-mêmes. Elle résulterait de la
« nature de l'accusation, de l'indivisibilité du crime. Elle

« serait implicite plutôt que littérale. » C'est en effet la question que la Cour de cassation a résolue en général et réservée dans l'espèce. On lit dans son arrêt : « Attendu que la loi ne « permet pas que la vérité judiciaire souverainement re- « connue par la déclaration du jury puisse, dans un intérêt « privé, être contestée ou contredite par l'arrêt rendu sur les « intérêts civils ; que cet arrêt est donc soumis à l'obligation « d'établir dans les termes les plus explicites et les plus précis « qu'il n'existe aucune contradiction entre ce qui a été jugé « au criminel et ce qui a été jugé au civil ; qu'il ne suffit pas « d'énoncer, comme le fait l'arrêt attaqué, que la déclaration « de non-culpabilité n'exclut pas l'existence matérielle du « fait, mais seulement sa criminalité, puisque cette déclara- « tion de non-culpabilité étant indéterminée et pouvant por- « ter aussi bien sur le fait matériel que sur le fait moral, il « demeure incertain si c'est l'intention criminelle ou si c'est « l'existence du fait qui a été écartée ; qu'il ne suffit pas non « plus d'ajouter, comme le fait encore cet arrêt, que la cour « d'assises ne prétend pas se mettre en contradiction avec la « déclaration du jury, puisque la contradiction peut résulter, « quelle que soit la déclaration du jury, des faits constatés « qui peuvent contenir en eux-mêmes la contradiction niée « en termes généraux par la cour d'assises ; . . . . . que cette « explication était d'autant plus nécessaire que la réponse « du jury et l'arrêt de condamnation civile portent sur un « seul et même fait, et que dès lors, avant de s'en saisir, « l'arrêt devait constater d'une manière expresse que la dé- « claration du jury, en proclamant Armand non coupable, « n'avait pas nié sa participation matérielle aussi bien que sa « participation morale au fait qui lui était imputé. »

L'explication que demandait la Cour de cassation se trouvait peut-être suffisamment dans le mot *maladroite-ment*.

Mais nous voulons surtout montrer que cette décision est contraire à la jurisprudence que nous avons rapportée et aux principes qu'elle a suivis.

L'explication dont la Cour de cassation a considéré l'absence comme un défaut de motifs ne serait nécessaire que si la matérialité et l'indivisibilité des faits étaient quelquefois indivisibles.

Or, nous avons vu que jamais la jurisprudence n'avait constaté une indivisibilité semblable.

Dans l'espèce il s'agissait de coups et autres actes de violence. Ces faits peuvent être commis sans intention criminelle. Il suffisait donc que la cour d'assises ait déclaré qu'elle les dégageait de tout caractère criminel. Or, la cour d'assises avait fait cette déclaration. La cour d'assises n'aurait pas dû la faire, si elle avait été contraire à ses convictions, et elle aurait dû alors s'interdire d'affirmer les faits qu'elle ne pouvait considérer que comme criminels. Mais, en rendant une autre décision, la cour d'assises avait fait une appréciation d'intention et de fait qui échappait à la censure de la Cour de cassation. La Cour de cassation ne retrouvait son empire que si la matérialité et la criminalité des faits étaient théoriquement indivisibles, s'il était impossible de concevoir ces faits autrement que criminels. Or, aucun fait n'est empreint d'une criminalité nécessaire. La criminalité n'est pas dans les faits matériels, elle réside dans l'intention de l'accusé. C'est en appréciant cette intention que le juge constate ou écarte la criminalité. Mais son appréciation sur ce point est nécessairement souveraine, à moins qu'elle ne soit contredite par d'autres énonciations de l'arrêt relatives à l'intention elle-même et non pas aux faits matériels.

Le tribunal de Grenoble, saisi du renvoi, et, sur l'appel de Maurice Roux, la cour de Grenoble ont reproduit la doctrine de la Cour de cassation (jug. du 28 janv. 1865; arr. 1er juin 1865; D. 65, 2, 169). Le tribunal surtout nous paraît en avoir montré le vice en cherchant à l'appliquer. Ainsi le tribunal affirme que le fait de la ligature n'a pas pu être commis sans intention criminelle. Il est vrai que cet acte exige des efforts continus et une certaine réflexion. Mais on oublie toujours que la criminalité est une question morale. Un homme n'est pas criminel s'il n'a pas agi avec une conscience suffisamment éclairée et une volonté suffisamment libre. On peut présumer que certains actes ont dû être commis avec une intention criminelle et que leurs auteurs sont punissables. Mais il ne faut pas dire que ces actes n'ont pas pu être commis sans intention criminelle. Au point de vue de la criminalité l'acte est toujours secondaire. C'est l'homme qu'il faut étudier. La décision est donc toujours variable et n'est jamais qu'une question de fait et d'espèce.

Le tribunal de Grenoble commettait une erreur non moins grave lorsqu'il jugeait ensuite que la déclaration de non-culpabilité avait nécessairement à l'égard du coup sur la nuque la même signification qu'à l'égard de la ligature et qu'en conséquence elle emportait également négation de cet acte de violence. Il est au contraire évident que, en déclarant un accusé non coupable de divers faits, le jury a pu décider que les uns n'étaient pas prouvés et que les autres n'avaient pas été commis avec intention criminelle.

Mais nous reconnaissons que le tribunal et surtout la cour de Grenoble ont pu, par d'autres motifs, rejeter la demande de Maurice Roux. Il leur appartenait, en effet, comme il avait appartenu à la cour d'assises, d'apprécier l'intention d'Armand pour rechercher s'ils pouvaient ou non affirmer les faits en les dégageant de tout caractère criminel. Contrairement à la décision de la cour d'assises, le tribunal et la cour de Grenoble ont pu estimer que l'intention d'Armand avait été nécessairement criminelle, en sorte qu'il leur était impossible d'affirmer les faits sans les déclarer criminels et par conséquent sans violer la chose jugée résultant du verdict. On peut surtout interpréter ainsi ce motif de l'arrêt : « At-« tendu que ces faits forment un tout indivisible, une série « de violences concomitantes, bien que successives, dont l'en-« semble et la gravité *révèlent chez leur auteur une intention* « *coupable et persévérante;* que des déclarations de Maurice « Roux, témoin unique et objet de ces violences qu'il impute « à Armand, il résulte que ce dernier aurait cherché à at « tenter à la vie de Maurice Roux et qu'une volonté per-« verse l'aurait dirigé dans l'exécution de chacun de ces « actes. »

Sur le pourvoi formé contre cet arrêt, la chambre des requêtes semble avoir adopté la doctrine de la chambre criminelle : « Attendu que si, en thèse générale, le verdict du jury « sur la question de culpabilité laisse subsister le fait maté-« riel comme base possible d'une action civile en dommages-« intérêts, il en est autrement dans certaines circonstances « exceptionnelles où la matérialité du fait et l'intention de « l'agent sont indivisibles » (11 déc. 1866; D. 67, 1, 171).

Cependant nous ne croyons pas que l'arrêt Armand soit destiné à faire jurisprudence. Il a été vivement critiqué par plusieurs jurisconsultes, notamment par M. Ortolan (*Revue pratique*, t. 17, p. 385) et par M. Beudant (*Revue critique*, t. 14, p. 562). La Cour de cassation elle-même s'est écartée dans une espèce très-récente de sa précédente doctrine. Roussin, poursuivi pour coups et blessures volontaires, avait été acquitté par le jury. La cour d'assises, statuant sur les conclusions de la partie civile, le condamna à des dommages-intérêts sans autre motif que celui-ci : « Considérant qu'il est « prouvé par la déposition des témoins que, dans les premiers « jours de mai 1862, Roussin a porté deux coups à L., qu'il « l'a terrassé et lui a causé une blessure grave.... » Il y avait là sans doute le même défaut de motifs que dans l'arrêt Armand. La Cour de cassation a cependant rejeté le pourvoi, « considérant que, malgré la déclaration de non-culpabilité, « la matérialité des faits peut subsister tout aussi bien que la « participation que l'accusé aurait prise à leur perpétration, « seulement sans intention criminelle » (10 déc. 1866 ; D. 66, 1, 448). C'est bien dans ces termes qu'il faut, à notre avis, continuer à formuler la règle qui doit régir toutes ces difficultés. Le fait matériel peut toujours être affirmé à la condition d'être dégagé par le juge civil de tout caractère criminel. Le juge civil rend donc une décision à l'abri de toute censure, dès que sa conscience lui a permis de dégager de toute intention criminelle les faits qu'il affirme.

Il faut enfin rechercher dans quels cas la contradiction du verdict d'acquittement peut résulter des termes du jugement civil.

Pour que la déclaration de non-culpabilité soit contredite, il faut que le juge civil ait affirmé le crime tout entier, c'est-à-dire le fait matériel, les éléments de la qualification légale et enfin l'intention criminelle.

La Cour de cassation a cependant cassé deux arrêts qui avaient reproduit tous les éléments de la criminalité, sauf l'intention criminelle.

Une cour d'assises avait déclaré que Souesme, acquitté par le jury, avait *volontairement et hors le cas de légitime défense* porté à C. des coups lui ayant donné la mort. Cette décision a été cassée par arrêt du 25 juillet 1841 (S. 41, 1, 791) : « Attendu qu'un tel motif reproduit même sous le rapport de la « criminalité l'imputation écartée par la réponse du jury, « puisque l'arrêt, en déclarant que des coups ont été portés « volontairement et hors le cas de légitime défense, a apprécié « l'intention de l'auteur du fait et par là même imprimé à ce « fait *des caractères de criminalité* que la réponse du jury « avait fait disparaître. »

Il nous semble qu'il ne suffisait pas que *certains des caractères de la criminalité* eussent été affirmés par la cour. L'arrêt était régulier dès qu'il n'affirmait pas tous les caractères de la criminalité. Or il ne constatait pas l'intention criminelle qui peut très-bien faire défaut hors du cas de légitime défense.

Dans une espèce plus récente, l'arrêt cassé avait seulement reproduit les éléments de la qualification légale. Il constatait que la partie civile « avait été volontairement frappée « par l'accusé acquitté et que les blessures ou contusions « qu'elle avait reçues lui avaient occasionné une maladie ou « incapacité de travail personnel de plus de 24 jours. » Cette décision a été cassée par arrêt du 6 mars 1852 (D. 52, table) : « Attendu qu'une condamnation ainsi motivée repose en « réalité sur un fait qualifié crime par la loi et dont l'accusé « venait d'être acquitté; qu'ainsi, elle implique contradiction « avec la déclaration du jury... » Ici l'erreur est plus évidente. Les éléments de la criminalité matérielle avaient été seuls constatés. L'arrêt n'affirmait aucun des éléments de la culpabilité morale. Le verdict du jury n'était donc pas nécessairement contredit.

Dans d'autres espèces, la Cour de cassation a peut-être tenu trop peu de compte des expressions du juge civil. Ainsi elle a rejeté un pourvoi par les motifs suivants : « Attendu « que l'arrêt attaqué, bien qu'il se soit servi d'expressions « présentées par le demandeur comme propres à caractériser « le délit d'injure publique, n'a pu avoir en vue que le tort « civil, base de l'indemnité par lui accordée, intention rendue manifeste par le dispositif » (5 avril 1839 D. *comp. crim.*, 603). Si cette décision devait être suivie, il n'y aurait jamais lieu de casser un jugement civil comme étant contradictoire avec une déclaration de non-culpabilité. Mais nous avons vu combien la jurisprudence est aujourd'hui éloignée de cet excès. La règle que nous avons posée est seule exacte. Il y a contradiction résultant des termes du jugement dès que le crime tout entier est affirmé, avec tous ses éléments matériels, légaux et moraux.

FIN DE LA QUATRIÈME ET DERNIÈRE PARTIE.

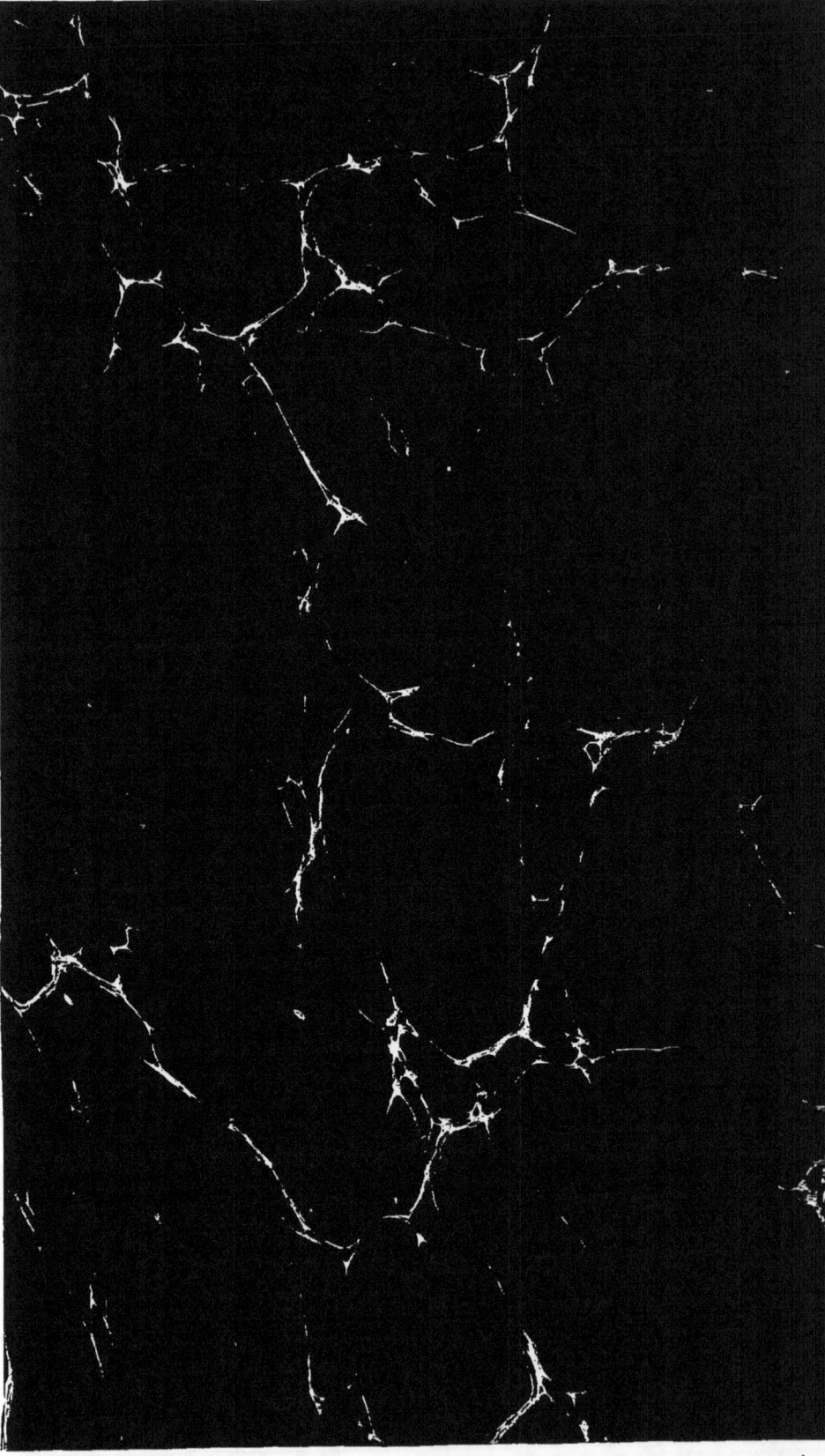

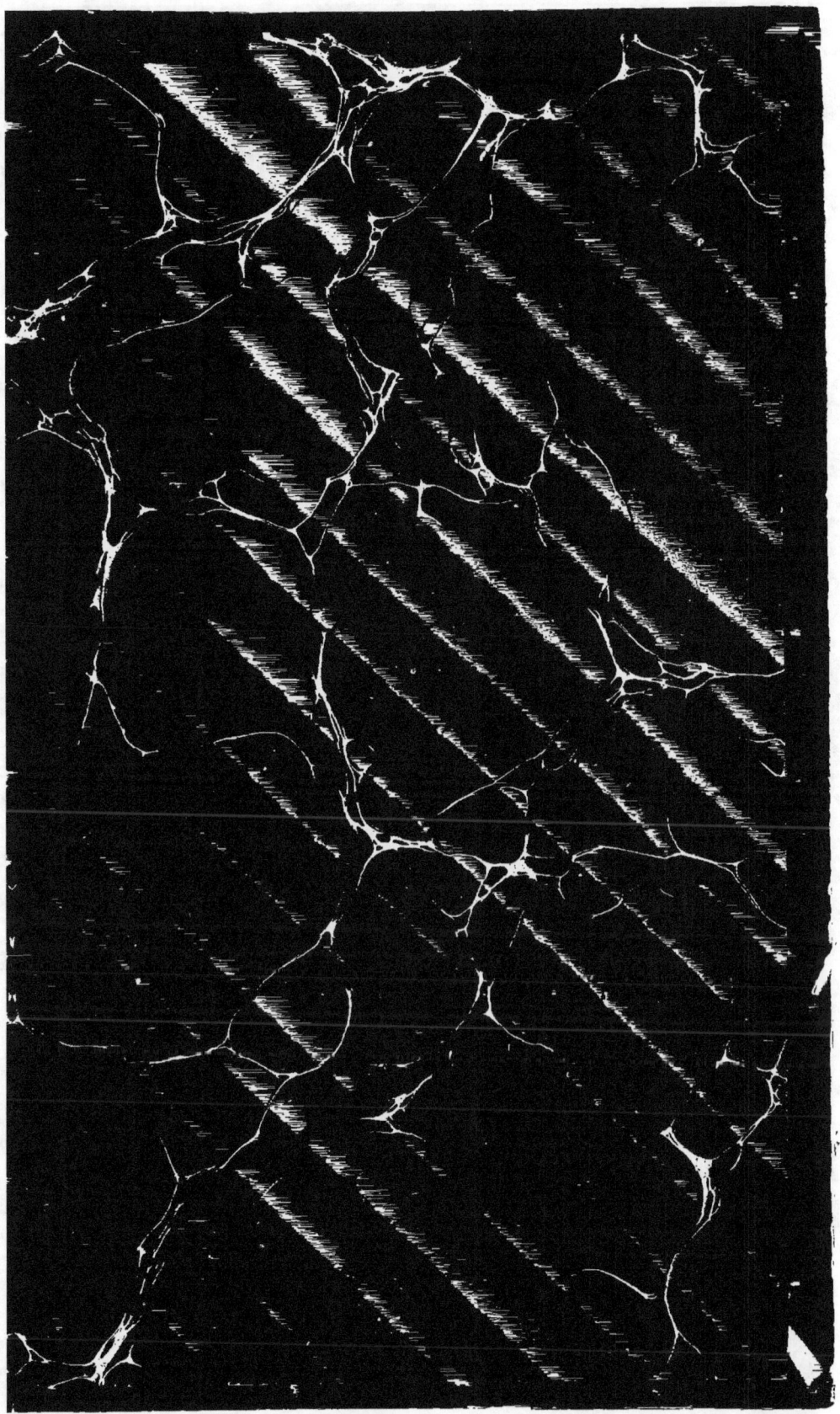

www.ingramcontent.com/pod-product-compliance
Lightning Source LLC
Chambersburg PA
CBHW050310030726
47505CB00003B/644